KB135098

창조의
대원동력

동양창조론 대 무신론적 세계관

창조의 대원동력

동양창조론 대 무신론적 세계관

염기식 지음

머리말

원동력의 작용 요인

무신론 사상이 확산된 현대 사회에서는 다양한 영역에서 창조주에 대한 기피 현상이 두드러졌다. 그중 대부분의 과학자들은 우주의 탄생에 대해 神의 존재에 의존하지 않고 설명하고자 하였다.[1] 그 이유는 단 한 가지, 아무도 설명하지 못한 일인데 과학을 통하면 설명할 수 있다고 여긴 것이다. 다윈은 어떻게 종의 기원 문제를 해결할 수 있다고 생각했는가? "박물학자로 비글호에 승선해 남아메리카의 지질과 생물상을 조사하면서 발견한 사실들이 실마리가 되었다고 고백하였다."[2] 하나님을 통해서가 아니다. 그래서 이후 무신론적 세계관을 형성하는 데 크게 기여하였지만, 그렇게 가진 생각이 종의 기원 문제를 해결한 실 가닥은 아니다. 반문하건대 진화 사실을 확인하는 데 바친 노력과 세월만큼 창조 문제에 대해서는 얼마나 고심하였는가? 거의 전무하다. 그가 종의 불변설을 부정한 것은 단정에 불과하다. 게임이 끝나지 않은 상황에서는 역전의 기회가 남아 있듯 어디서도 일말의 가능성은 존재하는 법인데, 창조 역사를 하나님을

---

1) 『신을 보여주는 21세기 과학』, 레오 김 저, 김광우 역, 지와 사랑, 2009, p.33.
2) 『진화론은 어떻게 진화했는가』, 신현철 저, 컬처북, 2016, p.77.

떠나 해결하려고 한 일체 노력과 명제와 결론은 허사이다. 유리한 변이는 보존된다고 함에 이전에는 이것이 무엇이 잘못된 것인지 분간할 수 없었지만, 이 연구가 창조의 대원동력을 통해 지적하고자 한다. "1860년에 퀼른 특별 교회 회의에서 독일 주교들은 진화론에 공식으로 반대하는 입장을 천명하였다. 인간이 고등의 동물 형태에서 기원하였다는 것은 성서에 반대되며, 가톨릭 교리와 상합하지 못하므로 배척되어야 한다"고 하였다.[3] 이런 태도는 아직도 벗어나지 못한 기독교 신학의 한계성이다. 반대하고 배척할 것이 아니라 직접 증거해야 한다. 말은 필요 없다. 진화가 사실이 아니라면 창조된 사실을 밝히면 되고, 무신론을 일소하고자 한다면 神이 살아 있음을 증명하면 된다. 방법이 있는데 실마리를 찾지 못해 난설이 난무하였다. 세계적인 여건상 이전까지는 풀 수 없는 문제가 있어 이 연구가 장애물을 거두어 나가리라.

기독교 최초의 전도자이자 초기 기독교 신학의 주춧돌을 놓은 사도 바울이 믿은 神은 만물을 창조한 하나님이었다. 그는 말하길, "한 하나님 곧 아버지가 계시니 만물이 그에게서 났고……"라고 하였다.[4] 하지만 이런 언명에도 불구하고 "창세기에 기록된 창조 설화를 100% 믿는 사람은 과연 몇 명이나 될까? 이해가 안 가고 납득이 안 되는 점이 많다는 것도 사실이다."[5] 혹자는(김인철) "神에 의한 세계 창조를 주장하는 종교적 설교에는 그 어떤 논리도 없다. 예컨대 기독교 성서에는 神이 6일간에 걸쳐 세상 만물을 만들어냈으며 인

---

3) 『신은 존재하는가(1)』, 한스 큉 저, 성염 역, 분도출판사, 1994, p.159.

4) 고린도 전서 8장 6절.

5) 『역사의 발자취』, 김동길 저, 지학사, 1985, p.25.

간도 흙으로 빚었다는 내용이 있는데, 이것은 아무런 논리도 없는 억지 주장"이라고 항변한다.[6] 그의 지적대로 이것은 창조론의 전부가 아니다. 보다 합리적, 객관적, 원리적인 창조론 구성이 요구됨에 이 연구가 창조 역사의 원동력을 추적하여 첨단 과학시대에 대처할 수 있는 인식 수준에 부응하고자 한다. "神이 존재한다는 것을 증명할 정도로 확실하려면 전제들이 확실해야 한다. 그런데 이전까지는 어떠한 경험적 진술도 가능성이 있는 것 이상은 될 수 없었고, 논리적으로 확실한 것은 선험적 명제들뿐이었다. 이런 조건으로서는 神의 존재를 판단할 수 없어 神은 증명할 수 없다고 결론 내렸다."[7] 하지만 이제는 때가 되므로 증명할 수 있는 전제 조건과 요인을 찾아 세울 수 있게 되었는데, 그것이 핵심된 요인인 어떻게의 문제, 곧 하나님이 역사한 창조 역사의 대원동력을 밝히는 것이다. 이를 위하여 이 연구가 선행된 저술 과업을 완수하였는데, 그 첫 저술이 동양창조론 서론으로서(『본질로부터의 창조』) 본질의 작용성을 동양본체론에 근거해서 정립하였고, 두 번째인『창조성론』은 창조를 위해 구축된 본질의 특성, 즉 창조성을 통해 세계를 판단할 수 있는 진리적 기준을 마련하였다. 하지만 이런 일련의 작업에도 불구하고 창조 역사를 증거하기 위해서는 하나님이 창조주로서 발현시킨 주관적인 뜻과 의지의 실행 과정까지 밝혀야 하는데, 이것이 천지간에 오직 하나님만 발휘할 수 있는 권능인 창조의 대원동력이다. 종들이 진화로 인해 생긴 것이 아니라면 삼라만상과 뭇 종들은 어떻게 창조된 것인가? 그 대답에 원동력이 있다. 원동력은 창조된 세계 안에서 제

---

6) 『독일 고전철학 비판』, 김인철 저, 나라사랑, 1989, p.14.
7) 『무신론자의 시대』, 피터 왓슨 저, 정지인 역, 책과 함께, 2016, p.385.

기된 일체 의문점을 풀고 설명하고 판가름할 수 있는 작용 기준이다. 모든 것을 가능하게 한 창조 권능 안에서 불가능이란 없으며, 모든 것을 이룬 원동력을 통하여 풀지 못할 문제는 없다.

지성들은 존재와 세계와 우주에 대해 말했지만, 그것이 어떻게 해서 생긴 것인지에 대해서는 언급하지 못했다. "라이프니츠의 실체론에서 중요한 것은 실체의 창조에 관한 이론이다. 데카르트도 실체는 神에 의해 창조된 것이라고 했다."8) 그러나 그 실체가 어떻게 창조되었는지에 대해서는 말이 없다. 이유는 단 한 가지, 어디서도 판단할 근거가 없었다는 데 있다. 그러니까 주장은 있어도 비판할 수는 없었다. 플라톤이 이데아의 본질성과 영원성을 강조했지만 관념성을 벗어나지 못한 것은 이데아의 능동적인 원동력을 제시하지 못해서이다. 왜 진화론자는 자연 생태계의 복잡한 구조와 정교한 시스템을 확인하고서도 하나님의 오묘한 창조 손길과 섭리 흔적은 보지 못했는가? 사물, 자연, 우주로부터 새로운 사실들을 발견했으면 그로부터 창조 사실도 확인할 수 있어야 했지만, 도무지 판단할 기준이 없어 각자가 달리 이해하고 해석하였다. 주자는 理氣론을 통해 우주의 발생과 근원에 대해 치열한 논거를 펼쳤는데, 그도 역시 하나님은 보지 못했다. 선천에서는 누구도 인류의 정신적 고뇌를 해결하지 못했는데, 주된 이유는 하나님의 능동적인 창조 역사 작인, 곧 원동력을 찾지 못한 탓이다. 그러니까 믿는 자들도 "거대한 우주와 태양, 지구, 달, 별들과 그 안의 모든 것들은 하나님에 의해 창조된 것으로 단순한 피조물에 지나지 않는다"고 단정하였다.9) 형상을 따랐으므

---

8) 『서양근대철학의 열 가지 쟁점』, 서양근대철학회 저, 창비, 2010, p.185.
9) 「창조에 대한 과학적 접근의 분석과 비판」, 이종용 저, 연세대학교 연합신학대학원 종교

로 하나님만큼 정교한데도 창조에 대한 인식은 부족했다. 단언컨대 원동력을 보지 못하는 한 인류 중 누구도 진리의 완전한 모습을 보지 못했다고 할 수 있다. 진리 완성의 현실적 과제는 원동력을 밝히는 것이며, 그리해야 천지창조론을 완성할 수 있다.

　그러므로 만인은 神은 존재하지 않는다, 神은 죽었단 선언에 혹하기 이전에 하나님이 태초에 말씀을 통해 어떻게 의지를 바탕으로 천지를 창조하고 세계화할 수 있었는지 결정성, 법칙성, 질서성을 밝힌 이 연구의 주장을 살펴야 한다. 뛰어난 제수이트 교단의 학자인 존 컬트니 머레이는 "하나님의 말씀의 우위성 아래 인간의 모든 지식을 통합시켜 조직화된 기독교적 관점을 형성해야 한다"고 지침하였는데,10) 그 목적 달성의 핵심에 창조 역사의 원동력이 있다. 원동력을 밝히는 것은 진리의 정점에 선 과제이고, 신학의 과제이며, 불미에도 불구하고 한계성에 처한 기독교 신앙을 업그레이드시키는 요인이다. 하나님은 천지를 어떻게 창조하였는가? 오직 하나님만 알고 있는 메커니즘 문제에 대하여 답할 수 있는 자 누구인가? 그 정답이 곧 이 땅에 강림한 진리의 성령이 보혜사 하나님으로서 밝힌 지혜이나니, 이 지혜가 세상의 온갖 진화, 유물, 무신, 과학주의, 우연, 허무주의를 극복하고 인류를 영원한 창조의 본향 세계로 인도하리라.

2018년 8월
경남 진주에서
염기식

　철학, 박사, 2014, 국문요약.
10)『기독교 세계관』, 아더 홈즈 저, 이승구 역, 엠마오, 1987, p.6.

차 례

Chapter 05 　결론

Chapter 01

조물론 개설

창조된 본의를 모른 상태에서는 일련의 현상들이 상식적이고 당연한 것으로 보이지만 알고 보면 필연적인 이유와 작용된 원인이 있다. 이것을 알고 모름의 차이는 엄청난데, 가능한 일과 불가능한 일의 경계를 허문 결과로 선천의 하늘 질서가 무너졌다. 가능한 것과 불가능한 것을 확실하게 구분해야 선천의 역도된 우주 질서를 바로잡을 수 있다. 창조 때문에 가능한 일과 불가능한 일이 구분된 것인데도 지성들은 그 경계를 허무는 데 혈안이 된 세계관적 억측이 있었다. 경계를 구분하지 못해 혼란이 가중되었고, 넘어서는 안 될 선을 넘어버린 만큼, 정확하게 구분하는 작업은 그것이 곧 하나님이 장차 이룰 역사적인 대 심판 과정이 되리라.

- 본문 중에서

제1장 개관(세계의 항구적 진실 관점)

　　세계관은 세계를 바라보는 눈, 즉 세상을 보는 관점으로서 어떤 대상자가 지식과 관점을 가지고 세계를 근본적으로 인식하는 방식이자 틀이다. 대상 자체가 아니고 대상자가 가진 인식적 틀이며, 대상자가 취한 사물을 인지하는 방식이라는 점에서 제기된 일체 세계관에 대해 재고할 여지를 남긴다. 칸트는 상식을 깨고 인식의 주체성을 확립함으로써 코페르니쿠스적인 혁명을 일으켰다고 자찬했지만, 그렇게 해서 도달한 궁극은 물자체를 파악할 수 없는 한계선일 뿐이다. 사실도 아니고 진리도 아닌 것이 인식의 한계성 결정이고, 칸트 자신이 가진 관점의 한계성을 나타낸 것이다. 무엇을 기준으로 한 결론인가를 가늠할 때 물자체, 곧 항구적인 절대 본체와는 무관한 결점 노출이다. 그래서 일찍이 불교의 세 가지 근본 교의 중 하나인 제법개공[=제법무아]에서는 모든 존재는 여러 조건에 의하여 임시적으로 발생하는 것으로 일정한 실체가 없다고 하였다. 제 法이 예외가 없을진대 선천에서 펼친 세계관도 피할 수 없는 원칙이다. 우리는 같은 사실, 같은 현상, 같은 진리를 보았지만 판단은 다른 경우를 보는데, 그것은 각자가 가진 세계관적 신념과 바라본 관점이 달라서이다. 이런 경우는 대개 주장이 대립되어 관점이 일치될 수 없다. 그 이유는 서로가 다른 세계관을 가지고 사물 현상을 설명하고 있는 것인데, 그런 사실도 모르고 동일하게 이해하고 있다고 착각하기 때문에 겪는 것이다. 아무리 진리라고 주장해도 각자 처한 관점이 틀리면 진위와는 무관하게 판단할 수 있다. 자연은 기계인가 유기체인가? 종은 불변한가 변하는가? 세계는 유심적인가 유물적인가? 물심, 理氣는 일체인가 이원인가? 등등 서양이 근대화를 이루는 과정에서는 탈 신권 질서가 과제였는데, 과학과 신학이 대립된 주된 원인은 자신들이 생성시킨 질서 인식으로 상대 세계관을 제압하려한 데 있다. 神의 영역과 자연 영역은 차원이 다른데, 이것을 분별할 안목을 확보하지 못했다. 조선의 유학자 이익[星湖]은 "이기심성론에 관한 글을 적지 않게 남겼지만 사단칠정(四端七情)론은 원래 긴요하게 필요한 것이 아니며, 理를 통달해 보았자 현실적으로 별 쓸모가 없다는 비판적 태도를 보였다."[1] 이런 생각은 理가 지닌 본체적 가치의 평가절하와 현실적 가치만을 중요하게 여긴 몰이해에 기인한 것이지 理가 쓸모가 없다는 판단이 절대적으로 옳은 것은 아니다. 다윈이 진화에 확신을 가지고 다년간에 걸쳐 확보한 자료에도 불구하고 메커니즘을 생존경쟁에 의한 자연선택으로 결정한 것은

---

1) 『과학기술의 철학적 이해』, 과학철학교육위원회 편, 한양대학교출판부, 2003, p.132.

필연적인 법칙에 기인한 것이 아니다. 선택을 불가피하게 한 무신론적 신념 탓이다. 남겨진 일기에 의하면 그는 『종의 기원』을 집필하기 전까지도 종을 변화시킨 요인이 자연선택 때문인지 적응 때문인지를 놓고 고심하였다. "현재 세계에는 약 9,000종의 새들이 살고 있으며, 그들의 다양한 부리 모양을 보면 神은 창의력이 풍부하다는 페일리의 믿음을 입증하도록 도왔다. 홍학의 부리는 깊은 홈통과 섬세한 여과기를 갖고 있어 혀로 물과 진흙을 길어 올려 그 속으로 통과시킨다. 물총새의 부리는 안쪽에 튼튼한 버팀대와 받침대가 있어 일부 종은 착암기처럼 땅을 향해 곤두박질치듯 반복해서 달려들어 강둑에 구멍을 팔 수 있다. 매의 부리는 토끼나 여우나 새를 잡아 찢는 데 적합하다."[2] 이런 현상이 정말 선택에 의해서인지 적응되어서인지 알 수 있는 사실적 근거는 없다. 그런데도 다윈은 결국 적응된 사실은 도태시키고 자연선택을 채택한 이유는? 적응에는 神의 섭리 작용과 손길을 엿볼 수 있지만 자연선택은 그런 손길을 무시할 수 있기 때문이다. 그가 삶을 통해 쌓아올린 불가지론 내지 무신론적 신념 요인이 주효한 탓이다.

에밀 브루너는 "문명의 특성은 지리와 같이 외부에서 주어지는 자연적 요소, 내적으로 주어지는 인간의 신체적·영적 성질, 그리고 종교적인 것처럼 인간 실존의 의미와 목적에 대한 배후의 질문을 취급하는 문화 초월적인 요소들에 의해서 규정된다"고 하였는데,[3] 실질적으로는 가진 관점이 세계관을 결정했고, 그런 세계관에 의해 인류 역사가 지배되었다. 사실이 아니고 진리가 아니며 하나님의 뜻이

---

2) 『핀치의 부리』, 조너던 와이너 저, 이한음 역, 이끌리오, 2002, pp.80~81.
3) 『기독교 세계관』, 아더 홈즈 저, 이승구 역, 엠마오, 1987, p.18.

아닌데 추구되고 실행되었다. "바빌로니아의 창조 신화는 모든 것이 우주적 투쟁 관계에 있다는 식으로 사물을 파악하였다. 예를 들자면 마르둑 神은 타이마트라는 괴물을 찢어서 그의 산산이 찢겨진 몸으로 우주를 구성하였다는 것이다. 이것은 기독교가 채택한 전능한 한 분 하나님이 자유로운 행위로 無로부터 천지를 창조하였다는 교리와는 거리가 먼 것이다."4) 그런데도 바빌로니아인과 기독교인은 각자가 가진 신념에 따라 神을 믿었다. 절대적인 본체가 드러나지 않는 한 누가 옳고 그른 것인지 결정적 심판은 이루어질 수 없다. 세계관의 선택이 신앙관을 결정하였다. 괴물이 찢어져 우주를 구성하였다는 것이나 無로부터의 창조는 모두 황당무계한 주장이지만, 본의에 입각하고 보면 진의가 있다는 사실을 알 수 있다. 이처럼 자연과 神과 진리와 창조 문제를 판단한 것은 인간이 세계를 바라보고 이해한 척도와 통찰의 문제이지 지식을 쌓고 문명을 발달시킨 것과는 무관하다. 인류는 과학을 발달시켜 획기적인 미래 문명 건설을 기대하고 있지만, 수많은 발견과 발명에도 불구하고 과학이 지닌 본질적인 한계성을 자각하지 못한다면 문명적인 답보 상태를 벗어날 수 없다. 과학은 인간이 개척한 위대한 학문이고 진리 탐구 방법론이지만, 한편으로 보면 과학만으로 쌓아 올린 이해 관점이기 때문에 한계가 있다. 세계는 과학적으로 확인한 사실만이 전부가 아니다. 그런데도 과학만으로 일체 세계를 가늠하려고 할진대, 인류는 바벨탑의 결말을 떠올려야 한다. 현대는 神과 과학이 결별된 시대이지만 자각할진대 언젠가는 神의 귀한이 요청될 때가 있으리라. 진화는 가장 과학

---

4) 위의 책, p.19.

적인 이론이라고 내세우는데, 변화에 초점을 맞춘 진화 메커니즘은 시작을 알 수 없을 뿐 아니라, 종이 어떤 결과적인 모습을 이룰지 확정할 수 없다. 변화에 대한 알파와 오메가를 규정할 수 있어야 하므로 여기에 절대 본체, 곧 神의 드러남과 강림 요청이 있다. 창조된 결과물인 생명체가 어떻게 하나님이 존재하지 않는 사실을 증명하는 근거로 전도될 수 있단 말인가? 이 엄청난 본말전도 결과에 잘못 판단된 지식과 신념과 세계관적 관점이 있다.

이런 상황의 전개는 세계를 이룬 주체가 무엇이라는 것을 정확하게 시사한다. 세계는 존재하는 것이고 우리는 그것을 바라본 것이다. 그러므로 세계의 주체인 본질이 분열을 완료하지 못하고 하나님이 본체를 드러내지 못하는 한 누구도 진리를 완성할 수 없고 神의 모습을 볼 수 없었다고 할 수 있다. 이것이 선천 하늘의 한계이고, 선천 진리의 한계이며, 선천 세계관의 한계이다. 무엇을 탓할 것은 없고 단지 미완의 관점인데, 세계관을 결정지은 것이 잘못이다. 그것은 명백히 본의를 몰랐기 때문이고, 본체의 항구적인 불변성을 간과한 탓이다. 절대적인 본체는 어떤 경우에도 변하는 법이 없는데, 그 항구성을 지성들이 곡해하고 무시하였다. 헤겔의 변증법칙인 正·反·合 과정은 세계를 바라본 관점상의 변화이지 본체 자체가 변한 것은 없다. 왜 처음부터의 正이 反이 되었다가 다시 合이 될 수 있는가? 그렇게 변증된 요인이 전적으로 관점에만 있었다고는 할 수 없다. 변화를 일으킨 요인은 항상 본체가 지녔는데, 그것이 곧 본체 본질의 생성 작용이다. 절대 본체가 창조 본체로 이행되어 만상과 만물의 존재성을 뒷받침하였고, 분열로서 생성하니까 正이 反이 되고 다시 合이 된다. 절대 본체로부터 이행된 창조 본체가 온갖 변화를 주도하였으니, 그것이 곧 正·反·合으로의 과정이다. 따라서 세계 안에서는 절대적인 기준 관점이 없다. 지구를 중심으로 놓고 보면 태양이 지구를 도는 것처럼 되고, 태양을 중심으로 놓고 보면 지구가 태양을 도는 것이 된다. 正은 正에 머문 단계에서의 관점이고, 反도 合도 동일하다. 그렇게 나뉜 관점을 구분해서 연결시키니까 正·反·合이란 연관성 없는 변증 과정이 성립되었다. 산은 산이고 물은 물인데, 覺者는 왜 산은 물이고 물은 산이라고 하였는가? 무엇이 옳은 판단인가? 진위를 가늠할 수 없다. 산이 물이고 물이 산인 것은 산이 산이 되고 물이 물이 되기 이전의 본체 단계이다. 그리고 만상이 뚜렷하게 구분된 것은 창조 이후의 단계이다. 이런 분별은 다시 合하여 하나 되지 말라는 법이 없다. 그러니까 세계를 정확하게 판단하기 위해서는 창조된 본의 관점, 곧 창조의 차원적인 이행 과정을 알아야 했다. 그렇다→그렇지 않다→결국 그렇다를 판가름 하는 기준에 있어 결정적인 관점은 없다. 선천의 어떤 진실과 반대된 입장을 취한 관점이라도 결정적인 것은 없다. 누가 神의 절대성, 무신론, 유물적 세계관을 확정하였는가? 관점은 인간이 자의적으로 확보할 수 있지만 본질은 다르다. 지성들이 자연과 우주를 탐구하여 지식의 폭을 넓히고 사회, 문명적으로 진보는 이루었지만 본질만큼은 즉각 판단할 수 없다. 세계적인 여건상 본질이 분열을 완료해야 하는데, 그렇지 못한 상태에서는 누구도 진상을 판단할 수 없다. 이것이 참양상인데 누가 유신론, 무신론, 유물론적 세계관을 결정하였는가? 인간은? 자연은? 神은? 진리는 무엇이라고 하지만, 이런 정의가 세계관 결정에 영향을 끼친 것은 세계 자체가 아직 분열 중인 탓이다. 그것이 선천 세계관을 결정한 한계성 요인이다. 인류가 무엇을 알고 발견하고 지성을 개오시켰는가 하는 것은 별반이다. 이 말은 선천의 세계관 결정 형태 곧 유신, 무신, 유물, 유심, 관념론적 세계관 등이 한결같이 유동적이었다는 뜻이다. 그러니까 세계 본질이 미분화된 시대를 산 플라톤과 아리스토텔레스는 본질성에 근접은 하였지만 진상은 보지 못했다는 것이 선천 하늘을 호흡한 지성인들의 운명이다. 神의 모습도 마찬가지이다. 구약의 선지자는 하나님은 경험했지만 모습까지 드러내지는 못했다. 이것이 지성들이 神과 창조와 진리를 규정하고 세계관을 완성하고 싶어도 하지 못한 이유이다. 패러다임이란 명제를 앞세운 『과학혁명의 구조(과학관)』는 과학 변천 및 발전에 관한 이론으로서 20세기 현대 사상 가운데 거의 모든 분야에 걸쳐서 가장 심오한 영향을 끼친 사상이다.[5] 저자인 토마스 쿤은 자연 현상을 이해하는 관점의 틀 구축과 급격한 변화 문제에 대해 다루었지만, 왜 절대적인 것 같은 패러다임이 허물어지고 재구축 과정을 반복하는가 하는 이유는 바로 현상계가 지닌 조건 안에서 이룬 판단이다. 그러니까 패러다임이란 항상 혁명적인 요소를 간직했다고 볼 수 있다. 무슨 말인가 하면 현상계적 요소만으로 구축한 패러다임은 생성하는 세계의 변화와 함께할 수밖에 없고, 때가 되면 새로운 질서가 수립되기 때문에 이전의 인식 틀은 더 이상 세계를 이해할 수 있는 발판이 될 수 없다. 세계의 원형적인 창조 본질과의 대비, 조화, 규명 노력이 절실한 이유이다. 문제는 왜 패러다임이 변화하는가? 선천 세계관은 변하지 않을 것 같은가? 선천에서는 본질을 보지 못하고 취한 관점에 따라 세계관이 결정될 수 있었지만 지금은

---

5) 『과학혁명의 구조』, 토머스 S. 쿤 저, 김명자 역, 까치, 2012, p.293.

상황이 달라졌다. 본체는 불변해도 창조된 세계는 생성하므로 그런 생성이 관점을 변화시켰다. 그래서 세계관 구축에 절대적으로 영향을 끼친 본의만 알면 답보 상태로 있는 창조 세계관을 완성할 수 있고, 곡해된 무신론적 세계관을 극복할 수 있다. 일대 변화를 일으켜 세계를 새롭게 해석해야 한다. 이것이 인류가 진리로서 실감할 강림한 하나님의 보혜사적 권능이다.

제2장 창조 진리의 개념 정초

1. 창조 진리 탐구

천지가 창조된 본질을 일군 '창조 진리'는 인류가 진리를 추구한 과정에서 제일 궁금하게 여긴 세계의 기원과 만상을 이룬 바탕 근거와 천지가 어떻게 생겼는가 한 메커니즘을 구체화시킨 것이다. 이전에는 문제를 풀지 못해 가설에 그쳤는데, 핵심된 본질을 밝힌 성과로 이런 주장들을 일소하게 되었다. 창조론은 신앙인들에 의해서 지켜진 믿음에 불과하였고, 성경의 기록 외에는 근거를 찾지 못했는데, 이 연구는 동양의 본질 개념을 정립하는 과정에서 문제를 풀었다. 창조란 결국 모든 것을 이룬 하나님에게로 귀속될 것이지만, 증거하기 위해서는 다시 진리적으로 접근해야 한다. 하나님을 믿는 것과 창조 역사를 증거하는 것은 별개로서 그 영역은 만물 전체이다. 풀

한 포기, 돌멩이 하나도 창조로 인한 구조물이고 결과물인 것을 확인할 수 있다. 세상의 원리, 법칙, 이치는 계획된 창조 역사의 질서화이고, 창조 없는 원리와 법칙은 없다. 서양의 지성들이 엿본 존재와 현상과 진리는 창조로 인한 결정 상태이고, 동양의 선현들이 엿본 道는 창조를 이룬 본질 바탕으로서, 이 같은 자리를 空, 梵, 太極, 理, 氣, 道, 일원상 등으로 표현하였다. 그런데도 이런 상황을 이해하지 못한 것은 결국 창조된 본의를 자각하지 못한 탓이다. 그럴 만한 이유가 있는데, 창조는 쉽게 풀 수 있는 문제가 아니다. 차원성을 넘나든 통찰이 필요하다. 오직 본의를 자각해야 하며, 천지가 차원적으로 化한 탓이다. 진화가 아니다. 차원성은 창조로 인해 구축된 세계의 구조적 특성이다. 세계는 존재상, 인식상, 실재상으로 차원이 다른 단절이 있다. 천지가 化되었기 때문에 우리는 그렇게 化된 이행 상태를 파악할 수 없고, 차원적인 구조 때문에 접근하지 못했다. 불가항력적으로 종의 기원을 진화적으로 유추한 감이 있다. 하지만 이 연구는 바탕된 본질이 창조 이전부터 이미 존재하였고 일체를 구유하였다는 사실을 확인함으로써 창조 역사가 일체를 완비한 상태에서 실현된 근거를 확보하였다. 이것을 이 연구는 '통합성'으로 실마리를 풀고자 하거니와, 통합성은 하나님이 마련한 대창조의 바탕 본질이다. 동양창조론 서론인 『본질로부터의 창조』는 창조의 바탕 근거인 본질의 존재성을 밝힌 저술이고, 『창조성론』은 본질을 창조 역사와 연관시켜 창조성을 특성화시킨 것이라면, 이 연구는 핵심된 창조 역사의 주체적인 원동력을 밝히고자 한다. 본질을 통해 하나님이 관여한 창조 역사의 주체 의지 작용을 추적하리라. 창조를 해결하기 위해서는 하나님의 뜻을 헤아릴 수 있는 치열한 숙고 과정과 단계적인 해결 절차와 판단 기준을 세워야 하는데, 지성들은 현실적인 문제에만 급급하여 중요한 본질을 보지 못했다. 천지가 통합성인 본질에 근거하였다는 것은 창조에 관한 잠재 요소를 함축한 것인데도 이런 사실을 몰라 창조 역사로부터 인류 역사를 퇴보시켰다. 동양의 선현들이 일군 고귀한 道의 본질적 가치를 사장시켰고, 물질문명은 인류의 미래를 암울하게 만들었다. 이에 이 연구는 사명감을 가지고 창조 역사를 증거할 주체적인 창조 의지를 밝히리라.

2. 동양 도의 창조 본질

천지 창조의 근간인 본질의 존재에 대해서는 누차 강조하였는데, 창조 본질은 세계의 제 영역에 걸쳐 인출되므로 동양의 道도 창조 본질을 인출한 진리인 것은 예외가 없다. 본질은 천지를 창조하는 데 어떤 역할을 하였는가? 본질은 곧 천지 만물을 낳은 바탕 근거이다. 그런데 곧바로 창조 역사와 연결시키고자 하면 걸림돌이 있다. 조건이 까다롭다. 그러나 연원과 구조를 살펴보면 성경이 밝히지 못한 창조의 바탕성을 보완한 상태이다. 창조된 과정을 순수 진리적인 측면에서 접근하였고, 形而上적인 본질 세계와 形而下적인 만물 세계를 구분시켰다. 形而上은 지음의 원리요 形而下는 지어짐의 원리이다. "道可道 非常道(노자)"는 물리 세계의 법칙이 아니다. 본질 세계의 작용 형태에 대한 표현이다. 물론 道가 창조 작용을 覺한 진리라는 사실을 깨닫기까지는 많은 세월이 필요했지만, 이제는 알았기 때문에 창조 진리를 인출할 수 있다. 이런 진리가 동양 사상 가운데서는 흔한데, 주요 대상이 본질이라 직관력이 필요했다. 예를 들어 유교에서는 만물은 그 理의 구체화라고 했는데, 理는 만물을 낳은 본질이고 파악된 理는 천지를 있게 한 창조 본질이다. 노자는 道로부터 만물이 生하였다고 하였는데, 이것 역시 창조 진리이다. 道=창조 진리로서 창조 본질의 형상화이다. 만물을 낳았고 천하를 有하게 했다. 불타의 도맥을 이은 자들이 인생을 바쳐 구하고자 한 열반의 지혜, 즉 무상의 깨달음 목적도 우주의 본질을 체득한 것이고, 그렇게 해서 생성 본질을 대관하였다. 창조 과정을 추적하였다. 곧 "부분과 전체가 하나이고 동일하다"고 한 것은[6] 통합성인 본질 상태에 대한 파악이다. 만상은 하나인 본질로부터 창조되었다. 어떻게 부분과 전체가 하나이고 동일한가? 부분은 부분이고 전체는 전체인데……. 이것은 존재한 개개 사물에 대한 지칭이 아니다. 근본된 바탕이 하나이면서 동일한 작용으로 창조를 있게 하였다. 부분은 전체를 포함하고 전체는 부분을 포함한다. 분별없는 만유일체란 바로 통합적인 본질성 상태이다. 근원된 본질 안에서는 어떤 구분도 없는데, 분열하는 과정에서 현상적인 질서에 편승해 온갖 분별력이 생겼다. 창조로 이루어진 결과이지만 바탕된 色空은 하나이고 일체이다. 화엄종은 동일성과 상호 의존성의 우주를 통해 창조 진리를 대변했다. "화엄의 우주는 동일성과 상호 연기성의 우주 체계이다."[7] 하나인 근본으로부터 창조된 이상 우주는 동일성과 상호 연관성을 벗어날 수 없다. 불타가 증득한 연기법은 부인할 수 없는 진리로서 천지가 창조된 사실을 확정짓는다. 창조 본질을 法으로서 覺하였다. 부처님과 하나님은 다른 진리 울타리를 치고 있는 것처럼 보이지만 본질 안에서는 어떤 걸림도 없다. 수

---

6) 『화엄불교의 세계』, 프란시스 쿡 저, 문찬주 역, 불교시대사, 1994, p.36.

7) 위의 책, p.27.

십 세기를 풍미한 동양의 道가 오늘날에 이르러 서구 문명의 등압에 못 이겨 지리멸렬한 상황에서도 선현들이 몸 바쳐 일깨운 지혜가 창조 진리를 覺한 보배로운 道란 사실은 변함이 없다.

3. 창조 역사의 주도성

천지 만물은 확인하다시피 존재하는 것이 사실인데, 문제는 도대체 어떻게 해서 생긴 것인가? 창조 때문인가 진화 때문인가 전혀 다른 제3의 작용 때문인가? 인류가 풀어야 하는 과제이거니와, 이미 결론이 났다고 보는(진화론) 문제를 다시 꺼낸다는 것은 시대인식에 뒤떨어진 감이 있다. 그래도 이 연구는 천지 창조 역사에 하나님의 주도적인 의지가 개입되었다는 사실을 강조하고, 직접 과정을 밝혀 근원된 비밀을 풀고자 한다. 노력은 하였지만 그동안 밝혀진 것은 무엇인가? 현대 과학은 만물의 원인성에 대해서 무엇을 알았는가? 무궁성만 엿보았다. 그 이유를 이 연구는 하나님이 이룬 창조 역사의 주도성에서 구하리라. 창조가 사실이라면 과학자들의 노력은 마치 바다로 가면서 토끼를 잡겠다고 한 것과 같다. 그런 선두 주자에 속한 진화론자들은 종의 변화에 대해 나름대로 근거는 지녔지만 종의 기원을 추적하지 못한 사실을 인정할 때, 그 주된 이유는 창조 역사에 기인하지 못한 탓이다. 창조에 근거하지 않은 상태에서는 누구도 기원 문제를 해결할 수 없다. 만상은 존재한 이유가 창조와 연관된 것이므로 세계를 살피는 것은 인간적인 노력이고 지혜는 하나님이 계시한다. 하나님이 아니면 해결할 수 없는 것이라 창조 진리는 하나님의 주도 의지로 밝혀지리라. 모든 것을 알고 있는 창조 뜻(본의)을 자각해야 지혜를 구할 수 있다.[8] 이런 전제를 바탕으로 이 연구가 하나님의 주도성을 강조한 것은 그 의지를 통해 창조 역사를 증거할 수 있는 주제들을 개진할 수 있어서이다. 이 연구는 하나님의 계시로 창조 역사에 대한 결정적 지혜를 구한 것이 사실이며, 그렇게 하여 세계를 판단할 수 있는 통찰 관점을 확보하였다. 인간이 단독으로 창조 문제를 해결한다는 것은 참으로 어리석은 생각이다. 인간이 어떻게 생명과 물질과 삼라만상을 관장할 수 있겠는가? 우주 창조의 시스템을 대관할 수 있는가? 불가능하지만 하나님은 답할 수 있다. 그렇기 때문에 창조 진리에 대한 해명 과정은 그대로 천지가 창조된 사실을 증거하는 것이고, 이룬 역사로 확증된다. 창조 진리와 창조 역사의 규명 뒤에는 하나님의 주관 의지가 뒷받침하고 있다. 하나님이 밝혀주었다는 사실을 잊어서는 안 된다. 말해야 본심을 알 수 있듯, 본의는 하나님이 계시했기 때문에 창조 지혜로 구체화되었다.

4. 창조 진리의 귀결성

창조 역사를 증거하는 것은 어떤 세계적인 문제보다도 중대하며 반드시 해결해야 하는 과제인데도 케케묵은 창고에 묵혀 있었다. 창조 문제에 대해 주장들이 없었던 것은 아니지만 확실한 해답은 없었다. 세계의 기원 문제를 풀고 창조 역사가 증거되었다면 인류 사회는 지금과는 다른 모습을 갖추었으리라. 그런데 어떤 변화도 없었다

---

8) 기독교 신학의 주된 관심사는 예수 그리스도의 신성을 보다 이성적으로 설명하는 데 있지만, 신학이 학문의 제왕이 되기 위해서는 하나님이 이룬 창조 진리를 규명하는 것이 급선무임.

는 것은 문제를 해결하지 못한 탓이다. 창조 역사를 증거하였다면 하나님의 창조 주권도 온전하게 확립되었으리라. 이 땅에 하나님의 나라가 세워졌다는 말이다. 하지만 여전히 믿음만 가졌을 뿐 진리적으로 확인된 것은 아무것도 없다. 창조 주권이 확립될 리 없다. 확립하기 위해서는? 재산권은 등기를 해야 하는 것처럼 창조 권한은 어떻게 해야 보증받을 수 있는가? 천지가 창조된 사실을 증거해야 하고, 그리해야 하나님이 천지의 주인으로서 인정된다. 그래서 이 연구는 다음과 같은 조건을 전제하고 가설을 확인하는 절차를 거쳐 하나님이 가진 창조주적 권한을 밀하고자 한다. 창조가 사실이라면 일체 진리들의 출처는 반드시 창조성에 근거해야 한다. 곧, 창조 바탕으로부터 온갖 진리가 생성되었다. 그리하면 뜻 안에 속한 진리들이 생명력을 얻고, 이법과 법칙들이 창조 진리의 영역 안으로 들어오며, 세상 진리를 창조 권능으로 다스릴 수 있다. 모든 有함을 헤아릴 수 있다. 문제를 풀지 못한 주된 이유가 창조 사실을 증거하지 못해서인데, 증거한다면 진리 간의 대립 문제를 해결할 수 있다. 창조 역사는 진리의 바탕으로서 있음의 근원이고 세계를 형성한 골격이다. 形而上學적인 본질과 우주의 생성 법칙과 세상 원리가 창조성 진리로 승화된다. 과학과 종교도 창조 진리 안에서 통합된다. 세상 진리=창조 진리=하나님의 뜻이다.

5. 창조성 진리

창조가 사실이라면 세상 진리도 여기에 근거할 수밖에 없어 하나님의 주도 의지로 계시된 창조 진리는 당연히 세상 진리를 창조 원리와 의지와 뜻 안에서 통합할 수 있다. 본의에 근거한 '창조성 진리'는 가능한 측면에서 진리다운 궁극성을 드러내고 세상의 기원과 존재한 원인까지 해결한다. 창조성에 근거해야 진리를 이해, 해석하고, 하나님의 주도 의지를 간파한다. 이것이 창조 역사로 증거해야 하는 세부 과제이다. 그렇다고 해서 증거 문제를 모두 해결할 수는 없다. 세계는 무궁무진하다. 다각도에 걸쳐 증거해야 할 분야가 부지기수이다. 그럼에도 불구하고 이 연구는 순수 진리적 측면에서 천지의 기원이 창조에 있고 이것을 찾는 것이 과제라는 입장에서 길을 모색하리라. 첫 번째로, 그 존재성을 확인한바 핵심 본질이 창조 역사와 어떤 연관이 있는지부터 살펴보면, 궁극 본질이라고 주장은 하였지만 산재된 진리사의 문제를 일괄 해결한 것은 아니다. 해결하였더라도 궁극적인 가치를 제시하지 못하면 핵심 본질로서 자격 미달이다. 세계의 본질은 그동안 궁구한 진리 문제를 한꺼번에 해결해야 하므로 하나님이 아니면 불가능하다. 핵심 본질을 드러낸 진리는 결국 하나님에게로 귀일되며, 일련의 과정을 통하면 하나님이 존재한 속성까지 드러난다. 그것이 무엇인가? 세계가 한 통속인 본질 공간을 이루고 있어 통합적으로 생성된다는 사실이다. 이것은 세계의 有한 본질이 사전에 준비된 역사에 기인했다는 것을 시사한다. 세계를 이룬 본질은 창조에 근거해 형성되었으며, 통합성 본질은 이 연구가 천지가 창조된 사실을 안 제일의 근거이다. 본질은 창조 역사를 증거하는 절대 관계식으로 성립된다. 만물과 본질과 창조를 연결시키면 그동안 해결하지 못한 궁극적인 문제를 풀 수 있다. 두 번째로 해결해야 할 진리 영역에는 세계의 시원 문제가 있다. 만물이 스스로 존재하였다면 자체로 존재한 원인과 정보를 함유해야 한다. 그런데 결과는 전혀 실마리가 없고 어떤 원인도 자체로서는 파악할 수 없다. 하지만 이것도 창조 진리를 통하면 풀 수 있다. 합당한 본질적 근거는 이후의 장에서 다시 제시하리라. 세 번째는 세상 진리가 애초부터 바탕 본질에 근거하지 않아 노력했지만 개념을 정의하지 못했다는 사실을 밝히는 것이다. 眞・善・美에 대한 가치 기준은 물론이고, 세상 어디서도 절대적인 가치를 정립하지 못했다. 자연 과학적인 진리의 영역도 근원적인 원인 세계, 현상의 본질을 밝히지 못한 것은 마찬가지이다.

이에 존재한 일체 근거를 창조성에 두고 파악한다면 진리에 대한 개념을 어떻게 정의할 수 있는가? 창조로 천지가 존재한 것이라면 진리는 하나님의 창조성 자체이다. 우주의 본질을 담은 것으로 세계 본질의 생성 상태를 진리로서 覺한 것이며, 진리는 세계의 有한 본질 상태를 결정했다. 창조의 결정체로서 창조에 기인했기 때문에 진리는 영원히 생성한다. 진리는 만물을 생성시킨 창조성과 연결되어 있어 창조 원리와 의지와 뜻이 바로 일체 진리 여부를 가늠하는 기준이다. 이것으로 우주가 수억 성상 동안 질서로 운행되었고 인류 역사를 추진시켰다. 창조 의지와 뜻과 원리를 형상화시킨 진리가 인류를 참세계로 인도하였다. 그래서 핵심 본질은 그 자체가 세계를 이룬 바로미터로서 세상 진리를 판단하는 근원이다. 진리의 근원은 창조에 있고 진리의 생성 근거는 본질에 있다. 수수께끼는 답을 알기 전에는 풀기 어렵듯, 당연한 사실인데도 본의를 모른 선천 인류는 창조 보따리를 풀기 어려웠다. 삼라만상이 지닌 요소들을 총망라해야 하므로 인간적인 안목으로서는 파악이 어려웠다. 창조성에 근거해야 하나님의 뜻 안에서 일체를 해명할 수 있었으니, 창조성을 형상화시킨 것이 진리라는 것을 알면 본류의 근원이 드러나고 통합할 수 있는 실 가닥을 붙들 수 있다. 그렇지 못하면 진리는 영원히 개별이 될 수밖에 없다. 진리는 통합할 수 있으니, 결코 하나 될 수 없을 것 같은 세계도 창조성이란 본질 바탕 위에서는 손바닥 들여다보듯 확연해진다. 진리는 본의와 함께 창조 본질 안에서 통합될 때를 기다렸다. 철학, 종교, 사상, 학문은 세계의 지성들이 바라본 각자의 하늘이었다. 하늘은 시대에 따라 다르지만 하늘 자체가 달라진 것은 없듯, 우리는 모든 차이를 초월한 창조 진리에 근거해야 통합할 가능성을 실인할 수 있다. 하지만 어떻게 물리적인 원리와 법칙을 창조성에 근거해서 파악할 수 있는가? 창조되지 않았다면 원리와 법칙 자체가 결정될 수 없기 때문이다. 과학은 창조 원리를 진리로서 밝힌 학문이다. 창조되었기 때문에 명백한 근거를 가지고 과학자들이 자연적인 현상 속에서 원리를 발견하였다. 케플러는 자신의 천체 운동에 관한 연구가 "神이 수학적 조화에 따라 우주를 창조했음이 틀림없다는 사실을 발견하는 데 바쳤다"고 하였지만,9) 우리는 神이 수학적인 조화에 따라 화성이 태양의 주위를 타원형을 그리면서 돌 수 있도록 하였다는 것을 어떻게 알 수 있는가? 창조 진리는 케플러가 신념으로 피력한 개념과는 다르다. 자연 법칙은 우주가 창조되었기 때문에 결정된 것이다. 과학자들은 결정된 법칙을 발견한 것이지 결정한 본질이 아니다. 우주의 베일을 벗기면 벗길수록 하나님의 창조력은 놀라울 뿐이며, 하나님은 그런 원리 법칙으로 천지 만물을 창조하였다. 최고로 과학적인 지성을 갖춘 분이 하나님이다.

---

9) 『과학철학의 역사』, 존 로제 저, 최종덕·정병훈 역, 한겨레, 1992, p.273.

법칙들이 창조로 남겨진 뚜렷한 결정 흔적이라는 것을 알 때, 우리는 동양의 선현들이 말한 道, 서양의 철인들이 인식한 形而上學적 진리, 과학이 발견한 제 법칙들이 모두 창조성에 기반한 통찰이었다는 것을 확인하는 바이며, 과학도 예외 없이 창조성을 갹출한 진리 인식의 한 방법이다.

6. 창조 진리의 객관화

창조 진리는 하나님이 천지를 있게 한 근거인 창조성에 기인하여 천지가 창조된 제반 상태를 파악하고 하나님의 존재 근거를 추적한 것이다. 이런 사실은 그동안 객관적으로 증거되지 못했는데, 창조성에 근거하면 확인할 수 있다. 무수한 시도에도 불구하고 파악이 곤란했던 것은 천지는 창조되었어도 인식하기까지는 세계의 본질이 분열을 완료해야 한 탓이다. 창조를 증거하는 것은 성경이나 기독교 교리 영역 밖이다. 그들은 창조 사실을 당연시한 상황이라 증거할 필요성조차 느끼지 못했다. 하지만 초기 기독교가 세계적인 종교로 성장하면서부터는 이방인들의 도전에 직면하였고, 선교 과정에서 불거진 교리의 합리성 문제, 이후 과학적인 발견들로 인해 성경의 무오성이 위협받게 되자 뒤늦게 발 벗고 나서 심각성을 자각했지만 이미 기회를 놓쳐버렸다. 그 근본적인 이유가 어디에 있는가? 창조 역사와 神의 존재성을 증거할 수 있는 방안을 강구하지 못한 탓이다. 그동안 이어온 신앙적 전통 안에서는 뚜렷한 해결 방도가 없었다. 교리의 경직성으로 태동된 과학적 진리를 수용하지 못하였고, 세계가 지구촌을 이룬 지금은 타 종교가 신앙한 진리 영역권과도 담을 쌓았다. 토착적인 역사가 깊을수록 독선도 뿌리 깊은 법, 진리적인 영역권을 확대시키기는커녕 외골수 신앙으로 왕따를 당하고 말았다. 하나님은 만유의 主인데 만영혼이 거할 집칸을 마련하지 못했다. 그러나 창조성에 근거한다면 어떤 결과가 나올까? 세상 안에 있는 진리들이 하나님의 창조 진리 테두리를 벗어날 수 없다. 어떤 학문, 종교, 진리도 창조로서 이룬 결정성 안에 있다. 창조는 천지를 있게 한 원인의 세계로서 원인 세계는 원인을 있게 한 결과 세계를 통하여 파악된다. 그런데 성경에 기술되어 있지 않다는 이유로 세계를 탐구한 과학과의 소통을 거부하였다. 결국은 창조 사실을 밝힌 진리인데 말이다. 인류 역사는 창조 역사의 목적을 이루기 위해 주관된 섭리로 나타난 것이고, 창조 원리는 만상 가운데서 창조성으로 내재했다. 신앙의 역사는 연면한 것이지만 그것만으로 창조 진리를 인출할 수는 없으며, 인출하기 위해서는 오히려 우주의 근원을 파고든 수행자의 고뇌와 지성들의 자연 탐구 노력이 있어야 했다. 이런 노력의 배가로 창조 진리와 뜻과 존재된 실상들이 우주의 운행 질서 형태로 파악되었다. 그런데도 기독교는 이 같은 진리는 외면한 채 오직 믿음을 바치는 데만 몰입하였다. 근원적인 우주 운행 의지를 극대화된 가치와 신앙 체제로 구축하였지만 원리적인 측면에서는 주관성을 면치 못하였다. 창조 역사를 증거하는 것은 종교 영역이 피할 수 없는 필연적 과제이고, 제 학문 영역이 밝혀야 할 진리 탐구의 목적이다. 창조 진리는 천지를 이룬 근간인 진리성 자체이다. 창조 진리는 세계를 두루 섭렵한다고만 해서 규명할 수 있는 것이 아니다. 하나님의 주도 의지를 통찰하지 못하면 확보할 수 없다. 아무리 자연의 법칙과 원리성을 탐구해도 드러난 현상 세계를 파고든 방법만으로는 실마리를 찾을 수 없다. 만상 가운데 편만된 것이 창조성이기는 하지만 그것은 창조된 결정 범위 안이다. 세계는 원인을 통해 결과를 보아야 하는데 온통 결정성만으로 차 있어 어디서도 실마리를 찾지 못했다. 창조 역사는 그 원인 실마리부터 찾아야 하고, 그러면 결과도 확인할 수 있다. 그렇다면 원인은 어디서 찾아야 하는가? 창조는 하나님이 주관한 역사이라 하나님으로부터 구해야 한다. 창조 문제를 해결하기 위해서 물리학자나 생물학자가 될 필요는 없다. 하나님께 의뢰해야 무궁한 지혜를 구할 수 있다.[10] 인간은 과연 얼마나 세상의 근원적인 물음에 답할 수 있는가? 아무리 노력해도 불가능한 것은 불가능하다.[11] 제 영역에 걸친 진리 탐구 노력은 창조 진리를 규명하기 위한 역할적 분담이다. 지난날 이룬 진리 탐구 과정은 알파를 상정한 상태로서 초점 잡지 못한 추정이었다. 진리로서의 소임을 제대로 할 수 없었다. 학문은 창조 진리가 규명되어 정립될 때를 기다려야 했다. 근원된 알파를 확정하지 못한 상태에서는 그 무엇도 반석 위에 지은 집이 될 수 없다. 종교적 활동은 근원을 향한 추적 행위이므로 종교에 대한 부정적 견해를 일축한다. 인간이 神을 의뢰한 것은 자연의 힘 앞에서 무능력하기 때문에 위로와 평화와 복을 구하려고 한 것이란 해석도 있지만 해를 향한 해바라기처럼 근원성을 향한 인류 공통의 종교 지향은 세계의 궁극성을 드러내고자 한 본성적 일환이다. 입처(立處)가 眞이다. 천지가 창조된 이상 세상 가운데는 온통 창조성 투성이다.

---

10) 본질이 천지 창조의 근간일진대 무궁한 창조 지혜는 본질 속에서 구해야 함. 본질을 벗어나서는 우주와 생명에 대한 실마리를 찾을 수 없다.

11) 과학적인 탐구로서는 창조 역사를 증거할 방도가 없다. 원인의 세계를 규명한 본질의 작용 세계, 즉 창조 진리를 통해야 진리가 창조로 인하여 인출된 것을 확인할 수 있다.

제3장 창조 이전의 역사

최대한 객관적인 사료와 사실성에 근거하고자 한 역사가들은 인류 역사의 여명을 지금으로부터 약 200만 년 전인 전기 구석기시대로부터 잡았다.[12] 현재 실정으로서는 단군 사화가 사학계에서 공인되지 못한 것처럼 어떤 역사책에서도 인류 역사의 기원을 성경에서 명시한 하나님의 천지 창조 역사를 기점으로 서술하고 있지는 않다. 그렇다면 우리는 정말 인류 역사를 어디서부터 시작해야 하는가? 태초의 첫 시작에 대한 참을 수 없는 궁금증이 동서를 불문하고 신화적인 우주론을 낳았고, 현재까지도 세상과 우주의 탄생에 대한 질문은 계속되고 있다. 하늘과 땅은 언제 어떻게 생겨났으며, 해와 달과 별이 뜨고 지는 일, 낮과 밤의 반복은 어떻게 시작된 것일까?[13] 하

---

12) 『서양문명의 역사(1)』, 에드워드 맥널 번즈·로버트 러너·스탠디시 미첨 저, 박상익 역, 소나무, 1994, p.3.

지만 "태초의 일 누가 들려주었던가? 형체 없던 하늘과 땅 어떻게 해서 생겨났나? 해와 달이 뜨는 이치 그 누가 알 수 있나? 혼돈의 그 모습 무슨 수로 볼 수 있나?"[14] 아무도 들려주지 않았고 보지 못했기 때문에 난감함을 피할 수 없지만, 밝힌바 천지를 창조한 하나님이 이 땅에 강림하여 주관한 창조 역사에 대해 계시하고 완성된 창조 본체를 드러낸 관계로 이 연구가 어떤 제한 없이 태초의 창조 역사에 대한 궁금증을 가닥 잡게 되었다. 이런 단언의 사실성 여부는 이 연구가 해결할 저술 과제를 통해 판가름 나겠지만, 일단 그렇게 판단한 근거를 이 연구는 본질의 존재성으로 확보하였다. 왜 지성들은 태초의 시초에 대해 가닥을 잡지 못했는가? 그 이유는 오직 한 가지, 창조가 곧 첫 시초인데도 그것을 무시하여 세상 어디서도 출발점을 찾지 못했기 때문이다. 손에 든 물건은 다른 어디서도 찾을 수 없는 것처럼……. 태초에 시작이 있었다면 이치적으로 보아도 그 시작점으로부터는 시작을 알 수 없다. 그렇다면? 태초의 시작은 태초 이전부터 이미 시작되었다. 有만으로 有에 대한 궁금증을 풀 수 있을 것 같은가? 有한 것은 바로 無로부터 시작된 것이다. 창조로 이루어진 삼라만상은 이미 창조 이전에 이루어지고 준비되고 출발되었다. 이 인식점은 참으로 중요한데, 이 같은 인식의 출발이 제2의 후천 문명 역사를 창조하리라. 인류 역사는 수많은 과정을 거친 관계로 시대를 구분한 기준 관점도 다양하였다. 학자들은 역사의 흐름을 일정한 기준에 따라 고대, 중세, 근대, 현대로 나눈다. 예수 탄생을 기점으로 기원전과 기원후로 갈랐는가 하면, 이 땅의 민족종교

---

13) 『동양신화 이야기』, 정재서 저, 김영사, 2010, p.23.
14) 「천문」, 기원전 3~4세기경, 중국 초나라 시인인 굴원의 작품.

창시자들은(水雲, 一夫, 甑山, 少太山) 개벽사상에 입각하여 문명 전환 질서를 선·후천으로 가르기도 하였다. 하지만 이 연구가 천지 창조 역사를 포함시켜 전 역사 과정을 창조 이전의 역사 대 창조 이후의 역사로 구분한 것은 더 이상 제외될 것이 없어지는, 삼라만상 우주는 물론이고 하나님의 존재 영역과 역사 과정을 모두 포괄한 궁극적 구분이다. 그만큼 창조 이전의 역사는 창조 이후의 역사를 확실하게 부각시키고 결정하여 그동안 파악하지 못한 창조 이전의 역사까지 입증할 수 있게 한다. 선천의 진리 하늘이 불분명하고 한계성을 지닌 것은 전적으로 구분된 시대 영역이 제한성을 지녔기 때문이므로 창조 이전의 역사를 포함시키면 판단하지 못할 역사적 현상이 하나도 없다.

사실이 아니며 일말의 근거조차 없다면 역사 속에 포함시킬 수 없겠지만, 존재한 근거가 분명하고 이룬 역사가 확실하다면 창조 이전의 역사를 전 역사 과정에 포함시켜야 하는 것은 당연하다. 하나님이 창조주일진대, 하나님은 당연히 창조 이전부터 존재하였다. 창세기 첫 시작부터 태초에 하나님이 천지를 창조하시니라고 기록된 것은 태초 이전부터 하나님이 일체 역사를 주관했다는 뜻이다.

> "산이 생기기 전, 땅과 세계도 주께서 조성하시기 전, 곧 영원부터 영원까지 주는 하나님이시니이다."[15]

먼저 존재해야 역사를 이룰 수 있는데, 이런 사실이 창조 역사로 인해 드러났다. 따라서 창조 역사를 이루기 이전의 하나님은 창조와

---

15) 시편 90장 2절.

전혀 무관한 절대적 존재 상태이지만, 창조 역사를 이룬 하나님은 그 결과로 인해 삼라만상 존재와 절대로 떨어질 수 없게 된 존재자이다. 창조 사실과 무관한 절대자 상태에서는 "천지는 없어지려니와 主는 영존하시겠고, 그것들은 다 옷같이 낡으리니 의복같이 바꾸시면 바뀌려니와 主는 여상(如常)하시고 主의 연대는 무궁하리이다."16) 이런 분이 우주 안에는 없나니, 그 이유 역시 창조 이전부터 존재한 탓이다. 창조와도 무관하고 피조 세계와도 무관했다. "영원 전부터 영원까지 하늘의 보좌 위에 독존하는 영광의 하나님이었다."17) 영원 전부터 존재한 관계로 창조 이전부터 역사할 수 있었다. 세계의 생멸 현상과 무관한 절대자로서 그처럼 무관한 관계로 하나님은 불변, 영원할 수 있다. 神의 속성은 창조된 세계와 밀접한 관련을 가졌지만, 神의 본성은 피조 세계와 직접적인 관련을 가지지 않고 언제든지 神 자체 안에서 자립적으로 가진 절대적 본질이다. 神의 본성을 창조가 명확히 부각시켰다. 그 경계선은 분명한 것인데, 창조를 기준으로 창조 이전=존재 이전=원인 이전=경험 이전=인식 이전이다. 이성이 분별력을 발휘할 수 없는 존재 세계이다. 그만큼 세계를 이해하는 관점도 창조 이전과 창조 이후로 구분하는 것을 피할 수 없지만, 그럼에도 불구하고 이것은 선천에서 얽히고설킨 논거의 실 가닥을 풀수 있는 확실한 기준선이다. 창조 이전은 존재 이전, 원인 이전, 인식 이전인데도 하나님은 엄연히 그런 세계 안에서 존재하였으므로, 하나님은 아무런 원인 없이 존재할 수 있는 최초의 제1 원인자요, 파악할 수 없다고 해서 존재하지 않는 것이 아니라 믿음을 요한 神

---

16) 시편 102장 26~27절.
17) 『신론』, 이종성 저, 대한기독교출판부, 1992, p.184.

이다. 존재 없이도 존재함에 형태가 무형, 무상인 본질적 모습을 취할 수밖에 없었고, 본질은 현상계에 드러나지 않은 상태에서도 존재하고 작용하고 역사한 창조의 바탕체 역할을 도맡았다. 이 본질이 시공을 초월해 선재하였는데, 선재는 생성과 분열이 이루어지기 이전부터 존재하였다는 뜻이다. 그러니까 우리는 창조 이전부터 이루어진 사전 창조 역사, 곧 본질로부터의 창조가 있었다는 사실을 알지 못했다.18) 하나님은 창조 이전에 무엇을 하였는가? 사전 창조 준비 작업에 전력을 기울였다.

창조 이전의 역사에 대한 기록은 성경에서만 명시되어 있는 것이 아니다. 동서를 불문하고 보편적으로 인식하였는데, 창조된 실상을 밝힌 본의를 몰라 초점을 잡지 못했다. 아우구스티누스는 우주의 시간이 창조와 함께 시작되었고 존재한 사실을 통찰한 위대한 선각자이다.

"당신에 의해 창조되지 않았다면 어떻게 시간이 경과할 수 있겠습니까? 당신은 시간의 창조주이십니다."19)

시간의 생성은 곧 창조 사실을 증거하고, 시간은 하나님이 세상 가운데 존재하기 이전에 이룬 사전 창조 역사 결과이다. 그렇기 때문에 아우구스티누스는 하나님은 언제든지 현재만 있다고 했다. 그 이유는 하나님은 창조 전의 것에 대해서도 앎과 동시에(그때는 神만 존재함), 시간이 창조된 그때부터 그 시간이 계속되는 그때까지, 곧

---

18) 본질로부터의 창조가 神, 창조, 形而上學, 무형의 본질 작용 영역을 판단할 수 있게 함.
19) 『고백록』, 아우구스티누스 저, 선한용 역, 대한기독교서회, 2003, p.386.

영원까지 다 알기 때문이다.[20] 창조된 "세계는 영원 전부터 존재한 것이 아니고 존재의 시작이 있었다. 따라서 세계는 시간적 존재이다. 시간적 존재란 시간 안에서 존재하지 않았던 때가 있었다는 말이다."[21] 곧 창조 이전이 있었다. 기원전 2세기의 『회남자』라는 책에서도 세계가 탄생하기 전, 곧 태초의 상황을 묘사하였다.

> "옛날 하늘과 땅이 생겨나지 않았을 때, 다만 어슴푸레한 모습만 있었지 형체는 없었고 어둑어둑할 뿐이었다."

여기서 그려진 태초의 모습은 캄캄한 암흑인 혼돈, 즉 카오스였다.[22] 창조 이전은 사물이 모습을 구성하기 이전으로서 無한 인식에 근거한 추측적 표현이다. 동양의 주자는 천명지성(天命之性) 대 기질지성(氣質之性)과의 차이를 설명한 과정에서 "사람은 태어나면서 고요하다고 함은 미발일 때를 말하고, '그 이전'이라면 사람과 사물이 아직 생기기 전이라 性이라고 말할 수 없다"고 하여[23] 존재하되 미발인 때보다도 더 소급한 창조 이전을 분명히 구분했다. 아직 천지가 생겨나기 전에 필경 理가 먼저 있었다고 하여 이것을 사물 판단의 근거로 삼았다. 움직여 陽을 生하는 것도 단지 理이고, 고요하여 陰을 生하는 것도 단지 理이며, 理가 있은 뒤에 氣가 生한다고 하였는데, 이런 판단은 창조 이전의 상태를 구분한 理의 선재성 인식이 주효했다.[24] 창조 이후의 존재 형태에 대한 설명은 창조 이전에

---

20) 『신론』, 앞의 책, p.176.
21) 위의 책, p.66.
22) 『동양신화 이야기』, 앞의 책, p.24.
23) 『송명성리학』, 진래 저, 안재호 역, 예문서원, 1997, p.159.

존재한 理에 근거하지 않고서는 규정이 불가능하다. 그래서 우리는 "퇴계 이황이 왜 理에 치중한 理 우위설을 내세운 것인지 이해할 수 있다. 그가 말한 理는 내재적인 것이 아니고 초월적인 존재이다. 理는 形而上이요 氣는 形而下로서 엄격히 구분한 이원론이라, 理와 氣를 혼잡해서 일체 일물로 보아서는 안 된다."25) 이것을 본의에 입각해서 보면 초월적인 形而上[理]과 존재의 바탕 본질인 氣의 경계는 창조 이전과 창조 이후가 더 확실한 구분선이다. 창조 이전에 존재한 하나님은 "여하한 것도 없는 순수한 無의 세계, 예부터 허공, 무상(無相), 무형, 무일물(無一物), 확연무성(廓然無聖), 일체법공(一切法空)이라고 일컬어진 세계이다. 그것은 어떠한 대립도 어떤 차별도 없는 곳이다. 공간적으로는 여하한 테두리도 없고, 시간적으로는 어떤 시작도 끝도 없다."26) 모든 것이 탈각된 절대 세계, 절대 존재, 절대 시공간이므로 아무리 묘사해도 이해할 수 없었는데, 창조란 경계선을 두고 창조 이전과 창조 이후를 구분하면 일체를 가능하게 한 창조 세계 안에서 일체의 불가능성을 일소할 수 있다.

성경에 대한 이해도 적용되는 이치는 같다. 밝힌바 성경 자체는 하나님의 존재 위치를 창조 역사 이전과 창조 역사 이후로 구분하고, 모든 역사는 창조 이전에 이룬 역사란 사실을 언명하였지만, 세인들은 이런 초월적인 역사를 도무지 이해하지 못하고 있다. 주된 이유를 추적하면 기독교란 종교를 세계화시키는 데 기여한 헬레니즘 문명이 비밀을 감추고 있다. 이스라엘 민족이 일으킨 유대 문명

---

24) 『주자학과 토미즘의 철학적 협연』, 소병선 저, 동과서, 2006, p.138.

25) 『한국의 유학사상』, 이황·이이 저, 윤사순·유정동 역, 삼성출판사, 1988, p.30.

26) 『무신론과 유신론』, 히사마쯔 신이찌·야기 세이이찌 저, 정병조·김승철 역, 대원정사, 1994, p.216.

대 그리스·로마 문명, 곧 헤브라이즘 문명 대 헬레니즘 문명은 본질이 전혀 달랐다. 유대 문명은 하나님의 초월적인 창조 역사를 기록하였는데, 이것을 헬레니즘 문명은 현상적인 질서인식으로 수용하였다. 마치 3D 영화를 2D 영화로 보는 것처럼……. 神이란 존재를 바라본 이해 관점도 상황은 비슷했다. 이런 이유로 기독교 신학은 끝까지 神의 존재를 증명할 수 있는 세계관적 기반을 확보하지 못하였다. 하지만 천지 창조 역사가 사실은 창조 이전에 이룬 하나님의 사전 창조 역사에 기인한 것이란 본의만 이해한다면 성경에 기록된 초월적인 주관 역사는 물론이고, 그렇게 해서 지어진 세계를 이해하는 관점을 확보하고, 이 땅에 강림한 보혜사 하나님의 본체적인 모습을 뵈옵게 되리라.

제4장 창조 역사의 불가역성

1. 결정 영역, 능력, 법칙

　우리는 자유로운 몸과 마음을 가진 인간이지만 한편으로는 뜻대로, 의지대로 되지 않는 불가항력적인 부분도 있다. 세상에는 존재하는 것과 존재하지 않는 것, 곧 有와 無가 구분되고, 이치로든 의지로든 가능한 일이 있고 불가능한 일이 있는 것은 무엇 때문인가? 늘 부딪히고 인식하는데 누구도 여기에 대해 해명하고자 한 노력은 없었다. 당연한 일인데 무슨 이유가 있겠는가라고 할 수도 있지만, 창조된 세계 안에서 그냥 드러난 현상은 없다. 여기서 있을 수 없다는 것은 모종의 결정력이 작용했다는 말이다. 그 이유를 밝힐 수 있다면 베일에 가린 창조의 비밀을 푸는 것과 같아 판단하지 못할 사물이 없고 설명하지 못할 현상이 없으리라. 왜 존재하는 것과[有] 존재하지 않는 것[無]이 구분되는가? 하나님이 태초에 목적과 사랑으로 창조한 것은 존재하고, 창조하지 않은 것은 無한 것이다. 창조된 것만 존재하기 때문에 그렇게 해서 결정된 세계는 오직 有함을 본질로 한다. 無함은 없다.[27] 만약 無도 존재하는 것이라면 有한 영역 안에 포함된다. 세계 안에서 절대 無가 존재할 수 없다는 것은 시사하는 바가 크다. 생각이 복잡하므로 헷갈리는 점은 있지만 세계 안에서 창조되지 않은 것은 존재할 수 없다는 기준만 서면 아무리 복잡한 논거라도 헤쳐 나갈 수 있다. 의미를 모르면 이해할 수 없지만 이제는 가능해졌다. 세상에서 가능한 일과 불가능한 일이 구분된 것도 창조와 직결된다. 천지가 어떻게 창조된 것인가에 따라 차이는 있지만 근본적인 것은 창조 역사가 실현되었기 때문에 역사된 범위 안에서 가능한 일들이 있게 되었다. 반면 결코 이룰 수 없는 일도 있는데, 그것은 창조되지 않았고, 그렇다면 어떤 경우에도 능할 수 없다. 다시 말해 가능성은 창조로 인해 일어나고 일어날 수 있는 요인을 가졌다. 불가능성은 가능하지 않은 성질이고 이룰 수 없는 성질이다. 창조가 이런 가능성과 불가능 영역을 구분했다.[28] 선현들도 이런 有無 존재에 대해 숙고하지 않은 것은 아니지만 가능하고 불가능한 본질은 창조가 결정지은 것이므로 창조가 아니면 그 무엇도 규정할 수 없다. 창조만큼 有無를 확실하게 구분 짓는 기준선은 없다. 有無의 발원이 창조에 있으니, 창조를 통해서만 본질을 규정할 수 있다. 세계는 無가 없기 때문에 존재하는 것만 존재하고, 有는 없을 수 없기

---

27) 엘레아학파는 있는 것만 있고 없는 것은 없다고 했다.

28) 창조되었기 때문에 有한 것과 無한 것, 가능한 것과 불가능한 것이 구분되었다. 그래서 가능한 것은 이룰 수 있고, 불가능한 것은 이룰 수 없으며, 有한 것은 존재할 수 있지만, 처음부터 無한 것은 존재가 불가능하다.

때문에 불생불멸이다. 이 원칙은 창조된 세계를 판단하는 중요한 기준이다. 다시 요약하면, 존재하는 것만 오직 존재하고 그것은 영원하다. 그래서 이런 본질 규정을 통하면 有無를 결정한 창조가 무엇인지 가늠할 수 있다. 창조되지 않은 것은 존재할 수 없고 生할 수 없는 것이므로, 하나님이 창조 이전에 이룬 창조 역사도 원칙은 동일하다. 창조되지 않은 것은 존재하지 않지만, 창조되기 이전이라도 처음부터 존재하지 않은 것은 존재할 수 없으며, 가능하지 않은 상태에서 창조 역사가 실현될 수는 없다. 그렇다면 창조 이전은 도대체 아무것도 있을 수 없는 상태인데 어떻게 존재할 수 있다는 것인가? 창조 이전에는 바로 하나님이 존재한 것이다. 無한 상태로 존재하였다. 無는 無할 수 없으며, 無도 존재하기 때문에 존재 영역 안에 포함해야 한다는 뜻이 여기에 있다. 사전에서도 "전에 없던 것을 처음으로 만듦(민중국어사전)"이란 뜻이 있어 모든 창조는 창조 이전에 존재한 하나님에게 근거했다. 언급한바 기독교가 채택한 無로부터의 창조는 "아우구스티누스가 성서에 대한 철저한 주석과 해석에 근거한 것이 아니고 자신의 창조론에 성서의 해석을 맞추었다"는 비판처럼[29] 有無의 정확한 기준에 따라 재정립되어야 한다. 창조 근거를 無한 하나님에게 두지 않고 전능한 권능에 의탁함으로써 창조로 설정된 불가능한 영역을 오히려 허물어뜨렸다. 창조는 가능한 것을 현실화시킨 것이기 때문에 하나님도 無로부터의 창조는 불가능하다. 그렇게 결정한 것이 창조 법칙이다. 無→有는 불가능하고, 無한 有→有는 가능하다. 無한 有가 곧 하나님으로서 하나님은 모든 有의 근

---

29) 「플로티노스와 어거스틴의 창조론에 관한 고찰」, 이상정 저, 신학논단, p.126.

거, 근원, 본체이다. 다시 말해 하나님의 무궁한 본체에 근거하여 천지만물이 창조되었다. 하지만 無에 둔 아우구스티누스는 결론 도출이 어긋났다. 있고 없음의 문제에 있어서 어떤 것도 無로부터는 창조가 불가능한 것이므로 처음부터 없었던 것은 어떤 경우에도 생길 수 없다. 그런데도 현상계에서 없었던 것이 나타나는 것은 다름 아닌 잠재되어 있다가(미발) 발한 것이다. 하나님은 일체 가능한 것을 본유하고 있나니 전에 없었던 것이 존재한 것을 이상하게 여겨서는 안 된다. 이미 모든 것을 갖추고 완벽하게 창조하였지만 존재할 현상적 요인이 아직 발하지 못한 관계로 시공간상에 드러나지 못한 상태이다. 진화론자들은 종은 덜 완벽한 것으로부터 더 완벽한 것으로 진화한다고 생각했는데, 이것 역시 無로부터 천지가 창조되었다는 생각과 동일하다. 어떤 것도 無로부터는 창조가 불가능하고 "더 완벽한 것이 덜 완벽한 것으로부터 생겨날 수 없다."[30] 이 원칙은 진화 메커니즘의 비가역성을 판정하는 기준이므로 유념해야 한다.

존재(Being)에 관한 탐구는 서양 形而上學의 중심 테마이고 동양 形而上學, 특히 도가와 대승불교가 추구한 일차적 과제이다. 하지만 깊이 면에서는 차이가 나는데, 서양 形而上學은 無에 대해 논리적으로 접근한 관계로 개념을 정의한 것 이상은 넘어서지 못했다. 차원적인 세계관을 뒷받침하지 못해 창조에 대해서도 깊이 있는 논거를 펼치지 못했다. "無는 존재의 결여 내지 단순한 비존재로서 개념화하였고, 無에 관한 표현과 진술을 논리적으로나 존재론적으로 무의미하고 비진리인 것으로 간주하였다."[31] 有無論 규정에 창조의 비밀

30) 『서양근대 종교철학』, 서양근대종교철학회 엮음, 창비, 2015, p.79.

31) "서양에서 無는 비존재를 뜻하는 me on, non-being 등의 표현에서 볼 수 있듯 언제나

을 푸는 실마리가 숨어 있다고 해도 과언이 아닌 데 안타까움이 있다. 반면에 도가의 시조인 노자는 "無는 천지의 시초를 이름하고 有는 만물의 어머니를 이름한다"란 의미심장한 말을 남겼다.[32] 여기서 無는 단지 있음에 대한 반대 개념이 아니다. 천지의 시초를 지칭한 無로서 처음부터 존재의 영역 안에 포함된 無한 有로서 만상을 있게 한 바탕 근원이다. 알고 보면 "형상 없는 형상, 즉 무상지상(無象之象)이 그 대상이요, 이것은 비록 형상은 없지만 만 가지 만상을 생각하게 할 수 있다."[33] 무상지상을 유상지상화시킨 것이 바로 천지 창조 역사이다. 有無는 차원을 달리하면서도 "有는 無로 인해 성립되고 無는 有로 인하여 나타나 본래 有를 세우지 않으면 有 또한 존재할 수 없다."[34] 소태산도 有는 無로 無는 有로 돌고 돈다고 한 만큼, 有無는 한 몸으로서 다름 아닌 일원이다.

> "나는 無를 모른다. 그것은 없기 때문이다. 그러나 나는 無를 말한다. 그것은 잘못인가? 없는 것이 없음은 모두 다 있음을 말한다. 있는 것의 없음은 그저 없음이다. 그러나 모든 없음의 없음은 있는 것인가 없는 것인가?"[35]

동양의 無는 본체적이고 입체적이므로 그 자체로 대창조의 본의를 엿본 흔적을 남겼다. 無를 통찰한 깊이만큼 창조를 엿본 것인데, 우리는 위의 물음에 대해 어떻게 답할 수 있을까? 답해야 선현들이

부정적이며, 존재에 대한 부인으로 환원되고 있다."-『서양철학과 선』, 존 스태프니 외 저, 김종욱 편역, 민족사, 1993, p.33, 131.

32) "無名天地之始 有名萬物之母."-『노자도덕경』1장.

33) 「노자의 무위자연론 연구」, 박선미 저, 경성대학교교육대학원 윤리교육, 석사, 2002, p.16.

34) 위의 책, p.158.

35) 『노장철학』, 정세근 저, 철학과 현실사, 2002, p.207.

일군 道, 지성들이 탐구한 形而上學적 실체를 함께 실인할 수 있다. 창조는 존재의 有無를 결정한 영역이 있고, 가능성과 불가능성을 결정한 능력 외에 가역과 불가역성(不可逆性), 혹은 비가역성(非可逆性)을 결정한 법칙까지 있다. 여기서의 중심 개념은 역(逆)인데 역은 뒤, 거꾸로를 의미한다. 그래서 가역은 뒤로 돌리는 것이 가능하다(바꿀 수 있다)는 뜻인 반면, 불가역은 원래(본래)의 상태로 돌리는 것이 불가능하다는 뜻이다. 곧 바꾸지 못하거나 뒤로 돌리지 못하거나 본래의 상태로 갈 수 없는 상태이다. 비가역성도 뜻은 비슷한데, 역행하지 못하거나 되돌아오지 못하는 성질이란 말이다(본디 상태로 돌아갈 수 없다). 해당된 대상이 무엇이든 예외가 없는데, 우리는 젊음을 되돌릴 수 없고 물질도 한 번 바뀐 다음은 다시 원래 상태로 돌아갈 수 없다. 알다시피 열역학에서 비가역 과정이란 가역적이지 않은 과정, 즉 이전 상태에서 현재 상태가 되었을 때 다시 이전 상태로 돌아갈 수 없는 경우이다.[36] 할 수 있음과 할 수 없음이 결정된 것은 그렇게 천지가 창조되었다는 뜻이다. 하나님의 命이 작용하였다. 본의를 모른 상태에서는 일련의 현상들이 상식적이고 당연한 것으로 보이지만 알고 보면 필연적인 이유와 작용된 원인이 있다. 이것을 알고 모름의 차이는 엄청난데, 가능한 일과 불가능한 일의 경계를 허문 결과 선천 하늘의 질서가 무너졌다. 가능한 것과 불가능한 것을 확실하게 구분해야 선천의 역도된 우주 질서를 바로 잡을 수 있다. 창조 때문에 가능한 일과 불가능한 일이 구분된 것인데도 지성들은 그 경계를 허무는 데 혈안이 된 세계관적 억측이 있었다.

---

36) 네이버 사전.

경계를 구분하지 못해 혼란이 가중되었고, 넘어서는 안 될 선을 넘어버린 만큼, 정확하게 구분하는 작업은 그것이 곧 하나님이 장차 이룰 역사적인 대심판 과정이 되리라.

2. 가능(가역)의 방향

하나님은 전지전능한 창조주로서 이루지 못할 일이 없다고 믿지만, 그렇다고 해서 아무런 목적도 뜻도 없이 무작정 이루는 일은 없다. 그리고 일단 이룬 것은 허물 수 없기 때문에 세계 안에서는 가능한 방향이 설정된 것이고, 결코 돌이킬 수 없는 결정성이라 어긋난다면 불가역, 즉 되돌릴 수 없다. 창조는 이미 존재하는 것으로부터, 충분히 가능한 것으로부터 발휘된 권능으로서 능동적인 창조력의 주체성을 알면 가능, 가역의 방향을 명확히 할 수 있다. 무엇이 창조를 이룬 원본체인가? 無가 그 방향지시등 역할을 한다. 한마디로 말해 하나님은 가졌지만 피조체는 가지지 못한 것이 가역의 방향을 결정하였다고 할 수 있지만, 세계 안에서는 원본체가 다양하게 현현된 관계로 분간하기가 쉽지 않다. 그래서 하나님을 기준으로 잡으면 가역성이 되고 피조체를 기준으로 삼으면 불가역성이 된다. 이런 구분은 상식이라 대수롭지 않게 생각하는데, 서양 기독교는 이런 상식조차 등한시 한 관계로 하나님이 창조주란 믿음은 지켰지만 창조론은 완성하지 못했다. 존재가 무엇이고, 불변이 무엇이며, 영원한 것이 무엇인지 정의하지 못했다. 해결해야 할 과제를 풀지 못하니까 세인들이 세상 질서를 거꾸로 이해하였다. 존재로부터 존재가 생기는 것을 근거로 수많은 세월이면 새로운 창조까지 가능한 것으로 보았다

(진화론). 그런데도 기독교 신학은 무엇 하나 지적할 근거를 제시하지 못했는데, 가능성의 발원이 어디에 있고, 어떻게 해서 가능한 것이며, 가역성의 방향이 어느 쪽인지, 그리고 그 역이 왜 불가능한 것인지만 알면 명확하게 판가름할 수 있다. 이것이 곧 하나님이 이룬 창조 역사의 주도 방향이다. 有함을 원칙으로 하면 가역한 일체 방향을 지침할 수 있다. 즉, 하나님은 창조의 바탕성을 마련한 창조주답게 근거자로서 일체를 결정하였다. 충분한 범위 안에 있어 "모든 것은 모든 것 속에 있음이 가능하고(스토아학파), 모든 것은 모든 것과 연관되어 있다(코머드의 생태학 제1 법칙)."[37] 창조 역사가 이룬 가능한 범위 안에서 가능한 현상이고 가역한 방향이다. 가역한 범위 안에 있어 가능한 것이지 반대 방향은 불가능하다. 속에는 모든 것이 있지만 밖에는 없다. 창조 밖은 無이다. 이것을 다시 비유하면, 종은 종이 가진 모든 것의 안에 있고 그것이 전부이다. 처음부터 존재하지 않고 창조되지 않은 것은 이후로도 있을 수 없다는 것이 종의 불가역한 방향이다. 종이 가진 모든 것은 종 안에 있지 바깥에는 없다. 둥근 원은 닫혀 있다. 열려 있으면 원이 아니다. 존재의 본질, 종의 본질도 그처럼 닫혀 있다. 뭇 존재가 종다운 특성을 가지도록 문을 굳게 닫아 놓은 것이 창조 역사이다. 그것이 종이 가진 특성, 곧 가역한 방향이다. 변이성의 축적으로 새로운 종을 창조할 수 있다는 것은 불가역이다. 결정성이 열려 있다면 그것은 원도 종도 아무것도 아니다. 창조가 완성될 수 없다. 그런데도 진화가 문을 애써 열어젖혔다는 것은 무엇을 뜻하는가? 하나님이 닫아 놓은 문을 열어

---

37) 『서양철학 이야기(1)』, 이강서 저, 최남진 그림, 책세상, 2006, p.177.

젖힌 것은 심판받아 마땅한 죄악이다. 창조 역사는 목적을 가지고 원을 달아 놓은 역사(결정)이므로 누가 연다고 해서 다시 열릴 문도 아니다. 창조 뜻을 거스른 방향이다. 결정된 종은 다른 종으로 변화할 수 없다. 불가역성의 결정이다. "모든 진리는 그대로 하나님의 진리이다. 진리는 하나님에 관한 것, 그의 창조, 혹은 창조 가능성과 연관되어 있다. 하나님과 연관된 창조 세계에 대한 목적과 맺은 관계에 의해 통일된 전체이다."[38] 창조하였기 때문에 그로부터 생성되고 규정된 진리가 가역성과 관계성의 방향을 결정하였다. 진리는 하나님과 통하며, 진리를 통하면 창조 역사를 확인할 수 있다.

플로티노스는 도식적이기는 하지만 "一者는 만물의 존재 원인으로서 창조자이다. 질료를 포함한 모든 것의 원인인 동시에 모든 것을 창조한다"고 하여[39] 나름대로 가역한 범위를 분명히 하였다. "一者는 형상들뿐만 아니라 모든 것의 제작자이다."[40] 즉, 하나님은 모든 것의 근거로서 모든 것을 이룬다. 가능성을 실현한 세계 안에서 하나님이 이루지 못할 일은 없다. 따라서 불가능한 것은 불가능한 것으로 받아들이는 것이 순리인데, 왜 불가능한 것인지에 대한 이유를 몰라 경계선을 허물고 넘나들었다. 인지하다시피 "자연 사상(事象)의 변화 방향은 불가역적이다. 만일 우리가 현실에서 관측된 것과 전혀 반대로 진행되는 현상의 경과를 상상한다면 그것은 마치 거꾸로 돌려서 비쳐진 영화의 필름처럼 물리적인 과학으로 확립된 법칙에는 거의 모든 경우 반대가 될 것이다."[41] 하지만 원인은 결과를

---

38) 『기독교 세계관』, 앞의 책, pp.192~193.
39) 「플로티노스의 절대자 개념에 대한 연구」, 조원준 저, 연세대학교대학원 철학과, 석사, 1999, p.20.
40) 위의 논문, p.20.

향함이 분명하고 원인 없는 결과는 있을 수 없는 데 원인을 모르면 우연성을 당연시하는 경우가 있듯, 물리적인 현상도 과정상에서는 변화의 불가역성을 확인하면서도 볼 수 없는 본질의 작용 영역 때문에 가역적인 방향을 거꾸로 해석했다는 것이 문제이다. 열역학 제2법칙에 의하면, 어떤 시스템의 질서도는 자유자재의 형태, 즉 무질서의 상태로 변하려는 경향이 있다. 다시 말해 모든 계는 질서에서 무질서로, 확률이 적은 경우에서 큰 경우로만 진행된다. 더 이상 새로운 질서는 생성될 수 없다. 그래서 생성의 첫 출발은 창조로부터이다. 창조→질서→무질서로 나가는 것이 엔트로피 증가의 법칙이므로, 이 법칙은 아무도 거스를 수 없다.42) 그런데 진화론의 경우, 생명체만은 예외로 간주하고 생명은 외부로부터 끊임없이 에너지를 공급받기 때문에 열역학 법칙을 조금도 거스르지 않으면서 생명 질서를 증가시킬 수 있다고 하였다.

> "진화의 과정은 복잡성, 분화, 조직성이 하등에서 고등으로 끝없이 발달하는 과정이다. …… 나는 진화가 기적이라고 단언한다. 진화가 조직성과 전문성이 증가하는 과정인 한, 진화는 자연 법칙에 위배되기 때문이다."43)

볼쯔만의 결론처럼, "어떤 질서의 상태는 보다 무질서한 상태로 향하는 것으로, 다른 방향으로 향하지 않는다"고 하여44) 가역과 불

---

41) 『정신과 물질』, 슈뢰딩거 저, 이인길 역, 과학과 사상, 1991, p.125.
42) 폐쇄된 체계에서 어느 실재하는 과정에서든지 엔트로피는 반드시 증가한다. 엔트로피는 한 체계의 무질서한 상태의 측정이다.
43) 『풀하우스』, 스티븐 제이굴드 저, 이명희 역, 사이언스북스, 2012, p.43.
44) 『정신과 물질』, 앞의 책, p.126.

가역의 방향성을 명시하였지만, 문제는 창조의 대결정성을 보고도 판단할 기준이 없어 기적 운운하였다. 칸트는 "유한을 차안으로 무한을 피안으로 규정하고, 유한과 무한의 대립은 극복할 수 없는 것이며, 인식은 차안에 머물 수밖에 없고, 피안에 도달할 수 없다고 하였다."[45] 철저하게 현상계적인 관점에서 피조체가 지닌 불가역의 한계를 보았다. 이것이 곧 창조가 낳은 명확한 경계선이다. 무한을 유한하게 한정시킨 것이 창조이다.[46] 세계는 유한성 안에서 무한할 수 있다. 창조, 본질, 내인이 모두 그렇다. 이것이 외적 현상과 사물에 영향을 끼치고 변화를 일으키며 결정한다. 외인(환경)은 일시적으로 영향을 주지만, 그런 요인은 멸함과 함께 사라진다. 근원적인 본질 요인은 내적 가능성을 일깨워 근본적인 개선을 이루지만(수행, 덕행, 가치) 외인은 단절된다. 이것이 본질의 가역성 방향이다. 있음이 있음을 낳은 것이 창조가 허용한 가역성 법칙이고 절로 생김은 불가역성이나니, 이 기준 하나면 심판할 영역이 부지기수이다. 판단에는 이유가 있지만, 착각을 바로 잡아야 인류를 정신적인 고뇌의 늪으로부터 건져낼 수 있다.

3. 가능성의 한계벽(불가역)

세상에는 되는 일이 있고 안 되는 일이 있듯, 우리에게는 할 수 있는 일이 있고 할 수 없는 일이 있는데, 이렇게 구분되는 것은 바로

---

45) 『신학의 주제로서의 마르크스주의』, 배영호 저, 가톨릭대학교출판부, 2000, p.41.
46) "헤겔은 神을 적극적으로 이해하여 모든 것을 포괄하는 유한자 안에 있는 무한자로 이해하였다."- 『신은 존재하는가(1)』, 한스 큉 저, 성염 역, 분도출판사, 1994, p.218.

창조 역사의 실현성 여부와 관련이 있다. 하나님이 가진 것 중에서도 창조를 실현시킨 것은 가능한 것이고, 그렇지 못한 것은 불가능하다. 데모크리토스는 무엇이든지 우연히 일어날 수는 없다고 하였고, 레우키포스는 無에서는 아무것도 일어나지 않는다고 하였는데, 왜 모든 것이 그렇게 원인으로부터 생기는 것인지, 그리고 우연성의 부정 이유에 대하여 지성들은 사물의 필연성을 밝히는 것이 과학이고, 그것을 사실적으로 설명하는 것이 과학 이론이라고 하였다.[47] 하지만 정말 가능한 일인지 불가능한 일인지는 창조의 실현 여부로 가늠된다. 그 이유는 원인의 씨앗, 곧 최초 원인은 창조가 발원시켰고 하나님이 지닌 탓이다. 이 연구는 본의에 따라 無로부터의 창조 교리를 부정했지만, 현상적인 시각이라면 타당한 인식이기도 하다. 궁극적인 원인은 창조가 지녔고 세상은 지니지 못한 관계로 아무리 구해도 無! 無이다. 성경은 "믿음으로 모든 세계가 하나님의 말씀으로 지어진 줄을 우리가 아나니, 보이는 것은 나타난 것으로 말미암아 된 것이 아니니라"라고 하였다.[48] 이것도 결국은 창조주와 피조체를 구분시킨 말이다. 세상이 존재한 것은 말씀에 원인이 있다. 그래서 창조의 원인은 하나님에게서 찾아야지 세상 안에서 찾으면 불가능하다. 과학자가 아무리 사명감을 가지고 사물이 존재한 필연성을 밝히고자 하지만 영원히 이룰 수 없는 꿈이다. 원인의 소재 문제는 철인들이 神의 실체를 규정하는 과정을 통해 이미 확인하였다. 라이프니츠는 말하길, "神은 실체로서 만물의 원인이다. 실체는 그

---

47) 「과학적 무신론에 대한 비판적 고찰」, 허정윤 저, 평택대학교 피어선신학전문대학원 신학과 역사신학, 박사, 2014, p.122.
48) 히브리서 11장 3절.

실재의 근거를 자기 자신 안에 가지며, 그 때문에 필연적이고 영원하다"라고 하였다.[49] 만물 속이 아니고 神에게 원인이 있다고 하였는데, 그 원인의 존재 방식은 실재의 근거를 자기 자신이 가진 형태이다. 이것은 논거하는 것만으로는 안 되고 창조 메커니즘이 개입된 것인데, 우리는 원인을 스스로 가질 수 없기 때문에 말미암은 피조체이고, 하나님은 자기 안에 가지고 있어 창조주이다. 우리는 모태 없이는 존재할 수 없지만 하나님은 모태, 원인 없이 원인을 낼 수 있다. 이것을 가능하게 한 것이 천지 창조 역사이다. 원인의 소재가 神에게 있다는 사실을 확인하였다면 피조체가 왜 피조체 스스로 원인이 될 수 없는지도 확인할 수 있다. 용수는 『중론』 제7품에서, "만약 생겨남이 존재한다면 그것을 또한 생겨나게 하는 것이 있어야만 한다. 결국 무한소급에 빠지게 된다"고 하였다.[50] 무한소급은 원인을 소유하지 못한 피조체의 한계와 본질을 결정했다. 이것이 피조체의 한계벽이다. 창조를 구분선으로 삼음으로써만 우리는 영원하고 자존한 하나님과 그렇지 못한 피조체가 질적으로 다른 사실을 명확히 할 수 있다. 여기서 하나님이 원인을 가진 것은 피조체에 대해 알파요 오메가란 말이다. 일체를 알파와 오메가가 둘러쌌다. 이런 특성으로 인해 하나님이 온전히 세계를 장악할 수 있다. 神은 원인일 뿐만 아니라 결과까지도 지니고 있어 알파이자 오메가이다. 알파와 오메가를 장악한 관계로 인간이 하나님의 섭리 품 안을 벗어난다는 것은 불가능하다. 알파와 오메가는 나의 전부이고 전체이다. 사람은 하나님의 형상으로 창조되었는데(창 1:27), 이것은 알파와 오메가를 장악

---

49) 『근대형이상학에 있어서 철학자의 신』, 발터 슐츠 저, 이정복 역, 사랑의 학교, 1995, p.25.
50) 『서양철학』, 에드워드 콘즈 외 저, 김종욱 편역, 민족사, 1994, p.103.

한 하나님의 권능을 벗어날 수 없는 본성을 명시한 것이다. 벗어날 수 없는데 벗어날 수 있다고 자만한데 죄악이 도사린 것이므로, 인간의 본성 회복은 곧 본의를 자각하는 것으로부터이다.

진화론자들이 진화를 추론적 가정과 논리적 근거를 따져 입증한다고 주장한 것은 어불성설(語不成說)이다.[51] 만물이 창조 작인, 곧 능동적인 원인을 지녔는가를 보면 곧바로 확인된다. 우주의 자족(自足)성을 인정할 수 없는 것은 우주의 어디서도 자족한 사례를 찾을 수 없기 때문이다. 그 무엇도 자신이 소유하지 않은 정보를 자신에게 스스로 부여할 수 없다.[52] 그것은 불가능하다. 가능한 방법은 어디서든 부여받아야 한다. 원인을 찾는 것이다. 부여받는 자가 부여되지 않은 정보를 창조할 수는 없다. 어떤 정보도 존재하지 않는 無로부터는 얻을 것이 없다. 삼라만상 일체가 의존하고 있다. 하지만 神의 본질은 존재 자체이다. 스스로 존재한 것은 원본체요, 말미암은 존재는 가체이다. 원인의 불가역성이랄까? 피조체는 스스로 원인을 가질 수 없지만 神은 지니고 있어 자족할 수 있다. 우주의 시작도 조건은 원인 추적 상황과 동일하다. 우주가 아무것도 없는 無로부터 시작되는 것은 불가능하다. 그런데도 본의에 입각하면 타당한 인식이기도 하다. 그 이유는 우주 안에서는 어떤 시작도 없기 때문이다. 왜 시작이 없는데 시작이 있게 되었는가? 피조체인 탓이다. 천지는 창조되었고, 현실 공간 속에서 확실하게 존재한 상태이지만 도무지 알파를 찾을 수 없고 인식마저 불가능한 것은, 그것이 곧 천지가 창

---

51) "설계자는 척추동물의 눈을 맹점 없이도 만들었을 것이다. 그런데 척추동물의 눈은 맹점을 가졌다. 따라서 다윈주의적인 진화가 눈을 만들었다."-『다윈의 블랙박스』, 마이클 베히 저, 김창환 외 역, 풀빛, 2001, p.313.
52) 「기독교의 창조이념에 관한 철학적 고찰」, 이상호 저, 수원대학교 논문집(12집), p.4.

조된 사실의 근거이다. 왜 만상은 존재한 최초 알파를 찾을 수 없는가? 창조 이전에 존재하지 않은 無와 창조 이후에 존재하게 된 有로 구분되어서이고, 창조 이전의 無한 과정에서 이미 창조 역사가 시작된 것이다. 『천부경』에서는 일시무시일(一始無始一)이라, 一은 시작도 없이 시작한다고 하였는데, 이 말은 역설이다. 현상계 안에서는 있을 수 없는 일인데, 시작이 있는 것은 시작이 분명 천지를 창조한 하나님이 지녔기 때문이다. 현상계 안에서는 불가능하지만 어디로부턴가 있었다는 말이다. 어디에? 우주 안에는 없지만 하나님 안에서는 가능한 본체 논리, 창조 논리, 초월 논리이다. 하나님이 원인 없이 존재함은 하나님의 초월적인 존재방식이듯, 창조 역사는 원인 없이 원인을 있게 하였고, 시작 없이 시작을 있게 한 말이 안 되는 역사를 실현시켰다. 그래서 다시 묻노니, 우주는 왜 아무것도 없는 無로부터 시작되었고, 아무리 찾아도 시작이 없는가? 대답은 우주가 창조되기 전에 이미 하나님이 준비한 사전 창조 역사가 있었고, 이런 이유로 우주 안에서는 시작이 다시 있을 수 없기 때문이다. 우주 안에서 시작을 찾는 것은 불가능하다. 지성들이 우주 안에서 시원을 추적한 온갖 노력에 대한 종지부 판단이고, 추론에 대한 최종적 결론이다. 곧 알파를 추적하는 문제에 있어서 창조 이전은 가능한 방향이지만 사물 안에서의 궁극적인 원인 추적은 불가능, 불가역적이다. 우주의 첫 출발은 우주 밖에 따로 존재했으니, 제3의 원인 요청에 하나님이 있다. 세상 안에 시작이 없다는 것은 세상 안에서는 더 이상의 창조가 없다는 말과 같다. 창조 권능은 하나님이 지녔는데 이것을 모르니까 무신론적 사상이 창조 질서를 흩어 놓았다. 유물론과 유심론이 대립한 것은 정신과 물질이 모두 근본으로부터 파생된 피조체인 탓이다. 공히 근원적인 창조 요소로서는 자격 미달이다. 진화 메커니즘도 마찬가지이다. 유한자는 무한자를 포용할 수 없듯, 가지는 뿌리 역할을 할 수 없다. 창조의 가역 방향은 항상 神, 본체로부터이다. 그 역은 불가능하다. 인간의 앎은 神의 앎을 넘어설 수 없는데, 神 없이도 알 수 있다고 여긴 것은 억지이다. 본의를 모르니까 가능한 것과 불가능한 것조차 구분하지 못했다. 구분할진대 현상계 안에서의 새로운 창조 역사는 불가능하다. "1932년, 양자역학에 대한 공로로 노벨상을 수상한 하이젠베르크는 부분의 특성이 전체의 특성을 결정하는 것이 아니라 전체의 특성이 부분의 특성을 결정한다는 충격적인 사실을 발표하였다(『부분과 전체』)."[53] 양자역학 세계에서 가역의 방향을 적시한 것인데, 전체란 곧 물리학자가 감지한 얼굴 없는 하나님이다. 창조는 하나님이 이룬 것이므로 세계 안에서는 더 이상 창조가 없고, 열역학 제1법칙은 우주가 스스로 창조되지 않았다는 사실을 입증한다. 어떤 형태의 에너지가 다른 형태의 에너지로 바뀔 수는 있지만 스스로 생성되거나 소멸하지 않는다. 그 이유를 이전에는 밝힐 수 없었지만 이제는 명백히 할 수 있다. 어떤 기계라도 새로운 유형의 기계를 생산하고 창조한다는 것은 생각할 수 없듯, 생물도 생물에 근거해서 다시 다른 생물을 생기게 할 수 없는 불가역적 원칙은 동일한데, 우주를 창조적 진화의 과정으로 파악한 베르그송은 창조의 불가역적 영역을 허문 것이다. 만물의 영장인 인간도 어떤 존재를 창조한다는 것은 불가능하므로, 세상 안에서는 어디서도 창조 동인이 없다. 삼라만상이 존재한 것은 하나님이 동인

---

53) 『풀하우스』, 앞의 책, p.327.

을 발동시킨 것이다. 가능성의 한계벽이 창조 권능의 소유권 여부에서 비롯된 만큼, 창조 주권이 어떻게 천지 창조 역사에서 원동력으로 발화된 것인지 논거하리라.

Chapter 02

조물론 원론

『중용』에서는 誠이란 天의 道이요 誠하려는 것은 인간의 道라고 하였는데, 천지의 大道는 誠일 뿐 아니라 인간의 본성도 誠이고 우주 만물의 본성도 誠 아닌 것이 없다. 誠은 物의 종시라, 誠이 아니면 物도 없다. 왜 그런가? 하나님이 천지를 사랑과 정성을 쏟아 창조하였으니, 이런 뜻을 반영한 命化 역사는 만물의 원리 법칙만 규정한 것이 아니고, 만물의 성향과 인성, 가치성까지도 규정한 명실상부한 창조의 대원동력이 되었다.

- 본문 중에서

제5장 개관

　　하나님의 창조 역사를 확인하고 증명하고 작용 원리를 규명하지 못한 세계 안에서의 이치들은 구구한 가설의 집에 머물 수밖에 없다. 세상은 엄연히 존재하지만 원인의 세계가 너무 깊이 파묻혀 있어 캐내기가 쉽지 않다. 그래서 지난날에는 창조에 대해 초점을 맞추지 못했고, 하나님이 어떻게 천지를 창조하였는가 하는 것은 불가지한 영역으로 돌렸다. 진리라고 소문난 집 앞을 기웃거려 보지만 궁금한 창조의 작용력은 소재 불명으로 판명 난 상태이다. 이것은 거의 보편적인 양상인데, 동양은 창조를 몰랐고 서양은 본질을 몰랐다. 동양은 道의 제반 작용력에 대한 각성이 무엇을 위한 활동인지 밝히지 못했고, 서양은 믿음을 쏟았지만 창조에 대한 근거를 찾지 못하였다. 창조 역사에 대한 작용력과 원동력을 밝히지 못한 것이 세계가 석연찮은 안개 속에 가린 원인이다. 이 같은 지적은 이 연구의 곳곳에서 확인할 수 있다. 이런 상황에서 이 연구가 이룬 대체적인 과정은 바로 창조의 근원 바탕인 본질의 정체를 규명하고자 한 것으로서, 본질의 작용 특성을 통합성으로서 지칭하였다. 창조의 바탕 근거로서 마련된 통합성은 창조를 위해 어떻게 작용한 것인지를 명확히 하였다. 그렇지만 지난날에는 본질이 존재한 사실조차도 파악하지 못한 상태이므로 「동양창조론 서론」에서는 道를 통해 본질의 존재성을 확인하였고, 「동양창조론 대 진화 메커니즘」에서는 본질이 창조를 실현한 근거를 논거하였다. 그런 성과로 하나님의 창조 역사를 거부할 수 없게 되었는데, 이제는 창조를 이룬 작용 메커니즘까지 더해야 한다. 하나님이 이룬 사전 창조 역사를 근거로 작용력까지 밝히리라.

본질이 지닌 자체의 작용성에 대해서는 앞의 저술에서 충분히 논거했다. 통합성 본질의 성격, 형태, 구조, 특성 등등 하지만 정작 어떻게 만물화되었는가에 대해서는 진척되지 못했다. 동양의 우주론, 서양의 창조론을 막론하고 어디를 살펴보아도 문제가 회피되었다. 그래서 이 연구가 창조의 바탕 근거인 본질이 어떻게 만물로 化했는가 하는 것을 해결 과제로 설정했다. 본질의 바탕성과 달리 작용성은 해결하고자 하는 성격이 다르다. 본질은 만물화되어도 그대로 본질이다. 이 연구는 줄기차게 본질을 창조를 위한 바탕 근거로서 증거하였지만, 정작 핵심인 창조의 원동력에 대해서는 힘이 되지 못했다. 근거로서 본질이 제공되었지만 본질은 본질로서 지닌 영역을 벗어나지 못하였고, 본질과 창조와 만물과의 관계는 모종의 작용성이 침투할 틈이 없다. 영역이 독립되어 있어 관계성을 밝힐 연결 고리를 찾을 수 없다. 만법과 이치와 본질은 창조를 위해서 사전에 완비되었다. 창조를 위한 바탕 틀은 창조 이전에 구축되었다. 대장간을 보면 삽, 낫, 괭이를 만든 것을 확인할 수 있듯, 창조된 흔적들은 이치를 통하면 가늠할 수 있지만 무엇이 化해서 만물화된 것인지는 알 수 없다. 이것은 궁구한 진리로서도 해결할 수 없는 문제이므로 천상의 지혜와 계시와 깨달음이 있어야 한다. 그렇지 못하면 여전히 전제된 가설 단계에 머문다. 즉, 창조를 위한 원동력이 무엇인가에 인식의 한계성 문턱이 있는 것이라, 여기서 하나님의 창조 권능과 구분된다. 전제된 믿음의 동시 경계선이라, 만약 하나님이 존재하지 않고 천지를 창조하지 않았다면 여느 때처럼 더 이상의 전진은 없으리라. 그렇지만 우려를 불식시킬 사실을 확인하였기 때문에 확실한 증거는 역사한 하나님께 달렸다. 차원적인 지혜를 구하기 위해 깨어 있어야 한다. 조건을 갖춘다면 창조 역사를 증거하는 것은 오히려 부차적이다. 통합성이 창조를 실현한 작용 근거, 즉 본질이 어떻게 천지를 있게 한 것인지를 밝히면 된다. 이 연구가 해결해야 할 핵심 과제이다. 창조 역사를 밝히고자 한 이 연구가 이 단계에서 창조의 핵심된 작용 근거를 제시하지 못하면 전제한 조건을 스스로 허물어 버리는 자가 당착에 빠진다. 중차대한 문제의식을 이 순간 만인과 함께 공유하고자 한다. 당면한 문제를 풀어야 만인도 살아 역사한 하나님의 역사를 실감하리라. 하나님은 진실로 태초에 이룬 천지 창조 역사를 때가 이른 오늘날 실감 있게 밝히길 원하였다.

제6장 창조 구조 문제

1. 천지 창조 문제

1) 누가, 무엇이, 어떻게

세상의 진리들은 각자 특성을 지녔다. 만물을 色으로, 근본 바탕을 空으로 구분한 불교의 진리관이 있지만, 창조로 인해 진리가 단장된 것일진대, 이 연구는 창조 역사를 증거한 과정을 통하여 창조성을 나름의 안목으로 보았다는 것을 지적하였다. 관점상의 차이와 미비된 위치에서의 판단도 있을 수 있다. 그렇지만 본체적인 관점에서는 왈가왈부한 논의들도 문제될 것이 없다. 한계 관점으로 인해 발생한 결과일 따름이다. 무엇을 해결하지 못했기 때문인지 이유를 알 수 있다. 그것은 세상이 어떻게 해서 생겼는가 하는 창조의 주체 작용력과 관련되어 있다(누가, 무엇이, 어떻게 천지를 창조하였는가). 창조 역사를 증거하는 것은 본질의 작용 근거를 찾으면 되지만, 중요한 것은 이루어진 과정이다. 천지가 창조되었다고 한 주장만으로 해결되지 않는다. 하나님은 창조 역사에 어떻게 관여하였는가? 작용된 의지력은 성령의 역사로 감지할 수 있지만 어떻게 창조 역사와 연관된 것인지는 파악이 어렵다. 작용력을 밝히지 못한 관계로 구구한 설이 있게 되었다. 신앙인들은 세계가 완전한 것은 하나님의 역사가 완벽한 때문인 것으로 믿고 있다. 하나님은 완전한 존재이라 창조 역사도 그렇게 실현할 수 있다. 그렇다고 믿음만으로 창조 문제를 풀 수 있는 것은 아니다. 결국은 어떻게에 달려 있다. 사전에 통합성 본질은 구축하였더라도 어떻게 만물로 化했는가 하는 점은 숙제이다. 그리고 창조된 대상을 통상 만물이라고 하지만 영역은 실로 헤아릴 수 없다. 하나님은 생명체만 창조한 것이 아니다. 한 분야에 대해 평생을 바쳐도 본질을 파악하지 못하는 형편인데 만물을 일시에, 그리고 한꺼번에 창조한 경위를 안다는 것은 실로 하나님이 아니면 불가능하다. 창조 작업은 하나님이 창조 역사에 관여한 선재 행위력을 추적하는 것으로서 접근 방법이 다르다. 창조 역사는 일체 존재의 있음을 가능하게 한 총체적인 메커니즘이다. 누가, 무엇이? 만물의 구조와 결정된 법칙들을 살피면 실마리를 찾을 수 없는 것도 아니다. 그러나 풀 수 없는 문제는 역시 어떻게에 있다. 알다시피 "생명의 수수께끼가 담겨 있으리라고 주목을 끌어왔던 핵산의 구조 연구는 많은 생명 과학자들의 연구 목표였는데, 마침내 1953년, 미국의 젊은 생물학자인 왓슨이 생명의 수수께끼를 풀 수 있는 실마리를 잡은 업적으로 공동 연구자 크릭과 DNA의 X-선 회절 사진을 찍은 물리학자 윌킨스와 함께 노벨상을 받는 영광을 차지하였다(1962년)."[1] 그러나 실마리를 잡았다고 한 것은 주어진 염색체의 구조를 파악한 것 외에 아무것도 아니다. 어떻게 문제를 밝히는 것은 차원이 다른 과제이다.

설사 하나님을 증명했다고 해도 어떻게란 작용력 문제는 따로 밝혀야 하는 창조 진리의 필수 영역이다. 창조 역사는 행위를 전제로 한 것이므로 행위함을 확인하면 하나님의 존재성 문제도 입증된다. 창조 역사는 하나님이 이룬 절대적인 권능 역사이다. 그래서 하나님이 천지를 어떻게 창조하였는가 하는 것이 세트로서 뒤따른다. 세상이 그냥 존재하지 않은 것은 세계의 有한 본질성을 통하면 확인된다. 그러므로 가닥 잡을 것은 만물과 하나님과 본질을 연결시키는 것이다. 여러 가지 방법을 강구할 수 있다. 한 바둑판 위에서도 두는 수는 무한하듯, 관계를 추적해야 헤일 수 없는 고를 풀 수 있다. 우주적인 하나님은 우주라는 몸체와 본질, 곧 영으로서 주도 의지를 가지는가? 근본이 아예 이원화되어 있어 만물과 본질이 구분된 것인가? 설사 만물을 생성시킨 것이 본질이라고 해도 만상의 구체적 바탕체인 물질이 태초부터 존재한 것이라면 지금까지 쌓은 개념은 허물어지고 만다. 바탕이 물질이라면 본질은 부수적인 조합체로 전락해버린다. 無한 것을 有하게 한 창조의 차원 벽이 무너진다. 조합이 창조라면 와트가 증기 기관을 발명한 것도 창조 행위로서 인정되어야 한다. 하지만 창조란 그런 것이 아니라는 것은 익히 알고 있다. 물질은 창조 영역 안에 있어 창조 이전에는 존재하지 않았다. 세상

---

1) 『생명과학의 현대적 이해』, 주충노 저, 연세대학교출판부, 1990, p.28.

의 놓여진 조건 상태, 곧 세계가 有함 뿐인 상태에서는 오직 有함을 위한 생성밖에 없어 궁여지책으로 수를 던져본 것이다. 더 이상 근원적인 것을 찾는다는 것은 이제 불필요한 노력이다. 있는 것을 보고 사실 그대로 판단하는데 다른 이유가 있겠는가? 이런 유형이라면 모순이 정말 자연의 근본 성질인 것처럼 여겨지리라. 세상이 그런 것이 아니고 제한된 인식 탓이다. 그리고 비록 근거는 결핍되어 있지만 본질의 통합성 상태를 직시한 믿음과 직관에 의한 통찰 등이 사실적인 인식 바탕에서는 모순처럼 보이지만, 이것은 미처 세계의 본질이 분열을 완료하지 못한 탓에 그렇게 판단한 경우도 있다. 현재 추적 중인 창조 진리에 대한 문제도 이와 같다. 현상적인 질서 안에서 보면 사실인 것으로 판단되지만 실상이 아니라는 것. 여기에 창조의 원동력을 규명하지 못한 관계로 초래된 진리의 구조적인 문제점이 있다. 하나님은 분명 천지를 창조하기 위해 완벽한 준비를 갖추었다. 그런데도 불구하고 확인되지는 못하였다. 왜 그런가? 창조 이전에 이룬 일체 작용력을 현상계에서는 포착할 수 없어서이다. 몇 시간을 기다려도 입질이 없다면 물고기가 없다고 생각하리라. 세인들은 급기야 "창세기는 헤브루인의 풍부한 상상력의 산물로 기원전 9세기경에 쓰인 것으로 추정하고 기껏해야 미개인이나 어린아이의 마음이나 만족시킬 수 있는 소박한 사고 유형으로 치부하였다. 신인동성(神人同性)적 비유로 인간이 집이나 도구나 정원을 만드는 것처럼 神이 세계를 만들었다고 생각하였다."[2] 작용력을 밝히지 못해 창조론이 천대를 받은 지경이 되었다. 일체 有함은 有함으로부터 인출

---

2) 『과학의 발전과 함께 새로운 철학이 열리다』, 한스 라이헨 바하 저, 김회빈 역, 새길, 1994, p.22.

된 것이 맞지만, 그런 有함을 가능하게 한 바탕은 무엇인가? 神이 이룬 창조 행위인데도 알 수 없었다. 하지만 神이 존재하기 때문에 그로부터 만물이 존재하게 되었다고 한다면 보다 진일보된 이치 판단이다. 이처럼 합리적 과정을 추적하는 데 수많은 세월이 투자되었다. 그렇다고 해서 문제가 해결된 것은 없다. 神이란 존재로부터 만물의 존재 이유를 이끌어내는 문제가 남아 있다. 그래서 문제를 재차 점검해보자. 창조 이전에는 하나님이 존재했고 천지는 그렇게 有한 하나님을 근거로 창조되었다. 그리고 창조 이전에는 어떤 선재된 물질도 없었다. 이런 조건 안에서 천지가 창조되었다는 것이 창조의 진정한 뜻이다. 창조 역사는 창조된 세계보다 더한 작용 역사가 있어야 한다는 것을 현실적 조건 안에서는 해답을 구할 수 없었다. 따라서 세심한 작업으로 해결을 방해하는 가라지를 가려내어야 한다. 만사의 시스템은 완벽하게 돌아가는데 정작 그렇게 이룬 작용력을 찾아내지 못한다는 것은 말이 안 된다. 진리사를 통틀어 진단해야 하고, 그렇게 해야 정확히 처방할 수 있다.

2) 창조론

다윈이 진화론을 주장하기 위해서는 일단 확인한 종의 변이 사실에 대해서 변이를 가능하게 한 메커니즘을 찾는 것이 필요하였다. 하물며 창조론자들이 하나님의 창조 역사를 굳게 믿는 한 가능하게 한 작용력을 밝혀야 했다. 진리적 과제인데도 해결하지 못해 공인받지 못하였다. 물론 여러 가지 문제가 있지만 핵심은 어떻게 천지를 창조하였는가이다. 창조론자들이 창조를 증거하고자 해도 문제된 범위 이상을 넘어서지 못한 것은 성경의 문자적 해석 관점을 벗어나지 못한 탓이다. 창조론이 어떤 측면에서 진리인가 하는 것은 다시 언급할 기회를 가지겠지만, 그 같은 방법만으로는 문제를 해결할 수 없다. 창조 진리는 세상을 통해서도 인출할 수 있어야 하는데 시도하지 않았다. 창조 이후 세상에 알려진 것이 성경의 기록이다. 단도직입적이고 차원적이라 주어진 조건만으로는 풀 수 없다. 고차적인 창조방정식인데 어떻게 풀 것인가? 실마리를 찾아서 창조물을 대상으로 성경의 기록과 대조해서 확인하는 방법이 있다. 어떻게 해야 하나님 차원에서 이루어진 창조 역사를 성경을 통해 이해할 수 있는가? 문자 그대로 보니까 어려움이 있었다. 그러니까 진화론자들이 내세운 주장에 대해 반박한 수준이었고, 원론적인 문제에 대해서는 "하나님의 창조하심이 오묘하다. 그 지으심이 신묘막측하다"는 정도로 얼버무렸다.[3] 티끌 하나에도 진리성이 무궁한데 세상이 절로 이루어졌다는 것은 말이 안 되므로 천지는 하나님이 창조한 것이란 논리이다. 정작 밝혀야 한 부분은 神의 섭리 문제로 돌렸다. 믿음 외에는 대안을 가지지 못했다. 성경에 근거한 일부 주장은 오히려 창조 사실을 확인하는 데 있어서 장애가 된다. 하나님이 천지를 6일 만에 창조하였다고 증거하려 한다든지 예수님이 물을 포도주로 바꾼 기적처럼 창조 역사가 이루어졌다는 주장 등은 합리성을 추구하는 현대인들에게 곤혹스러움을 안긴다. 물을 포도주로 바꾸었다면 그렇게 한 작용력이 궁금하다. 포도주를 평생 동안 담근 사람도 물만으로는 포도주를 만들 수 없다. 불가능한 것을 가능하게 한 것이므로 그 원

---

3) 결코 우연일 수 없는 선택과 과학으로선 모방 못할 완벽한 설계에 의해 창조되었다고 함.-『신비한 인체창조 섭리』, 김종배 저, 국민일보사, 1995, pp.12~13.

리성을 창조 진리로 해결해야 한다. 이 연구는 기적이 결코 불가능한 것이 아니라는 것을 인정한다. 천지는 그렇게 초월적인 작용으로 창조되었다. 그런데도 기적으로 여기는 것은 창조 역사의 차원적인 작용 메커니즘을 알지 못해서이다. 정말 인간은 물만으로는 포도주를 만들 수 없는데 하나님은 어떻게 창조하였는가? 거기에는 물 자체와 인간의 손길 외에 제3의 작용력이 개입된 상황을 모종의 엑스자리로서 남겨두고자 한다. 과학적인 지식으로 무장한 현대인은 물을 포도주로 만든 이야기를 웃어넘기지만 본의를 따르면 창조 진리를 인출할 수 있다. 무신론자들은 "과학이 원자를 쪼개고 유전 암호를 해독하며 달에 인간을 착륙시키는 때에 시계를 거꾸로 돌리려는 창조론자들의 노력들이 소름이 끼칠 만큼 저질의 것"이라고 혹평했다.[4] 계시에 근거한 전설들은 만물의 기원에 대해 호기심을 가진 사람들을 더 이상 만족시키지 못한다고 하면서 비판하였다. 창조론은 만인이 원하는 곳을 긁어주고 지적 호기심을 채울 수 있는 건더기를 던져주어야 하는데 부응하지 못했다. 창조 과정을 성경의 문구를 통해 인용한 작업이 전부이다. "어느 날 저녁 갈릴리 해변의 한 산 기슭에서 5천 명의 남자와 그 가족들이 시대적 흔적을 지닌 채 창조된 떡과 생선을 먹게 했다는 예수님의 행적을 통해서 창세기 1장의 제3일, 5일, 6일에 일어난 동물과 식물의 순간적인 창조를 이해하는 데 밝은 빛을 던져준다"고 하면서[5] 합리적인 이해를 유도하였다.

　　"우리 주님이 물을 가지고 시작하셨다 하여 이를 참 창조적 기

---

4) 『창조와 진화』, Norman D. Newell 저, 장기홍·박순옥 역, 경북대학교출판부, 1990, p.22.
5) 『성경적 창조론』, 존 휘트콤 저, 최치남 역, 생명의 말씀사, 1993, p.44.

적이 아니라고 주장할 수는 없다. 우리 주님은 물을 과당(포도주에서 발견되는 2당류) 및 기타 여러 포도주 성분으로 바꾸어 놓으셨다. 수십억 개의 탄소 원자들이 직접 창조되었을 뿐 아니라, 이 모든 원자들이 포도주의 지극히 복잡한 분자 상태로 재배열되었다. 이 일이 급작스럽게 이루어졌음을 부인할 사람은 아무도 없다."[6]

부인할 사람이 없는 것이 아니고 사실이라도 그렇게 설명해서는 믿을 사람이 없다. 하나님이 모든 것을 각각 창조하였다는 말씀이 성경에 얼마든지 있다고 하지만 살펴보면, "하나님이 가라사대 빛이 있으라 하시매 빛이 있었고……."[7] "모세가 증거의 장막에 들어가 본즉 레위집을 위하여 낸 아론의 지팡이에 움이 돋고 순이 나고 꽃이 피어서 살구 열매가 열렸더라"란 이야기뿐이다.[8] 이런 기록을 통해 창조에 대해 얻을 수 있는 정보는 무엇인가? 왜 하나님은 해와 별을 첫날에 창조하지 않고 넷째 날에 창조하였는가? 대답은 "하나님은 태양의 도움 없이도 온전히 지구와 그 위의 생물들을 창조하시고 돌보실 수 있었다."[9] 또한 "나는 내 큰 능(能)과 나의 든 팔로 땅과 그 위에 있는 사람과 짐승들을 만들고……"[10] 즉, 하나님이 천지를 창조하는 데 사용한 방법이 계시되어 있지 않은데도 천지 만상이 그의 손길에 의해 창조되었다는 정도이다. 그 하나님의 만드심, 지으심, 창조하심을 어떻게 이해해야 하는가? 원자 폭탄이 물질을 힘으로 변화시키는 것처럼 창조도 그렇게 하였다는 것인가? 어디를 살펴보아

---

6) 위의 책, p.45.
7) 창세기 1장 3절.
8) 민수기 17장 8절.
9) 위의 책, p.82.
10) 예레미야 27장 5절.

도 천지가 어떻게 창조된 것인가에 대한 답은 없다. 성경의 문자 해석에 기초한 판단은 결국 본의를 모르고 이루어진 것이다. 믿은 것이 잘못일 수는 없지만 창조는 초월적인 하나님의 행위로서 제3의 해석 역사가 필요했다. 차원성으로 인해 야기된 문제는 차원적인 방법을 통해서 풀 수 있고, 통합성 본질이 지혜로운 실마리를 함축하였다.

3) 말씀 창조

창조론자들이 창조 역사를 증명하고자 해도 차원성을 극복할 수 있는 대책을 세우지 못해 해결하지 못하였다. 성경의 문자적 해석에 의존한 것도 그렇고, 현상적인 틀에 끼워 맞추고자 해도 무리가 있었다. 창조된 작용력을 파악하기 위해서는 좀 더 초점을 근접시켜야 했는데, 그것이 기록된바 하나님의 말씀에 의한 천지 창조 역사이다. 곧 "믿음으로 모든 세계가 하나님의 말씀으로 지어진 줄을 우리가 아나니……"11) 하나님이 말씀으로 命하여 목적성을 부여하니까 즉시 이루어졌다는 것은 창조 역사에 대한 중요한 작용력을 시사한다. 하지만 계시는 있었지만 정작 어떻게 창조한 것인지에 대한 설명은 없어 이에 대한 지혜는 다시 구할 수밖에 없었다. 생명의 기원을 밝히기 위해서 실험실에서 유기물질을 추출한 방법은 작용력과는 거리가 멀다. 무기물질로부터 유기물질을 추출하는 데는 성공했지만 차원적인 창조 역사는 뒷받침할 수 없다. 남은 것은 하나님이 원인을 제공한 말씀뿐이므로 이 말씀을 통해 원하는 메커니즘을 구해야 한

---

11) 히브리서 11장 3절.

다. 하나님이 어떻게 천지를 창조하였는가가 아니고 어떻게 말씀으로 천지를 창조하였는가에 초점을 두어야 한다. 작용력은 만상의 기원을 밝히는 문제와 직결된다.[12] 인류학자가 지구상에 산재된 화석을 발굴하여 해부학적, 고고학적 기원을 추적한다면 가치 있는 연구이겠지만 만상의 기원을 밝히는 것과는 성격이 다르다. 집의 번지수가 다른데 어떻게 할 것인가? 말씀 창조 방법은 정확한데 문제는 그 집이 정말 우리가 찾고 있는 집인가 하는 것이다. 주소는 맞는데 근거를 찾을 수 없다. 원인은 확인할 근거를 집 자체가 지닌 탓이다. 즉, 하나님이 빛이 있으라 하니 빛이 있었고 하늘이 있으라 하니 하늘이 있었으며 땅, 인간, 온갖 생물, 만상을 그렇게 창조하였다. 창조한 주체 요인이 말씀 자체에 있다. 여기에 작용력의 실마리가 있다. 말씀 자체가 창조를 있게 한 작용력 근거이다. 말씀으로 창조 역사가 실현되었다는 사실을 우리가 생각으로 뭇 존재를 가늠할 수 있는 것과 비교해보자. 물론 상상이기는 하지만 생각은 형상을 가늠할 수 있는 것처럼 말씀도 자유 자재한 뜻으로 창조한 것인가?

그러나 그렇게 해서 근접은 했더라도 정말 구하고자 한 작용력의 정체를 확인한 것은 아니다. 확인하기 위해서는 정밀한 분석 작업을 해야 한다. 생각과 말씀과는 차이가 있다. 우리는 상상으로 가늠한 상태이지만 말씀 작용은 행위함이 뒷받침되었고, 창조된 결과까지 낳은 의지와 뜻이 집중되었다. 이치는 생각으로 헤아리지만 말씀은 온갖 이치를 결정지었다. 그렇다면 어떻게 말씀을 통한 뜻과 의지의 집중으로 창조 역사를 실현한 것인가? 뜻만 집중하면 곧바로 만물이

---

12) 學的 근거에 기초를 둔 존재의 기원 추적은 하나님의 창조 역사를 전혀 고려하지 않은 실정임.

창조되는가? 아니면 매개체 역할을 한 것인가? 만물을 이룬 바탕 근거는? 말씀이 천지를 창조한 것은 사실이지만 마술사의 손놀림처럼 무엇이, 어떻게, 왜? 아무것도 없는 손에서 갑자기 비둘기가 날고 형겊이 줄줄이 엮어져 나온 것인지 알 수 없다. 초점을 잡은 듯하다가 더 복잡한 의문의 물고가 트여버린다. 작용된 근거는 어디서 찾아야 하는가? 번지수조차 몰랐던 데 비해 지금은 여건이 나아진 상태이다. 말씀의 창조 역할이 증대된다. 말씀에 근거한 바탕이 세상의 근본이 된 것이다. 어떻게 그것이 가능한가? 지극히 추상적인 뜻이 천지를 이룬 작용력의 주체로 부각되므로 집중적으로 해부할 필요가 있다.

즉, 우리는 '스스로 그러함'으로 존재하고 있는 자연과 달리 생각과 뜻은 무언가를 의도하고 도모할 수 있다. 돌과 다르게 인간은 다각적인 시도를 할 수 있는 만큼 자연도 스스로 그러함만으로 존재한 것인가 하고 살펴보니 역시 특별한 작용과 목적과 가치를 지닌 것을 알 수 있다. 어떤 사물도 이법 없이는 구축되지 않았다. 여기에 하나님의 뜻과 목적성이 내포될 수 있다는 것, 그래서 생각대로 될진대 창조에 관한 문제도 하나부터 끝까지 헤아려 참여할 수 있으리라. 하지만 궁극적인 문제 앞에서는 아무것도 설명하지 못하고 아는 것이 없는 경우가 태반이다. 자신이 아는 것만큼 천지를 창조할 수 있다고 가정해도 그 실적은 지극히 제한적이다. 오히려 헤아림 속에는 한계가 있다는 사실만 노출될 뿐이다. 고도에 남은 자가 무엇을 할 수 있을 것인가는 짐작되는 바이다. 하지만 말씀을 통한 창조는 상상이 아니다. 특별한 목적을 가진 말씀이 아니고서는 어디에서도 가능성을 찾을 수 없다. 나의 사전에는 불가능이 없는 것이 아니고 불가능함이 있다. 하지만 말씀을 통한 가능성을 따진다면 생명이 우연히 탄생할 확률보다 훨씬 높다. 세계에 근거한 진화는 불가능한 확답이 이미 나와 있지만 말씀은 일체를 가능성으로 일변시킨다. 작용력만 밝히면 가능성을 확인할 수 있다. 이 얼마나 희망찬 전제인가? 망망대해 속에서도 말씀의 방향을 가닥 잡을 수 있다. 핵심을 초점 잡기 위해서는 방해된 가라지만 가려내면 된다.

도대체 인간의 사고력은 우주 공간 내에서 어떤 작용 능력을 지녔는가? 이로부터 창조된 근거를 추출할 수 있는가? 있다면 어떻게 할 수 있는가? 無로부터의 창조인가? 생각은 말씀 창조에 대한 원리성의 추출 대상이 될 수 있는가? 일련의 가능성에 대한 추정은 사상사 곳곳에 나타나 있다. 『단의 비고』에서는 "인간이 생각하는 것은 그 무엇이든 우주에 氣의 상태로 존재하고 있다."[13] 『신단』에서는 "생각만으로도 생체 에너지가 축적된다"고 하였다.[14] 그런데 여기서 말한 氣의 상태(생체 에너지)는 다름 아닌 창조의 바탕 근거인 본질의 작용성이다. 생각의 이면에 氣의 상태가 반영되어 있고 생각이 생체 에너지를 축적시킨 것은 그런 작용 자체가 하나님의 뜻을 반영한 증거이다. 이것은 본질이 자체 지닌 범위를 벗어날 수 없는 것처럼 생각도 생각이 지닌 한계를 벗어나지 못한다는 것이고, 생각만으로는 창조의 직접적인 근거를 인출할 수 없다는 뜻이다. 과학에서는 생각을 일종의 분비물로 규정하는데, 몸에서 물질적인 요소로 작용하는 분비물과 생각은 차이가 있다. "소화액, 호르몬, 화학 전달 물질 등은 구체적인 물질이고 분비되는 곳도 관찰할 수 있다. 반면에 생각

---

13) 『단의 비고』, 홍태수 저, 세명문화사, 1993, p.152.
14) 『신단』, 홍태수 저, 세명문화사, 1993, p.17.

은 물질도 아니고 에너지도 아니며 분비되는 곳도 모른다. 생각은 의학의 연구 대상이 될 수 없다."[15] 본질의 존재 형태는 어떤 특성을 지녔는가? 꼴 없는 꼴이고 형상 없는 형상이라 물질과 같은 존재 방식일 수 없다. 생각도 같은 조건이다. 일체유심조(불교)는 마음이 자체의 본질을 가늠하고 형성시킬 수 있다는 것이지 창조의 작용력이란 뜻은 아니다. 유식종(唯識宗)에서는 "만법을 창조한 종자를 실유성으로 보아야 한다"고 하였는데,[16] 만물의 원인과 창조의 근원인 창조성은 엿보았지만 종자를 있게 한 작용력은 밝히지 못한 것이다. 즉 불교에서는 "업력에 해당하는 종자가 실제로 존재하는 것인가에 대해 의문을 품고 종자란 임시인 것이며, 동시에 假라고 주장한 공종(空宗)과 같은 학파가 생겨났다."[17] 만법의 원인인 종자가 가법이라고 한 것은 참으로 시사하는 바가 크다. 천지간에는 다양한 존재와 법칙이 있는데도 이것을 있게 한 근원된 작용력을 밝히지 못하여 종자란 생주이멸(生住異滅)의 과정을 밟는 임시에 불과하다고 하였다. 아무리 일체를 이룬 본질이 있고 만법이 있어도 종자, 즉 창조의 작용력은 어디서도 추출하지 못했다. 종자는 본질로서 창조를 이룬 바탕 근거라는 것까지는 확인되지만, 종자 자체가 곧 만물은 아니므로 종자가 없다고 보았다. 이런 문제는 지성사 어디서도 나타난 한계성 유형이다. 플라톤의 이데아설을 살펴보아도 마찬가지이다. 선의 이데아가 만상의 근원적인 형상이고 만상은 여기에 대해 그림자에 불과하다고 하는데, 이런 인식을 실체성, 즉 종자를 추출하지 못

---

15) 『과학시대의 불교』, 미즈하라 슌지 저, 이호준 역, 대원정사, 1997, p.125.
16) 『유식학 입문』, 오형근 저, 불광출판사, 1992, p.165.
17) 위의 책, p.164.

한 관념론으로서 대별했다. 천지가 창조된 구조성은 직시하였지만 종자에 해당한 이데아가 만상을 창조한 작용 근거는 아니기 때문에 창조 진리로서 인정받지 못하였다. 만상을 형성한 본질과 만물과의 차원적인 거리를 좁히지 못했다. 만유는 뜻이고 만상은 영(影)이며 神이 그 실체라고 한다면 어떻게 받아들일 것인가? 천지가 말씀으로 창조되었기 때문에 만유는 뜻의 반영물이 되고, 만상은 이를 투영시킨 그림자와 같으며, 실질적인 실체는 일체를 있게 한 神이라고 할 수 있다. 그런데도 끝내 본의를 밝히지 못한 것은 바탕 근거인 본질이 만물로 化한 작용력을 보지 못해서이다. 마음이 일으킨 능동성을 통하면 일체유심조와 창조를 연결시켜 봄직도 하지만, 그것조차도 한계가 역력할진대 찾고자 한 창조의 원동력은 정말 어디에 있는가?

창조의 원동력은 자유 자재한 인간의 앎과 생각과 마음 작용까지도 연관성이 없다. 인간은 세상을 속속 알고 있다고 자부하지만 우주는 묵묵히 비밀을 간직한 채 천고의 세월을 보냈다. 알고 보면 인간은 부여된 존재성을 의지대로 통괄할 수 없고 알지 못하는 영역들이 부지기수이다. 무언가 제3의 힘이 작용하였다. 그 모종의 힘, 작용력을 두고서 진화론자들은 자연선택 메커니즘을 내세웠다. 그러나 이것도 궁극적인 원동력은 아니다. 유물과 유심 역시 조건은 다를 바 없다. 구조상 영원히 평행선을 달릴 뿐이다. 인간의 자각과 상관없이 만물은 상호 상통한다. 원리성을 내포한 그것이 바로 창조의 거대한 힘이다. 세상 무엇도 결코 자체 의도만으로 형성된 것이 아니라는 데 창조에 대한 모종의 실마리가 있다.

2. 과학적인 인식 문제

1) 물질 창조

창조의 근거인 본질의 작용 세계가 관심 밖이었던 서양의 지성인들에게 있어서 물질이 존재한 것은 남다른 것이었다. 전통적으로 서양의 철인들은 고대로부터 우주의 원질을 물질 속에서 찾고자 한 사고적 발자취를 남겼고, 고전 물리학의 대성자인 뉴턴은 연금술에 심취하여 생애의 많은 시간을 이 분야에 바쳤다.[18] 물질을 대상으로 실험을 감행함으로써 어떤 예측 가능한 결과를 기대한 것은 화학을 발전시키는 계기를 이루었지만, 궁극적으로 얻은 결론이 무엇인가 하는 것은 짐작된 바이다. 물질만 판단의 근거로 제공하여 세계 인식의 저변을 형성하였다. 본질과 창조를 인정하지 않는 자들에게 있어서는 물질이 세계를 이해하는 유일한 관문이고 진리 문제를 해결하는 돌파구였다. 대립선상에 있는 유심론조차 완성된 진리 기반을 다지지 못한 실정에서는 유물론이 객관적인 진리의 옷을 걸치려 하였다. 그렇지만 아직은 누구도 유물론과 유심론의 대립 문제를 풀지 못하고 있다. 왜냐하면 물질은 직접적인 바탕인 반면 유심은 그 실체성을 가늠할 경로가 확고하지 않다. 유심과 유물은 세계를 구성한 양대 요소인 만큼 상호 보완해야 문제를 푸는 관점이 될 수 있다. 물질의 근원성을 보더라도 더 이상 쪼갤 수 없는 기본 단위인 원자 개념이 있기는 하지만, 알고 보니 더 미세한 소립자란 세계가 있다. 더

---

18) "뉴턴은 만년에 보통 금속을 금으로 바꾸는 '현자의 돌'의 존재를 믿어 그것을 찾는 데 많은 시간을 소비했다."-『우주의 역사』, 콜린 윌슨 저, 한영환 역, 범우사, 1992, p.147.

이상 쪼갤 수 없는 원자들의 행진이 어디까지 계속될 것 같은가? 오직 有함만 존재한 세계 안에서 끝없는 분열 행진은 무엇을 의미하는가? 물질 운동과 화학적인 성질들이 창조를 이룬 근원 작용인 것처럼 말하지만, 그것은 결국 있음의 형태적 변화 외 아무것도 아니다. 창조란 無한 有의 온전한 有化일진대, 이런 특성을 물질의 운동 속에서 찾아야 한다. 물질이 창조력을 지닌 것인지의 여부가 곧 유물론의 진리성을 판가름하는 기준이다. 유물론이 전격 잘못 판단한 것은 아니지만 그렇게 판단한 이유를 본의에 입각해 밝히리라.

따라서 물질 창조를 주제로 해서 해결해야 할 것은 하나님이 천지를 창조한 작용력에 비추어, 지성들이 고집한 유물적 관점이 어떻게 세계의 주축을 이룬 것인지를 살피는 것이다. 일루의 가능성이나마 찾을 수 있다면 창조 진리로서 승화될 수 있지만, 그렇지 않다면 미련을 버려야 한다. 관념론과 유심론도 여건은 마찬가지이다. 어디서도 발견할 수 없다. 새롭게 길을 모색해야 한다. 자연에 대해서 정신이 근원적이라고 보는 견해를 관념론으로, 자연이 근원이라고 보는 견해를 유물론 학파로 대별하는데, 그중 유물론은 창조의 차원성을 배제한 전형적인 굴곡 관점으로서 보이는 것만 보고 판단하였다. 관념론도 진리로서 반석이 되지 못하는 것은 정신을 통해 창조력을 밝히지 못한 것이다. 밝히지 못하는 한 어쩔 수 없이 한계성에 직면한다. 유물론이 물질의 세계 구성을 제1 원인과 작용력으로 내세운 것은 "변증법적으로 발전하는 물질을 상정한 진화론적 특성을 가미한 탓이다. 레닌은 사유 자체도 물질인 뇌수의 분비물로 보았다."[19] 의

---

19) 『두산동아세계대백과사전』, 두산동아, 변증법적 유물론 편.

식은 물질의 반영이고 불완전한 모사라 하였다(反映論). 그러나 설사 의식이 물질의 반영물이라고 해도 유물은 제1의 근원이 아니다. 물질이 지닌 자체 작용력을 확인해야 했다. 하지만 스탈린은『변증법적 유물론과 역사적 유물론』에서 물질 · 자연 · 존재는 의식 밖에서 독립하여 존재하는 객관적 실재이다. 물질이 1차적이다. 물질은 감각 · 관념 · 의식의 근원으로서, 의식은 2차적 · 파생적이다. 의식은 물질의 반영이며 존재의 반영이라고 하였다.[20] 유물을 제1의 근거로 삼아 불거진 인식상의 문제를 모순 개념으로 해결하려고 하였다. 그러나 그들이 실례로 든 모순은 물리학에서의 작용과 반작용 현상 유이다. 알고 보면 창조되었기 때문에 발생된 결정 법칙의 일부일 따름이다. 레닌은 운동은 물질의 존재 방식이라고 하였고, 엥겔스는 양에서 질로의 전화와 그 역의 법칙을 세워 양적 규정이 일정한 한계에 도달하면 존재가 새로운 질로 전화한다고 하였다. 과연 그 전화는 새로움을 낳은 창조인가? 주어진 물질적 특성을 유지하기 위한 변화가 아닌가? 세계를 바라 본 관점이 근본적으로 다르다. 물질적 운동을 세계를 움직이는 추진 요소로 보았다. 운동의 본성을 원자의 집합과 이합으로 설명하였고, 질적으로 다양한 현상을 물질의 역학적 운동으로 환원해서 이해하였다. 모든 사상(事象)을 기계적인 운동으로 보므로 우리는 그런 기계적 운동을 일으킨 근원된 요소가 정말 어디에 있는가를 살펴보아야 한다.

창조적인 작용성이 발견되는가? 어떻게 일체 현상을 기계적인 운동으로 파악하였는가? 세계의 과정이 필연적이고 자연적인 인과법

---

20) 위의 사전, 변증법적 유물론 편.

칙에 따라 생긴 것이라고 한 철학자 홉스(1588~1679)와 스피노자 (1632~1677)는 결정론을 주장하였는데, 그것은 곧 창조로 인해 나타난 결정적 특성이 아닌가? 라이프니츠(1646~1716)의 예정조화설도 창조 진리를 통하면 설명할 수 있다. "17세기의 데카르트는 동물 기계론을 제창하여 동물체를 태엽을 감은 기계와 같이 이해하였고, 최근에는 생명 현상을 자동 제어 기계로 보는 견해"까지 등장하였다.[21] 이런 일련의 판단들은 어느 곳에서도 세상의 되어진 원동력을 간파하지 못한 상태이다. 유물론의 근본 입장인 존재하는 것은 모두 물질적이라는 것은 오직 있는 것만을 본 지극히 상식적인 판단이다. 보다 근원된 본질적 특성으로 재조명하면, 본질과 물질은 불가분리한데 분리시킨 것은 창조된 세계의 차원성을 시사한다. 하지만 이런 사실을 몰라 "사물의 변화는 선행하는 물질적 조건과 그것을 포함하는 법칙성을 근거로 하여 결정되었다고 여겼다."[22] 존재하는 것을 물질적인 것으로 보면 神, 정령과 같은 비물질적인 존재는 당연히 인정할 수 없게 된다(무신론). "세계의 사상(事象)을 물질적인 법칙에 따라 결정하면 세계의 변화를 관장하고 거기에 목적을 부여하는 神적인 것은 설명의 편법으로서 배제된다."[23] 세계가 그 같은 법칙성에 의해 결정되고 세계가 존재함에 대한 근본 요인도 그런 방식으로 도출한다. 하지만 한 걸음 더 나아가 세계적인 요소를 결정한 물질적 법칙이 어떻게 주어진 것인가를 알면 온전한 관점이 아니었다는 것을 곧바로 안다. 물질 속에서 우리가 찾는 神은 없다. 그렇다면

---

21) 위의 사전, 기계론적 유물론 편.

22) 위의 사전, 유물론 편.

23) 위의 사전, 유물론 편.

神의 창조력은 어디에 있는가? 유물론자들이 물질을 통해 기대를 건 것은 세계가 지닌 현상적인 특성이다. "물질은 소멸되지 않고 세계는 무한한 것이지만 사물 현상과 계통은 유한하다. 생성하고 멸하는 것이라든지 어떤 사물 현상이든 상호 관련된 계통으로 존재하는 횡적인 면과 과정으로서 존재하는 종적인 면이 있다"는 말로서는[24] 어디서도 창조의 작용력을 찾을 수 없다. 그들은 "물질의 운동을 사물 현상이 상호 연관 속에서 작용한 결과라 하였고, 단순한 위치 이동에서 사유와 우주에 이르기까지를 총망라해 변화로 보았다."[25] 이런 조건으로 변증법적인 의미를 지닌 발전이란 개념을 도출한 것인데, 그 발전은 곧 양적인 변화로부터 질적 변화로 나아가는 것, 낡은 것이 새로운 것으로 전화하는 것, 사물 현상이 단순한 데서 복잡한 데로, 저급한 데서 고급한 데로 전진하는 것이었다. 그들은 하나님의 전능한 창조 권능을 괄호 밖에 두어 실감하지 못한 관계로(제 현상을 자연적인 발생 관점에서 봄) 무리가 있었다. 의사가 신체를 해부해도 마음은 발견할 수 없듯, 과학자들이 물질을 탐구해도 그곳에서 창조 작용은 인출하지 못했다. 물질로부터의 창조 가능성은 어디로부터 구할 수 있는가? 불가능하다는 것은 먼저 물질이 지닌 자체 특성을 보면 알 수 있다. 그리고 이면의 본질이 존재한 사실로서 확정된다. 그렇다고 본질이 곧 창조의 원동력이라는 뜻은 아니다. 물질은 물질로서 존재하며 본질의 생성 작용이 더해진 상태라는 것, 이것은 그대로 창조 역사를 증거하는 구조적인 디딤돌이다. 본질의 작용 세계를 보태어 구조화시키면 창조방정식을 세울 수 있다. "반

---

24) 『철학의 세계, 과학의 세계』, 안재구 저, 죽산, 1991, p.138.
25) 위의 책, p.138.

야 사상 가운데는 물질은 空한 것이고 空한 것은 물질이라는 말이 있다(色即是空 空即是色). 이것은 한계는 한계로서 끝나는 것이 아니라 그 안에 무한계를 내포하고, 무한계는 아주 무한한 것이 아니라 자체로 한계성을 내포하고 있다"는 뜻인데,[26] 이런 관계성을 통하면 물질세계가 창조세계와 어떻게 차이를 지닌 것인지 알게 된다. 만물 안에서의 창조 작용은 바로 그 무한계 속에서의 한계성을 읽는 데 있다. 이것은 자체 존재를 유지시키는 물질의 에너지 전화와는 격이 다르다. 그런데 유물론자들은 왜 물질이 세계의 근원된 본질이라고 단언하였는가? 물질은 어떤 창조 능력도 발휘할 수 없다는 것을 인정해야 한다. 물질은 이미 갖춘 것인데 창조는 그런 것이 아니다. 그래서 창조이다. 지성들이 줄기차게 탐구한 물질성이 사실은 이미 갖춘 본질의 작용으로 인한 결정력이었다는 것을 알 때, 유물론의 진리성 여부는 삼라만상을 창조한 작용력 여부로 판가름할 수 있다.

2) 진화 창조

창조에 대해 논거한 기존 창조론은 천지가 창조된 구체적인 경로(경향성 포함)와 창조 메커니즘(요인)을 밝히지 못한 상태이다. 그런데도 창조를 믿으라고 하는 데는 무리가 있다. 해결하였더라면 창조론은 세계를 이해하는 기반이 되었으리라. 창조 목적을 실현하고 대원인 지상 천국 건설 역사가 구체화되었으리라. 존재한 원인과 이치가 밝혀지고, 만생의 가치들이 확실하게 정위되리라. 제 설과 이념

---

26) 『단의 완성』, 홍태수 저, 세명문화사, 1992, p.220.

이 통합되어 진리로 인한 대립 양상이 해소되리라. 하지만 미치지 못하므로 지성들이 존재한 사실에 대해 다각도로 모색하게 되었고, 이런 상황 속에서 진화론이 태동하였다. 진화론은 창조론이 여지를 남긴 데 따른 대처 관점이다. 하지만 관찰된 사실만 근거로 삼다 보니 오판을 낳았다. 창조론자들은 창조를 설명하지 못하였고, 진화론자들은 확인한 관점에 미비점이 있었다. 창조 역사를 증거하지 못한 상태에서는 진화론적 주장을 막지 못했다. 1859년, 다윈(1809~1882)이 『종의 기원』이란 책에서 자연선택설을 주장한 것이 과학적인 연구의 시발이 되었다. 그리하여 "지구가 생겨난 이후, 어느 시기에 생성된 원시 생물이 진화하여 지금 볼 수 있는 여러 종류의 생물들이 형성되었다"는 주장은[27] 그동안의 성과를 통해 의심할 수 없는 사실로 인정되었다. 화석의 고생물학적 연구가 발달하고, 방사성 동위원소에 의한 연대 측정법을 이용하여 화석의 생물이 생존한 시대를 비교적 정확히 추정할 수 있게 되었고, 원시적인 생물 화석도 자주 발견되었다. 진화적인 관점을 증거하는 고무적인 성과들이다. 그렇지만 이 같은 추적과 확인에도 불구하고 탐탁찮은 주장이 있어 창조론자들도 반박할 근거를 찾고 있다. 이에 창조냐 진화냐 하는 문제는 확실한 결말을 보지 못한 채 소모전을 치르고 있다. 문제점을 파악하고 대처할 수 있는 차원적 관점을 확보해야 한다. 즉, 진화가 사실이라면 진화는 어떻게 새로운 종을 창조할 수 있는지? 또한 창조가 사실이라면 구체적인 창조 메커니즘을 제시해야 한다. 조건만 충족되면 납득 가능한 관점을 통해 왜 종의 변이 현상을 진화적

---

27) 『생물 과학』, 강신성 외 6인 공저, 아카데미서적, 1990, p.428.

으로 판단한 것인지 이해할 수 있다. 알다시피 학문은 엄밀한 논리로서 구성하고, 과학은 객관적인 증거를 원한다. 하물며 생명이 無로부터 창조되었다는 설을 수용하지 않으리라는 것은 당연하다. 그렇다고 과학적인 방법으로도 만상을 구축한 원동력을 확인할 수 없다는 사실을 안다면 진화론자들도 더 이상 할 말을 잃으리라. 따라서 진화 메커니즘이 정말 만상을 낳은 주체 요인인지를 살펴보면 된다.

하지만 이 연구가 구축한 통합성 본질에 근거한 작용 메커니즘은 창조론자들도 밝히지 못한 창조의 작용성 문제를 해결한 것은 물론이고 진화는 근원된 본질 세계를 보지 못한데서 초래된 한계 관점인 것을 밝힐 수 있다. 만물이 일체를 구유한 통합성으로부터 창조되었다는 판단은 "보통 구조나 기능에 있어서 간단한 것으로부터 더욱 분화하고 복잡한 것으로 발전하며, 적은 수의 종류로부터 많은 종류로 갈라져 나왔다"[28]란 진화 관점과는 정면으로 대치된 것인데, 사실성 여부는 무수한 세월을 전제로 한 진화 메커니즘이 종을 창조할 수 있는 추진력을 가진 것인지의 여부로 판가름할 수 있다. 자연선택은 생존 의지와 본능을 어떻게 변화시킬 수 있는가? 변화가 진화를 유발해 무수한 종을 탄생시킨 것인가? 진화 메커니즘이 곧 창조력인가? 변화는 창조와는 성격이 다른 데도 진화론자들은 이런 사실을 무시하고 종의 문제를 해결하고자 한 과욕을 부렸다. 진화가 변화를 모토로 하는 한 창조와는 별개 문제란 사실을 알아야 했다. 진화는 종의 변화 문제를 다룬 것인데, 종을 창조한 것인가 하는 것은 예기치 못한 문제이다. 다윈이 제창한 자연선택은 변화를 주축으로

---

28) 『두산동아세계대백과사전』, 앞의 사전, 진화 편.

한 메커니즘이지 차원적인 창조 메커니즘이 아니다. 이것을 구분하지 못한 결과 진리상에 큰 혼선이 있었다. 진화론은 존재한 사실에 대한 판단일 뿐 기원설이 아니다. 종이 정말 진화한 것이라면 기독교는 타격이 치명적인데, 이 연구가 보건대 그런 점은 우려하지 않아도 될 것 같다. 단지 창조론이 열세에 놓인 것은 창조 메커니즘을 세우지 못한 것뿐이다. 진화 메커니즘의 본질을 파헤치고 보면 더욱 그렇다. 그들은 종의 변화 사실에 대해 합리적인 이치를 강구했다고 자부하지만 종은 창조되었기 때문에 해명할 수 없는 한계성에 직면한다. 종의 창조 요인은 세계의 창조 요인과도 일치된 방향으로 나가야 하는데 부정적인 요소가 곳곳에 도사렸다. "다윈의 학설에 의하면 생물의 모든 형태, 질서, 다양성, 그리고 생물계가 보여주는 대단한 완벽성 등은 자연선택이라는 무작위적인 과정의 산물이다. 다윈 이전 시대 사람들은 창조주의 섭리적 지혜가 자연계에 여러 가지 형태로 반영된 것이라고 믿어 왔는데, 이제는 우연에 의해서 자연계가 만들어진 것이라고 생각하게 되었다."29) 주사위식 우연성과 神의 섭리적 역사를 맞바꾸었다. 합리성을 추구한 과학자들이 무작위성을 전면에 배치시키다니! 무엇보다도 우연은 철칙인 인과법칙을 어겼다. 우연이 만상을 있게 한 원인 자리에 앉기에는 무리수가 있다. 진화의 방향에는 어떤 필연성도 없다니! "진화는 축적되는 과정이고 역사적인 과정"이라고 하지만,30) 생명체는 창조됨으로써 이미 결정된 것을 지속시키기 위해 변화하는 것을 어떻게 할 것인가? 진화 메

---

29) 『진화론과 과학』, 마이클 덴턴 저, 임번삼·전광호·우제태 공역, 한국창조과학회, 1994, 머리말.
30) 『생명이란 무엇인가』, E. 슈뢰딩거 저, 서인석·황상익 역, 한울, 1992, p.158.

커니즘으로서는 각 생물들 간의 불연속성을 설명할 수 없고, 생명이 처음 자생적으로 시작되었다는 주장은 명백할 수 없다.[31]

종은 선택한 형질을 축적시킴으로써 변이를 일으킨 것이 아니고 이미 구유된 통합성 본질이 분열함으로써 변화가 생긴 것이다. 어떻게 생물이 단지 자연만의 산물일 수 있겠는가? 그 치밀하고 적응된 구조를 보라. 스스로 지각한 때문인가? 본능의 충족으로 진화가 가속되었는가? 진화는 생물을 창조할 어떤 추진 능력을 갖추었는가? "라마르크는 개체가 일생 동안에 획득한 유리한 형질은 자손에 유전되고 세대가 거듭됨에 따라 그 특징이 두드러져서 적응적 완성에 도달한다는 제안을 했는데",[32] 이것이 사실이라면 더 이상의 메커니즘은 구할 필요가 없다. 다윈도 이런 획득 형질의 유전 메커니즘을 참고했다. 하지만 기대와 달리 획득형질 요인은 유전되지 않는다는 사실이 밝혀졌으므로 진화론은 가장 강력한 우군을 잃어버린 셈이다. 그래서 부실한 메커니즘 요인을 강화시키기 위해 노력했다. 하지만 사막에서 선인장이 생존하는 것은 놓여진 환경에 대해 선택한 요인이라기보다는 지구상의 어느 곳에도 생물이 살고 있다는 관점에서 보다 포괄적인 생명체의 유연성을 읽을 수 있어야 했다. 생명은 혹독한 환경에 적응할 수 있도록 변이의 다양성을 구비한 때문일 뿐, 본래 가진 본질성은 변함이 없다. 종은 환경에 따라 적응하는 변화는 있지만 큰 테두리 안에서 선인장이 다른 식물로 변할 수는 없다. 생존경쟁과 자연선택 상황은 인간의 삶 속에도 가로놓여 있지만, 그

---

31) 현재 우리가 사용할 수 있는 모든 지식을 다 동원한다 할지라도, 솔직히 말하자면 생명의 기원은 어떤 면에서 거의 기적이라 할 수 있다. 생명이 발생하기 위해 충족되어야 했던 조건이 너무나 많은 것이다.-『성경적 창조론』, 앞의 책, p.101.

32) 『진화론과 과학』, 앞의 책, p.45.

것 때문에 인간이 원숭이로부터 진화할 수는 없다. 인간이 다른 동물과 구분되는 것은 무엇인가? 유전 정보가 거듭된 진화 과정으로 주어진 것이라면 이론의 여지가 없겠지만 자연선택 메커니즘이나 돌연변이를 통한 영향력만으로는 미약하다. 가능성보다는 불가능성을 보아야 더 빨리 진실을 찾아 나설 수 있다. 생물은 어떤 경우에도 자체적으로 창조 시스템은 갖추지 못한다. 인간은 자연을 모두 아는 통찰자라고 자부할 수 있는가? 생명체는 어떻게 하여 생존을 위한 적응력을 구사하는가? 종들은 존재한 자체로 자연의 원리를 알고 법칙을 적용하였다. 그것은 창조로 인해 본유된 것이지 진화로 인해서 획득된 것이 아니다. 조직과 기관이 얼마나 복잡한 구조를 지녔는가 하는 것은 현대 과학이 확인한 사실이다. 유전 공학이 밝힌바 단백질의 합성 과정을 보면 절로 된 것이 아니란 것을 알 수 있다. 규칙적으로 일사분란하게 이루어졌다. 누가 이 같은 프로그램을 완벽하게 짰는가? 진화란 개념으로 이해할 수 있는가?

이에 이 단계에서 우리는 다시 한 번 냉정하게 세계가 스스로 창조 능력을 지녔는지를 살펴보아야 한다. 자연의 현상을 설명하는데 있어서 과학적이라고 자부한 진화 메커니즘이 어떻게 종의 겉모습만 보고 판단한 주먹구구식 가설인가 하는 것을 분별해야 한다. 자연은 무엇 하나 무기물질이 유기물질이 되기를 바라거나 원숭이가 인간이 되기를 원하지 않았다. 있었다면 원숭이는 더욱 원숭이답기를, 물고기는 더욱 물고기답기를 바랐으리라. 자연 안에서는 어디서도 주도된 의지력을 발견할 수 없다. 수억 년의 세월이 흐른다 해도 결과는 마찬가지이다. 따라서 중요한 것은 상식은 상식으로서 받아들이는 인식이 필요하다. 그리해야 정말 세계를 생명 되게 한 창조 메커니즘을 찾을 수 있다. 창조의 대원동력을 구해야 한다. 그것은 따로 존재한다. 진화에는 천지를 창조한 원리가 없으며, 돌연변이 현상은 탈출구적인 대안이 아니다. 진화론자들은 아예 본질에 근거한 창조 메커니즘을 볼 수 있는 눈이 없었다. 하등동물이 고등동물로 진화되었다는 것은 창조의 차원성을 보지 못한 한계 관점이다. 그렇게 보이는 것을 어찌할 수는 없지만, 그러니까 학자들도 부글거리는 진흙탕 속에서 새로운 생명이 탄생한 것이 아닐까 하는 미련을 버리지 못했다. 하지만 뭇 종은 예나 지금이나 완성을 지향한 자동 생성 조직체로서 수없이 생명력을 지속시켰다. "경탄할 만큼 생물의 공동 적응과 완벽한 구조를 보일 뿐이다."[33] 자연계가 갖춘 복잡성과 정밀함은 우연일 수 없는 총체적인 연결 구조망을 구축하였다. 정연한 질서로 목적지를 향해 분열 중인데 진화가 웬 말인가? 이런 잘못된 판단 관점을 바로잡기 위해 창조의 원동력을 밝혀야 한다.

3) 이치 창조

우리가 세계를 판단함에 있어서 근거로 삼는 것은 존재의 有함 상태이고, 결과로 드러난 현상 등이다. 그런데 볼 수 있는 것만 본 것이 전적으로 세계를 대표하는 실상의 현현인가? 들추어보면 또 다시 걷잡을 수 없는 실마리가 딸려 나온다는 것을 알 수 있다. 진화론 역시 종의 형태적인 변화에 대한 분석이고 판단이므로, 실체가 그것만으로 이루어진 것이 아니라는 것을 안다면 결함을 이미 내포한 것이다. 가늠하듯 세상은 결코 有함만으로 有하지 않다. 세상에는 이치

---

33) 위의 책, p.368.

도 있고 근원도 있다. 연유, 이법 등이 함께하는데 그것이 무엇인가? 진화도 당연히 성립시킨 법칙이 있어야 하는데, 하염없이 주어진 세월과 무작위적인 우연으로 이루어졌다는 것은 있을 수 없다. 세상 이법은 필연적인 규칙과 결정적인 이치에 근거한 것이며, 가장 엄밀해야 할 종의 창조가 이법을 무시했다는 것은 이치상 불가능하다. 온갖 물상이 이법화된 것이라면 그것이 천지를 창조한 원동력인가? 이것이 판단할 과제인데, 이법도 만물과의 관계를 두고 보면 희망적인 결과를 기대할 수 없다. 이법이 원리적인 근거인 것은 맞지만 어떻게 창출한 것인가 하는 것이 문제이다. 천지는 이법과의 상호 작용으로 창조된 것인데, 무시한 진화론도 문제이지만 이법만의 적용도 문제이다. 해결할 수 있는 길은 이치와 만물과 연관된 관계를 밝히는 것인데, 그렇게 하여 창조방정식을 세우면 이치적인 요소만으로는 창조의 원동력을 인출할 수 없는 구조가 확연해진다. 이치로 이법은 구축하였지만 이법 속에서 능동성은 구할 수 없다. 그렇다면 이법이란? 창조의 결과적인 결정성이라고 할까? 만물 가운데는 이법이 있고, 이법 위에는 만물이 있다. 이것은 세계가 지닌 전형적인 특성으로서 만물은 서로를 성립시키는 근거로 존재한다. 노자의 통찰대로 道는 자연을 본받는다(道法自然). 그러면서도 道는 오히려 자연의 本이 되고 자연을 이룬 기본 틀이 된다. 자연은 어떻게 이루어진 것인가? 정말 절로 이루어진 것이고 절로 존재하였는가? 道가 자연을 본받아 인출되었듯 자연도 道가 이룬 이치에 따라 형성되었다. 道와 자연은 하나이지만 인식상 구분한 것이므로 정말 궁금한 것은 세계를 구성한 구조적인 관계성이 아니라 세상 이치가 어떻게 만물을 구축하였는가 하는 것이며, 이법이 최초에 어떻게 결정되었는가

하는 것이다. 만물이 존재하므로 세상 법칙과 원리가 있다는 것을 부인할 사람은 없다. 이법은 세상의 존재성과의 상호 작용 속에서 성립되는 우주적 규정으로서의 총화이다. 이런 이법이 점진적으로 구축되었다는 것은 있을 수 없다. 진화는 법칙이 아니다. 인간이 종을 이해하기 위해 세운 사고적인 추정일 뿐, 세상 이법과는 별개이다. 이법은 이미 有한 통합성으로부터 비롯되었고, 세상 법칙은 본질의 차원에서 주어진 것이라는 것을 알면 만물을 창조한 작용과의 관계를 가늠할 수 있다. 곧 만물 속에서 작용한 이법이라도 창조에 대해서만큼은 능동성을 발휘할 수 없다는 사실을 간파할 수 있다. 이것이 道의 항상성(恒常性)이고 원리의 완벽성이다. 진리는 세계의 영원성을 뒷받침하며 道는 진화하지 않는다. 통합성이 분열을 완료하지 못한 관계로 세계도 정립되지 못한 것인데 완성을 향한 도도한 생성 과정을 진화로 착각해서는 안 된다. 누구도 자기 자식의 얼굴을 디자인하거나 재능 프로그램을 주입하지 않았다. 그런데도 온전한 생명체로 태어났다. 이것을 진화란 이름 하나만으로 정당화시켰다. 주장된 어디서도 창조의 원동력을 발견하지 못하였는데 말이다.

3. 본질에 의한 만물 창조 문제

1) 본질의 창조 작용

천지가 창조되었지만 사람들은 그런 사실을 모르고 만상은 본질에 근거했지만 그 존재성을 모른다. 그래서 이 연구는 본질이라는 것이 어떤 작용을 통하여 만물을 형성한 것인지 밝히려고 노력하였다. 아무리 본질을 통해 창조 진리를 인출하였고 세계를 판단할 근 거를 마련했다고 해도 지금 논거할 수 없다면 소용이 없다. 그래서 여태껏 본질의 존재성을 확인하고 만물과 본질과의 상호 관계, 그리 고 만상을 이룬 기원을 추적하였다. 하지만 이것은 어디까지나 존재 한 본질 상태를 밝힌 것일 뿐, 존재가 어떻게 있었는지, 그리고 본질 이 어떻게 작용한 것인지에 대해서는 진척이 없었다. 본질 자체의 작용성은 파악하였지만 창조와는 관련시키지 못했다. 본질 작용이 그대로 창조 작용이라면 문제가 없지만 본질만으로는 한계가 있다. 본질은 만물 형성의 근거라 직접 창조하지 않았다는 것이 문제이 다. 우리는 낳아준 부모님이 있지만 부모님이 피와 살과 유전 정보 를 창조하지는 않았다. 본질도 만상을 낳고 생성시켰지만 그것이 창 조인가라고 묻는다면 부모와 같은 역할이다. 이 같은 본질은 창조 역사에 어떻게 관여한 것인가? 유물론과 관념론 간의 대립처럼 당면 한 것은 세계를 이룬 근원에 대한 선두 다툼이 아니고, 이들을 있게 한 창조의 작용력 문제이다. 드러난 바로서 본질이 존재한 사실은 확실하므로, 존재가 있어 본질이 있고 본질이 있어 존재가 있는 것 은 아는데, 이것만으로는 부족하다. 본질과 존재는 구분되므로 본질 이 없는 존재는 있을 수 없고, 존재가 없는 본질 역시 있을 수 없다. 본질은 존재를 이루고 존재는 본질을 이룬 한 몸이라 작용력을 인출 할 틈이 없다. 無極과 太極은 어떻게 구분할 수 있는가? 통합성이 분 열하기 때문에 인식상 無極과 太極을 구분한 것이고 결국 無極=太 極이듯, 만물을 구성한 존재와 본질과의 관계도 마찬가지이다. 관련 된 사실을 파고들면 넘어설 수 없는 차원의 벽이 가로놓여 있다는 것을 안다. 본질인 空은 분명 실체가 없는데 실체 없는 空으로부터 온갖 色을 형성하였다는 것은 당혹스럽기조차 하다. 우리는 왜 실체 없는 空으로부터 실체가 생성된 사실을 파악할 수 없는가? 창조되어서인데, 문제는 무엇이 空한 본질을 만물로 化되게 하였는가 하는 데 있다. 세계는 有의 바다이다. 온통 有한 실체로 구성되어 있다. 그런데도 그것만이 전부가 아닌 것은 空의 세계, 곧 본질의 존재를 통하여 확인할 수 있다. 통합적인 본질이 준비를 갖추었지만 그것만으로 창조란 불꽃이 발화될 수는 없다. 본질과 원동력은 다르다. 그렇다면 주된 작동체가 위치한 곳은? 그래도 근거라고는 본질밖에 없다. 물질도 본질에 근거했다. 有함을 존재라 하였고, 만물을 형성한 근본 바탕을 본질이라고 하였다. 하지만 형성된 것과 형성한 것, 있는 것과 있게 한 것은 작용한 힘이 다르다. 있는 것은 있는 것으로서 존재를 이루고 분열하는 형태를 지니지만, 있게 한 것은 존재한 일체를 초월한다. 진화론자는 종의 계통수를 강조하지만, 그것은 창조의 원동력이 개입할 여지가 차단된 비정상적 그림이다. 모양, 구조가 비슷하다고 하여 이 땅의 수많은 종들이 진화를 통해 다양화되었다고 오판하였다. 본질과의 관계를 통해 보면? 손을 내밀면 잡힐 듯한 아종도 뒷받침한 본질은 무궁한 바다를 이루고 있어 무엇으로도 건널 수 없다. 본질은 스스로 물질화, 만물화될 수 없다. 그런데도 지성들은 이런 특성을 무시하고 진화론적인 가능성만 적용하였다. 무기물에서 지성을 가진 생명체가 탄생할 수 있다는 생각은 그리스 신화만큼이나 오래되었다. "불의 神 불카누스는 절름발이였는데 자신의 일을 돕기 위해 금으로 어린 여자를 만들었다……."[34] 산업 혁

---

34) 『생명과 우주의 신비』, 윌리암 H. 쇼어 저, 과학세대 역, 예음, 1994, p.165.

명 이후 경이로운 기계들이 나타나자 유물론자들은 神뿐만 아니라 인간도 언젠가는 지성을 가진 기계를 만들 수 있을 것이라고 생각하기 시작했다. "연체동물의 의식 수준은 낮다. 기계가 지난 몇 백 년 동안 이룬 빠른 속도의 진보를 돌아보면 동물과 식물계가 얼마나 느리게 발전하는지 알 수 있다. 지나온 생물의 역사와 비교해 볼 때 고등한 수준의 기계 역사는 겨우 최근의 5분 정도에 불과할 것이다. 지난 2천만 년 동안 의식을 가진 생물이 존재했다는 사실을 고려해 보자. 기계들은 천 년 동안 얼마나 눈부시게 진보해 왔는가! 세계는 적어도 앞으로 2천만 년 이상 지속되지 않겠는가? 그렇다면 기계도 결국에는 의식을 가지리라."[35] 과연 그러한가? 본질의 작용성을 확인하지 못한 탓이다. 그렇다면 도대체 천지를 있게 한 창조의 원동력은 어디에 있는가?

2) 동양의 창조성 인식

만물이 어떻게 해서 생겨났는가 하는 것은 동서양을 막론하고 공통적으로 궁금하게 여긴 주제이다. 여기에 대해서 기독교인들은 하나님이 천지를 창조하였다고 선언한 형태인데, 정작 밝혀야 할 어떻게를 해결하지 못해 진화론에게 자리를 내놓고 말았다. 진화론은 곧 어떻게를 나름대로 해결하고자 한 창조론이라고 할 수 있다. 그런데 동양에도 이 같은 추구 유형이 없었는가 하면 결코 그렇지 않다. 우주가 생성하여 어떻게 만물을 낳았는가 하는 것은 오히려 동양의 선현들이 힘써 머리를 짠 주제이기도 하다. 과학적이지도 않은데 어떻

---

35) 위의 책, p.166.

게 세상의 근원을 추적한 것인지 의아해할 사람도 있겠지만, 세계의 구조로 볼 때 본질이 만물 창생의 바탕이라는 생각은 인식한 道의 제반 작용 형태를 통해 확인할 수 있다. 道가 만상을 낳았다는 생각이 편만해 있다. 道, 空, 太極, 일원상 등은 만상의 근원인 본질을 말한 것으로 이 같은 관점은 동양본체론을 일괄해서 꿰뚫는다. 한결같이 본질을 바탕으로 만물이 生하였다고 하였다. 정말 生할 수 있는 작용력을 발휘하였는데, 그것이 곧 이미 일체를 갖춘 통합성 상태에서의 生이다. 그래서 통합성은 정말 만물을 있게 한 작용력인지 살펴볼 필요가 있다. 본질의 생성이 만상을 이룬 것인가? 맞다면 생성이 창조를 이룬 요인인가? 『주역』에서 太極이 대업을 낳는다고 한 것은 무슨 뜻인가?

"易에는 太極이 있으며, 이것이 兩儀를 낳고 양의는 四象을 낳고 사상은 八卦를 낳고 팔괘는 길흉을 정하며 길흉은 大業을 낳는다."[36]

太極은 통합성 상태이므로 분열하여 만상의 바탕을 이룬 것까지는 알겠지만, 어떻게 만물을 化하게 한 것인지는 알 수 없다. 변화와 변역은 분열로 인한 과정으로서 이해할 수 있지만, 본질이 만물화된 질적인 化로서의 작용 원리는 확인할 수 없다. 이것은 노자가 말한 道生一 …… 三生 萬物 역시 마찬가지이다. 우리는 道의 생성 근거를 만물 속에서 찾을 수 있지만 生한 작용성은 찾을 수 없다. 道와 太極의 생성은 존재를 지속시킨 분열적 질서를 나타낸다. 존재에 변화를

---

36) 『주역』, 계사상전.

일으킨 역동적인 힘을 분열하는 힘으로 공급했다. 이것을 노자는 자연이 절로 운행되는 것으로 표현하였다. 하지만 본질도 자연도 주어진 규정성 이상은 벗어날 수 없다. 太極이 음양을 生한다든지 "만물은 모두 대대(對待)함을 가지므로 음양 대대가 만물의 존립 근원"이란 것은[37] 만물을 지탱한 본질의 분화에 대한 표현이다. 만물을 낳은 원인은 본질이 가졌지만 그것이 만물의 직접적인 조물자는 아니다. 道도 오직 창조를 있게 한 능동성 여부로 판가름 난다. 왕양명은 말하길, "만물은 양지(良知)의 감응에 의해서 나타나게 된 것으로 양지가 모든 존재의 가능 근거이다"라고 하였다.[38] 양지는 다른 사물과 감응하기 때문에 끊임없이 운동하는 동적인 개념으로서 교감 작용으로 일체 만물이 생성하고 발전하게 되어 조화의 근원이 된다. 그렇다면 이 연구가 언급한 본질의 형성성과 축적성 등은 조물을 위한 작용력과 어떤 연관이 있는가? 물질은 물자체가 아닐진대 質은 무엇으로부터 생성되었는가? 質을 이룬 原性으로서의 본질은 어떻게 작용하였는가? 理와 氣가 합치면 만물이 되는가? 道의 특성 범위 안에서 그 가능성을 확인해야 한다. 창조의 근본적인 질료를 생명보다 물질을 우선시한 것은 생명도 질료를 바탕으로 구성된 때문이다. 이런 질료로서의 물질이 어떻게 창조된 것인지 알면 생명 창조도 알 수 있는 길을 연다. 따라서 이제는 과제를 단일화하여 본질과 물질은 존재한 차원이 다르지만 공통된 質을 지녔다는 점에서 본질이 어떻게 물질을 生한 것인지? 生하지 않았다면 化하게 한 것인지? 化하게 할 수 없다면 그 이유가 무엇인지 살펴보리라.

---

37) 「주역의 우주론 연구」, 박승구 저, 원광대학교대학원 철학과, 석사, 1995, p.60.
38) 「왕양명의 만물일체에 관한 연구」, 권상우 저, 계명대학교대학원 동양철학, 석사, 1994, p.74.

"『회남자』에서는 하늘과 땅이 아직 형성되지 않았을 때는 왕성하고 무성하며 질박하고 아무런 형체가 없어 太始[昭]라고 하였다. 道는 텅 비고 횅한 데서 생겨났다. 텅 비고 횅한 것이 우주를 낳았고, 우주는 原氣를 낳았다. 이 氣에는 한계가 있다. 맑고 밝은 것은 가벼이 떠올라 하늘이 되고, 무겁고 흐린 것은 엉겨 붙어 땅이 되었다. 맑고 밝은 것의 合이 편편하게 되고, 무겁고 흐린 것의 모임이 엉켜 붙었으므로 하늘이 먼저 이루어지고 땅이 뒤에 정해졌다. 그리고 하늘과 땅의 精[알맹이]을 물려받은 것이 음양이며, 음양이 精氣를 오로지 한 것이 四時이며, 四時가 정기를 흩어 놓은 것이 만물이다. 陽의 열기를 쌓은 것이 불을 生하고, 火氣의 알맹이가 해[日]가 된다. 陰의 寒氣를 쌓은 것이 물이 되고, 水氣의 알맹이가 달[月]이 된다."[39]

無로부터 太始→道→우주→元氣→맑고 밝은 氣는 떠올라 하늘이 먼저 되고 무겁고 흐린 것은 나중에 엉겨 붙어 땅이 됨→하늘과 땅의 정기→음양→만물이 되었다고 한 기원 추적을 통해 알 수 있는 것은? 여기서도 太始로서의 첫 출발은 분명 있었고, 텅 비고 횅한 바탕에서 道가 생겼다고 명시하였다. 창조의 차원성이 회남자에게 있어서도 극복되지 못한 것을 알 수 있다. 인식의 공백이 있는 한계성을 뜻한다. 창조로 인해서 생겨난 道, 즉 통합성 본질이 갑자기 생겨났다. 그리고 이것이 우주를 낳았다. 한 단계 더 복잡한 차원성이 겹쳐졌다. 이후부터 회남자의 머리 회전은 빨라진다. 본질 작용으로 드러난 氣가 유형무형인 만물을 이룬다. 氣가 엉겨 붙어 땅이 되고, 火氣 알맹이가 해, 水氣 알맹이가 달이 된다고까지 하였다. 이것은 氣의 응축된 알맹이가 만물을 이룬 바탕 근거인 것을 말한 것이지만, 그렇게 해서 일체가 이루어진 것이라면 지금까지 세운 본질 개

---

39) 『회남자』, 天文訓.- 『중국철학개론』, 이강수 외 3인 저, 한국방송통신대학교출판부, 1994, p.95.

념이 일시에 무너진다. 가벼워 떠오르고 무거워 엉켜 붙는 것이 만물을 이룬 원동력이 되겠지만, 이런 관점으로 얻을 수 있는 것은 백을 잃고 하나를 건지는 격일 따름이다. 道가 만물을 生하기 위해서이룬 본질로서의 작용을 氣로서 설명한 점은 이해하지만, 회남자 역시 본질이 어떻게 물질을 창조하였는가에 하는 문제에 대해서는 진전이 없다. 道는 텅 비고 휑한 데서 생겨났다. 하나님이 태초에 천지를 창조하였다는 선언 형태와 다를바 없다. 여기서 창조 과정으로서 파악할 수 있는 것은 氣의 흩어짐과 응축 작용뿐이다. 본질은 하나님의 존재 본성으로서 편만되어 있지만 창조를 위해서는 통합된 바탕을 이루기 위해 변화를 일으켰는데, 그것이 창조된 대상(하늘, 땅등)에 따라서 응축된 패턴이 달랐다는 것이다. 하지만 본질이 어떻게 물질로 化했는지, 무엇이 만물을 生하게 했는지는 여전히 알 수 없다. 통합성은 완비된 상태인데 고정된 형태가 없는 혼돈 상태, 혹은 無로부터 만물이 현현되었는가? 알 수 없는 상황을 두고서 우리는 조물의 일체 작용 시점이 창조 이전이라는 것만큼은 확인할 수 있다. 조물을 이룬 작용력은 아직 우리가 맞이하지 못한 미래의 통합성으로부터 영향력이 미쳤다. 창조란 지극히 차원적이란 말의 의미가 여기에 있고, 이런 특성을 알지 못한 선천에서는 곧바로 생성적 의미로 파악하였다. 그래서 본질은 무엇에 의해서든 만물화의 차원적인 순간을 인식하는 데는 한계가 있지만, 전후 관계를 연결시키면 化를 가능하게 한 원동력을 파악할 수 없는 것은 아니다. 그렇기 때문에 이 연구도 모종의 주장을 세울 수 있다. 작용된 원동력이 무엇이든지 간에 그것은 창조 이전에 있은 역사이다 보니 化한 과정을 인식할 수 없었다. 그리고 그것은 오히려 창조 사실을 확인할 수 있는 실질적인 구조이다. 어떤 힘이 작용했든지 간에 창조된 순간 본질은 물질의 바탕이 되고, 물질은 본질의 바탕이 되었다. 창조는 生이 아닌 化이다. 본질이 물질화되기 위한 준비작업으로서 본질이 갖춘 작용 특성이 있었다. 그것은 본래부터 주어진 하나님의 존재 본성이기도 하지만 특별히 창조를 위해 응축된 뜻과 계획과 의지성이기도 하다. 따라서 일단 하나님의 선재성을 확인한 마당에서 본질의 존재성은 확실한 것이며, 이 본질이 창조를 위해 통합적인 바탕을 마련함으로써 삼라만상을 있게 한 모태로서 생성 역사를 주관하게 되었다. 따라서 化된 순간은 인식할 수 없지만 만법과 존재는 창조된 것을 증거할 수 있고, 근거를 만상 가운데서 인출할 수 있다.

이어서 왕충[40]의 창조론에 대한 개념을 살펴보면, 그도 氣라는 개념으로 세계를 파악했다는 점에서는 본질의 작용 범주 안에 있다. 元氣가 천지 만물의 본체로서 모든 것이 이로부터 생겨났다고 하였다. 과연 어떻게 생겨났는가?

> "元氣가 아직 나뉘어져 있지 않았을 때는 혼돈하여 하나이다. ……
> 그것이 분리될 때 맑은 것은 하늘이 되고 흐린 것은 땅이 되었다.
> 하늘과 땅이 처음 나누어질 때는 형체가 아직까지 작았으며 서로의
> 거리가 가까웠다. …… 氣를 함유하고 있는 類는 자라나지 않는 것
> 이 없다. 하늘과 땅은 氣를 함유(含有)하고 있는 自然이다. 처음 세
> 워질 때부터 지금까지 햇수가 아주 많이 걸렸다. 그리하여 하늘과
> 땅의 서로 간의 거리는 그 광협과 원근을 다시 계산할 수 없다."[41]

태초에 元氣가 나뉘어져 천지가 생겼다. 여기서 元氣란 태초 이전

---

40) 王充(27~96): 후한 때의 혁신적 사상가.
41) 王充의 自然觀: 「談天」.-위의 책, p.128.

부터 이미 존재한 하나님의 존재 본질이었으리라. 따라서 분리된다는 것은 통합성으로부터의 분열을 지칭한 것이고, 氣를 함유한 자연은 본질에 근거한 만물이라는 뜻이다. 그렇지만 어떤 작용으로 본체가 된 것인지에 대해서는 말이 없다. 元氣, 즉 본질이 분리되어 만물이 되었다고는 하지만, 분리 작용은 본질이 만물을 형성한 생성 작용의 일환으로서 元氣가 어떻게 만물로 化한 것인가? 천지가 元氣로부터 분화되기는 하였지만, 분화가 元氣를 천지로 化하게 한 것은 아니다. 이런 문제에 대해서 미흡함을 느낀 왕충은 "마치 부부가 氣를 합하여 자식을 생기게 한 것과 같이 하늘과 땅이 氣를 합하여 만물이 생겨났다"고 하였다.[42] 그러나 절로 생겨났다는 것이 창조를 이룬 원리는 아니다. 물론 합함이 조물의 원동력과 거리가 먼 것은 아니지만 차원적인 化를 모색하는 마당에서는 2차적으로 주어진 작용 원리에 속한다. 하지만 氣의 合이 창조를 가능하게 한 요소라는 점에서 보면 역순에 따라 정말 창조를 가능하게 한 것일 수도 있다. 合 내지 통합성이 끊임없이 창조를 낳는다는 것이 창조의 순 방향에서는 차원의 벽에 막혀 있지만, 역으로 보면 장애를 넘어서 있게 되어 자체로서 창조를 이룬 것처럼 보인다. 즉, 창조의 벽을 넘어 통합성이 분열하는 단계가 되면 분열된 有함은 다시 합하게 되므로, 역순인 氣의 合에 의해서 절로 생긴 것처럼 보일 수 있다. 하지만 이것은 태초에 본질을 化하게 한 창조와는 다루고자 하는 문제가 다르다. 최초의 있음에 대한 의문은 해결할 수 없다. 한 마디로 말해 창조와 생성은 다르다. 그래서 왕충의 인식은 생성에 머물렀다.

---

42) 위의 책, p.129.

그렇다면 회남자와 왕충보다도 더 후세인인 왕필은 어떤 생각을 가졌는가? 그는 道는 만물을 생겨나게 한 근거로서 근본[本] 또는 모체[母]라고 하였다.

"근본은 무위에 있고 모체는 無名에 있다. 근본을 내던지며 모체를 버리고 그 자식[萬物]에게로 가면 공은 비록 크다고 하나 반드시 다스리지 못함이 생길 것이다."43)

그는 생각하기로 有形의 만물은 無形의 본체인 道에 대해 단지 부수된 것으로 느꼈으리라. 왜 그랬을까? 만물이 어떻게 生한 것인가에 대해 부모와 자식 간의 관계로 본 탓이다. 그것은 정말 본질이 지닌 작용 자체이다. 왕필은 본질의 작용이 만물을 낳았다는 것을 알았다. 그런데 왜 부모를 찾는 것을 탐탁찮게 생각했는가? 만물을 부모로 착각해서(진화론처럼) 찾아가 보아도 만물이 지닌 본질이 무위함과 無名 위에 있어 알 수 없다는 것이다. 이름도 확인할 수 없고, 본질은 아무런 낌새조차 없어 부모가 인정하지 않는 바에는 어떤 공로도 무익할 따름이다. 道라는 것을 확인한 것만 해도 천만다행인데, 본체의 모습이 무형, 無名인 道이다 보니 작용력을 발견하고자 해도 더 나갈 수 없는 한계벽 때문에 탄식한 것과도 같다. 그래서 그는 "대체로 만물이 생겨나는 까닭, 공이 이루어지는 까닭이 무형에서 생겨나고 無名에서 맞게 입는다. 무형, 無名이란 만물의 밑동[宗)이다"고 하였다.44) 여기에 창조로 인해 구분된 有와 無 개념을 대입시키면 왕필은 천지가 생겨난 태초의 창조 상태를 분명히 인식한 것을 알 수 있다.

---

43) "本在無爲 母在無名 案本金母而適其子 功雖大焉 必有不齊."- 『노자주』 38장.
44) "可道之盛未足以官天地 有形之極 未足以府萬物."- 『노자약례』.

무형, 無名이 만물의 宗이라고 한 것은 인식이 불가능한 통합성 본질로부터 분열하기 시작한 창조의 근원 뿌리를 파고든 것이다. "본체인 無는 모든 현상의 근원이 되므로 만물이 거기서 생겨나고, 또 그곳으로 돌아가는 것이라는 것은 중국 철학 사상 최초로 體用(본체와 현상)의 철학을 수립한 성과이다."45) 하지만 그것은 어디까지나 관계성일 뿐이고 현상의 근원은 無로부터 발원된다고 한 만큼 차원성 문제는 다시 풀어야 하는 과제를 남겼다. 어쩌면 가장 인간적인 자세인지도 모른다. 왕필 역시 본체론으로 창조론을 완성시키지 못했다.

동양의 선현들은 기독교의 창조론자들이 언급하지 못한 창조 상태에 대해 직관력을 발휘함으로써 인류가 창조 세계로 다가설 수 있는 지혜의 빛을 더하였다. 물론 창조의 원동력에까지 귀착되지 못한 아쉬움은 남으나 소중한 지성사적 탐구 성과였다는 것은 인정해야 한다. 기독교의 창조론에 대해 진리성을 확인할 수 있는 징검다리를 놓는 역할을 하였다.

3) 본질의 제 특성 극복

산은 산이고 물은 물이다. 우리는 한 가닥 희망을 가지고 창조의 분출구를 찾아 나섰지만 어느 곳에서도 물질은 물질이고 본질은 본질일 뿐이다. 그렇다면 본질이 지닌 제반 특성은 도대체 무엇을 위한 역할인가? 혹시 창조를 위한 메커니즘은 아닌지 살펴볼 필요가 있다. 그중 본질의 축적성을 보면 수행자가 정진하여 氣를 축적시키면 모종의 에너지가 발동한다고 했다. 물론 물리적인 힘과는 성격이

---

45) 『중국철학개론』, 앞의 책, p.150.

다른데, 이 같은 에너지가 쌓여 창조를 위한 요인으로서 작동한 것인가? 당연히 모종의 밑거름이 된 것은 사실이다. 그러나 본질 안에서 일어난 작용이므로 물건을 쌓는 것처럼 확인하기 어렵다. 氣로서 응축되어도 본질은 본질이다. 만상을 향한 환골 탈퇴는 아무리 큰 날개를 달았더라도 본질 이상은 넘어설 수 없다. 그렇다면 마련된 통합성 본질은 만물을 창조할 수 있는가? 본질이 통합되면 만물화되는가? 통합성은 원인과 알파가 함께하고, 알파와 오메가가 맞물려 있는 상태, 일체를 구족하고 있어 본체적으로는 가공할 에너지를 축적시켰다. 하지만 그렇게 쌓인 에너지라도 물리적인 에너지는 아니다. 본질 에너지가 물리력에 영향력을 미치는 것이라면 아인슈타인이 제시한 $E=mc^2$란 공식을 통해 본질의 질량화를 시도해 볼 수도 있겠다. 그러나 본질 에너지는 물리 에너지와는 차원이 다르다. 그렇다면 유교에서 말한 理氣란 실체 요소는? 理氣의 작용성, 즉 본질의 작용성을 두고서 그렇게 표현한 것인데, 본질을 축적시킨 氣가 모종의 힘을 발휘한 것인가? 氣가 축적되면 창조가 이루어지는가? 하지만 결과는 마찬가지이다. 氣의 응축은 창조의 바탕 근거인 근본을 형성하는 작용이지 창조를 위한 작용은 아니다. 본질은 하나님의 존재 본성으로서 이미 존재한 것이므로 그로부터 이루어진 작용력과는 구분되어야 한다. 구분하고 보면 무언가 잡힐 듯 말 듯한 실마리가 보인다. 즉, 본질의 응집된 상태를 氣라고 할 때, 氣는 바로 본질의 고유한 작용력에 따른 특성이다. 이로부터 그 무엇이 작용하여 천지가 창조된 것이다. 이것을 동양의 선현들이 인식한 氣의 작용 특성을 통해서 조명하면, 氣란 만물 창조를 위한 재료로서 작용을 이루기도 하지만 일어난 작용이라 능동성은 없다. 氣의 응축으로 변화를 일으킨 것일 뿐 왜, 무엇을 위해서 있은 것인지는 알 수 없다. 본질 작용은 오직 창조를 이루기 위한 바탕성 마련일 뿐이다.

그리고 본질의 특성으로서 추출한 것 중 창조의 원동력을 찾기 위해 반드시 언급해야 할 것은 본질의 차원성 구축 문제이다. 이 연구는 누차에 걸친 작업을 통하여 본질의 존재성이 부각되면 진리관에 있어 전면적인 지각 변동이 일어날 것을 예고하였다. 여태껏 세상은 실재만으로 구축된 것으로 알았는데, 알고 보니 본질의 역할이 큰 비중을 차지하고 있었다는 사실이 그것이다. 이런 자각을 바탕으로 실상 세계를 바라보면 그동안 혼란했던 진리 문제를 교통 정리할 수 있다. 그중에서도 본질의 차원적인 특성은 마치 판사가 선고를 하듯 문제들에 대해서 판결을 내리는 역할을 한다. 그것이 궁리를 다하여 내린 산은 산이고 물은 물이란 당위 판단이다. 존재와 존재 간에 감히 넘나 볼 수 없는 차원의 벽이 가로놓인 것은 존재한 바탕이 본질로서 구축된 탓이다. 누구라도 산이 물이고 물이 산이 될 가능성을 생각할 수는 있지만 결론은 산은 산이 될 수밖에 없고 물은 물이 될 수밖에 없다. 그런데도 이런 진상 세계를 이해하지 못한 관계로 無明의 회오리바람이 그칠 날이 없었다. 이 시점에서 진상을 알고 진리성을 가늠해야 원동력에 대해 실체를 파악할 수 있다. 왜 물은 물로서 끝이 없고 본질은 본질로서 끝이 없는가? 그 정답에 본질의 차원적인 특성이 있다. 실마리를 본질의 차원성이 지녔다는 사실을 수긍해야 한다. 차원은 곧 무궁한 한계성의 바다이다. 왜 차원적인가 하는 것은 천지가 창조되었기 때문인 것을 누차 강조하였다. 그렇다면 氣가 응집되면 그것이 질료가 되는가? 대답은 氣는 오직 氣일 뿐이다. 氣는 본질의 작용력이 현현된 상태이고, 창조된 결과로 본질과 질료가 한 몸이 되었지만 그래도 질료는 질료이고 본질은 본질이다. 왜 그런가? 창조가 갈라놓은 차원성 탓이다. 본질은 만상을 이룬 바탕이지만 물질의 변화 모습을 보라. 왜 아무리 변화해도 물질인가? 차원적인 특성 때문에 물질이 물질답게 된다. 그런데 본질은 어떻게 물질로 化하고 그 반대도 가능한가? 본질이 물질을 이루기 위해 바탕성을 구축하였는데, 그 자리를 모두 내어 놓고 본질이 100% 물질화되어 버리면 즉시 물질은 세상에서 사라져 버린다. 창조 이전의 상태로 돌아가 버리리라. 그래서 우리는 어떤 외형적인 변화, 곧 실체의 변화를 보기 위해서 그것을 뒷받침한 본질의 작용 특성을 살펴야 한다. 본질에 근거하지 않은 존재란 있을 수 없다. 이에 본질을 만물화시킨 제3의 작용력만 더하면 본질이 창조를 이룬 실질적인 근거로서 확인된다. 본질이 변화할 수 없는 것이 본질의 고유한 특성 때문이라는 것을 받아들일 때 우리는 존재한 세계 안에서의 온갖 변화 역시 근본은 변화시킬 수 없다는 것을 알게 된다. 물이 얼음이 되고 수증기로 변해도 물은 물이다. 바탕된 본질은 변함없다. 본질의 가용한 작용으로 형태적인 변화가 일어났다. 이 같은 가용 작용력이 확고할진대, 철저한 객관성을 확보한 과학이 얼마나 무모한 시도를 하였던가를 알 수 있다. 쌓아 올린 지식의 탑이 하늘 끝이라도 닿을 것처럼 확신하지만, 바벨탑의 교훈만 일깨울 뿐이다. 확인컨대 본질은 스스로 물질이 될 수 없고, 물질은 스스로 생명이 될 수 없고, 하등동물은 아무리 무수한 세월이 흘러도 고등동물로 될 수 없다. 각자는 각자의 차원에서 무궁한 존재상을 구축하고 있다. 그런데도 과학자들은 끝없는 도전정신으로 무기물질로부터 생명의 탄생을 기대하였다.

물리학자들은 세상이 이루어진 근원성에 대해 실질적인 의문을 제기하여 "우주는 왜 지금과 같은 물질로 이루어졌는가, 물질은 어떻게 생겨났는가?"에 대해 탐구하였다.[46] 사실 이런 추적 과정은 근본적이라 풀기 어려운 문제이다. 하지만 과학자들은 합리성을 추구하는 자답게 초자연적인 힘의 개입을 배제시켰다. 그런데도 나아간 지성적 방향은 '無로부터의 창조'였다. 불교는 텅빈 空을 말하였지만 과학자들이 관심을 가진 것은 어디까지나 물리적인 현상에 근거한 안목으로 엄청난 결과를 기대했다. 일단 어떤 형태로든 있음으로부터의 창조는 자존심이 상하는 일이므로 매력 있는 시도가 아니다. 그래서 연구 끝에 양자물리학은 "無로부터는 아무것도 생겨나지 않는다는 옛날부터의 가정에 하나의 돌파구를 열었다. 스스로 창조된 우주, 즉 특정한 고에너지 과정에서 이따금 어느 곳도 아닌 곳에서 갑자기 튀어나오는 소립자처럼 스스로 존재의 영역에 뛰어들게 된 우주에 대해서 이야기하게 되었다."[47] 우주 창조에 대해 과학적인 설명이 가능해졌다고 인정했다. 無로부터의 창조에 대해서 거시적인 안목으로는 대폭발(Big Bang)과 같은 이론도 있지만, 여기서 궁금한 것은 우주에 존재하는 별들과 혹성, 지구, 삼라만상을 구성한 물질이 어떻게 無로부터 창조되었는가 하는 것이다. 우주가 창조되기 이전부터 물질이 존재했는가? 그런데 하나님이 無로부터 창조했다는 것은 오래전부터 주장된 기독교 교리가 아닌가? "금세기가 되기 전까지는 과학자나 신학자도 자연적인 수단에 의해서는 물질이 창조되거나 파괴될 수 없다고 가정하였다. 하지만 이런 믿음은 1930년, 어느 실험실에서 최초로 물질을 만들어냄으로써 극적으로 깨어졌

---

46) 『현대물리학이 발견한 창조주』, 폴 데이비스 저, 류시화 역, 정신세계사, 1988, 역자의 말.
47) 위의 책, 머리말.

다."[48) 이것은 1905년에 아인슈타인이 질량과 에너지가 같다는 사실을 수학적으로 구체화한 결과이다. 즉, "질량은 에너지를 갖고 있고, 에너지는 질량을 갖고 있다. 어떤 물체의 질량은 무겁고 옮기기가 힘이 들며, 작은 질량은 가볍고 움직이기 쉽다. 따라서 질량이 에너지와 동등하다는 사실은 어떤 의미로 물질이 닫힌 에너지라는 것을 말해 준다. 만일 에너지를 열어 놓을 수 있는 어떤 방법을 발견한다면 물질은 에너지의 폭발과 함께 허공 속으로 사리질 것이지만, 거꾸로 충분한 에너지를 어떻게 해서든 한곳에 가두어 놓을 수 있다면 물질이 나타날 것이다."[49) 이에 영국의 이론물리학자인 폴 디랙(1902~1984)은 "만일 충분한 에너지가 한곳에 모아질 수만 있다면 이들 반전자 가운데 하나가 전에는 아무것도 없던 無의 상태에서 갑자기 나타나게 될지도 모른다고 예언했다. 그러던 중 1933년 칼 앤드슨이 반전자의 출현을 목격하였다. 물질은 그동안 통제된 실험을 통하여 계속 창조되어 왔던 것이다."[50) 이렇게 되면 어느 정도 無로부터의 창조 과정이 해명되고, 과정에서 생긴 물질이 별을 이루고 지구를 이루고 만상을 이룰 수도 있었으리라. 그런데 여기에 심대한 문제가 발생했다. "반물질이 물질을 만나면 이 둘은 언제나 격렬한 에너지를 발생시키면서 서로를 소멸시켜 버린다는 것이다."[51) 그래서 물리학자들은 우주 안의 모든 물질이 어떻게 반물질과의 위험한 만남을 통해 자신을 소멸시키지 않고서도 창조될 수 있었는지에 대

---

48) 위의 책, pp.56~57.

49) 위의 책, p.57.

50) 그다음부터는 전자와 반전자의 생성은 물리학의 실험 과정에서 하나의 상식처럼 되었다.-위의 책, p.60.

51) 위의 책, p.60.

한 길을 모색 중인데, 그들이 동양의 無極而太極이라는 본질의 이행 과정을 알았더라면 더 이상 헛수고는 하지 않았으리라. 에너지가 질량이고 질량이 에너지라면 그들의 양태 전화란 형태상일 뿐이다. 에너지가 다시 에너지로 돌아가는 현상에서 소멸이 웬 말인가? 또한 에너지는 어떻게 無의 상태라고 할 수 있는가? 설사 에너지로부터 기대한 물질이 창조되었다고 해도 그것이 無로부터의 창조는 아니다. 그렇다면 과연 에너지는 무엇인가? 그리고 어떻게 물질 속에 갇혀 있게 되었는가? 만상은 본질에 의해 구축되었다고 했는데, 에너지가 발생된 원인은 어디에 있고 질량과 동등한 개념인 에너지를 구축한 본질은 무엇인가? 어떻게 천지가 창조되었는가만 알면 곧바로 해명할 수 있다. 어떤 작용력에 의해서든 물질이 창조되었다면 창조력도 관여된 것일진대, 천지 창조는 그런 작용력으로 에너지가 발생하였다. 곧 에너지는 본질이 만상을 구축한 힘으로 창조되었다.

그러니까 에너지의 물질화에 건 물리학자들의 기대도 결론은 역시 에너지는 에너지일 따름이다. 그들이 발견한 것은 단지 질량이 에너지化한 에너지 내지 질량의 상호 본질적 속성이다. 본질은 물질이 아니다. 그런데도 에너지가 입자화된 것은 에너지는 물질을 구축하는 구성 요소인 탓이다. 현대 물리학은 시공간조차도 강력한 중력에 의해 구부러진다고 하였는데, 창조된 대상은 이것을 있게 한 본질과 엄연히 구분된다. 이것이 본질의 차원성이다. 물질은 어디까지나 물질일 뿐이라, 물질로부터의 창조 가능성은 결국 포기할 수밖에 없다. 그런데도 진화론자들은 물리학자들이 가진 것 이상으로 가공할 바벨탑을 쌓아 올렸다. 그 대체적인 개요는 진화 하나로 불가능한 것을 가능한 메커니즘으로 바꾸어 놓았다는 것이다.

"옛날 아주 옛날에 생명이 없던 지구에 어떤 분자들이 자기를 복제하기 시작했다. 이는 마술처럼 생명체가 된 것이 아니라 그들의 환경이 더 많이 생성하는 어떤 유의 평범한 화학 반응을 이끌었기 때문이었다. 계속해서 복제의 복제가 진행되고……. 이렇게 계속되던 어느 시점에서 우연히 잘못하여 자기 복제하는 분자를 작은 막으로 둘러싸 버린 불량품이 나왔다. 그리고 또 다시 수십억 년의 세월이 흐른 후 이들은 외피로 둘러싸인 거대한 복합체로 통합되었고, 또한 움직이는 복합체가 되어 지구 표면을 뒤덮게 되었다. 그리고 외부와 차단된 이런 복합체들은 많은 정보(먹이나 포식자 등의 환경과 관계되는 것을 드러내는 음파, 빛과 같은 물리적인 정보)를 처리했다. 정보를 처리하는 이 기관을 뇌라고 불렀다. 그 다음은 흔히 말해지는 역사가 시작되었다."[52]

생물학자들은 유기 생산물과 그들의 행동을 위시하여 진화의 제반 측면을 철저히 물리적인 요인에 근거하여 설명하려고 애써 왔고, 실제로 성공을 거두었다고 자부한다. 생명체가 순전히 평범한 분자들로 만들어져 있다는 사실에 주목했다. 그리하여 생명 현상을 분자 수준에서 물리 화학적으로 분석하여 해명하려고 한 분자생물학의 입장을 두둔하기에 이르렀다. 생명 현상의 본질은 우리가 살고 있는 자연 가운데서 가장 신비한 현상 중 하나인데도 무생물과 마찬가지로 자연계에 존재하는 물질로 이루어져 있기 때문에 물질적인 바탕에서 이해할 수 있게 되었다는 것이다. 즉, 생명을 물질의 기본 단위인 분자의 物性, 혹은 그들이 이룬 상호 작용의 결과로 해석하였다. 하지만 문제는 생명체가 물질로 구성되어 있다는 데 있지 않다. 생명이 없는 분자들의 집합이 어떻게 생명이 있는 것으로 진화되었는가 하는 것이다. 아무리 생명을 분해해 물질의 구성 성분들을 집합시켜도 생명은 탄생되지 못한다. 그런데도 그들은 '원시 수프(primeval

---

52) 『생명과 우주의 신비』, 앞의 책, pp.150~151.

soup)'의 실험을 통하여 올바른 물리 화학적인 조건만 주어지면 생명체의 탄생이 거의 필연적인 결과라고 결론 내렸다.[53] 하지만 생명의 기원은 여전히 큰 과학의 미스터리로 남아 있다. "물리학자들에게 있어서 생명체의 두 가지 두드러진 특징은 복잡성과 조직성이다. 간단한 단세포 유기체가 아무리 원시적이라도 인간의 어떤 정교한 발명품과 비교할 수 없다."[54] 생명체는 주위 환경하고 에너지와 물질을 교환해야 살아남을 수 있다. 그 "핵심된 수수께끼는 문지방 문제이다. 유기체의 분자들이 어느 한계 이상의 복잡성을 이루었을 때만 살아 있는 것으로 여긴다. 안정된 형태로 거대한 양의 정보를 암호화하고, 자기 복제를 위한 청사진을 저장하는 능력을 지녔을 뿐 아니라 실제로도 자기 복제를 행할 수 있다. 문제는 어떻게 해서 초자연적인 힘의 도움 없이 평범한 물리 화학적인 과정으로 문지방을 넘어설 수 있는가하는 것이다."[55] 여기서 문지방이란 무엇인가? 생명의 본질은 바탕된 차원성을 극복하는 문제로서 생명체를 낳는 데 필요한 메커니즘은 바로 이 연구가 제시할 창조 메커니즘이다. "현대 과학자들도 생명체의 탄생을 고도의 메커니즘으로 여기고 있는데, 생명력이라든가 그 밖의 다른 비물질적인 성질이 존재한 실질적인 증거는 발견하지 못하였다."[56] 하지만 그것이 지금까지의 이해 수준이라고 해서 기적에 호소할 수는 없는 입장이므로 차원성 문제를 해결하기 위한 방안의 하나로 요즘은 많은 사람들이 UFO의 존재에 대해서 관심을 가

---

53) 『현대물리학이 발견한 창조주』, 앞의 책, p.115.
54) 위의 책, p.102.
55) 위의 책, p.114.
56) 위의 책, pp.116~117.

지고 외계 차원에 의한 생명 유입설을 가정하기도 하였다.[57]

이처럼 지성들이 탐구한 일련의 노력에 대해서 본질의 차원성이란 관점에서 이 연구가 내릴 수 있는 결론은 무엇인가? 우리는 신학자들이 말하는 생명은 최고의 기적이며, 인간 생명은 神의 우주 종합 계획 중에서 가장 최상의 업적이란 찬미를 등에 업고 이제는 막연한 믿음에서 벗어나 세계의 되어진 엄밀한 구조와 원리성을 밝혀야 한다. 물질은 물질이고 생명은 생명인 경계선을 두고 볼 때, 물질을 생명 되게 한 데는 차라리 어떤 기적적인 메커니즘이 작용한 것을 더 선호하게 된다. 존재는 오직 자체를 규정한 본질을 함유했을 뿐이라 어떤 경우에도 경계벽을 넘어설 수 없다는 것을 알 때, 창조는 자체로 모종의 차원성을 시사한다는 것을 새삼 알게 된다. 존재가 영원한 것은 본질의 차원성으로부터 주어진 것이 분명할진대, 물질과 생명이 그 차원성을 구획 짓는 뚜렷한 존재 상태이다. 과학은 생명체인 원자의 집합체라는 사실까지는 알아내었지만, 원자가 집합하여 어떻게 생명을 탄생시켰는가 하는 것은 풀지 못했다. 세상 어디를 살펴보아도 주어진 존재를 통해서는 창조 문제를 풀 메커니즘을 찾을 수 없다. 이 같은 한계성을 알아야 만인은 비로소 天上의 고귀한 지혜를 받아들이게 되리라.

57) 위의 책, p.118.

제7장 창조 원동력

1. 조물의 원동력

1) '命'하심

태초에 하나님이 천지를 창조하였다. 창조가 있어 태초가 있게 되었고, 그로부터 창조된 것은 천지였다. 하나님이 존재하고 천지가 창조되었으므로, 천지가 생겨나게 된 원인은 전적으로 하나님에게 있다. 창조, 곧 조물의 원동력이 하나님으로부터 작동했다. 창세기 1장 1절에서 알 수 있는 것은 이것이 전부이다. 하나님이 주체적으로 의지를 발휘하여 천지를 창조한 사실을 명시한 것일 뿐, 여태까지 구한 어떻게는 이후 계시를 통해서도 찾을 수 없다. 하나님이 존재하고 천지가 창조되었으므로 창조는 곧 無로부터를 뜻한다. 태초와 하나님과 창조를 함께 적시한 것이므로 창조는 있었고, 천지는 없던 것이 있게 되었으므로 無한 것으로부터가 맞는데, 단지 無에 대한 의미 해석이 심오할 뿐이다. 창조가 없었을 때는 인식이 불가능하지만, 천지가 창조된 이상 인식할 수는 없어도 하나님은 창조 이전부터 존재하였다는 것을 알 수 있다. 이에 창조된 일체가 그렇게 존재한 하나님으로부터 발원되었다는 것을 알아야 한다. 삼라만상이 하나님에게 귀속되어 있다는 것, 따라서 천지를 창조한 원동력을 세상 안에서 찾은 일체 노력은 실패하고 말았다. 그렇더라도 우리는 과정을 겪지 않고서는 결과를 얻을 수 없기 때문에, 지난날 인류가 추구한 지성사적 과정은 귀한 것이다. 믿음을 가지고 부단한 탐색 과정을 마련해야 했다. 존재한 대상을 통해서는 어려우므로 제3의 대상을 찾아 나서야 한다. 천지가 존재한 구조상 창조는 확실하다. 일단 근원적인 본질의 존재성은 확인하였고, 無에 대한 한계성이 분명한 상태에서 뒷받침한 이치도 포착했다. 무엇보다도 사실을 대신한 것은 만물 자체이라 삼라만상이 생성을 거듭한 것이다. 종합한다면 창조는 분명한데 원동력을 구하지 못하여 기나긴 미로를 헤매었다. 세상 안에서는 더 이상 구할 것이 없다는 결론을 가지고 원점으로 돌아왔다. 세상 안에는 원동력이 없는 것이라면 핵심된 작용력은 어디에 있는가? 천지를 창조한 하나님이 모종의 작용력을 지녔다. 하나님이 발원시킨 것이 당연한데 구조가 단순하다 보니까 관심 밖에 있었다. 천지 만물은 창조된 대상일 뿐, 직접 창조한 분은 하나님이다. 재차 확인한 바대로 이것은 상식인데 그동안 진실을 외면한 것은 그 이유가 무엇인가? 하나님밖에는 창조 권능을 본유한 자가 없다는 사실을……

창조론자들은 창조 역사에 대한 이해 부족으로 방법 면에서나 대상 면에서나 원동력을 발견할 수 없는 한계가 있는데, 그런 문제점을 해소한 지금은 하나님의 말씀 창조 역사를 재분석해 볼 필요가 있다. 창세기를 살펴보면 어디를 보아도 말씀에 의한 행위력과 수반된 의지력 외에 창조를 위해 손을 사용하였다든지 특정 재료를 사용했다는 기록은 없다. 하나님이 가라사대, 만들고 나누고 칭하는 행위들만 세분화되어 있다. 가라사대 하기 전에는 빛이 없었고, 빛과 어둠을 나누기 전에는 낮과 밤이 없었다. 그렇다면 하나님은 무엇을 보고, 어떤 대상을 향하여 말씀하였는가? 창조 이전에는 하나님밖에 없었으므로 하나님이 가진 그 무엇일 수밖에 없다. 천지를 창조한 모든 근거는 하나님에게 있고, 가장 근본된 진리 근거는 말씀이 지녔다. 하나님은 항상 높은 뜻으로 존재하는데 다 파악하지 못해서일 뿐 창조된 세계로부터 진리의 말씀은 충만하다. 이런 이유로 태초의 창조 역사는 지극히 사실성을 밝힌 계시이고, 태초에 말씀이 있어 말씀이 하나님이라고 한 것은 지극히 원리적인 말씀이다. 하나님이 천지를 창조할 뜻을 품었는데 이것을 말씀을 통해 구체화시켰다. 여기에 창조 역사의 비밀이 있다. 그런데도 너무 단도직입적이라 창조된 과정을 파악할 여지가 없었다. 그리고 행한 역사까지 차원성에 가려 오랜 분열 역사가 필요하였다. 하지만 분열 시공을 초월한 하나님은 거침없이 성경의 곳곳에서 창조 역사의 주체자임을 공언하였다. 예레미야는 "나는 내 큰 능과 나의 든 팔로 땅과 그 위에 있는 사람과 짐승들을 만들고……"라고 하여[58] 창조한 경위를 확인시켰

---

58) 예레미야 27장 5절.

다. 멜기세덱의 "천지의 주재시요 지극히 높으신 하나님이여……(창 14:19)" 등등 창조에 관한 구체적 취급은 창세기 1장 1절에서 2장 4절 속에 계시되어 있다. 말씀으로 표현한 뜻이야말로 창조의 근본 원인이다. 시편에서는 만물을 짓고 소유한 하나님에게 신뢰하고 구원자로 의탁했다(24:1, 89:6~19, 90:1). 욥기에서는 "그가 홀로 하늘을 펴시며 바다 물결을 밟으시며……(9:8)" 지혜서에서는 뚜렷하게 하나님의 말씀, 즉 지혜가 창조 사업의 원동력임을 강조했다(9:1, 2, 9). 하나님은 그의 전능과 사랑으로 모든 것을 창조하였다(11:17, 24~26). 인간은 피조물의 장엄함과 아름다움에서 조물주를 알아볼 수 있다고 하였다(13:4~5). "이 일을 누가 행하였느냐? 누가 이루었느냐? ……나 여호와라. 태초에도 나요 나중 있을 자에게도 내가 곧 그니라(사 41:4)." 마카비 하는 無로부터의 창조(7:28 참조)라는 말을 썼는데, 無라는 추상적인 개념은 이스라엘 백성에게는 생소하여 차라리 형체 없는 물질로 생각하는 이가 많았다(본질?).[59] 즉, 하나님은 세계를 초월해 있으면서 말씀으로 아무것도 없는 태초에 하늘과 땅을 창조하였다. 만물이 오직 하나님으로부터 나왔다. 그런데 우리는 마술사의 손놀림을 보는 것처럼 하나님이 가라사대 하니까 즉시 빛을 보게 되었다. 무엇에 의해 빛이 생겼는가? 있는 것은 말씀밖에 없는데 어떻게 말씀대로 생겨났는가? 말씀에 대해서는 이미 지적한 대로 말씀 자체가 어떤 창조력을 지닌 것은 아니다. 말씀은 모종의 창조를 위한 선재 뜻, 목적, 계획이 응어리진 상태이다.

  그러므로 말씀에서 창조의 원동력을 찾아내기 위해서는 창조된

---

[59] 「우주 창조와 인간의 완성(성서에서 본 창조관)」, 배문한 저, PC통신 유니텔.

세계의 특성을 밝힐 핵심 본질을 규명하는 것이 급선무이다. 그렇게 해서 이룬 본질적 본체는 무엇인가? 하나님의 존재 본성으로서 천지를 있게 한 의지력의 규합체이다. 본질이 통합성을 구축하여 온갖 작용을 가능하게 하였다. 근원적인 문제를 해결함으로써 우리는 하나님이 창조 이전에 무엇을 근거로 천지를 창조한 것인지 알 수 있다. 그것이 무엇인가? 하나님의 존재 본성, 곧 존재한 본체 본질이다. 어떻게 이 사실을 알 수 있는가? 핵심 본질을 규명함으로써이다. 제2 이사야는 시초부터 인간들에게 창조 사실을 계시하였고 이스라엘 백성들은 본시 그 진리를 알고 있었다(사 40:21, 26, 28)고 하였다. 세상의 되어진 본질 밝힘이 창조된 근원을 지침한다. 아무런 바탕도 없이 창조 역사가 실현되었을 리 만무하다. 원래 바탕이 하나님으로부터 비롯된 것이라는 사실에 대해서 이성적인 통찰이든 세상적인 이치이든 성경이든 어디서도 걸림이 될 것은 없다. 태초에 하나님이 존재하면서 창조를 위한 근거를 직접 지녔던 모든 것을 사전에 준비하였다는 것, 그것을 이 연구가 통합성 본질로서 규정하였다. 물론 창조 이전에도 하나님은 본성을 지녔지만(절대 본체) 통합성 본질은 창조를 위해서 특별히 의지력을 집중시킨 창조 본체이다. 하나님은 전후를 통괄한 입장에서 계시하였는데, 인간적인 입장에서 뜻을 헤아리기까지는 수많은 세월을 믿음으로 기다려야 했다. 위에서 내려주고 밑에서 올라가 만난 지점에서 천지를 창조한 원동력을 구하게 되었다.

그렇다면 이제 남은 문제는 통합성 본질이 어떻게 천지를 창조할 수 있었는가 하는 점이다. 사실은 통합성 본질도 하나님의 말씀조차도 아니다. 하나님의 그 무엇인 것은 분명한데 원동력을 찾기 위해서는 다시 합당한 인식의 구조적인 여건을 갖추어야 한다. 불타가 도달한 극적인 깨달음 조건과도 같다. 한순간 천상천하 제일의 지혜를 직시하는 것이다. 천만 년 잠재된 창조 역사의 비밀을 푸는 열쇠이므로 사전에 철저하게 준비를 해야 한다. 결코 形而上學적인 관념물이 아니다. 직접 세계를 이룬 주축 원리이고 작용이며 원동력이다. 이 선언 하나로 천지를 창조한 실마리가 일시에 풀리고, 세계의 제 현상을 관통하는 해석 관점이 된다. 원동력은 창조 이전부터 존재한 하나님의 영원한 본성을 바탕으로 본질이 어떻게 만물화될 수 있었는지를 아는 것이다. 어떻게 본질이 물질화, 생명화되게 하였는가? 세상 가운데 주어진 그 무엇도 자체만으로는 불가능하다. 본질은 창조를 위해 제공된 바탕체이다. 무엇이 먼저랄 것도 없이 本과 物은 창조 세계 안에서 이룬 합일체일 뿐이다. 그렇다면 창조라는 것은 상호 작용에 의한 관계성인가? 창조 안에서는 本과 物 어느 곳에서도 작용을 일으킨 실마리를 찾을 수 없다. 창조된 결과 주어진 당연한 인식 구조이다. 시작과 끝의 꼬리가 세상 안에서는 없다. 그렇다면 質이 본질의 형성에 관여한 것인가? 그것도 아니다. 창조로 인해서 결정된 것이 質이다. 창조 이전에는 본질 상태로 있었지만 창조 이후에 물질적인 성향으로 전환된 것인가? 왜, 어떻게, 그 이유는? 본질을 물질로 전화시킨 계기란? 이로써 도출할 수 있는 창조의 힘은? 이 연구는 통합성이 분열하는 힘으로 만물이 생겼다고 했는데, 만물을 있게 한 분열성의 실질적인 작용 형태는? 통합성 본질로부터 無를 有하게 한 모종의 메커니즘이다. 無↔창조↔有. 그러나 바탕인 본질은 본질 그대로 불변하다. 분열성도 직접적인 요인은 아니다. 통합성이 분열을 일으키지만 본질은 본질이다. 조건을 갖추고 창조를 위해 배열식을 세운 상태에서도 어떻게 바탕체인 본질로부터 천지를 有하게 하였는가에 대한 작용 근거는 오리무중이다. 이런 상황은 정말 창조란 차원성이 지닌 특성 탓인가? 그럼에도 불구하고 배열식을 가능하게 한 것은 결국 창조 때문이고, 주체력은 하나님이 지닌 것일진대, 우리는 곧 창조란 행위 속에 모종의 비밀이 숨어 있다는 것을 짐작할 수 있다.

이 연구는 지금까지 걸어온 탐구 여정과 구비된 조건을 통틀어 창조 이전과 창조 이후에 대한 경계선을 명확히 했다. 그런데도 창조 본질이 만물화된 데 대해서는 아무리 궁리해도 미지수이다. 그래서 내린 결론은 언급한대로 본질 안에서는 어떤 주체적인 원동력도 없었다. 그렇다면 구한 요인은 정말 어디에 있는가? 창조 역사를 실현시킨 대원동력 말이다. 우리가 모르는 제3의 힘이 작용하였는가? 개설 단계에서도 언급하였듯 직면한 과제를 풀지 못하면 창조 증거 노력이 무산되어 버릴 지경이므로, 지금까지 일군 지혜를 집결시켜 진리 구함의 자세를 견고히 하였다. 본질조차 창조를 위한 바탕 근거로 제공된 사실을 통해 우리는 필연적으로 하나님이 창조주로서 가진 절대적인 창조 권능을 요청할 수 있다. 조물의 원동력은 하나님 외에 다른 곳으로부터 찾을 수 없다. 오직 하나님만 지녔다. 창조 역사는 하나님이 이룬 결과물이자 행한 전유물이다. 그렇다면 하나님은 과연 무엇을 근거로 어떻게 천지를 창조하였는가? 창조 진리를 보면 알겠지만 세상에서 절로 된 것처럼 보이는 것도 결코 절로 된 것은 없다. 그렇게 되도록 한 원동력이 작용했다. 그렇다. 창조 역사를 주도한 주체성과 의지 작용이 바로 창조의 대원동력이다. 본질이 스스로는 역사를 실행시킬 수 없는데 되게 하라고 한 의지력이 미쳤기 때문에 본질이 만물화되고 존재한 특성과 구성 목적을 이루었다. 선현들이 어떻게 찾아 헤매었고, 만물이 얼마나 복잡한 구성체인데, 미친 작용력은 정작 단순하다. 오직 있으라고 한 命으로 천지가 창조되었다. 지난날은 가능성이 없는 곳에서 원동력을 찾았기 때문에 미로를 맴돈 것인데, 본의를 알고 보니 세상 이치가 분명해지고 그동안 헤쳐 나온 길이 꿈결 같다. 이로써 이 연구는 구한 본의로 하나님이 말씀으로 창조를 실현한 근거와 이유, 그리고 원동력이 곧 하나님이 命한 뜻의 작용에 있었다는 것을 밝힌다. 인간으로서는 해결할 수 없는 일을 하나님이 깨닫게 해준 성령의 은혜이다. 세상의 되어진 바를 알 수 있는 만유 공통의 계시를 받들었기 때문에 이 연구는 공식적으로 만인 앞에서 창조의 지혜를 밝힐 수 있고, 받은 은사를 객관적으로 서술하며, 살아 역사한 메시지를 선포할 수 있다. 확인한 뜻을 어떻게 만상을 꿰뚫는 창조 원리로 정립할 수 있을 것인가에 대해 고심하리라.

앞서 밝힌 통합성 본질 속에서도 창조를 이룬 메커니즘 작용은 하나님이 목적한 뜻 하나에 있다. 이것은 전능한 하나님의 권능에 힘입은 것이 아니고 실질적으로 천지에 근거해서 구축되었다. 뜻에 근거하면 세계적 실상을 설명하지 못할 것이 하나도 없다. 뜻을 발한 하나님이 몸된 본질에 대해 빛이 있으라 하니까 빛이 생겼다. 빛이 될 수 있는 바탕 작업이 완성되어 있었다. 여기서 되라 하니까 된 본질은 천지를 창조하기 위해 사전에 마련된 바탕 재료라고 할 수 있고, 있으라 혹은 되라고 한 命은 하나님이 무엇을 어떻게 창조할 것인가를 지침한 설계도면, 혹은 짜 넣은 목적 틀과 같다. 이것이 본질을 통해 창조를 실현시킨 메커니즘으로 작용하였다. 본질 자체는 원동력을 발휘할 수 없지만 命함이 만물화를 실현시킨 원동력으로서 작용하였다. 선재한 하나님이 창조를 실행시킬 법칙과 원리를 구축하고 되라고 命하니까 그렇게 되었다. 따라서 우리가 구한 창조의 원동력은 하나님이 命하므로 일체를 존재하게 한 힘, 능력, 실질적인 실행 의지력이다. 곧 천지는 命을 따라 뜻을 받든 결과물이라는 것을 알 수 있다. 그러므로 지금까지 구한 창조의 실질적인 원동력은 하나님이 창조를 위해 품은 최종 근원이다. 통합성 본질은 사전에 역사된 하나님의 命을 받들 준비를 갖춘 상태인데, 命의 발동으로 창조 역사가 실현되었으므로 발한 뜻이 더할 나위 없이 장엄하다. 그래서 창조란 뜻 자체라고 해도 과언이 아니다. 하나님의 뜻에 근거하지 않은 창조 대상은 하나도 없나니, 만물은 命을 받들어 존재한 피조물이다. 이로써 이 연구는 하나님이 창조 역사를 위해 발의한 뜻, 곧 창조 본의를 정립하여 세계에 대해 전격적으로 증거할 수 있는 해석 기준을 마련하였는데, 이것은 앞으로 체계 지을 만사형통한 진리 기준 틀이기도 하다.

2) 뜻에 의한 창조

태초에 하나님이 천지를 창조하였다고 한 선언은 천지가 창조됨으로써 삼라만상이 존재하게 되었다는 사실에 대한 전제이다. 성경에서 밝힌 하나님의 역사도 창조로 인해서이고, 삼라만상 일체도 이런 전제 범위 안에 있다. 이 같은 바탕 위에서 "땅이 혼돈하고 공허하며 흑암이 깊음 위에 있고 하나님의 神이 수면에 운행하시니라."[60] 그리

---

60) 창세기 1장 2절.

고 창조 역사에 대한 구체적인 행위들이 묘사되는데, 그렇게 해서 이룬 주관 역사가 지금까지 계속되고 있다. 그런데 하나님의 창조 역사를 묘사한 첫 행위가 하나님이 가라사대 빛이 있으라 하시매 빛이 있게 되었다고 한 命과 그 결과이다. 하나님이 命하므로 있게 되었다. 있게 한 법칙을 정하므로 그 틀 안에서 빛, 인간……이 존재하게 되었다. 있으라로 창조 목적과 법칙이 결정되었다. 이것이 하나님이 태초에 이룬 창조 역사 내력이다. 命으로 정해진 창조 법칙, 여기서 우리는 하나님이 행한 선재 행위를 가늠할 수 있다. 아무런 이유도 준비도 없이 있으라고 命했을 리 만무하다. 사전 계획성이 命 가운데 내포되어 있다. 일체를 완비해서 命한 것이고 그렇게 해서 실행한 역사가 창조이다. 하나님이 천지를 창조하기 전에는 무엇을 하였는가? 이제는 대답할 수 있다. 창조를 위해서 준비하였고 고심하였다는 것을……. 이것이 하나님이 쏟은 사랑이고, 창조를 이룬 원동력이다. 뜻을 실현하기 위한 프로젝트 수행이다. 그렇지만 어떻게 命한 뜻이 원동력이 되었는가 하는 것은 우주를 망라한 메커니즘상의 문제이다. 우주를 구축한 진리 실 가닥으로 그물망을 이루었다. 사전 역사로 있으라 하니까 있게 된 것이 천지 창조 역사이다. 우리는 命해도 생겨나는 것이 없지만 하나님이 命함에는 절대적인 권능이 실려 있다. 곧 창조 권능이다. 창조는 하나님이 발휘한 대표적인 권능인데도 지극한 능력이 세계 안에서는 다반사하게 실현되어 있어 특별성이 희석되었다. 그래도 우리는 결코 어긋날 수 없는 이법으로 접한다. 무목적, 무규칙적인 것이 아니라는 데 특별함이 있다. 왜 그렇겠는가? 창조란 피할 수 없는 역사의 작용 아래 있어서이다. 왜 물은 위에서 아래로 흐르는가? 역류할 수 없는가? 법칙으로 결정된 탓이다. 주체적인 뜻 때문이고, 일체를 감안한 결정 의지 탓이다. 의지력은 하나님이 창조 역사를 주도한 전부이다. 無한 것을 有하게 한 권능적 실체이다. 우리는 세상의 주어짐, 되어짐, 존재함이 과학적, 규칙적, 합리적인 것을 감탄하지만, 세상 어디서도 뜻의 개입 없이는 우주적 질서의 완전함과 엄밀함과 영원성이 존재할 수 없다. 이런 無로부터 有되게 한 선재 의지의 규정성과 命을 따를 수밖에 없는 존재 속성을 통해 창조 사실을 확인할 수 있다. 命에 따라 창조된 탓이다. 그래서 하나님은 모든 것의 主이다. 주재권의 행사자이다. 모든 것을 쏟았기 때문에 만상은 사랑의 결정체이고 인간은 하나님의 자식이다. 하나님은 인류의 원천 아버지이다. 시조의 최초 원적(原籍)에는 하나님이 인류의 부모로서 명기되어 있어야 한다. 그 끊을 수 없는 친자 관계가 본질로서 확인된다. 근거는 자체 본질이 지니고 있어 인간은 알게 모르게 뜻을 따르게 된 영성적 존재이다. 만상 가운데서도 하나님의 모상을 받들어 창조된 특별한 존재이다.

3) 명화

창조의 논리적 귀결은 하나님이 존재하기 때문에 성립될 수 있다. 마찬가지로 창조 역사도 그것은 오직 하나님이 발휘한 의지력의 작용에 의거했다. 의지 작용으로 표현된 행위의 형태가 命으로 나타났고, 命한 대로 삼라만상이 창조되었다. 만상이 命을 따라 존재할 수 있도록 본성을 부여받았다. 우리는 어떻게 해서 命에 따라 존재하였는가? 대답 역시 창조이다. 그렇다면 창조는 도대체 무엇인가? 없었던 것을 있게 한 것이다. 하지만 이처럼 개념만으로 꼬리를 잡아 나가서는 命한 행위가 무엇인지 감을 잡을 수 없다. 실존자로서 처한 상황에 비추어 命이 어떤 작용을 일으킨 것인지 알아야 한다. 처한 조건 속에서 먼저 궁금한 것은 어떻게 천지가 無로부터 有할 수 있게 되었는가, 본질이 물질화되었는가, 혹은 무기물로부터 생명이 탄생될 수 있었는가? 하는 것 등이다. 이런 의문에 대해서 이 연구는 존재한 대상이 본질에 근거한 관계로 본질이 지닌 특성 이상을 넘어설 수 없다는 것을 분명히 했다. 이런 사실에 대하여 命은 무엇을 가능하게 한 것인가? 가능할진대 그 이유는 또 무엇인가? 인간으로서는 불가능한 역사를 하나님이 命하므로 실현시켰다는 데 있다. 無한 것을 有하게 하였고, 본질을 만물화했다. 이것이 창조이고 命이 이룬 작용 메커니즘이다. 命의 실체를 파악해야 命이 어떻게 가능성을 현실화시킨 것인지 판단할 수 있다.

왜 우리는 불가능한데 하나님은 실현시켰는가? 그것은 단순히 無한 것을 有하게 한 힘이 아니다. 면밀히 살펴보면 無에서 생겨난 有라는 것은 바로 命을 따를 수밖에 없는 하나님의 존재 본질이라는 데 있다. 창조 본체는 命을 따라 無한 것을 有하게 한 특성을 지녔다. 그런데 有하고 無한 것은 존재의 있고 없음에 따른 차이이기는 하지만 한편으로는 감지하거나 못하는 인식상의 차이이기도 하다. 따라서 우리가 인식한 無는 창조 이전이라 인식할 수 없는 상태를 말하는 것이지 전혀 아무것도 없다는 뜻이 아니다. 그렇다면 논리상 결함이 있는 것이 아닌가? 창조 이전에는 無하다고 해 놓고 다시 인식상일 뿐 존재상으로 있었다는 것은 무슨 뜻인가? 곧 창조는 無한 것을 有하게 한 것임에도 불구하고 사실은 아무것도 없는 것으로부터는 어떤 역사도 실현될 수 없다. 그래서 창조는 필연적인 원인을 발생시켰다. 창조가 지닌 위치에서는 有無에 대한 인식적 구분으로 끝나지만 하나님은 창조 이전에도 엄연히 존재하였다. 그렇게 존재한 상태에서 천지 창조의 바탕체로 제공된 것이 곧 몸된 본체이다. 따라서 有無의 개념만으로 따지면 命의 작용성을 이해할 수 없지만, 창조 이전에도 존재한 하나님의 본체에 근거하면 어떻게 불가사의한 일이 실현되었는지 가늠할 수 있다. 하나님의 몸된 본체가 창조의 바탕체로 제공되었고 그 위에 제3의 힘, 곧 命이 주어졌다. 命은 몸된 본질로 하여금 만물화될 수 있게 한 작용성 자체이다. 통합 본체는 하나님의 의지대로 작용하는 가능체로서 命을 받들기 위해 스탠바이 된 상태이다. 하나님이 가진 전능함의 당위 근거이다. 통합 본체는 하나님이 천지를 창조할 목적으로 마련한 구체적 본질이다. 그래서 뜻한 온갖 요건을 갖추었다. 빛과 궁창과 바다와 땅과 식물 등등 천지는 결코 한순간에 창조되지 않았다(?). 창조의 원리적 근거는 본질이 하나님의 命을 받들어 만물화된 사실에 있다. 우리는 뜻을 가지고 인생을 설계하는 것처럼 하나님은 몸된 본체를 근거로 계획한 천지 창조 역사를 실현하였다. 본질은 하나님이 부여한 命대로 실현 가능한 무한한 능력, 곧 초월적인 창조력이다. 그런데도 우리는 왜 본질의 만물화 순간을 파악할 수 없는가? 본질이 천지화, 빛화, 궁창화된 순간 존재한 차원이 달라진 탓이다. 命을 기준으로 본질은 창조 이전과 이후로 구분되거니와, 이런 이유로 化된 순간을 포착하지 못했다. 창조 역사는 命을 따르도록 마련된 본질적 특성을 밝히는 것 외에 만유인력 같은 법칙으로서는 증명할 수 없다. 命의 작용력은 세계가 되어진 연유를 아는 핵심 관점이다.

그렇다면 이 단계에서 제기되는 의문점도 짚고 넘어갈 필요가 있다. 하나님이 마련한 자체의 존재 본질과 창조 이후 만상을 구축한 바탕 본질에 관한 것이다. 만상의 근거가 된 바탕 본질도 하나님의 본질인가? 손오공이 머리칼을 혹 불어 수많은 분신을 만들었듯 그런 방식인가? 일단은 몸된 본질이 만상화된 것은 사실이다. 하나님은 자체 본체에 근거하여 너와 모두를 창조하였다. 창세기 기록을 보면 1차적인 창조를 바탕으로 나누고 만들고 하는 작업 과정이 세분화되어 있고, 흙으로 사람을 짓고 아담의 갈빗대를 취하여 여자를 만드는 등 2차적인 작업 과정을 거쳤지만, 1차적인 작업이 하나님에 근거한 것인 한 이후는 모두 하나님의 것이라고 해도 좋다. 차이가 있다면 하나님은 창조 이후에도 절대 본성을 유지하지만(불변) 우리는 말미암게 된 피조체적 특성을 지녔다. 그러나 본질로서는 걸림 없이 통하고 꿰뚫어진다. 자식은 부모가 낳았지만 자식은 자식이고 부모는 부모이다. 독립적인데 핏줄로 연결되어 있다. 하나님과 만상과의 관계도 이와 같다. 창조 본질이 만물화된 순간 이행되기는 했지만 그렇다고 아예 동떨어진 것은 아니다. 우리가 피조체로서 하나님과 함께하는 원리가 여기에 있다. 命한 메커니즘 작용으로 해명할 수 있다. 지금까지 지켜온 믿음의 문제뿐만 아니고 세계적인 문제들도 해당된다. 어떻게? 그 이유는 의외로 간단하다. 창조 때문이고 命을 가능하게 한 작용 원리 탓이다. 자물쇠는 열쇠가 있으면 풀 수 있다. 세상 법칙도 이와 같다. 직접 이룬 원리성인 탓이다. 만물은 命을 따라 본질이 만물화된, 하나님이 정한 뜻과 목적을 따르는 속성으로서 창조되었다. 이런 역사를 실현시킨 창조 메커니즘, 곧 창조 역사의 대원동력은 하나님이 말씀으로 이룬 命 자체이다. 창조 역사를 주도한 능동적 의지 작용이다. 그래서 이제부터는 命이 이룬 결정성을 만물이 가진 존재 속성으로서 확인하는 것이 당면 과제이다.

이런 과제를 해결하기 위해서는 우선 세상을 가늠할 수 있는 命의 개념을 명확히 할 필요가 있다. 즉, 命이 원동력이고 창조의 주체 요인이라면 그 바탕은 바로 본질이다. 命이 본질에 작용하여 만물로 이행되므로 化가 실현되었다. 앞에서 전제했던 엑스 메커니즘이 바로 命으로 인해 발생된 창조력에 있었다. 그런데 지성들은 그 답을 어디서 구했던가? 이론 구성이 인위적이다 보니 무리가 있었다. 이에 창조 역사가 하나님의 뜻과 命으로 이루어진 것을 알았다면 이것을 어떻게 불러야 할까? 이 순간 분명한 창조어로서 '命化'라고 하리라. 선입견으로 命化란 진화와 대립된 개념으로 생각할 수도 있겠지만 그렇지 않다. 첫째, 창조 역사에 대해 심증은 있지만 실질적인 작용 메커니즘을 제시하지 못해 각종 도전에 직면한 문제를 해결하고 둘째, 미비된 창조론을 보완해서 구축된 진화론을 극복하는 관점으로서 命化로 지칭했다. 命化는 참으로 천지를 창조한 원동력 자체이다. 이전에는 이 자리를 전화, 분화, 변화 등이 대신하였지만 이제는 命化의 작용 개념이 확고할수록 진화 메커니즘은 희석되리라. 命化로 만상을 이루었나니, 더 구체적으로는 존재를 구성한 요소, 상세하게는 물질과 생명 하나하나가 命에 의해 창조되었다. 여기에 창조의 대씨앗이 있다. 만물이 법칙을 따르고 이치대로 움직인 근거이다. 뜻에 따른 창조라 삼라만상이 정한 법칙과 질서에 따라 한 치도 어긋남 없이 운행을 거듭하였다. 세계를 판단할 수 있는 대관점이 확립되었다. 세상사가 마음먹은 대로 되지 않는 것은 命의 결정력이 미친 탓이다. 만상을 주도한 命化적 창조력은 위대하나니 만상을 조화롭게 하였다. 만물의 소재 주소가 명확해졌다.

2. 조물의 근거

1) 유무의 인식에 의한 근거

천지는 분명히 존재하며 만물은 현실 가운데서 자재하다. 그렇지만 부모를 아는 것처럼 만물이 어떤 근본에 의해서 생겨난 것인지 알 수 있는가? 부모는 나를 낳고 길러 주었지만 산하는 말이 없고 천만 년 세월 동안 여여할 뿐이다. 그래서 인류는 세계를 탐구하여 학문이란 지식적 체계를 이루었다. 근원을 파악하고자 함에 있어서는 도대체 무엇을 어떻게 보고 판단해야 하는가가 문제이라 피상적인 판단에 머물렀다. 이에 이 연구는 일련의 탐구 성과를 바탕으로 핵심 본질이 곧 조물의 근거를 추적할 수 있는 길이고 관문이라는 것을 알게 되었다. 따라서 다음부터는 어떻게 해서 본질이 창조의 근거가 된 것인지 밝혀야 한다. 이 연구는 그동안 곳곳에서 본질이 존재한 근거를 밝혔고, 본질 세계가 그대로 천지를 있게 한 근원 세계란 것을 확인하였다. 하지만 아무리 본질로부터 창조의 근거를 인출하였다 해도 연원된 근거를 이론적으로 밝히는 것은 쉬운 일이 아니다. 그래서 일단은 지금까지 일군 창조에 대한 개념을 근거로 인식상의 문제부터 풀어보고자 한다.

즉, 창조의 본질 문제에 있어서 창조는 어떤 有가 有를 낳은 체제가 아니고 無한 데서 有로의 체제이다. 그래서 無→有는 하나님의 전능성을 확인하는 창조 시스템이다. 하지만 창조를 상상력으로 가늠하면 가능한 일인가 생각해 보자. 우리는 항상 있는 것으로부터 무엇을 만들어 내는 것이지, 아무것도 없는 것에서는 아무것도 만들어 낼 수 없다. 이런 이유로 하나님은 인간과 차원적인 차이가 있지만, 문제는 누구도 無한 것으로부터의 창조 메커니즘을 밝히지 못한 것이다. 어떤 경우에도 사실을 직시해야 실마리를 붙들 수 있듯, 불가능한 데 가능하다고 하면 안 된다. 다시 한 번 생각하고 답변해 보자. 아무것도 없는 無로부터 무엇을 有하게 할 수 있는가? 이치상 불가능한데 억지 주장을 앞세우니까 일각에서는 "창세기의 기록을 역사적이고 객관적인 사실의 서술로 보지 않았다(신화)."[61] 하지만 다시 한 번 생각해 보라. 창조는 항상 하나님을 전제하는데, 無한 것의 창조는 어디에 초점을 맞춘 것인가? 無로부터 有한 온갖 대상인가? 無한 데서 有를 창조한 하나님에 대해서인가? 전자는 어떤 경우에도 불가능하다. 불가능한 것을 인정해야 다음 단계로 나갈 수 있다. 즉, 無한 것으로부터의 창조는 그 같은 권능을 지닌 하나님의 창조력을 말한다. 그렇게 되어야 얽히고설킨 창조 문제를 풀 수 있다. 無한 데서 有한 창조는 無한 데서 有를 창조한 하나님의 창조 권능, 곧 전능성을 말한다. 그래서 세계 안에서는 無→有 창조가 어떤 가능성도 없다고 판단했다. 왜 이 연구가 無→有로 化된 차원적인 창조 의미를 각인시키는가 하면, 믿음만으로 하나님은 전능하기 때문에 無로부터 온갖 有를 창조할 수 있다고 하면 창조 문제를 풀 수 있는 실가닥을 영원히 잃어버린다. 하지만 命化를 통하면 초월적인 권능으로 창조 기원을 설명하고, 조물의 근거를 밝힐 수 있다. 하나님은 과연 무엇을 근거로 천지를 창조하였는가?[62] 존재는 有한 무엇을 근거

---

61) 『창조는 과학적 사실인가』, 한국창조과학회 편, 1996, p.156.
62) 無로부터의 창조를 하나님의 능력 안에 두고 보면 추적이 가능하지만, 無 자체로부터 맞추면 해결할 길이 없다.

로 한 것일진대, 이 같은 사실을 통하여 우리는 창조 역사가 이미 有한 형태로 존재한 하나님으로부터 실현된 것을 알 수 있다. 창조 이전에는 하나님이 홀로 존재했지만(절대 본질) 창조를 뜻함과 함께 몸된 본질이 의지를 발현시켜 창조 본질로 이행되었다. 하나님이 자체의 본질과 함께하였기 때문에 이것을 조물의 1차적 근거로 삼고자 한다. 조물의 근거가 하나님 자체에 있다는 것이 정확한 판단이다. 창조는 곧 하나님이 존재한 자체를 本으로 삼아 재현시킨 역사이다. 따라서 조물의 근거는 하나님을 통해 추적해야 하고, 창조 이전에 이룬 사전 준비 작업까지 포함시켜야 한다. '조물의 작용'에서 다시 다루겠지만, 조물을 위한 직접적인 재료는 동양의 선현들이 초점 잡은 氣라는 개념을 통하여 추적할 수도 있다. 조물의 근거는 창조 이전의 절대적인 본질이 아니고 응집된 통합성을 바탕으로 하는데, 본질이 순수한 하나님의 본질인 동시에 氣로 전환된 만물의 바탕 본질이 될 수 있다는 것은 새로운 이해를 필요로 한다. 절대적인 하나님의 존재 본질→본질의 응집→통합성 구축→命化→氣→생성→분열→만물. 이렇게 근거를 나열하고 보면 하나님이 命化를 실현하기 위해 본질적인 준비 과정을 철저히 거친 것을 알 수 있다. 이런 창조 역사 계보를 굳이 질서 짓는다면 본질→작용→命化→물질→생명→의식→인간→영혼→하나님이란 순서로 나열할 수 있다. 그런데 지적한 대로 궁금한 것은 어떻게 본질이 하나님의 존재 바탕인 동시에 만상을 낳은 바탕 근거가 되고, 나아가서는 만물을 이룬 존재 바탕까지 될 수 있었는가? 1인 3역을 담당해야 하는데 그 같은 일이 가능한가? 이것은 만상이 한 근원으로부터 말미암았고 만법이 한 근원으로 귀일한다는 통찰을 통해 확인된다. 그렇기 때문에 하나님은 나를 낳은 어버이요 인간은 온갖 정성을 쏟아 이룬 사랑의 결실이다. 이것이 창조 역사 경위이기 때문에 우리도 삶을 통해서 정성을 쏟아야 이룰 수 있고, 작은 일에도 최선을 다해야 하는 인생 원리가 결정되었다.

2) 동양 진리 인식에 의한 근거

동양의 선현들이 일군 진리에 대한 개념이 본질의 작용 세계를 드러낸 것이라는 사실은 밝힌바 있다. 그러나 그것이 과연 무엇을 위한 작용이었는가를 묻는다면 제대로 답할 수 없었다. 이것은 물론 근거를 밝히지 못해서일 수도 있지만, 이런 미비점에도 불구하고 그들은 어느 정도는 본질의 작용 세계를 엿보았다. 어린아이가 보든 어른이 보든 일단 산은 산이고 물은 물이다. 깊이에서는 차이가 있겠지만 산을 산이라고 한 전체적인 테두리는 벗어나지 않았다. 그리하여 결론까지는 내지 못했지만 命化적 관점을 확보한 단계에서 보면 理와 氣와의 관계, 선후 문제, 일체성 여부 등은 세상의 근간인 본질이 어떻게 바탕되고 작용되었는가를 밝히고자 한 노력이었다는 것을 알 수 있다. 과연 理란 무엇이고 氣란 무엇인가? 理는 만물을 있게 한 선천적인 작용력과 같고, 氣는 만생을 있게 한 바탕 재료라고 할까? 왕필(王弼 226~249, 魏나라의 학자)이 말한 바대로 "없다[無]고 말하고자 하나 만물이 그것으로 이루어지고, 있다[有]고 말하고자 하나 그 형체를 볼 수 없는"[63] 본질의 작용 세계를 말하였다. 無로부터의 창조는 처음부터 생각하지 않았다. "太極은 形而上의 道로서 우주 변화의 원리이고 만물의 존재 근거이다."[64] 주자는 말하

---

63) 『도가를 찾아가는 과학자들』, 董光璧 저, 이석명 역, 예문서원, 1995, p.102.

길, "極이란 이름을 붙인 원인을 생각해 보면 추극(樞極)이라는 뜻을 취한 것 같다. 성인이 太極이라고 말한 것은 천지 만물의 根을 가리키려고 한 것이다"라고 하였다.[65] 太極은 만물을 있게 한 바탕성과 작용성이 동시에 있다는 뜻으로서 아무것도 없는 것으로부터의 창조는 없다. 만물을 있게 한 太極적 상태를 이 연구는 통합성 본질이라고도 하였는데, 이 같은 상태로서의 太極이 조물의 근거가 되었다. 太極이 무엇인가 하는 것은 동양 진리의 근간인 道, 空 등을 이 자리에 갖다 놓아도 대답은 동일하다. "太極은 만물의 根으로서 形而上學적인 의미가 있다는 것" 외에는 아무 진척이 없었다.[66] 본질의 有한 상태가 만물을 잉태한 것이라고 하지만, 하나님이 존재자로서 갖춘 본질이란 사실까지는 알지 못해 太極이 조물의 근거인 것을 자각하지 못하였다. 太極이 이룬 작용을 통해서도 조물주는 보지 못했다. "太極은 우주 만물의 생성과 변화의 본원이고 우주 형성의 근본 원인"이라고 한[67] 주장만 하였다. 증명할 방도를 찾지 못했을 뿐 아니라 본체도 드러내지 못했다. 太極은 본원이고 만상을 있게 한 원인이지만 太極 자체의 본질을 규정하지 못하여 만유의 근원에 대한 인식이 뜬구름이 되어 버렸다. 그래도 일단은 太極을 시원으로 잡은 것은 창조 역사를 증거할 수 있는 최적 기반을 다진 것이다. 太極이 만물을 낳았으므로 太極이 무엇이라는 것만 밝히면 근원적인 문제를 해결할 수 있다. 이런 측면이라면 창조 진리에 대한 지혜는 동양

---

64) 「주자 이기론의 연구」, 강현 저, 원광대학교대학원 불교학과, 석사, 1994, p.28.

65) 『주자대전』, 권 45.

66) 위의 논문, p.28.

67) 「주역의 우주론 연구」, 앞의 논문, p.13.

의 선현들이 더 함축적으로 갹출했다고 할 수 있다. 어떤 형태로든 有가 有를 낳은 창조 진리를 정착시켜 선재한 하나님의 존재 본질이 조물의 바탕 근거가 된 것을 확인시켰다. 혹자는 "우주 만물을 化生시킨 太極은 이성 사고의 절차상 能生의 위치에 있게 되므로 그 이상의 제1 원인은 없다"고 하는데,[68] 太極이 제1 원인이 될 수밖에 없는 것은 太極이 곧 만물을 化生시킨 하나님의 몸된 본체로서 조물의 제1 바탕체인 탓이다. 하지만 문제는 하나님의 존재 본질이 하나님도 뒷받침하고 만물을 있게 한 根도 되며 만물을 化生시킨 작용력까지 발휘한 1인 3역을 어떻게 밝힐 수 있는가 하는 것이다. 또한 만상을 구축한 太極 본질과 하나님과의 관계를 어떻게 일관시킬 것인가? 이 같은 문제에 대해 동양의 선현들은 근원 존재로서의 太極도 하나의 존재이지만 太極은 동시에 모든 만물에 내재하는 보편적인 본질로서도 파악하였다.[69][70] 太極은 우주 만물의 끊임없는 생성과 변화를 이룬 음양 동정 작용의 근원인 동시에 상대적 작용을 원초적으로 내포한 본원적 통일체이다. 만물과 공존하면서 영구불변한 하나[一]이고 인간의 내재적인 가치의 근원이다.[71] 이런 설명을 통해서 보면 그들은 창조를 이룬 본질 작용을 太極을 통하여 거의 완

---

68) 위의 논문, p.13.

69) 위의 논문, p.13.

70) "주자는 太極을 理로 해석함에 있어서 理의 **統體一太極** 이론을 제시하고, 사실상 하나의 理이기는 하지만 현상으로 드러나게 되는 **分殊**의 理와 구별하고자 하였다. 주자는 우주의 **統體**적인 一理와 사물의 개별적인 理를 의식적으로 구분하고자 하며, 모든 사물 가운데는 각각 사물이 그렇게 된 理(所以然의 理)와 太極의 전체를 동시에 갖추고 있다"고 보았다(「주자학의 형성에 관한 연구」, 石山 裕 저, 전남대학교대학원 철학과, 석사, 1994, p.29). 즉, 그들은 확실히 太極 내지 본질 작용이 천지를 창조한 사실을 알았기 때문에 그 太極이 어떻게 만물을 형성하였는지를 구분할 수 있었다.

71) 「주역의 우주론 연구」, 앞의 논문, p.13.

벽하게 인식하였다. 단지 "太極은 일체 사물의 궁극적 원리일 뿐만 아니라 현상 세계 가운데 묘운(妙運), 生生, 활동하여 만유를 창조할 수 있는 生生之理"72)란 인식만으로는 만물이 어떻게 창조된 것인지를 알기 어렵다는 데 있다. 生生之理인 것은 틀림없지만 궁극적인 본체 작용까지는 인식이 미치지 못했다.

太極은 만물을 창조한 원초적인 근거로서 하나님의 존재 본성과 비슷한 진상으로서 理氣론은 창조를 위해 작용한 근거에 대해 보다 구체적으로 접근하였다. 주자 대의 철학은 理氣의 체계라고 할 수 있을 만큼 理氣론은 그의 이론 체계의 핵심을 이루면서 학문 전반에 걸친 대전제를 이룬 것이다.73) 形而上과 形而下의 세계를 설정하고 모든 사물을 理와 氣로서 설명하였는데, 어느 一物을 들어 말할 때 질료적인 것인 氣와 형상적인 理의 두 방면에서 분석하여 관찰하고 物의 성립, 존재, 운동을 설명하였다. 이런 理氣 개념에서 일단 부딪히는 문제 중 하나는 形而上과 形而下의 개념, 그리고 氣라는 것이 물질적이라는 견해에 있다. 그렇지만 이 연구는 理氣란 전적으로 본질의 작용 세계와 근거를 드러낸 것이라고 보거니와, 여기에 대한 인식은 확고하다. 氣가 물리적인 현상으로서 나타난 에너지라든지 물질적인 성질이라고 곡해해서는 안 된다. 그렇다면? 形而上은 창조를 위한 주체적인 의지력과 하나님의 존재 본질의 상태를 말하고, 形而下는 창조를 위해서 제공된 바탕 본질을 말한다. 이런 기준을 세우고 보면 理와 氣의 구분이 분명해지고, 이런 점에서 질료적이란

---

72) 위의 논문, p.13.
73) 주자의 理氣론은 주돈이, 정호 등의 氣론과 정이의 理설을 종합하여 이룬 이기이원론이다.-「주자학의 형성에 관한 연구」, 앞의 논문, p.30.

하나님의 命을 받든 본질 상태이다. 그러므로 氣는 어디까지나 氣이지 물질이 아니다. 그러면서도 氣는 命에 따라 물질로 化한, 氣가 아니면 물질을 창조할 수 없는 바탕 본질이다. 이 같은 기준을 정하고 선현들이 논거한 理氣 개념을 살펴보면 진리로서의 모습이 확연해진다. 理氣는 만물을 이룬 주축 작용 메커니즘인 동시에 만물 속에서도 자재한 결정적 이치이다. "하나의 物을 놓고 볼 때 그 物이 氣와 理로 나누어진다는 것은 理와 氣가 物에 동시에 내재함을 뜻한다."74) 주자는 말하길, "하늘은 음양, 오행으로서 만물을 化生하는데, 그때 氣는 形을 만들고 理도 거기에 부여되었다"라고 하였다.75) 여기서 음양, 오행은 본질 작용을 말하고, "物의 생성에 있어서 氣가 질료로서 역할을 하며, 理가 동시에 깃든다고 설명"함으로써76) 주자 역시 氣가 그대로 물질이란 등식 관점은 회피하였다. 그리고 주목할 것 한 가지는 氣가 形을 만든다고 한 것인데, 이것은 본질이 만상을 형성한 창조성을 포착한 것이다. 만상이 본질을 바탕으로 나름대로 존재한 특성을 지닌 것은 命에 따라 기질을 형성해서이다. 氣가 命한 대로 形을 만듦으로써 나무는 나무로서, 호랑이는 호랑이로서 존재할 수 있다. 理와 氣의 상호 작용으로 "세계에는 理를 구비하지 않은 氣가 없고, 氣를 구비하지 않은 理가 없다."77) 그래서 理는 形而上의 道로서 物을 낳는 근본이 되었고(太極, 하나님의 창조 본성), 氣는 形而下의 器로서 物을 낳은 재료가 되었다(器=바탕 틀). 사람

---

74) 위의 논문, p.30.
75) "天以陰陽五行化生萬物 氣以成形 而理亦賦焉."-『중용장구』, 1장.
76) 위의 논문, p.30.
77) "天下未有無理之氣 亦未有無氣之理."-『주자어류』, 권 1 철록.

과 物이 탄생될 때 理를 받아서 性을 갖추고 氣를 받아 形을 갖추었다.[78] 판단이 하나도 어긋나지 않아 본질의 작용 상태를 정확하게 인식하였다. 또한 천지가 창조될 때 理를 받아서 性을 갖추었다고 한 것은 하나님의 뜻을 받들어 천지가 창조되었다는 말과 같다.

창조로 인해 理氣는 결코 떨어질 수 없는 理氣 불잡(不雜)의 관계를 지녔다. 하나님의 본질과 하나님의 존재는 둘이 아닌 하나이다. 창조된 역사를 인식하기 위해서 理와 氣로 분리시켰지만, 理氣는 둘이 아닌 하나이고 선후 또한 없다. 본래 있는 본질[理]로부터 氣의 작용이 드러난 것이라 氣는 理의 이행 상태일 뿐, 理는 그대로 氣이고 氣는 본래 理로서 존재했다. 창조 역사의 목적적인 활동 면에서 본다면 理는 본래부터 있었고 氣는 理가 변화한 것이다. 이에 대해서 주자는 본의에 근거한 판단은 내리지 못했지만 작용성에 대한 대요를 파악한 것은 확실하다. "理 위에서 보면 物의 존재 이전에 物의 理가 있는 것이 되지만 사실은 그 物의 理가 있을 뿐 그 物은 아직 없었다"라고 하였고,[79] "먼저 天理가 있어야 氣가 나타난다."[80] 혹은 "理가 있고 나서 氣가 생겨난다"고도 하여[81] 理先 氣後를 말하기도 하였다. 그렇다면 우리는 理先 氣後의 의미를 어떻게 이해해야 할까? 命化 사실을 알지 못한 상태에서는 논쟁만 계속될 뿐이다. 주자는 문인으로부터 질문을 받자 자주 선후를 말할 수 없다고 하여 理氣 不雜의 원칙이 허물어지는 것을 피하였다. 그러므로 理先 氣後

---

78) 『주자대전』, 권 58, 답황도부.
79) 『주자대전』, 권 46, 답유숙문.
80) "先有個天理了 劫有氣."- 『주자어류』, 권 1, 경중록.
81) "有是理後生是氣."- 『주자어류』, 권 1, 덕명록.

를 온전히 가늠하기 위해서는 반드시 命化 작용을 밝혀야 했다. 理가 本이라면 氣는 末이란 말인데, 이런 선후 배열 조건 안에서는 해답을 찾을 수 없다. 理가 本으로서의 하나님이고, 氣가 창조로서의 작용 근거라는 사실을 확실히 해야 발현한 측면에 있어 理先 氣後의 의미가 살아난다. 창조를 낳은 理氣에 대해 억지로 이해하고자 하니까 구분이 있게 되어 창조의 근원을 인식하고자 한 심도 있는 고뇌를 엿볼 수 있다. "宋史에 의하면, 주돈이(1017~1073, 호는 염계)는 博學 力行하여 『태극도』를 지어 天理의 근원을 밝히고 만물의 終始를 구명했다"고 하였다.[82] 이런 지적 업적을 후인들은 어떻게 받아들였는가? 창조의 대진리로서 수용했는가? 서양 학문이 전파된 이래 그들이 구축한 창조론과 진화론에 침식당하고 말아 천리의 근원을 밝히고 만물의 종시를 구명한 명철한 통찰 노력이 무산되어 버렸다. 창조 세계를 완성할 수 있는 근원적인 지혜가 함축된 사실을 몰랐다. 동양과 서양은 만상의 근원 내지 종시를 푸는 문제에 대해 사고 발상 자체가 달랐는데, 서양은 말단인 자연 현상과 사물에 초점을 맞춘 반면 동양은 근원적인 道에 초점을 맞추었다. 道는 천지를 창조한 하나님의 본체이다. 어느 문명이 창조 진리를 완성하는 데 있어서 더 근접한 것인가?

---

82) 『중국철학개론』, 앞의 책, p.206.

3. 조물의 작용

1) 작용 근거

하나님이 천지를 창조한 원동력 작용인 命化는 확실하다. 그래서 命化는 천지창조론을 완성할 수 있는 결정적 관점이다. 그런데 命化가 정작 어디로부터 발원된 작용인지는 언급하지 못하였다. 바탕 근거가 마련되었다고 해서 창조 역사를 주도할 수 있는 것은 아니다. 주된 메커니즘 작용이 필요하다. 본질과는 또 다른 제3의 힘이다. 그렇다면 정말 창조를 이룬 작용력은 어디로부터 나오는가? 근원이 따로 있는가? 결코 아니다. 하나님의 본질이 조물의 근거인 것도 확실하고 주체적인 작용력도 이로부터 발생했다. 그래서 발생한 작용성을 분석하면 하나님이 존재한 사실도 확인할 수 있다. 본질은 주어진 것이고 작용력도 어떤 의미에서는 부여된 것이다. 그러니까 근거도 작용력도 발생시킨 주도력이 따로 있다는 것을 알 수 있다. 이것이 곧 命化 창조를 실현시킨 하나님의 주도 의지력이다. 창조 역사는 하나님이 뜻으로 본질에 변화를 일으킨 창조 이전부터 이미 출발되었다. 그러니까 조물의 근거만으로, 본질의 작용만으로 완전한 창조주를 찾았다고 할 수 없었다. 命을 이룬 주도 의지력을 더해야 창조 메커니즘이 완성된다. 선천 창조론은 이런 의지력[命]이 빠져 있어 세계의 제반 현상을 설명하는 데 있어서 부족함이 있었다. 사례로 본체와 현상과의 관계를 體와 用으로 설명한 왕필은 "대체로 만물이 생겨나게 되는 까닭, 공이 이루어지는 까닭은 반드시 무형에서 생겨나고 無名에서 맞게 입는다. 무형, 無名은 만물의 밑둥[宗]이라고 하였다."83) 만물이 생겨난 근원에 대해 왕필은 "道가 만물이 생겨나는 논리적 근거라고 생각하여 그것을 근본[體], 또는 모체[母]라고 하였다. 有形의 만물은 무형의 본체와 道에 비해 부수적인 것으로 느꼈다. 만물의 본체는 단지 무형, 無名의 道일 뿐이다."84) 본체인 無는 모든 현상의 근원으로서 만물이 거기서 생겨나고 또 그곳으로 돌아간다. 이런 작용 관계에 대해서 왕필은 무엇을 體라 하고 혹은 用이라고 하였는가? "無가 바로 본체[體]요 근본[本]이고 하나[一]이며 모체[母]로서 고요[靜]하게 있는데, 有인 만물은 작용[用]으로서 말단[末]이고 잡다[多]한 아들들[子]로서 움직이고[動] 있다"고 하였다.85) 아쉽지만 體인 無로부터 無의 작용이 어떻게 해서 用인 만물을 이루었는가에 대해서는 설명이 부족했다. 만물은 작용[用]의 결과이지 用 자체는 아니다. 體인 無도 만물을 있게 한 근거이고, 어떤 의미에서는 體가 用을 일으켰기 때문에 만물이 생겨났지만, 體에는 無를 통하여 만물을 창조한 의지력, 곧 命이 주체적인 원동력으로서 함께했던 것이다. 用의 본질은 작용력이라기보다는 존재 자체라고 보는 것이 더 정확하다. 이것이 본질을 근거로 창조를 이룬 하나님의 주도 의지력이다. 왕필은 만물의 종시인 道를 體로 보고 無로 보아 창조되지 않은 無가 만물을 잉태한 근거라고 한 일리 있는 논거를 세웠다(창조 이전의 역사). 논거대로 無는 제반 현상의 근원이자 만물의 모태가 된 것이 사실이다. 그런데도 用의 주도 의지력을 감지하지 못한 상태에서는 無, 道, 太極을 통해서도 절대성을 유

---

83) "可道之盛未足以官天地 有形之極 未足以府萬物."-『노자약례』.
84) 『중국철학개론』, 앞의 책, p.149.
85) 위의 책, p.149.

지한 창조주를 볼 수 없을 것이 당연하다. 본질 작용은 작용이거니와, 작용력을 발동시킨 의지력은 하나님으로부터 발현되었다는 것을 알 때, 비로소 만인은 창조 역사의 주체 의지자인 하나님이 존재한 사실을 확인할 수 있다. 원동력을 하나님이 뜻한 창조 의지로 축약하고 보면 하나님이 창조를 위해서 본질을 어떻게 운용한 것인지도 알 수 있다. 의지의 작용력을 근거로 삼으면 하나님을 증명하는 것도 가능하다.

창조를 뜻하기 이전에 존재한 하나님의 본질은 절대적이었다. 순수하게 하나님만 지닌 본질로서 독립적이었지만, 창조에 대해 뜻을 품은 순간부터 의지력을 발동시켜 자체에 변화를 일으켰다. 뜻을 발현하지 않았다면 변화도 없었겠지만 발현하므로 의지 작용이 일어나게 되었다. 앞서 지적하였듯 본질은 형태가 없는 형상으로서 무궁한 작용성을 지녔는데, 실상은 절로 작용한 것이 아니고 작용을 일으킨 주도 의지력이 있었다고 하였거니와, 궁극적인 실체는 형체 없는 의지력이 창조 역사를 실현시킨 원천적 실체이다. 그렇기 때문에 뭇 존재는 생멸이 있지만 의지적인 본체는 불변하다. 영원한 실체로 존재한다. 무형의 의지력이 세상의 어떤 실체보다도 확실한 인식적 근거를 제공했다. 命化를 일으킨 주도 원동력=하나님의 창조 의지이다. 천지를 창조한 주도력은 창조 의지의 표명인 말씀의 命에 있다. 뜻의 집결체인 命은 하나님의 고유한 실존성이다. 의지로 어떻게 천지를 창조하였는가? 뜻한 의지가 본질에 영향을 끼쳐 차원적인 化를 일으켰다. 그리하여 하나님은 의지를 발동해 창조 역사를 실현시킨 것처럼 창조 이후로는 분파된 세상 질서에 대해서도 주도 의지를 발휘해 분열된 인류 역사를 통합하고 구원하리라.

2) 형성 작용

창조 의지는 하나님이 창조를 뜻함과 함께 발현된 존재의 근원 실체이다. 의지로서 창조를 위한 뜻을 발하므로 제일 먼저 반응을 나타낸 것이 본질의 형성 작용이다. 발한 뜻이 의지를 규합하여 창조를 실현할 수 있는 기본 틀을 구축했다. 바탕을 이룬 것이라고나 할까? 창조 역사는 본래 없었던 것이지만 하나님이 의지를 발하므로 발동된 것이고, 바탕도 처음에는 없었지만 뜻으로 형성되었다. 세계를 有하게 한 창조 바탕은 有한 본질의 형성으로 구축된 것이고, 有한 본질은 有한 하나님으로부터 비롯되었다. 창조도 결국은 하나님이 뜻한 의지로서 형성된 결정 시스템이라는 것을 알 때, 이를 통하면 하나님이 뜻으로 이룬 창조 원리를 이해할 수 있다. 본질은 의지 작용으로 양성되며 주도된 의지로 형성된다. 의지 작용은 하나님의 창조 목적과 계획과 뜻을 본질의 규합으로 잠재시킨 것이다. 하지만 형성 작용은 사전 준비 작업으로서 창조가 실현된 상태는 아니다. 최종 命이 있어야 하거니와, 지금은 그런 命化가 어떻게 있게 되었는지에 대한 작용성을 밝히는 중이다. 웰링턴 장군이 워털루에서 나폴레옹 군대를 물리치고 결정적인 승리를 거둔 것은 그만한 요인을 갖추었다고 볼 수 있다. 이 연구가 펼친 일련의 논리적 근거는 그대로 命化를 뒷받침하는 원리적 근거이다. 아무리 命化가 창조의 대원동력이라 해도 원리 생성 과정을 뒷받침하지 못하면 안 된다. 어떻게 하나님이 命化 역사를 실현하였는가? 본질의 작용 과정으로 밝혀야 했다. 그런데 본질이 세계를 구성한 핵심 실체라는 것은 알지만 본질의 본체가 무엇이고 무엇 때문에 작용적인 특성을 가진 것인지는 밝혀내지 못하였다. 삼라만상을 유지시키기 위해 생성하는 것으로만 알았을 뿐, 깊이 있는 해명은 이루지 못했다. 그러니까 지성들은 본질 규명 선언에 대해 무반응이었다. 형성 작용이 주도된 의지력에 의해서 드러난다고는 하였지만 원천적인 목적은 밝히지 못했다. 핵심은 '본질이 근본을 형성한다'는 것인데, 여기에 대한 이해는 오직 命化적 관점을 확보함으로써만 가능하였다. 그 관점이 무엇인가? 바로 본질이 창조를 위한 바탕 근거로 제공되었다는 점과, 형성 작용이 창조 역사를 위한 첫 의지적 발현에 따른 것이다. 그래서 창조는 본질의 형성 작용으로 바탕 근거를 마련하였다. 주체는 뜻이고, 주도한 것은 의지력이며, 근거는 몸된 본질이다. 그렇다면 하나님은 어떻게 하여 본질을 통하여 창조의 근본인 바탕성, 곧 통합성 본질을 형성하였는가? 본질은 편만되어 있지만 축적되면 시공을 초월한 특성을 나타낸다. 氣를 축적시킨 에너지 형태로서 발하는 것은 인간이 추구한 의지력의 분출과도 비슷하다. 창조 이전에 형성된 본질 작용도 동일한 시각에서 접근할 수 있다. 즉, 존재의 바탕을 이룬 작용이나 창조를 실현시킨 의지력의 작용이나 결국은 그것이 그것이다. 나아가 본질이 축적되면 특유의 능력까지 나타난다고 했는데, 형성 작용은 이 같은 초월성이 가능하도록 한 것이다. 결국 본질이 형성되는 것은 존재의 의지력에 힘입은 바인데, 이것은 우리가 마음을 조절하는 것처럼 하나님도 뜻으로 본질을 형성한 것이다. 형성 근거는 어디까지나 본질이고 작용을 일으킨 것은 의지이다. 그렇다면 핵심인 본질은 도대체 무엇을 목적으로 생성, 분열, 축적 작용을 일으킨 것인가? 창조와 관련하여 재정비한다면 본질의 형성 작용은 창조를 위해 어떤 역할을 수행한 것인가에 있다. 뜻을 묻는다는 것이 대답 없는 메아리일 수도 있지만, 세계질서의 생성 주기를 대관할진대 본질 형성의 방향과 목적은 결국 세계의 근본을 형성하는 데 있다. 천지는 창조를 이루고자 한 본질이 근본을 형성하므로 존재하게 되었다. '근본'은 사물이 발생한 근원을 일컬음이고, 근원은 사물이 생겨난 바탕을 말하는 것으로, 이런 사물 발생의 근원과 근본을 본질이 형성했다. 그래서 본질이다. 천지를 창조하기 위해서는 근본부터 형성할 수밖에 없는데, 근본을 이룬 주된 근거가 본질이다. 왜 그런가? 하나님이 창조를 뜻하므로 목적을 이루고자 한 의지력의 규합이 본질을 형성한 것이다. 본질이 근본을 형성한 기준 틀을 잡아야 뜻한 존재의 바탕을 마련할 수 있다. 흐르는 물을 필요할 때 사용하기 위해서는 가두거나 담아 놓아야 하듯, 세계가 근본을 형성하는 과정을 통하여 온갖 有함이 목적을 실현했다. 본질의 형성 작용은 창조를 위해 하나님이 구축한 사전 역사 작업이다. 뜻한 의지로 창조 역사를 실현하기 위해 기초를 터 닦은 것이므로 근본을 형성한 것 이상의 과정은 서술하기 어렵다. 그렇지만 본질이 근본을 형성한 원천적인 의지력만큼은 확인할 수 있다. 본질이 근본을 형성하는 과정을 통하여 만상을 이룬 온갖 이치와 법칙과 원리성이 태동되었다. 본질을 규합한 의지성이 온갖 법칙을 결정하였다. 본질이 근본을 형성하는 과정에서 진리성이 현현되었고, 일련의 진리적 성향들이 본질이 근본을 형성한 의지력을 모태로 하였다. 만상의 이치, 그리고 창조를 있게 한 원리 법칙이 본질로서 근본을 형성한 하나님의 창조 의지이다. 세상 이치는 본질이 근본을 형성한 의지력 자체이다. 창조 역사를 실현한 원리는 본질로부터 나왔지만 그렇게 한 이치는 하나님이 발현시킨 주도 의지력이다. 그럼에도 불구하고 본질이 근본을 형성하는 역할만 언급했을 뿐, 정말 어떻게 근본을 형성한 것인지는 설명하지 못했다. 주체 의지력은 뜻함 속에 포함되어 있지만 본질이 근본을 형성하는 직접적인 근거는 본질이 지닌 것이므로 이것을 또 다른 각도에서 논거하리라.

3) 축적 작용

앞의 논거 과정에서 본질이란 존재가 천지 창조의 바탕 근거가 되었다는 사실은 어느 정도 확인하였다. 본질은 창조를 이루는 데 있어서 모종의 작용을 일으켰는데, 이를 통해 만상이 근본을 형성하였다. 그 원천은 하나님이 뜻을 발함과 함께 의지가 본질에 대해 변화를 일으킨 것으로, 여기서 본질이 근본을 형성한 작용은 다름 아닌 본질을 축적시킴으로써 이룬 것이다. 하나님이 의지력을 발동하면 자체 본질은 변화하지 않을 수 없고, 이후로 제반 요인들이 축적된다. 믿음이 생기면 용기를 가지게 되듯, 하나님도 뜻을 가지면 주체 본성인 의지가 모종의 작용을 일으키고, 의지를 핵으로 한 본질이 의도한 방향대로 변한다. 그리하여 본질은 원래 뜻한 바인 목적에 따라서 축적된다. 본질이 분열하므로 축적되는 특성은 창조 작용에 있어서 중요한 축을 이룬다. 현세에서도 간절한 소망, 사랑의 기도, 진리에 대한 염원 등은 공덕이 되어 본질 속에 축적되거니와, 하나님이 뜻을 품어 발동된 의지는 본질을 세세하게 분열시켜 근본을 이룬다. 그래서 축적 작용의 근본 동력은 의지가 주도한 본질의 생성과 분열에 있다. 뜻한바 무형의 의지적, 행위적 과정이 본질을 축적시킨다는 것은 놀라운 일이거니와, 창조 역사는 이 같은 작용성의 뒷받침으로 실현되었다. 의지는 본질을 분열시키고 분열을 통해 축적되며 축적 작용으로 만상의 근본을 형성하면, 일련의 역사가 결국 차원성을 뛰어넘어 창조력을 발휘한다. 하지만 축적 작용도 자체로서는 창조에 대해 결정적인 힘을 발휘하지 못한다. 근본을 형성한 범위 안일 뿐이다. 진화론은 변이 요인의 축적으로 새로운 종을 탄생시킨다고 하였지만 외부 요인의 축적 현상과 본질의 축적 작용은 차원이 다르다. 외부적 변화는 생멸로서 종결되는 것이지 축적되는 것이 아니다. 그런데도 변화가 창조 요인으로 오해된 것은 창조와 현상의 차이를 알지 못해서이다. 본질의 축적 작용은 창조를 위해 근본을 형성한 역할이지 창조 역사의 원동력 작용이 아니다. 그래서 본질이 축적되어 근본을 형성하는 것은 관념상의 문제로 끝날 수 없다. 의지력의 규합으로 이룬 응집체이기 때문에 쌓이고 쌓이면 결국 창조 역사를 주도하는 힘이 된다. 命化 역사를 실현시킨 대창조력이다. 과정을 완수하면 창조력도 병행해서 미동하기 시작한다. 命化를 실현할 창조력이 본질의 축적으로 응집되는데, 이 같은 총화력을 이제부터는 '氣의 에너지'로서 지칭하리라.

4) 기의 에너지 작용

丹에서는 모종의 힘인 생체 에너지가 발산한다는 개념을 통하여 상식적으로 이해하기 어려운 여러 초상현상에 대해 설명하였다. 또한 종교에서는 기적에 대한 일화라든지 이적 현상을 비일비재하게 소개하고 있다. 여기에 대해 우리는 과연 어떤 이해 바탕을 가지고 있고, 현대 과학은 어떤 관점에서 접근하는가? 한 가지 분명한 사실은 어떤 근거를 가졌더라도 천지가 창조된 사실을 인정하지 않는다면 결국 본질은 파악할 수 없다. 그런데 애써 설명하려고 한 사례들의 공통점을 보면 알게 모르게 본질의 작용 세계를 접하고 있다. 특히 丹 영역에서는 丹을 생체 에너지로 정의하고, 생체 에너지는 호흡을 통한 단전 행공으로 축적되며, 축적된 丹, 즉 氣가 충만하면 초능력 현상을 일으킨다고 했다. 수행과 신앙심으로 염원을 발한 종교인들도 믿음을 쌓는 것은 본질을 축적시키는 것이기 때문에 기적은 바로 그렇게 축적된 본질에 기인한 것을 알 수 있다. 그런데도 아직까지는 명확한 규명을 이루지 못한 상태이다. 그러니까 현대 물리학이 밝힌 물리적인 힘과 에너지 외에 제3의 힘이 존재한다는 사실을 인정할 수 없다. 그것이 바로 본질의 축적으로 충만된 氣의 에너지이다. 그런데 본질은 창조 역사를 이룬 기반이므로 氣의 에너지 원천은 하나님이 이룬 命化 창조에 있다. 앞에서는 원동력을 命化만으로 설명하니까 작용력을 실감할 수 없었지만, 이제는 구체적인 氣의 에너지 형태로 파악할 수 있다. 하지만 이 에너지는 물리적인 에너지와는 성격이 다르며, 그 힘을 뒷받침하는 보다 원천적인 에너지이다. 제3의 에너지인데 이 같은 에너지의 축적으로 창조 역사가 실현되었다.

그렇다면 본질 작용을 통하여 파악되는 氣의 에너지는 어떤 특성을 지녔는가? 특성이 그대로 창조 역사를 실현시킨 제3의 에너지란 측면에서 보면, 氣의 작용 원리가 확연하게 드러난다. 즉, 조물의 재료로서 제공된 본질이 만상을 이룬 바탕을 형성하는 과정에서 축적되면 본체가 발한 의지력을 규합하여 창조의 대원동력을 발산시킨다. 바로 이런 힘을 동양에서는 氣라는 실체 개념으로 표현하였는데,

氣는 창조력을 함유한 본질적 에너지이다. 이 에너지는 창조 역사를 실현할 수 있는 통합 에너지 상태로 충만되기 때문에 이 에너지가 命으로 천지를 창조하였고, 이후로도 우주에 대하여 무궁한 에너지를 공급하였다. 따라서 氣의 에너지는 곧바로 창조 에너지라고 할 수 있고, 창조 에너지란 하나님이 천지를 창조하기 위해 축적시킨 의지력이다. 통상 물리적인 에너지는 발산되고 나면 소멸하지만, 氣의 에너지는 분열하는 힘으로 통합되고 통합한 힘으로 분열하여 영원히 생성한다. 이런 명확한 작용에 따라 창조된 관계로 만물은 거부할 수 없는 힘으로 받아들였다. 창조력, 즉 氣의 에너지를 인식한 것이 진리이고 결정성을 추출한 것이 원리 법칙이다. 氣의 에너지 작용으로 우리는 세상을 이룬 창조 법칙의 원천을 찾았다고 할 수 있다. 그래서 氣의 에너지가 축적된다는 사실에는 중대한 의미가 있다. 우리도 삶의 과정 속에서 소정의 의지 부여로 본질을 형성할 수 있다. 참다운 진리 인식은 인간으로 하여금 그와 같은 진리대로 본질을 형성하게 한다. 영혼을 구원하는 길로 직결된다. 창조로 인해 근본은 형성되어 있지만 삶의 여정 속에서 소망한 인생 터전을 새롭게 개척할 수 있는 것은 뭇 인생에게 희망의 지표를 던진다. 흔히 신앙인은 선행된 믿음을 요구하는데 참다운 믿음은 본질을 축적시켜 神에게로 인도한다. 어떤 원리가 어떤 존재를 구축하고 어떤 에너지를 산출하듯, 인생도 신념과 의지와 믿음이 주어진 운명을 창조적으로 추진시킨다. 이것은 인간이 참다운 진리를 추구하지 않을 수 없는 이유이고, 참다운 진리를 생애 가운데서 적극 수용해야 하는 근거이다. 믿어야 구원을 얻는다. 믿음이 주는 본질의 지향 원리를 자각하고 참다운 진리(질서 구조)를 수용해야 한다. 진리를 추구하면 진리 구조와 의식이 일치하여 生의 의지가 진리와 교감하고 함께할 수 있다. 나아가서는 하나님의 운행 질서와 합일되어 위대한 구원 의지를 수용할 수 있다. 행함이 법도에 어긋남이 없게 되는 것은 세계의 운행 의지와 합일된 탓이다. 진리를 인식하는 것은 그대로 천지를 창조한 하나님의 뜻과 일치되는 것이고, 일치되면 하나된다. 참다운 진리 인식이 참된 본질을 형성하나니, 이 본질적인 에너지가 만인의 영혼을 구성하였다.

5) 통합성 작용

동양의 선현들이 파악한 太極과 道는 만물을 낳은 근원으로서 본질적인 면에서 본다면 통합성으로 생성되고 있다는 사실을 누차 강조하였다. 하지만 통합성이 생성한다는 것은 창조된 시점을 기준으로 한 판단이고, 창조 이전의 사전 준비 작업 측면에서 본다면 어디까지나 규합한 의지의 지향성이 된다. 같은 통합성이라도 창조 이전은 통합을 지향했고 창조 이후는 분열을 지향했다고 할까? 그렇다면 왜 절대적인 본체가 모종의 목적을 위해 응결, 축적, 규합하여 氣의 에너지를 충만시켰는가? 그것은 하나님이 창조를 뜻함으로써 그런 목적이 의지력을 분열시켜 근본 바탕, 즉 통합성 본질을 구축한 것이다. 하나님이 계획한 세세한 의지성과 목적성 추진으로 하자가 없는 바탕성을 구축하였다. 충족된 창조 의지와 계획이 창조 본질로서 완비되었다. 왜 창조는 통합성으로부터 시작되었는가? 왜 만물은 사전에 모든 것을 구유한 상태로부터 출발될 수 있었는가? 하나님이 이룬 사전 준비 역사 탓이다. 일찍이 이 연구는 창조 개념을 정립하는 과정에서 창조됨은 이미 지어짐이요 다 되어 있는 상태로부터의 출발이라고 강조하였는데, 왜 그렇게 되었는지에 대한 이유가 여기에 있다. 통합성은 하나님이 창조 역사를 실행하기 위하여 완벽하게 준비를 갖춘 상태이다. 그렇게 완비된 상태는 곧 命化를 실현시킬 수 있는 스탠바이 상태이다. 창조 역사를 실현시킬 가능한 氣의 에너지를 본질의 통합성 구축으로 마련하였다. 주자는 "천지 만물의 이치를 하나로 통틀어 말한 것이 太極"이라고 했는데,[86] 통틀어 함재시킨 것이 무엇인지는 부언할 필요가 없다. 하나님의 命을 따르도록 마련된 통합성 본질이 일시에 천지 만물을 창조하였다. 통합성 작용이 창조의 무궁성을 창출시킨 것이므로 통합성은 하나님의 뜻을 구체화시킨 천지 만상의 모태이다. 하나님은 뜻을 심은 아버지이고 통합성 본질은 그 바탕을 마련한 어머니이다.

6) 명화 작용

신유학의 선구인 주돈이는『태극도설』에서 "無極이면서 太極이다. 太極이 동하면 양이 생기고 동이 극한에 이르면 정하며, 정하면 음이 생긴다. 정이 극한에 이르면 다시 동한다. 한 번은 동하고 한 번은 정함이 서로 그 뿌리가 된다. 음으로 갈리고 양으로 나뉘어져 양의가 생긴다. 양은 변하고 음은 합하여 水, 火, 木, 金, 土가 생긴다……"고 하였다.[87] 읽어 보면 심오한데 핵심은 개연화되어 있지 못하다. 太極, 無極, 음양, 水, 火, 木, 金, 土 등을 만물과 비교하면

---

86) "總天地萬物之理 便是太極."-『성리대전』, 권 1, 태극도.
87)『중국철학개론』, 앞의 책, p.260.

연결된 고리가 없다. 그런데도 太極은 만물을 있게 한 바탕 근거이라, 太極 운동이 만물을 형성시킨 본질의 바탕 작용인 것을 알 수 있다. 본질이 근본을 형성하기 위해 분열하여 太極이 양의를 낳고 양은 변하고 음은 合하여 만물의 근본 요소를 형성하였다. 본질이 근본을 형성하는 과정을 세분화시킨 절차라고나 할까? 無極이란 절대 본질이 창조를 목적으로 응취되므로 음양, 오행과 같은 氣의 형태로 이행되었다. 太極으로부터 말미암은 "두 氣가 교감해서 만물을 化生한다. 만물은 생겨나고 생겨나되 무궁히 변화한다"고 하였다.88) 그러나 석연찮은 점은 氣의 교감 작용이 만물 化生의 주된 원동력인가 하는 점인데, 역시 주도력은 아니다. 太極으로부터 양의된 두 氣를 응취시킨 것은 뜻에 의한 근본 형성 과정인데, 주돈이는 이것을 太極이 일으킨 분열 작용으로 파악하였다. 곧 無極→太極으로의 이행 과정은 無한 하나님의 몸된 본질이 창조로 인해 有한 본질(極이 생김)로 응취되는 과정을 시사했다. 즉, 無極과 太極을 연칭(連稱)한 것은 천지 창조 역사에 있어서 "궁극적인 실재로서의 초월성과 창생성을 동시에 설명한 것이다."89) 生生하는 무궁한 변화가 無極→太極의 이행 과정에서 일어났다. 그렇다고 無極→太極→음양→오행→만물→太極으로의 이행과 환원 과정이 절로 닦여진 길은 아니다. 길을 가다 보면 산도 만나고 강도 만나는데, 이런 장애물은 둘러가거나 배를 타면 해결할 수 있지만 우주선을 타더라도 안 되는 한계성도 있는데, 그것은 오행까지의 목적화 이행 이후 만물로 化하고자 함에 있어 부딪히는 마지막 장애물이다. 차원의 벽을 넘어서야 하는 문제

---

88) 위의 책, p.206.
89) 위의 책, p.207.

가 있어 太極으로부터 오행까지 이행된 본질이 왜 그렇게 되었는가
하는 절차 문제를 해결해야 한다. 물론 창조 때문이지만 오행까지
이른 끝 마루에서는 보이는 것이 없어 거쳐 온 과정을 총괄해서 발
돋움할 수 있는 주체자의 든든한 어깨가 필요하다. 이 같은 요구에
대해서 주돈이는『통서』에서 "존재의 가능 근거는 誠이라 하여 易과
중용을 하나의 체계로 엮었다."90) 그는『중용』의 誠 개념을 취하여
우주가 창생되는 形而上學 원리로 삼았다. 즉, "誠이란 존재는 자기
실현을 완벽하게 하는 원리이자 완벽한 실현 상태를 말한다. 가능케
한 원인적 원리이다. 이런 誠의 원리 때문에 無極→太極→만물로의
창생이 간단없이 이루어질 수 있다. 곧 誠은 太極의 하나의 속성이
되는 것이 아니라 太極 본체 자체를 말한다"고 하였는데,91) 이 연구
가 초점 잡은 命이란 개념과 비교되는 부분이다. 주돈이도 誠을 命
이란 주체 원동력과 같이 太極의 속성이 아닌 太極의 본체로 본 것
은 큰 차이가 없다. "우주 창생의 원리를 誠으로 본 것은 주돈이의
신유학적 창견으로서 유교의 생명 우주관을 대표하는 이념이다."92)
그런데도 만물을 창생한 주체 원동력 역할을 하기에는 부족한 점이
있다. 誠은 命함을 이룬 의지력에 해당은 하지만 그것은 창생의 본
성적 측면이지 주도적인 원동력과는 거리가 있다. 따라서 誠으로 이
루어진 생명 우주관은 뜻으로부터의 창조에 대해 근접은 했지만, 결
국은 창조의 직접적인 의지력을 간파하지 못한데서 오는 한계 상황
을 나타낸 것이다. 즉, 誠으로 인한 창생 개념을 인성적 가치를 판단

---

90) 위의 책, p.208.
91) 위의 책, p.209.
92) 위의 책, p.209.

하는 방향으로 돌렸고, 성인의 근본을 誠의 획득과 수용 과정으로 설명하였다.[93] 하나님도 창조 역사를 실현하는 데 있어서 정성을 다한 것은 동일하다. 그래서 창조를 위해 발동시킨 의지력의 대표적인 성향에 誠이 자리 잡고 있다.『중용』에서는 "誠이란 天의 道이요 誠하려는 것은 인간의 道"라고 하였는데,[94] "천지의 大道는 誠일 뿐 아니라 인간의 본성도 誠이고 우주 만물의 본성도 誠 아닌 것이 없다."[95] "誠은 物의 종시라, 誠이 아니면 物도 없다."[96] 왜 그런가? 하나님이 천지를 사랑과 정성을 쏟아 창조하였으니, 이런 뜻을 반영한 命化 역사는 만물의 원리 법칙만 규정한 것이 아니고, 만물의 성향과 인성, 가치성까지도 규정한 명실상부한 창조의 원동력이 되었다.

"지성이면 동하고 동하면 변하고 변하면 化한다"고 한 것은[97] 하나님의 뜻과 창조를 위한 의지 작용이 본질을 통합성으로 이행시킨 원리성 표현이다. "眞心無忘한 誠體의 정성과 성실성 자체가 우주의 원리이므로 우주는 간단없이 무궁하게 생성 변화하고, 나아가 빼어난 존재로서의 인간의 존재 원리가 되며, 가치 평가의 기준으로 나타난다."[98] 그러나 아무리 誠의 원리가 미물에게까지 미쳐도 하나님이 창조를 위해 품은 뜻의 작용력을 모르는 상태에서는 원동력을 밝히는 데도 한계가 있다. 주돈이는 "숙연(肅然) 不動함은 誠이요, 감

---

93) 誠은 聖人의 근본이다. 크도다 乾元이여 만물이 資始하며 誠의 근원이다. 乾道가 변화함에 각각 性命이 바르게 되니 誠은 여기에 서는 것이다. 그리고 순수 至善한 것이다.-『성리대전』, 권 2, 통서, 성상 제 1.

94) "誠者 天之道也 誠之者 人之道也."-『중용』.

95) 『중국철학개론』, 앞의 책, 39.

96) "誠者, 物之終始 不誠無物."-『중용』.

97) 『중국철학개론』, 앞의 책, p.210.

98) 위의 책, p.210.

응하여 드디어 통함은 神이며, 동하되 아직 드러나지 않아 有와 無의 사이인 것은 기(幾)이다"고 하였다.[99] 여기서 有와 無의 사이에 幾를 넣은 것은 본질과 만물을 매개하는 차원성, 즉 命化란 작용력을 의미하는데, 창조 의지를 알지 못한 상태에서 幾란 여전히 모종의 엑스 자리가 될 수밖에 없다. 아무리 "誠은 本體 자체이고 그 作用은 神으로 나타나 神은 어디서나 통하는 誠의 신묘한 功能"이라고 설명해도[100] 그것은 인식이 불명확한 자리에 개념을 붙인 것일 뿐, 신묘한 공능으로서도 문제를 해결한 것은 없다. "誠의 공능이 발휘되면 존재한 세계가 구체적으로 나타나기 시작하는데, 그 구체화의 싹이 곧 기미(幾微)라고 했다."[101] 이에 그 誠의 공능이 발휘된 곳에 命化 작용을 대입해 보라. 일시에 주돈이가 엿본 만물 창조에 대한 의도가 확연해지고, 일련의 과정이 진리적으로 완성된다. 본질의 작용 세계를 道를 통해 넘나 든 동양의 선현들은 창조 세계를 보다 근접되게 인식하였다. 단지 작용의 주체 요인을 파악하지 못하여 본질이 가진 작용 세계를 파악한 정도에 머물렀지만 그것은 누구를 탓할 것도 아니라 하나님의 본체가 드러나면 해결될 수 있는 문제였다. 천지 창조의 실질적인 원동력인 命化 작용은 창조 역사를 증거할 수 있는 최대 관점으로서, 향후 때가 되면 세계를 통해 낱낱이 확인할 수 있을 것이다.

---

99) 『성리대전』, 권 2, 통서, 성 제 4.
100) 『중국철학개론』, 앞의 책, p.209.
101) 위의 책, p.209.

7) 理·氣의 진리에 의한 작용

理氣란 개념은 유교의 선현들이 대를 이어 세상 만물의 되어진 근원과 작용 방식, 관계 구조를 파헤친 대창조적 관점이다. 하지만 오늘날은 과학이 자연과 우주의 신비를 파헤침에 따라 장구한 세월 동안 궁구한 동양식 우주 접근 관점이 소원해지고 무익한 지식이 되어버렸다. 왜 그렇게 전락하였는가? 그것은 理氣가 가진 진리성에도 불구하고 본질을 밝히지 못한 탓이다. 그들은 세상의 되어진 끝 간 데를 理氣라는 개념을 통하여 파악하였지만 세계가 미처 분열을 완료하지 못한 관계로 궁극적인 실상을 보지 못하였고, 때가 될 때까지 곳간에 방치된 수모를 당하였다. 그러나 이제는 때가 되었고, 命化란 창조의 원동력이 곧 理氣가 개진시킨 본질과 매치된 마당에서는 세상의 되어진 창조 진리를 뒷받침한 것을 확인하였다. 하지만 구분한 理氣 개념은 그 의미를 쉽게 세상으로부터 구할 수 있는 것이 아니다. 세상을 이룬 바탕 작용 세계를 理氣로 표현하다 보니까 어려움이 있었다. 개념의 혼선으로 理氣의 선후 문제에 있어서 다른 주장이 있게 되었고, 구조적인 면에서도 理와 氣에 대해 분분한 해석이 있었다. 즉, 理란 문제에 대해서 정이천(1037~1107, 宋나라의 철학자)은 "氣의 존재, 운동의 내면에서 원인이 되는 것을 理라 하여 종래의 氣 철학에 대해 새롭게 해석하였고, 주자는 이런 사상을 계승해 존재론적 견지에서는 소이연지고(所以然之故)라고 하고 법칙적, 윤리적 견지에서는 소당연지측(所當然之則)이라고 하였다. 理는 氣와 함께 존재하고, 理만으로서는 비감각적 존재로서 운동도 작용도 하지 못하며, 우주의 원리이기 때문에 理가 없으면 氣란 존재도 없어진다."102) 理는 전통적으로 세상을 있게 한 이법의 의미를 지니지만 항상 理와 함께 거론된 氣의 정체는 무엇인가? 理는 形而上이고 氣는 形而下로서 천지 만물을 있게 한 재료로서의 질료성에 근접된 것이 틀림없다. 理만으로서는 관념적인 성향이 짙어 곧바로 천지 만물과 연결시킬 수 없지만 氣는 물질적인 바탕을 형성하고 있다고 보았다. 그러나 氣는 결코 물질이 아니며, 본질이 변화되고 응축된 상태라는 것은 밝힌 바이지만, 물질도 아닌데 만상을 있게 한 바탕성으로 작용하였다는 것은 이해하기 어려웠다. 그래도 중국 청대 철학에서는 氣의 작용성을 중요시하여 "우주는 氣만으로 되어 있고, 氣만으로 설명될 수 있으며, 理는 氣의 굴신(屈伸), 소장(消長)의 결과 이루어진 법칙 내지 조리(條理)"라고 하였다.103) 물론 氣의 운동이 세상을 있게 한 바탕 근거인 것은 사실이다. 세상 자체만 두고 보면 본질을 응축시킨 氣가 바탕을 이룬다. 그러나 氣가 과연 무엇으로부터 氣化되었는가 하는 것은 본의에 근거해야 한다. 그렇다면 이런 관점에서 理氣는 정말 무엇인가? 창조 역사는 하나님이 이루었기 때문에 그 대답도 하나님으로부터 주어진다. 하나님이 창조 이전에 홀로 존재했을 때는 理와 氣가 아예 없었다. 이법도 법칙도 원리도 없었다. 그런데 하나님이 뜻을 가짐과 함께 활동이 시작되었다. 하나님이 품은 뜻의 작용이 理의 근원을 이루었다. 창조를 위한 온갖 법칙을 구축하였다. 그렇다면 氣는? 氣는 하나님이 창조를 뜻하고 이법을 구축하므로 몸된 본질이 뜻의 목적격인 理의 작용에 따라 근본을 형성하기 위해 응축되었는데, 이처럼 창조를 위해 응축된 본질

---

102) 위의 책, p.302.

103) 위의 책, p.303.

상태를 氣라고 한다. 따라서 이렇게 진행된 창조 과정을 도식적으로 구성해 본다면 理→氣→(X)→만물인데 비워진 X 자리에 命化를 대입시키면 理로부터 만물로 化한 창조 과정이 완성된다. 유교의 선현들이 파악한 理氣는 理의 작용 변화가 어떻게 氣로 응축되어 만물로 化했는가 하는 과정을 소상하게 밝힌 진리이다. 다시 말해 본질이 이룬 규정을 따라 만법을 이루었고 理와 氣가 작용하여 형성된 것인데, 단지 하나님이 일체 작용의 주체자인 것을 몰라 창조 역사의 대요를 파악하지 못하였다.

존재상으로 주어진 관점의 한계성은 장재(1020~1077, 호는 횡거)의 太虛一氣論을 통하면 더욱 적나라하게 헤아릴 수 있다. 그는 "존재하는 일체 만물은 하나의 神化 과정 속에 놓여 있어 一통체인 太和를 중심으로, 太和에서 나와 太和로 환귀하는 것으로 보아야 한다"고 하였다.104) 一통체란 곧 이 연구가 말한 통합성 본질로서, 존재한 일체 사물은 神化, 즉 통합성 본질이 분열하므로 太和[一통체]를 중심으로 太和에서 나와 太和로 환귀한다고 하였다. 창조가 神化 과정을 통해 모든 것을 구유한 一통체[太和]로부터 출발한 것을 말한다. 太和는 그냥 만물을 이루지 않았다. "太和는 道인 동시에 구체적인 내용물인 氣를 가지고 있어 太虛氣 가운데서 부침(浮沈), 승강(升降), 동정이 상감(相感)하는 속성을 가지고 승부 굴신(勝負 屈身)하는 시초를 낳았다."105) 본질이 창조를 위해 氣로 응취되는 과정을 표현하였다. "太虛는 형상이 없으며 氣의 본체이다. 그것이 응취하고 그것이 발산하는 것이 변화의 형용이다."106) "太虛는 氣가 없을

104) 위의 책, p.217.
105) 위의 책, p.218.

수 없고, 氣는 응취하여 만물이 되지 않을 수 없으며, 만물은 발산하여 太虛가 되지 않을 수 없다. 출입하는 것은 모두 어쩔 수 없이 그러한 것이다(不得已而然)."[107] 氣가 취산동정(聚散動靜)한 부득이한 작용을 통해 太和와 만물의 변화 세계를 넘나 든 것은 창조 세계의 본질적인 바탕성을 인식한 것이다. 太虛는 氣를 가졌고, 氣가 응취하여 만물이 되었다는 것은 창조가 진행된 과정이며, 만물이 응취된 氣의 흩어짐으로 다시 太虛로 돌아간다는 것은 본질 세계의 영원성과 창조된 세계의 특성이다. 장재는 太虛 개념을 통하여 "太虛가 곧 氣의 본체라고 말함으로써 순수한 형식 개념이 아니라 太虛가 바로 물질과 정신의 본원임을 밝혔다."[108] 太虛가 氣의 본체라면 氣를 있게 한 그 이상의 참본체는 무엇인가? 氣를 응취시킨 것은 하나님이 창조를 위해 발한 뜻이고, 발생시킨 理이다. 그래서 氣를 발생시킨 본원이 太虛라고 한 말은 적당하다. 하나님을 상정하지 않았으므로 발원된 근거는 있지만 정체가 불분명하여 太虛라고 칭했다. 그 가려진 氣의 본체가 命化 작용에 의해서 하나님이 발한 창조를 위한 뜻으로 밝혀졌다. 응취된 氣로 물질과 정신과 온갖 생명체가 존재자로서 머물 근원을 마련하였다. 이에 장재는 "虛空이 곧 氣(창조를 위한 뜻이 응취된 본질)라는 것을 알면 有·無, 은·현(隱·顯), 神·化, 性·命이 모두 하나로 관통되고 둘이 되지 않는다"고 하였다.[109] 이것은 발현된 창조력을 한곳에 집중시킨 것과 같다. 창조 의지를 각

---

106) 위의 책, p.218.
107) 『정몽』, 태화편, 제 1.
108) 『중국철학개론』, 앞의 책, p.219.
109) 『정몽』, 태화편 제 1.

각의 분화된 창조력으로 현현시켰다.

장재는 "모종의 體에 근본해서 用이 實有로 나타남"을 본[110] 탁월
성을 지적하지 않을 수 없는데, 본질의 창조력에 대해 정곡을 찔렀
기 때문에 "응취(凝聚)해도 오체(吾體)요 산화(散化)해도 吾體"라고
하여[111] 당시 어느 학파에서도 볼 수 없는 실재일기론(實在一氣論)
중심의 객관주의를 천명할 수 있었고, 이것은 곧 천지 창조 역사가
모종의 작용력이 개입되었다는 것을 밝힌 이 연구의 판단을 뒷받침
한다. 그렇기 때문에 그는 "천지의 氣는 취산하여 수많은 길을 취하
게 되지만 이치 됨에 있어서는 순서가 있어 망령되지 않다"고 하
여[112] 氣의 취산이 하나님의 뜻(이법)에 따라 형성된 것을 알 수 있
고, 이처럼 근접된 인식이 주자 대에 이르러 理라는 개념으로 정착
되었다. 장재는 氣 응취의 과정을 구체적으로 묘사하였는데, 존재化
를 위한 양태를 "太虛가 淸하게 되니 淸하면 거침이 없기 때문에 신
묘한 작용을 갖는다. 淸에 반하면 濁하게 되니 濁하면 거침이 있고,
거침이 있으면 形象化하게 된다"고 하였다.[113] 즉, 氣의 응결 취산
과정을 통해 만물을 낳았고, 본질의 변화 작용은 하나님의 의지 활
동이 이룬 결과이다. 장재는 太虛가 응취하여 생긴 氣의 청탁(淸濁)
작용을 두고서 각각 神과 形이란 말로 표현하였지만, 이 연구가 대
치시킨 개념이 바로 氣의 축적 작용이다.[114] 본질이 근본을 형성하

---

110) 『중국철학개론』, 앞의 책, p.219.
111) 『정몽』, 태화편 제 1.
112) 『정몽』, 태화편 제 1.-『중국철학개론』, 앞의 책, p.219.
113) 『정몽』, 태화편 제 1.-위의 책, p.220.
114) 氣가 축적되고 본질이 축적된다는 것은 창조를 위한 본질이 근본을 형성하는 과정에서
    이루어지는 추진력이기 이전에 이로부터 내재화된 본질 작용의 보편적인 특성으로서,
    우리의 생각 하나하나와 수행자가 쌓은 모든 전통적인 信行의 원리가 여기에 해당된다.

는 과정에서 작용한 氣의 축적 작용은 개념상으로는 차이가 있지만 淸濁에 대한 정도의 차는 분명히 있다. 氣의 축적은 응취된 형태를 취하므로 거침이 있을 것이 틀림없다. 氣의 축적으로 인한 본질 형성 차이를 氣의 淸濁에 대한 정도로 인식한 것이다. 나아가 장재도 太虛의 淸濁 정도가 근본적인 본질에는 변화를 줄 수 없다는 사실을 알았다.[115] "神은 궁극적 실재[天]가 실재일 수 있는 요건과 같은 것으로서 취산할 수 있는 본체의 작용성[用]을 개념화하였다."[116] "一氣는 취산 분화되면서도 전체적인 통일성을 잃지 않는 神化 작용으로 우주를 연출하고",[117] "神化라는 것은 하늘의 양능(良能)이지 인간의 기능이 아니다."[118] 창조의 원동력에 대해 장재는 神化를 통해 하늘의 양능으로서 표현하였고, 그 같은 "天의 작용 기능은 형상화된 존재자의 세계에 하나의 보편적 속성으로 내재하였다. 이것이 세상에서 뭇 판단의 기준이 되었다."[119] 이런 이유로 이 연구는 天의 작용 기능인 命化를 제일의 작용 근거로 삼아 하나님이 이룬 천지 창조 역사를 실질적으로 증거하고자 한다. 본질이 창조를 이루고자 한 의지 작용에 따라 응결되므로 만법도 응결되지 않을 수 없고, 이것을 이 연구는 장재가 말한 대로 천지지성(天地之性)이 기질지성(氣質之性)으로 응취되고 내재된 사실로서 확인하리라.

---

115) 장재가 말한바 氣의 축적이 완료되어 탁함이 거침을 있게 한다는 것은 形이 완료되는 것이지 氣가 직접 物을 형성한다는 것과는 그 개념이 전혀 다르다. 氣는 어디까지나 만물을 이룰 수 있는 바탕으로 응취된 것이요, 응취되어도 氣는 氣다.

116) 神은 변화의 기능[化]을 이미 함축한 개념임.

117) 위의 책, p.220.

118) 『정몽』, 태화편 제 1.

119) 『중국철학개론』, 앞의 책, p.220.

8) 창조 작용

천지는 창조되었는가, 진화되었는가, 절로 되었는가? 쉽게 답할수 없고 선택할 수 없는 문제 앞에서 지성들은 고민을 거듭하였다. 그러나 이제는 하나님의 존재 본질에 바탕한 뜻의 부여→의지 작용을 통한 축적→氣의 에너지 응축→통합성 본질→命化에 이르는 창조 루트를 거쳐 역사적인 창조 작용 순간을 맞이하였다. 세인들은 무지하여 믿음을 지킨 신앙인들을 비웃을 수 있었지만, 자신의 생명을 준 자가 누구인지 물으면 대답을 하지 못하였다. 하나님이 어떻게 역사하여 부여한 생명인데 자신이 보지 못했다는 이유 하나로 아버지의 얼굴도 모르는 불효자식이 되어 버렸다. 하나님이 창조를 위해서 뜻을 부여한 과정을 살펴보면 창조를 위해 준비한 사전 역사는 창조된 세계와 차원이 다른 것을 알 수 있다. 창조 이전부터 氣를 응축시켜 命化를 실현할 바탕 본질을 마련하였다. 그러므로 창조 역사가 실현된 시점은 모든 면에서 하나님의 본질이 이행된 구분선이고 차원성을 가른 경계선이다. 그러면서도 창조를 위해 규합시킨 본질적 특성을 그대로 세계화시켜 더할 나위 없는 분신을 잉태시켰다. 그러니까 통합성인 본질을 통하면 천지가 하나님으로부터 창조된 족적을 찾을 수 있다. 우리는 하나님이 쏟은 사랑의 결실체이다. 고심한 목적성과 지혜를 더했기 때문에 천지가 끊임없는 생성 구조로 하나님처럼 영원하게 존재할 수 있다. 영원한 본성을 생성 시스템으로 재현하였다. 창조는 어떤 측면에서 보더라도 하나님이 준비한 결과물이지 첫 시작이 아니다. 창조 작용은 모든 것을 완비한 결과로 세상 가운데 드러난 통합성 본질의 분출 작용이다. 그런데 창조 작용은 누차 밝힌바 지금 현존함을 기준으로 아직 도래하지 않은 미래로부터 미치고, 아직도 전모를 드러내지 못해 그침이 없다. 통합성 본질이 분열을 다하지 않았기 때문에 여분의 생성력이 지금의 세계를 형성하고 있다. 태초에 창조 역사가 있었지만 창조 목적은 아직 실현되지 않았고, 인류 역사를 미래의 이상향으로 인도하고 있는 중이다.

제8장 성경 창조

1. 성경 이해 관점

　세상을 둘러보면 눈에 보이는 것은 다 존재하는 실상들인데, 천지가 어떻게 생긴 것인지를 묻는다면 즉시 대답할 사람이 없다. 실로 답을 구하기 위해서는 세상이 존재한 상태부터 살펴야 하고, 그중에서도 세계를 구축한 핵심 본질이 무엇인지 찾아내어야 한다. 천지가 존재한 것이 창조 때문일진대, 드러난 현상 세계보다는 보이지 않은 본질 세계에 더 심오함이 있다. 그런데도 세인들은 보이는 세계만 인정하므로 어려움이 있었다. 그리고 세계는 어떻게 창조되었는가에 따라 특성이 드러나기 때문에 결과에 해당한 특성은 오히려 창조된 사실을 증거한다. 관련성을 밝혀야 하는데 지난날은 아무런 진척이 없었다. 하나님이 계시한 창세기를 이해할 리 만무하다. 무궁한 창조 세계를 파악해야 비로소 성경에 기록된 내용도 진리라는 것을 인정한다. 이 같은 문제는 어떻게 해결할 수 있는가? 세인들이 지적한 성경의 비과학성, 비합리성, 비논리성을 해소할 수 있는 관점 확보는 창조의 대원동력을 통해 마련되었다. 세계를 이룬 작용 역사를 바탕으로 이해할 수 있게 되었다. 지난날 제대로 접근하지 못한 것은 창조 역사를 이해할 본질의 작용 세계를 확보하지 못했던 것이다. 하지만 이 연구는 핵심 본질을 규명한 성과를 발판으로 드러나지 않은 창조 세계를 판단할 수 있다.[120) 지적했듯 창조를 있게 한 저 너머의 작용 세계는 그로 인해서 드러난 결과 세계와 실재상, 존재상, 인식상 격리된 차원이 가로막았다. 無와 有라는 실재상의 벽이 막고 있었고, 삼라만상은 피조성으로 인해 자체로서는 능동성을 발휘할 수 없었으며, 설상가상 창조 이전의 역사는 파악할 수 없는 한계벽이 있었다. 이런 조건 속에서 창조 역사를 이해한다는 것은 언어도단이다. "데카르트는 우주가 神에 의하여 창조되었다는 것을 기꺼이 승인하고 세계의 모든 것, 그리고 우주는 오직 神에 의해서 존재하며, 神은 일순간에 창조하였다"고 하였다.[121) 그렇다면 창조 역사는 어떻게 확인할 수 있는가? 창조 사실을 권위 있는 학자가 인정한다고 해서 승인될 것인가? 아담도 이브도 神이 있으로고 命한 순간 나타났다고 한다면 그것은 기존 주장을 벗어나지 못한 것이다. 그렇다고 "유한한 인간의 오성(悟性)이 神의 지성과 의지의 무한성을 이해할 수 없다"는 식으로[122) 합리화시켜서는 안 된다. 천지는

---

120) 본질이 이룬 작용 세계는 성경에서 선언에만 그친 창조 역사의 어떻게 문제를 해결함.
121) 『의학의 철학』, 오모다카 히사유키 저, 신정식 역, 범양사출판부, 1990, p.71.

분명히 창조되었기 때문에 작용한 세계가 있어 그것을 본질 작용으로 확인하였다. 그런데 문제는 데카르트 같은 철인뿐만 아니라 과학자들, 신앙인들조차도 본질의 작용 세계를 보지 못해 차원성에 입각한 접근을 이루지 못한 데 있다. 고대인들이 상상으로 펼친 신화 정도로 여겼다.123) 진화론자들은 창조론을 전격 부정하고 나섰다. 진실한 신앙 고백을 무시하고 자신들이 발견한 진화적 증거에만 매달렸다. 창조론자들도 본질적 문제에 대해서는 회피하고 있어 창조는 초자연적이기 때문에 하나님만 어떻게 세상이 시작되었는지를 말씀해 줄 수 있다고 믿었다. 창조 시 어느 인간도 그 자리에 있지 않았고, 설사 있었다 해도 하나님이 친히 설명해 주지 않으면 역사에 대한 의미를 온전히 이해할 수 없다.124) 그러니까 성경의 문자적 해석으로서는 만물이 어떻게 창조되었는지를 알 수 없고, 정열을 쏟은 지성들도 이제는 "창세기 1~2장을 통해 어떤 타당한 역사나 과학을 찾아보려는 노력을 포기하였다."125) 떠도는 가설들이 많은데 그 같은 인위적 시도로서는 창조 역사를 설명할 수 없다. 하지만 창조가 사실이라면 해결할 수 없는 문제는 아니다. 지난날은 보이는 것만으로 해결하려고 했는데, 인간은 창조된 순간과 함께하지 못했지만 역사한 하나님은 지금도 존재하고 있지 않은가? 자신이 어떻게 태어났는가 하는 것은 어머니에게 물어보면 된다. 물론 성경은 성령

---

122) 위의 책, p.71.

123) 수많은 문화권에서 창조 신화를 꾸며내었음.-『닭이냐 달걀이냐』, 로버트 샤피로 저, 홍동선 역, 책마을, p.19.

124) 하나님은 욥에게 말씀하길 "너는 대장부처럼 허리를 묶고 내가 네게 묻는 것을 대답할지니라. 내가 땅의 기초를 놓을 때에 네가 어디 있었느냐? 네가 깨달아 알았거든 말할지니라."-욥기 38장 3~4절.

125) 위의 책, p.91.

의 역사로 새긴 기록이지만 고차원적인 역사이라 생성된 현실의 모습과는 차이가 있다. 기록은 사실이지만 이해하지 못한 것이 문제이다. 어차피 참모습을 드러내기까지는 무수한 세월을 거쳐야 했다. 소정의 과정을 완료해야 창조 역사의 무궁성을 파악하고, 우주가 광대할수록 하나님의 창조 권능이 무궁하다는 것을 실감할 수 있다. 창조 역사도 헤아리지 못하면서 어떻게 성경을 이해할 수 있겠는가? 창조에 대해서만큼 광범위하게 논의된 진리 탐구 영역은 없다. 본의를 밝혀 창조의 대주권성을 확립하리라.

2. 창세기의 진리성

창세기는 하나님의 천지 창조 역사를 기록한 문서이다. 이 같은 기록을 통해 우리는 하나님이 천지를 창조하였다는 사실을 알게 되었고, 하나님이 창조주란 믿음을 가졌다. 그러나 창세기를 창조 사실을 증거하고 원리성을 추출하는 근거로 삼고자 했을 때 문제가 있다는 것은 지적한 바이다. 그런데도 창조가 사실이라면 확인할 수 있는 길은 있다. 그동안 판단할 기준이 없다 보니까 어려움이 있었는데, 확인하기 위해서는 먼저 세상을 둘러보아야 하고, 구성된 요소를 통하여 어떻게 세상이 생겨난 것인지 살펴보아야 한다. 그렇게 해서 추출한 원리성을 통해 창세기를 다시 살펴보면 천지가 어떻게 창조된 것인지 확인할 수 있다. 하나님은 위대한 창조 주간에 무엇을 한 것인지 따지기 이전에 알려진바 창조한 방법상의 특성들을 추출해야 한다. 첫째, 하나님은 천지 만상을 無로부터 창조하였다. 창조 이전에는 모든 것이 어디에도 없었다. 둘째, 시간을 가지지 않고 창조하였다. 셋째, 어떤 시행착오도 없이 순간적으로 완전하게 창조하였다. 넷째, 단순히 命함으로써 창조하였다.[126] 이것은 창세기를 통하여 알 수 있는 창조의 원리성 측면이다. 그러나 이것은 기록으로 가능한 것일 뿐, 어디에도 원리성이 작용된 근거는 찾지 못했다. 無로부터의 창조 의미는 무엇이고 어떻게 시간도 없이 창조를 실현하였는가? 시행착오 없이 순간적으로 창조한 것을 전능성에만 내맡길 것인가? 하나님은 어떻게 세상을 단번에 창조하였는가? 그리고 말씀은 어떤 조화로운 능력을 가졌기에 命함만으로 창조 역사를 실현하였는가? 누구를 붙들고 물어보아도 지어진 어떤 책을 살펴도 대답을 구할 수 없다. 그러나 이 연구는 본의에 입각하여 일련의 의문에 대해 답할 수 있는 근거를 확보하였다. 가능한 것은 창조의 원동력, 즉 창조 작용 과정을 밝힌 탓이다. 이 같은 사실에 근거할진대 드러난 특성은 모두 그 원인을 파악할 수 있다. 천지는 결코 단순히 命함과 순간적인 창조와 완벽성, 일시에 아무것도 없는 無로부터 창조되지 않았다. 그런데도 창세기의 설명이 미진한 데는 그만한 이유가 있다. 창조가 어떻게 이루어졌는지 알 수는 없지만, 태초에 역사는 있었고, 때가 되면 모든 사실을 알릴 필요가 있기 때문에 성령이 역사한 형태로 기록되었다. 앞에서의 지적처럼 성경의 저자들도 천지 창조 과정을 지켜보지 못했고, 역사 이후 수많은 세월이 흘렀다. 그런데 어떻게 알 수 있었는가? 하나님의 계시를 의식과의 교감으로 받아들였다. 뜻과 작용 의지를 직관으로 수용한 것일진대, 무궁한 본질 세계가 그 원리성을 뒷받침한다. 창조는 본질이 이룬 작용 역

---

126) 『창조는 과학적 사실인가』, 앞의 책, p.10.

사이고 본질로서 바탕되었다는 것은 밝힌 바이지만, 창세기도 그 같은 작용으로 기록된 것일진대, 인식적 장애를 넘어서 태초를 넘나든 시공간을 극복할 수 있다. 창세기의 저자는 창조 역사와 함께하지 않았지만 초월적으로 존재한 본질과 함께하므로 창조된 작용 원리를 인출할 수 있다. 직관을 통하면 관통되지 않는 것이 없다. 하나님은 성령으로서 역사하지만 인간이 접하는 것은 본질의 작용성을 통해서이고, 성령의 역사는 하나님이 지닌 본질을 매개로 해서 이룬 것이다. 창세기는 고대인이 전한 신화가 아니다. 동양의 선현들이 일군 道의 각성 세계를 이해하기 어려웠던 것이나 계시된 성경을 이해하는 것이나 조건은 마찬가지이다. 똑같이 일부 깨어 있는 자들에 의해서 진리적인 가치가 수용되었다. 비합리적이고 비논리적이므로 세인들은 이해하기가 힘들었지만 그렇다고 진리가 아닌 것은 아니다. 인간의 사고력을 관장하는 뇌는 좌우 기능이 다르다고 하는데 "대뇌의 왼쪽 반은 합리주의자, 논리주의자, 즉 과학자이고, 오른쪽 반은 직관파로 패턴 인식자, 즉 예술가라고 했다. 또한 좌뇌는 현미경에 비유하여 세부와 특수성에 관계하고, 우뇌는 망원경과 비슷하여 눈앞에 나타나는 전체상(패턴)에 관계한다."[127] 그중 직관된 인식력을 주도하는 것은 우뇌이다. 직관된 통찰은 객관적으로 증명하기 어렵지만 그 능력은 실로 무한한데, 창세기도 무궁한 창조적 지혜를 직관한 탓에 세상 이치를 기준으로 해서는 따질 수 없다. 논리적인 합리성을 추출한다는 것은 본질이 지닌 특성과 어긋난다. 본질은 오직 시공을 초월한 직관으로 파악될 뿐이다. 이성으로서는 하나

---

127) 『우주의 역사』, 앞의 책, p.12.

님의 말씀으로 천지가 창조되었다는 것 이상의 것을 알 수 없다. 언급한바 창조는 命하므로 일시에 실현되었는데도 창세기에 기록한 것은 인간을 위해서 역사한 자상함일 뿐이다. 하나님은 이미 모든 것을 이루었고 완성하였는데, 인류를 위해 과정을 세세하게 풀어 놓은 것이라 순서를 두고 왈가왈부할 수는 없다.

창조 주간의 첫날에 빛이 있었는데 넷째 날에 태양이 창조되었다고 하므로 과학자들은 이것을 근거로 창세기를 설화로 치부하였고, 창조론자들도 하나님의 전능함은 태양 없이도 빛이 있게 할 수 있다는 억지 주장만 폈다. 모든 것은 창조를 시점으로 인식이 성립될 수밖에 없다. 하나님이 창조 이전에 이룬 역사를 계시하고 싶어도 세계가 차원적인 역사를 인식할 수 없는 벽을 지니고 있고, 밝힌 창세기도 이해하지 못하면서 어떻게 창조 이전의 원인 세계까지 파악할 수 있겠는가? 창세기는 순서대로 기록하였지만 이룬 역사는 하나님에게 속한 것이라, 창조 역사를 이해하는 입장에서는 일체를 초월적으로 판단할 수밖에 없다. 창조는 원인과 결과가 함께한 근원 세계인데 이해는 분열적인 질서 인식으로 접근한 것이 문제이다. 창세기는 과학적인 지식과 비교할 때 조잡한 것처럼 보이지만, 알고 보면 실로 무궁한 본질 세계를 뒷받침하였다. 이것을 인류는 직시해야 한다. 본질로부터의 창조, 여기에는 무궁한 세계를 함축한 지혜가 있다. 플라톤이 밝힌 이데아의 세계는 진실로 창조 이전에 하나님이 품은 이상적인 세계이다.

3. 창조의 시간성 극복

하나님이 천지를 창조한 것은 직접적인 행위 개입이다. 그런 하나님이 무엇을 창조하였는가 한 경위는 성경에 기록되어 있지만, 문제는 위대한 창조일의 주간이 상식적으로 추적하건대 합리성이 결여되어 있다는 것은 시인하지 않을 수 없다. 창조론자들은 창조의 날수에 대해 갖가지 이론을 펼쳤고, 엄연한 역사인데도 문제를 해결하지 못하여 진화론을 배태시킨 온상이 되었다. 하나님은 천지를 한순간에 창조한 것으로 아는데 창조 주간을 다시 구분한 것은 부족한 이해에 혼란을 금할 수 없다. 그렇다면 창조의 날 수와 주간에 대한 해석을 문자대로 태양일의 하루와 주간으로 볼 것인가, 상징된 비유로 볼 것인가? 무엇이 의문인가 하면, "기독교인들은 역사적으로 성경에 있는 6일에 걸친 창조, 흙으로 창조한 아담, 태초의 창조부터 예수님 탄생까지의 기간을 백만 년 또는 억만 년이 아니라 훨씬 짧은 기간이라고 믿었다."128) 창조 역사는 6일 만에 완결되었고, 따라서 각 날의 역사는 급작스럽고도 초자연적으로 이루어졌다는 주장이다. 이러한 견해는 상식상 거부감을 일으킨다. 그러니까 "창조를 부인한 유신론적 진화론자들은 창세기 1~2장의 해석을 가리켜 이교도 에베소 사람들의 신학에 가까운 위험스런 것이라고 말했다. 에베소인들은 다이아나(아데미) 여신이 그들을 하늘에서 휙 내어 던짐으로써 창조하였다고 믿었다."129) 근대에 과학적 지식으로 무장한

---

128) 『창조와 진화의 신앙 대 신념』, 켄함 · 폴 테일컬어 공저, 한국창조과학회 역, 국민일보사, 1992, p.67.
129) 위의 책, p.25.

학자들은 지질학상의 장구한 세월과 그 속에서 발견되는 화석들을 종합하여 창조론 해석을 전면 부인하고 나섰다. 진화는 수백만 년 동안에 서서히 일어났으므로 중간 형태의 화석들이 증거로서 설정된다는 것이다. 사실이라면 창조 역사는 날 수에 대한 해석뿐만 아니라 창조로 쌓아 올린 전체 보루가 허물어진다. 더더욱 지구와 지구 위의 모든 생물이 저절로 나타났다고 생각한 진화론자들은 지구의 나이가 오래되어야만 이론이 성립할 수 있기 때문에 수십억 년의 나이를 선호하였다.[130] 지질학적인 연대 측정을 통한 창조, 혹은 진화론자들이 요구하는 진화를 이룰 장구한 시간의 요청 문제는 창세기의 날 수를 해석하는 데도 영향을 미쳐 창조에 대한 기록이 실제로는 수백만 년에 걸친 것이고, 아담의 창조 이전에 이미 동물 세계에서 죽음과 파괴의 역사가 지속되어 왔다는 식으로 주장하기도 하였다. "18세기 말까지 대부분의 기독교인은 성경의 가르침에 따라 지구의 연령이 6천 년 정도라고 믿었는데, 과학적 연구가 진행됨에 따라 기독교인도 지구의 연령에 대하여 재고하지 않을 수 없게 되었다."[131] 상식과 어긋난 것처럼 보이는 창조의 날 수에 대해 문자대로의 해석이 문제점을 수반하므로 다른 대안을 제시하였는데, 그 예가 바로 "하나님이 천지 만물을 순간적으로 창조하되 엿새라고 하는 것은 비유이고, 질서와 완전함을 나타내기 위한 은유라고 한 것이다."[132] "창세기 1장을 문자적으로 보는데 반대한 입장으로서 혹자는 성경의 다른 구절에서 하나님이 보기에 하루가 천 년 같다고 한

---

130) 『창조론 대강좌』, 앞의 책, p.382.

131) 위의 책, p.38.

132) 창조 주간의 길이에 관하여 최초의 기록된 언급을 남긴 학자로서 유대인이었던 필로와 요세푸스가 1세기에 이런 주장을 하였다.-위의 책, p.403.

말을 지적했다. 구약에 한 번(시 90:4), 신약에 한 번(벧후 3:8) 나오는 것이 사실이다. 여기서의 명백한 뜻은 하나님은 시간의 제약을 받지 않는다. 인간이 천 년 동안 애써도 겨우 이룰까 말까 한 일을 하나님은 하루 동안의 짧은 기간에도 이룰 수 있다"는 사실이다.[133] 그러나 이것은 그렇게 해석한 관점이지 창조 원리에 입각한 정론은 아니다. 아무리 창조론자들이 "대륙과 산들이 일어선 것은(시 104:8) 인류가 창조되기 이전에 오랜 세월에 걸쳐 점진적으로 이루어진 일이 아니고 창세기 홍수 마지막 때에 갑자기 이루어졌다"는 식으로 말하지만,[134] 그것은 억지 춘향 격이다. 창세기를 보면 하나님이 어떠한 이유에서든 창조 역사를 급작스런 사건으로 이해하도록 하였다는 데는 이론의 여지가 없다. 오늘날 창세기를 진화론과 조화시키려는 시도들과 연관 지어 볼 때, 하나님의 계시가 지닌 의미는 명백하다. 어떤 측면에서는 태양과 달과 지구의 '점진적 창조'가 잘 이해될 수도 있다. 그러나 우주의 천체들이 순간적으로 無로부터 창조되었다는 엄청난 사실이 눈앞에 드러나기 시작할 때 창조주의 신성과 능력, 영광에 관한 의심과 문제는 바람처럼 사라지고 만다(롬 1:20).[135] 창조 역사를 기록한 창세기는 사실적이다. 그럼에도 불구하고 창조를 이룬 작용 본질은 차원적이라 장벽이 가로놓여 있는데, 이런 문제는 미루어 두고 합리성만 강조하니까 노력해도 이해할 수 없었다. 과연 만물은 無로부터 창조되었고 하나님은 순간에 모든 것을 창조하였는가? 단지 그렇게 보일 뿐이다. 우려하는 바는 역시 사실 그대로였

---

133) 위의 책, p.33.

134) 위의 책, p.94.

135) 위의 책, p.42.

다. 창조는 정말 無로부터, 그리고 순간적으로 창조될 수 없다. 하나님이 이룬 무수한 사전 역사 결과이다. 그런데도 우리는 창조 역사를 순간적으로, 無로부터 본다. 왜 그런가? 창조를 이룬 작용력을 보지 못하였고, 무형인 본질 특성 탓이다. 사실상 無로부터의 창조는 불가능하다. 창조란 차원 벽이 인식을 차단시켜 버린 탓인데, 실질적으로는 선재된 본질과 구비된 통합성 본질이 있었다. 만물은 영원히 有한 하나님의 몸된 본질로부터 창조되었다. 통합성 본질이 만상의 바탕 근거로서 제공되어 창조 시원이 무궁한 차원성에 가려져 어디서도 시작과 끝을 보지 못했기 때문이다. 有가 有를 낳았고 有함을 이룬 시작이 이미 有한 본질 속에 포함되어 있어 창조된 시공 안에서는 알파를 인식하지 못했다. 연이어 시간이 걸리지 않은 창조, 즉 어떤 시행착오도 없이 순간적으로 완전하게 창조한 것은 창조가 無와 有를 구분 짓는 경계선이 되었다. 하나님은 창조 역사를 실행하기 위해 무수한 선행 작업을 거쳤지만 정작 세계로부터는 급작스럽게 돌출되었고, 시행착오 없이 순간적으로 완전하게 말씀만으로 창조된 것처럼 보인 것이다. 창조 이전은 무엇도 인식할 수 없는데, 이런 특성은 천지가 창조됨으로써 드러난 구조를 통해 가늠할 수 있는 명확한 특성이다. 창조의 작용성과 원리성과 구조성에 입각하면 해석이 분분한 창조의 날 수 문제가 해결되고, 창조 역사를 뒷받침한 기록인 것을 확인할 수 있다.

어떻게 해서 이런 일이 가능한가? 성경이 시사하는 바는 역시 창조는 모든 일을 시간과 무관하게 역사하였다는 것과, 창조에는 시간이 걸리지 않았고, 아예 시간 자체가 필요 없다는 사실이다. 6일 동안의 창조 과정에 대한 서술은 그만큼 하나님이 창조를 이루는 데는 시간의 제약을 받지 않았다는 뜻이다. 어떻게 그렇게 될 수 있었는가? 천지 만상을 한 주간 안에 창조할 수 있다면 한순간이든 6일이든 시간이 짧고 긴 것은 문제가 아니다. 하루가 천 년 같다는 것은 창조의 시간성 문제에 있어서 중대한 교두보 역할을 한다. 하루가 천 년 같다면 만 년 같지는 않았을까? 순간이든 천만 년이든 창조는 이런 세월과는 무관하게 역사되었다. 오직 창조를 이룬 작용성을 밝힘으로써만 해명할 수 있는 문제였다. 시간은 창조된 결과로 있게 된 분열 현상이다. 창조된 과정에 대한 서술은 그렇게 나열할 수밖에 없기 때문에 순서를 정한 것이고, 창조의 전 과정은 시공간을 초월했다. 이것은 수많은 숫자 중에서 한 수를 끄집어내는 것처럼 모든 것을 갖춘 통합성 본질로부터 빛을 먼저 창조하든 태양을 나중에 창조하든 하등 문제될 것이 없다. 하물며 시간 자체가 창조된 결과로 생성된 것일진대, 이런 분열적인 시간대 안에서는 초월적인 창조 역사를 가늠할 수 없다. 하나님은 시간의 생성 이전에 모든 역사를 완료하였다. 그렇기 때문에 하나님은 통합성 본질을 갖춘 본체자로서 시공을 초월해 역사한다. 창세기는 본질의 통합성 차원에서 이해할 수 있다. 창조된 세계와 창조를 이룬 작용 세계는 차원이 다르므로, 진화론이 오랜 세월을 담보로 한 것은 의미가 없다. 천지가 無로부터 창조된 것인 한 첫 창조의 출발점은 있지만 그것이 오래 전과 최근이라는 개념과는 거리가 멀다. 따라서 과학적인 사실까지 거부하면서 창조의 날 수에 대해 연연할 필요가 없다. 창조 역사는 장구한 세월 안에서 이루어진 것이 아니다. 그러니까 세상 안에서 바라보면 창조 역사가 기적처럼 보이고 믿음이 필요하였지만, 이제는 때가 되므로 본의를 밝힐 수 있게 되었다.

4. 창조 과정

창조 역사는 하나님이 이룬 어떤 초자연적인 힘에 의해 급작스럽게 일어났고, 일시에 만물을 창조하였음을 시사했다. 그러나 성경 속에서 만물이 창조된 순서와 과정을 살펴보면 날 수 문제와 마찬가지로 비논리적이고 비합리적이다. 이러한 문제에 대해 연구한 학자들은 '점진적 창조 이론'을 세워 "창조가 몇 날에 걸쳐 완성되었다는 것을 거부하고, 하나님이 어떤 진화를 통한 방법으로 수십억 년에 걸쳐 이 땅에 있는 모든 동물과 식물이 생기게 했다고 보았다."136) 또한 '간격 이론'은 지질학의 새로운 해석과 진화론의 확산으로 인해 초래된 성경의 공격을 방어하기 위하여 1814년경에 제안되었다.137) 이 이론이 강조한 것은 창세기 1장 1절과 2절 사이에 시간적 간격이 있을 수 있다는 것이다. 상식적으로도 창조의 첫 날부터 일곱째 날 안식이 있기까지에는 창조 주간에 걸친 분명한 차이가 있다. 그러나 그것은 시간상의 차이가 아니고 과정상에서 생긴 차이라는 것은 이미 밝힌바 있지만, 문제는 이 연구가 정립한 본질적 관점에서는 어떻게 할 것인가 하는 것이다. 창조는 하나님이 이룬 통합성 본질을 바탕으로 한 命化 작용이라고 하였다. 그러니까 천지 만물은 동시에, 한순간, 한꺼번에 창조된 것을 의미하는 것이므로 성경 기록과 대치되는 것처럼 보인다. 그러나 이것은 세상의 분열질서 속에 있다 보니까 그런 것인데, 바탕된 본질을 통하면 얼마든지 이

---

136) 『창조와 진화의 신앙 대 신념』, 앞의 책, p.72.
137) 간격 이론은 다윈과 같은 시대에 살았던 에딘버러 대학교의 토마스 찰머스 박사가 제안한 것임.

해할 수 있다. 즉, 사전 역사로 준비된 본질의 통합성은 창조를 위해서는 命化를 실현시킨 바탕으로 마련되었고, 창조 이후로는 뭇 존재의 바탕 근거로서, 뭇 존재가 소멸되고 나서는 다시 새로운 존재를 위해 생성을 거듭한다. 통합성 본질은 세계를 둘러 싼 모든 有함의 근거이다. 진화론자들은 종을 창조한 근거가 존재한 종이 가진 것으로 생각하지만 통합성 본질은 그런 것이 아니다. 통합성은 이미 갖추었는데 분열하면서 드러난 것이다. 그래서 세계는 지금도 생성을 거듭하고 있다. 창조되었지만 다 드러나지 못했기 때문에 새로운 나타남이 있게 되었다. 함께한 시간과 존재가 때를 따라 드러난 것이므로 그날이 하루가 천 년 같고 천 년이 하루 같다. 창세기의 창조 과정은 우리가 감지하는 시간 개념을 초월한 것인데, 이것을 우리가 속한 세상 질서로서 점진적 창조라든지 간격 이론 등으로 이해하였다. 본질을 알았다면 그런 판단은 있을 수 없다. 창조 역사는 사전 작업을 거쳐 태초에 이미 완성되었다. 한꺼번에 창조되었지만 현상계의 분열 중인 제한성 때문에 세월을 두고 드러나게 되었다. 마치 창고에 쌓아 둔 물건을 꺼내는 것처럼 있으라 하니까 있게 되고, 내라 하니까 내며, 나누라 하니까 나뉘어졌다. 수도꼭지를 틀면 물이 곧바로 쏟아지듯 命化가 차원성의 물고를 튼 결정적인 역할을 하였다. 하나님은 창조된 대상에 대해 다시 나누심, 칭하심, 드러나라, 내라, 나뉘게 하라, 이루라, 비치라, 만드사, 주관하게 하사, 두심, 번성케 하라, 날으라, 종류대로 창조, 복을 주심, 주노니…… 등등 주도적으로 의지력을 발휘하였는데, 이것은 창조된 세계를 구체화시키기 위한 작업 과정이라고 할까? 세상적인 법칙을 정한 행위라고 할까? 통합성 본질의 분열 방향 지침이라고 할까? 命化 작용의 세분화 과정을 통해 천차만별한 세계를 이루었다.

그런데 여기서 다시 대두되는 문제점은 하나님은 만물을 어떻게 곧바로 命에 의거 창조하였는가 하는 것이다. 물질은 물질이거니와 생명의 창조는 어떻게 된 것인가? 생명은 물질보다 더 세심한 배려, 더한 목적 형성 과정을 거친 것을 알 수 있다. 빛을 창조하고 다시 빛과 어둠으로 나누었듯, 궁창을 만드사 궁창 아래의 물과 궁창 위의 물로 나누었듯, 땅은 풀과 씨 맺는 채소와 각기 종류대로 씨가진 열매 맺는 과목을 내었듯, 하나님은 특별히 자기 형상, 곧 하나님의 형상대로 사람을 창조하되 "흙으로 사람을 짓고 생기를 그 코에 불어넣으니 사람이 생령이 된지라" 하였다.[138] 이것은 인간, 더 나아가서 만물이 지금과 같은 형태를 갖추기까지는 과정에 있어서 "無[본질]에서 有[물질]의 창조와 다시 물질을 사용한 이차적 제조" 과정이 있은 것처럼 보이지만[139] 창조 원칙은 물질의 창조도 생명의 창조도 통합성을 이룬 본질 바탕에 근거했다. 단지 차이가 있다면 생명은 물질보다 창조 목적을 더 가미시킨 것이라고 할까? 물질보다 생명은 보다 세심한 분열 과정을 거친 상태이다. 창조 시간의 밖에서는 모든 것이 통합성을 구축한 사전 작업이고, 시간 안에서는 이미 완료된 창조 역사를 드러내는 분열 과정이다. 그러므로 하나님은 창조 이전에도 창조 역사를 주관하였고 창조된 시공 안에서도 창조 역사를 주관하는 형태로 작용력을 미쳤다. 세계를 영원한 생성력으로 지탱했다. 흔히 창조는 "천지와 만물이 다 이루니라."[140] 그리고 하나

---

138) 창세기 2장 7절.
139) 『창조론 대강좌』, 앞의 책, p.85.
140) 창세기 2장 1절.

님이 창조하고 만든 모든 일을 마치고 일곱째 날에는 안식하므로 역사가 완료된 것으로 생각하지만, 만상은 아직 분열을 다하지 않았기 때문에 우리는 모든 것을 진행 중인 상황으로 겪고 있다. 우리는 창조된 과정을 본질→氣의 응축→통합성→命化→물질→흙→생기→인간→아담→이브 순으로 이해하지만, 그런 순차성은 그대로 창조된 본질의 통합성이 분열한 과정이다. 이처럼 하나님의 뜻은 선차적으로 드러난 것이라 후일에 필요한 부분을 다시 계시할 것을 염두에 두고 대략을 계시한 것이다. 그래서 성경은 "천지를 창조하신 때에 천지의 창조된 대략이 이러하니라"라고 부언하였다.[141] 엄청난 역사가 생략되어 있어 창조 역사의 대의를 파악하기 어려웠다. 때를 기다려야 했는데, 오늘날 이 연구가 본의를 파악하고 디딤돌을 놓았다.

5. 창조 비밀

창세기에는 하나님이 태초에 천지를 창조한 역사의 대략이 기술되어 있다. 빛을 창조하고 궁창을 나누고 각종 식물과 동물들을 종류대로 창조하는 등등 그래서 이 같은 내용을 근거로 현실의 거시 세계와 미시 세계를 둘러보면 관찰력이 미치는 한 세계가 얼마나 무궁무진하게 펼쳐졌는가에 대해 감탄하지 않을 수 없다. 어떻게 하나님이 놀라운 창조 역사를 이루었는가? 정교한 세포의 구조와 기능으로부터 상상하기조차 어려운 거대한 우주에 이르기까지 세계는 끝이 없고 인식은 한이 없다. 과연 이런 세계를 어떻게 준비하여 창조

---

141) 창세기 2장 4절.

할 수 있었는가? 믿기 어렵지만 이 연구를 통하면 하나님의 권능을 믿지 않을 수 없다. 창조 작업을 완료하고 제7일에는 안식까지 하였다. 종합할진대 하나님의 창조 작업은 모두 끝났다. 그런데도 창조된 세계가 완성되지 못했다면? 여기에 만인이 궁금한 창조의 대비밀이 숨어 있다. 창조 역사는 완료되었지만 바탕된 통합성 본질은 분열이 완료된 것이 아니라는 것, 창조와 함께 비로소 분열하기 시작했다는 것, 그래서 세계는 아직 창조 목적을 달성하지 못했다. 요점은 우리가 일상적으로 접하는 천지 만상은 그것이 전부가 아니라는 데 있다. 아직 세상 위로 다 드러난 상태가 아니다. 창조는 하나님이 이룬 사전 작업을 통해 실현된 것이므로 전체든 개체든 통합성 본질에 바탕되었다. 통합성은 일체가 하나인 근본으로서 세계도 만물도 이 하나로부터 이루어졌다. 이 하나인 근본이 바로 하나님의 몸된 본질이 창조를 위해서 이행시킨 창조 본질이거니와, 근본인 통합성 본질이 창조로 인해 드러난 실체와는 어떤 차이가 있는가? 세계와는 다를 것이 틀림없다. 우리도 태어났을 때와 나이를 먹은 지금과는 모습이 다르다. 왜 다른 것인지 그 비밀을 밝혔는데, 그것이 곧 예수 그리스도가 마태복음 13장 31~32절에서 말한 겨자씨의 비유이다. 겉모습이 아니고 본질상의 차이인데, 이것을 세인들은 분간하지 못했다. 현재의 우주 모습은 한량없이 넓어 보이지만 처음에는 지극히 작은 씨알로부터 시작되었을진대 거기에는 지극히 작은 것을 광대하게 한 힘이 작용하였고, 지극히 큰 우주가 지극히 작은 씨알로부터 비롯된 탓에 팽배된 힘이 작용하였다. 원래는 하나였던 것이 각 개로 성장하고 분리된 관계로 부분이 전체를 이루고 전체가 부분을 이루었다. 세계의 관계성, 인과법칙, 물리적 작용력, 유기체성 등이 작은 것으로부터 시작된 창조의 비밀을 품으로써 존재한 원인을 알수 있다. 통상 창조는 일순간 폭탄이 터지듯(빅뱅) 이루어진 것이라고 생각하기 쉽지만 사실은 헤일 수 없는 사전 통합성 구축 과정을거쳤다. 진화가 변이 요인을 축적시키는데 무수한 세월이 필요하였다면 창조는 통합성의 완전한 구축을 위하여 철저한 준비 작업을 거쳤다. 세상은 복잡한 원리성으로 구성되어 있는 것 같지만 에너지의생성과 힘의 작용, 물리적인 법칙의 결성 등은 모두 작은 것을 크게한 창조력과 연관이 있다. 창조 메커니즘은 통합성 본질로서 구축되었기 때문에 이로써 푼 창조 역사의 비밀은 세계를 새롭게 인식할수 있는 대발판이다. 생명체는 씨로부터, 물질세계, 우주세계는 아주작은 씨알, 곧 응축된 氣의 에너지로부터 팽창하여 지금의 세계를이루었다.[142] 작은 것을 크게 한 힘이 팽배되어 있어 다시 본래 모습을 유지하고자 한 응축력이 발생하였고, 이 같은 상호 작용력이우주의 운행 질서를 영원하게 하였다. 미국의 천문학자 칼 세이건은『코스모스』에서 우주의 시작을 이렇게 말하였다.

> "100억 년이나 200억 년 전에 어떤 일이 일어났다. 대폭발이었다. 그것이 우주의 시작이다. 왜 이 폭발이 일어났는지는 아직까지풀리지 않는 최대의 수수께끼이다……. 지금 우주 안에 있는 물질과 에너지의 모두가 당시는 지극히 높은 밀도로 한곳에 집중되어있었다. 그것은 많은 문명의 창조 신화에 나오는 것과 같이 우주알의 일종이었다. 아마도 그것은 수학에서 말하는 크기가 없는 한점에 집중되고 있었을 것이다. 우주의 거대한 폭발이 일어났을 때우주는 팽창하기 시작했다. 그리하여 그 팽창은 그때 이래로 멈춘일이 없고 지금도 계속되고 있다."[143]

---

142) 세상이 작은 것으로부터 비롯되었다면 만상의 물리 법칙은 바로 이 작은 것을 성장하고 크게 한 속성적 원리이다. 그리고 이것이 변함없는 물리 법칙으로 작용했다.

그는 최근의 우주 기원에 대한 정평 있는 학설을 근거로 빅뱅, 즉 대폭발 이론을 수용하였는데, 하나님이 창조를 위해 응축시킨 통합성 본질과 비교된다. 어떻게 우주의 처음이 대폭발로부터 시작되었는가? 에너지 응축 과정인 사전 통합성 구축 역사가 있었다는 말이다. 보태어 확장력과 응축력이 행성 간에서 절묘한 균형을 이루면서 우주의 운행 질서를 구축하였다. 이것은 비단 물리적인 힘의 세계에만 적용되는 것이 아니고 인과법칙과 유기체적인 관계성, 세상 이치에 두루 해당된다. 커지려는 힘과 응축하려는 힘이 상반되어 있어 세계가 긴장감을 가지고 조화와 균형을 이루었다. 이것이 억겁에 걸쳐 우주 운행을 주도한 힘이다. 고에너지, 고압의 밀도 상태에서 우주는 무수하게 팽창하고 분열을 거듭했다. 창조력이 팽배되는 과정에서 물리적인 힘이 발생하였다. 에너지가 생성된 원인이다. 하나님은 천지를 창조하였고 세상 가운데 새겼는데, 그것이 바탕된 물질세계에도 남겨졌다. 진실로 하나님은 천지를 창조하였고 사실을 기록해 두었는데, 때가 되므로 성령이 역사하여 일깨웠다. 성경은 사실과 유리된 상상적 스토리가 아니다. 하나님이 실행한 준엄한 역사인데, 단지 인간의 이해가 부족하여 믿음 있는 자들이 힘겹게 지켜야 하는 신앙적 과제가 되었다.

---

143) 『과학시대의 불교』, 앞의 책, p.156.

제9장 세계 창조 의지

하나님이 창조 역사를 실현하는 데 있어서 주도적인 역할을 한 것은 창조 의지이다. 창조 의지는 통합성인 본질 바탕을 응축시킨 근거이고, 命化를 실현시킨 분출력이기도 하다. 그렇기 때문에 창조 의지는 어떤 물리적인 힘의 지배 상태로부터도 벗어난 주도력으로서 사실상 세계를 구축한 근간이다. 창조 의지가 원동력으로서 작용하다 보니 그로써 구축된 실상 세계 역시 궁극화되었다. 그래서 세상 어디를 둘러보아도 사물과 현상 가운데서는 오히려 진심 본질과 궁극적인 실체를 볼 수 없었다. 뭇 존재가 자체로서는 어떤 존립 의지도 없고 어떤 말도 없었다. 다만 그렇게 존재했을 따름이다. 스스로는 실상을 나타낼 수 없다. 창조는 주도한 의지력에 의해 밝혀지는 것이라 창조된 세계 안에서는 알 수 없다. 생물학은 DNA에 있는 유전 정보가 어떤 과정을 거쳐 단백질 합성을 설계할 수 있는지 알고 있다. DNA의 분자 구조는 과학자들의 노력으로 해명되기에 이르렀는데, 인간 지력이 그 치밀성을 따를 수 없을 만큼 엄밀함을 갖추었다. 그리고 우리가 알 수 있는 것은 그것이 전부이다. 앞으로 얼마나 더 상세한 정보를 알아낼 수 있을지는 모르지만 그렇게 구조화된 정보 외는 한계가 있다. 이 같은 구분선상에 하나님의 뜻과 창조 의지가 머물러 있다. 주도 의지를 밝혀야 나머지 의문까지 풀 수 있다. 우리는 자신이 가진 의지대로 살아가지만 그러면서도 벗어날 수 없는 운명적 궤도가 있듯, 세상의 되어진 구조에도 당연히 그렇게 된 소이로서의 궁극 원인과 의지가 있다. 주도된 의지적 경계선이 뚜렷한데도 지성들이 자체적인 능동성을 내세운 이유는 어디에 있는가? 무질서한 무기물로부터 생명을 지닌 시스템을 구축한 것인가? 생명체가 진화가 가능한 능동성을 갖춘 것인가? 창조 의지의 작용력이 필수이다. 작용력이 미치지 못하면 물질은 영원히 물질이요 무질서한 상태는 영원히 무질서한 상태로 남아 있을 뿐이다. 존재를 존재되게 한 의지력이 창조의 대원동력이고, 근간을 이룬 것이 곧 창조 의지이다. 창조는 가장 확실한 원인 행위를 제공한 것인데, 우연과 확률로 만상을 구축하였다는 것은 과학적인 주장이 아니다. 창조역사가 창조 의지에 의해 주도된 이상 창조 역사도 그렇게 작용한 창조 의지를 통해 풀어야 한다. 법칙은 창조된 결정성에 따른 것이지만 의지는 주도한 뜻으로서 차원이 다르다. 세상 법칙은 결정된 것이지만 창조 의지는 그런 결정을 주도하였기 때문에 창조 의지를 통하지 않으면 그 무엇도 알 수 없다. 창조 의지 외에 더한 궁극적 실체는 없다. 의지의 본질은 능동성이고, 命化를 실현시킨 원동력이며, 온갖 개체를 하나 되게 할 통합력이다. 우리가 세상을 통해 인식한 진리는 어떤 사실적 지식이 아니고 바로 창조 의지가 구축한 有한 본질 상태를 구조화시킨 것이다. 그런 의미에서 진리는 곧 작용된 의지력을 실체로서 인식한 것이다. 본질은 의지의 영원한 속성이고, 의지는 생성 작용의 주체이다. 진리는 창조 의지를 형상화시킨 것이라 삼라만상을 이룬 이 의지의 실체를 진리로서 인식하였다. 그래서 有한 실체를 인식하는 것은 그대로 창조성을 인식하는 것이 된다. 통상 실체는 물질을 지닌 확실한 존재로 이해하지만 창조란 본질 개념에 대입시키면 일종의 주어진 결과적 대상일 뿐, 사실은 보다 근원적인 존재를 있게 한 궁극적인 원인이다. 존재하는 것만 실체가 아니며, 이것을 있게 한 의지가 더욱 확실한 실체이다. 세상을 있게 한 의지 작용이 온갖 실체를 대변한다. 그래서 만상의 궁극성을 파고 들어가면 결국 주도한 의지력과 맞닥뜨린다. 창조 의지가 온갖 실체를 이룬 근원이다. 만상과 함께하여 有를 이루기 위해 끊임없이 생성하기 때문에 유형의 실체와 똑같은 인식의 근거 대상으로서 존재성을 구축하였다. 의지는 형체가 없지만 만물의 형체를 이루게 한 본체이다. 존재를 영원히 존재할 수 있게 한 근원이다. 의지는 말이 없지만 모든 것을 말하게 하고, 모든 것을 이루게 하고, 모든 것을 존속시킨다. 창조된 세계를 有한 본질로서 파악할 수 있는 근거이다. 잠재된 원인력이 창조 의지와 함께한다. 의지적 요소가 세상 곳곳에서 有한 본질로서 특성을 이루었다. 세상 가운데 정령이 있고 神이 있다는 것은 결국 무엇을 의미하는가? 하나님의 뜻을 담은 창조 의지가 세상을 구축한 것 외에 무엇이겠는가? 보편성을 지향한 개념으로서는 '세계 의지'로 지칭하며, 만상을 이룬 존재 근거가 의지에 바탕하여 세계마저 온통 의지적 형태를 이루었다. 인류가 그렇게도 찾아 헤매었던 만상의 알파가 의지이고, 의지는 有한 세계의 본질적 바탕이다. 그래서 이 연구는 세계 본질의 개념성 정의를 "대우주의 총체적인 존재 형성에 관여된 창조 의지"라고 하였거니와 본질의 본체는 의지이고, 그중 창조 의지는 직접적인 원동력이다. 의지력의 생성으로 천지만상이 창대하였고, 삼라만상을 생성시킨 힘으로 작용하였다. 창조 의지가 원동력으로서 작용한 관계로 이 의지가 창조 목적을 이루기 위해 분열을 다하면 누가 어떻게 천지를 창조한 것인지 주도력을 확인할 수 있다. 창조 의지는 하나님이 가진 뜻이라 의지와 통하면 하나님의 실상을 볼 수 있는 길이 열린다. 곧 창조 의지를 분열시키면 천지를 창조한 하나님의 실체가 드러난다. 창조 역사 실현이 결국은 하나님의 뜻과 의지의 반영이란 사실을 알게 된다. 이것이 하나님의 본체가 드러난 지상 강림 역사로 증거되었다. 창조 의지는 세계에 편만된 섭리로서, 혹은 이법과 법칙으로서, 혹은 세상 진리와 원리로서 구축되었다. 이것을 이 연구가 통합하고 꿰뚫었나니, 진실로 핵심 원동력으로서 창조 역사를 주도하였다. 창조 법칙과 창조 원리를 구축한 원천 기반이 창조 의지이다.

제10장 세계 창조 법칙

과학은 세상에 존재하는 법칙이 사물 사이에서 일반적으로 성립한 보편적, 필연적인 관계에 있다는 것을 속속 증거하였다. 사계절과 사물이 규칙대로 움직이는 것, 물리적인 힘이 작용하는 세계 안에서의 관성과 만유인력의 법칙 등등 발견하고 확인한 사실을 확고한 지식으로 제공하고 있다. 과학자들은 하루가 멀다 하고 새로운 지식을 쏟아 내었다. 과학이 현대 문명을 이루는데 기여한 업적은 놀랍다. 하지만 세계에 대한 여하한 노력들은 대개 타당한 인식의 근거를 제공하지만 왜 그렇게 생성하고 형성되어 결정되었는가에 대해서는 대답하지 못한다. 중요한 문제인데도 과학적인 방법으로서는 해결할 길이 없어 形而上學적인 문제로 돌려졌다. "주위를 둘러보라. 생명체의 복잡 미묘한 구조와 정교한 조직을 보라. 물리적인 법칙의 수학적인 공식을 보라. 회전하는 은하계로부터 벌집과 원자의 활동에 이르기까지 물질의 기막힌 배열 앞에서는 할 말을 잃는 다. 그들이 왜 하필이면 그와 같은 방식으로 존재하는지 숙고해 보라. 우주는, 법칙은, 물질과 에너지의 배열은 왜 그렇게 되어 있는 가?"144) 그 이유를 자체로서는 답할 길이 없다. "우리에게는 지금 아무 대답도 할 수 없는 두 가지 문제가 있다. 하나는 왜 우주가 존재하는가인데, 종래 과학으로서는 왜라는 의문에 대해 대답할 수 없었다. 이것이 우리에게 남겨진 수수께끼이다. 다른 하나는 어떻게 우주를 이해할 수 있는가? 신비한 것은 세계를 이해할 수 없다는 것인데 왜 법칙은 존재하며, 그것이 자연 현상과 일치하는가? 우리는 어떻게 법칙을 찾아내었는가?"145) 질문에 대해서 지성들은 속수무책이다. 기껏 창조주가 그렇게 되게끔 선택했기 때문이라고 추론했을 따름이다. 원천적인 물음에 대해서는 오리무중이다. "물리 법칙은 필연적인 사항이라고 해서 누가 창조주는 물리 법칙 자체라고 결론 내릴 수 있는가?"146) 물리 법칙이 존재하는 것만으로는 해결이 안 되고, 세계에 대한 神의 간섭이라는 주장에 대해서 심증은 가지만 누구도 세상 법칙을 생성시킨 구체적인 메커니즘은 제시하지 못했다.

이 같은 의문에 대해서 궁극적인 실상의 세계를 드러낸 창조 진리는 진실로 답할 수 있어야 하며, 그동안 답하지 못한 것은 창조 역사를 세상을 이룬 원리로서 인식하지 못한 탓이다. 따라서 지금 정립하고자 하는 창조 법칙은 왜, 어떻게 해서 세상에 법칙이 질서화되었는가에 대한 합리적 이해가 있어야 한다. 즉, 법칙은 창조로 인해

---

144) 『현대물리학이 발견한 창조주』, 앞의 책, p.87.
145) 『아인슈타인의 세계(우주 창조의 비밀)』, NHK 아인슈타인 팀 저, 현문식 역, 고려원미디어, 1993, p.190.
146) 『현대물리학이 발견한 창조주』, 앞의 책, p.98.

서 형성되었다. 그래서 세상 법칙을 살펴보면 어떤 의미가 지배적이라는 것을 알 수 있다. 과연 법칙이란 무엇인가? 왜 만상은 결정된 법칙성을 벗어나지 못하는가? 법칙은 사물 사이에 일반적으로 성립하는 보편적, 필연적인 관계 내지 가치 면에서 지켜야 할 규범으로서 정의하지만, 보편적이고도 필연적인 관계 상황은 어떤 규정 상황을 벗어날 수 없고, 지켜야 할 규범은 어떤 규칙을 정한 것이다. 사물 내에 존재하는 법칙이든 현상이든 처음부터 있었던 것이 아닌 한 인간이든 자연이든 神이든 무언가가 정한 것이 틀림없다. 정했기 때문에 결정된 것이고, 그것은 그냥 정한 것이 아니고 원리에 근거했다. 질량 보존의 법칙과 심은 대로 거두는 법칙은 만유 공통적이다. 멘델의 유전 법칙과 경험 법칙도 그렇게 하여 정해진 것인데, 그렇게 한 주체력이 곧 창조 법칙이다. 법칙은 총체적인 목적과 전체를 고려하여 정한 기준이 있는데, 이것을 우리가 원리로서 인식한다. 그래서 원리는 엄격한 질서와 규칙이 있다. "물리학의 법칙은 분명 사건들 속에서 어떤 규칙을 가지고 작용한다. 정해진 궤도를 도는 혹성들의 정확한 운동, 원소의 스펙트럼에 나타난 질서 있는 형태의 선들……. 규칙이 있기 때문에 우리는 화약에 불을 붙이면 폭발한다고 예상할 수 있다. 뜨거운 불꽃이 닿으면 얼음 덩어리는 순식간에 녹고, 단단한 마룻바닥에 떨어진 꽃병은 깨어진다. 세상은 우연이나 무질서가 아니고 적어도 웬 만큼의 범위에서는 예측할 수 있고 질서가 잡혀 있다."[147] 왜 세상의 현상들이 보편적이고 필연적인 관계 속에 있는 것인지 설명해야 한다.

147) 위의 책, p.86.

세상에 법칙을 있게 한 창조 법칙은 세상을 법칙 아래 있도록 했기 때문에 존재 안에서 결정적인 물리 법칙과는 분명히 차이가 있다. 창조되었기 때문에 지어진 원리가 있고 세상 법칙이 형성되었다. 따라서 창조 법칙이 조물의 원동력이 아닌 것은 확실하며, 창조되었기 때문에 부여된 세계상을 확인시키는 범주이다. 그래서 세상이 어떻게 창조되었는지 알면 창조 법칙이 어떻게 형성된 것인지 알 수 있고, 정해진 법칙들이 어떻게 생성된 것인지도 알 수 있다. 그렇다면 창조되기 전에도 이 같은 법칙이 있었는가? 당연히 없었다. 세상 법칙은 창조로 인해 주어진 결과물이다. 법칙을 통해서 필연을 인식하는 것은 命의 결정력으로서 의지력의 총화인 命이 세상 법칙을 정하였다. 만상을 성립시킨 이치가 여기에 있으니 우연, 절로 창조되지 않았다. 세상 법칙은 창조된 골격으로서 우리가 법칙을 통해서 알고 있는 것은 모두 창조를 이루는 데 영향을 끼친 命의 작용력이다. 통합성은 창조를 위한 사전 준비 상태이고, 命은 命化를 실현시킨 법칙적 기반이다.

동양에서는 만물을 있게 한 근거를 道 가운데서 구하였다. 알고 보면 道의 형태와 작용 특성을 속속 세상을 창조한 법칙적 근거로서 인식하였다. 혹자(배종호)는 "주자는 太極을 理로, 음양을 氣로 봄으로써 理를 생물지본(生物之本)으로 하여 形而上의 道, 氣를 생물지구(生物之具)로 形而下의 氣라고 하고, 천지 만물이 理와 氣로서 구성되었다"고 하였다.148) 천지 만물이 理와 氣로부터 형성되었고, 아울러 세상 법칙도 理로부터 생성되었다는 것을 시사한다. 또한 율곡

---

148) 『과학과 철학』, 김용정 저, 범양사출판부, 1996, p.239.

은 "理는 무형이요 氣는 유형이며, 理는 無爲요 氣는 有爲이다. 무형 무위로서 유형 유위의 주재가 되는 것은 理요, 유형 유위로서 무형 무위의 器材가 되는 것은 氣이다"고 하였다.[149] 이것은 불교에서 空 즉色이라고 한 말과도 같은데, 왜 理는 무형이고 氣는 유형인가? 理 는 창조 이전에 존재한 하나님의 몸된 본질 상태이고, 氣는 창조를 위해 통합성을 구축한 통합 본질의 구체화 상태이다. 만물이 창조되 므로 만물을 이룬 본질 상태가 氣의 상태로 작용하였다. 그러므로 창조 이전에 하나님이 품은 뜻이라든지 작용된 의지는 무형인데 창 조와 함께 비로소 유형화되었다. 그리하여 결국 무형 무위인 理가 유형 유위로서의 창조를 이루는 주재력으로 작용하여 창조 법칙을 결성하였고, 有形 有爲의 器材가 되어 세상 법칙으로 굳어졌다. 나 아가 "주돈이는 『태극도설』에서 우주 생성의 원리를 태극도라고 이 름 붙인 圖로서 나타내고, 도설을 통해서는 음양 理氣가 교감하여 만물이 化生한다고 하였다."[150] 이에 주자가 말하였다.

> "天下의 事物에 이르면 반드시 각각 所以然之故와 그 所當然
> 之則이 있는데 이것이 이른바 理이다."[151]

當然之則은 이른바 當然法則, 곧 하지 않을 수 없는 가치 세계의 법칙을 말하고, 소이연지고는 이른바 필연법칙, 곧 반드시 그렇게 되는 불변의 법칙인 존재 세계의 원리를 말한다. 만물이 生하므로 道도 生한다. "道의 法則 또한 生이며",[152] 만물은 창조된 것이고 法

---

149) "理無形也氣有形也……有形有爲而爲無形無爲之器者氣也."
150) 「주자학의 형성에 관한 연구」, 앞의 논문, p.18.
151) 『대학』, 혹문.-『중국철학개론』, 앞의 책, p.265.

則이 이로써 정해졌다. 창조를 위해 준비를 갖춘 통합성 본질이 命으로 창조된 순간 법칙화되었다. 命에 의한 의지 작용이 창조된 순간 법칙으로 결정되므로 이 법칙을 통하여 우리는 천지가 모든 것을 구족한 상태로부터 창조되었다는 것을 안다. 법칙은 완성되지 못하면 세상을 구축할 수 없고 만상을 장악할 수 없다. 命이 창조된 순간 법칙화되었다는 것, 이것은 세상 어디서도 확인 가능한 당연성이고 필연성이다. 창조는 모든 것을 갖추어야 실현되는데 세상 법칙이 이것을 증거한다. 가장 총명한 지혜가 우주의 운행 질서 속에 있으니, 이 질서가 命이 이룬 창조 작업의 흔적이다. 세계의 영원성을 구축한 법칙이다. 창조 법칙의 핵심을 파악할진대, 만물의 성향은 하나님의 사전 역사에 의해 이미 결정적임을 확인할 수 있다. 만약 법칙이 없다면 세상이 절로 이루어졌다는 주장을 고려해 볼 수 있지만 법칙이 있는 한 창조된 것을 알 수 있고, 그 법칙이 곧 하나님이 이룬 命이다.

---

152) 「주역의 우주론 연구」, 앞의 논문, p.19.

제1장 세계 창조 원리

1. 창조 원리

세상에는 수백만 종의 책이 출판되고 있고 지성들은 목적을 가지고 줄기차게 써내려 왔다. 우주의 근원을 밝히기 위한 노력이고, 세계의 본질을 규명하기 위한 정신적 산물이다. 하지만 인류는 아직도 삼라만상 우주가 어떻게 발생한 것인지, 혹은 창조된 것인지에 대해 가설 상태 외에 확실한 언급은 없다. 구세를 위해 사명을 띠고 내림했던 대성현들, 부처님·공자님·예수님·소크라테스·마호메트……. 이분들은 특별한 사명으로 세계의 창조 의지를 자각하고 무지를 일깨웠지만, 우주와 삼라만상 기원에 대해서는 못 다한 소임을 시인해야 한다. 근원을 밝히지 못하고 진리의 전모를 드러내지 못한 것은 그만한 이유가 있다. 하나님의 창조 원리와 의지와 뜻이 분열을 완료하지 못한 탓이다. 진정 세상이 하나님의 뜻으로 창조된 것이라면 그 근원은 어디서 찾아야 하고, 참된 원리인 진리 기준은 무엇이 되어야 하는가? 세상 근원은 하나님이 천지를 창조한 원천력이고, 창조 원리는 하나님이 발현시킨 의지이다. 그런데도 기독교는 오직 예수님이 하나님의 아들임을 증거하는 데만 전념하여 정작 밝혀야 할 신학적 과제를 외면한 것은 안타까운 일이다. 창조의 대원동 요인인 창조 의지와 원리와 뜻을 밝혀야 하는 것이 포괄적인 학문 영역이다.

그렇다면 천지 창조의 작인 요체인 창조 원리를 파악할 수 있는 가능성과 방법적 접근은 어떻게 해야 하는가? 몸된 의식과 정신적 구조는 특별한 뜻에 따른 존재일진대, 온몸이 고스란히 창조 원리를 간직한 확고함과 부여된 특성을 어떻게 삶의 여정 속에서 인출시키는가에 따라 파악할 수 있다. 창조 원리로 창조된 몸이 창조 원리를 인출하기 위해 生의 의지를 분열시키면 그 같은 추구 의식 상태가 원리를 인출할 수 있게 한다. 세계가 원리로서 지배되면 우리도 원리에 의해 지배되고, 내재된 원리를 이지적으로 판단할 수 있는 인간은 자체 삶을 통해 만유 공통의 원리를 추출할 수 있다. 태초에 하나님이 천지를 어떻게 창조하였는가를 알기 위해 땅덩어리를 헤집고 다니기보다는 하나님이 본의를 밝히기 위해 역사한 의지력의 분출 상태부터 살펴야 한다. 삼라만상 의지를 규합하여 존엄한 진리상을 지혜로 수놓았거니와, 세계를 구축한 것은 반드시 되어짐의 원리와 지어짐의 원리가 있었다. 창조 원리는 하나님의 의지 작용에서 비롯된 것이므로 결국 하나님이 천지를 창조하고자 한 그 뜻이 의지화되고 의지가 근본을 형성하여 창조 목적을 구체화시켰다. 곧 뭇 현상 원리를 규정한 것이 창조 원리라고 할 수 있어 원리를 정의내릴 때도 '현상을 성립시키는 기본 법칙이 되어 있는 것'이라고 한다. 철학에서는 기초가 되는 보편적인 진리, 존재의 근거로서의 실재 원리, 그리고 인식의 근거로서의 인식 원리, 행위의 규범으로서의 실천적 원리 등등 사물과 현상 간에는 어떤 형태로든 원리화된 실체 구축 과정이 있다. 물건을 사고파는 데는 구매의 원리가 있고, 과학에서는 일정하고 규칙적인 질서 현상을 원리로서 인식했다. 지렛대의 원리, 아르키메데스 원리, 상대성 원리, 상보성 원리, 불확정성 원리 등이 일반화되어 있다.[153] 오죽하면 불확정적인 것도 원리라고 했을까마는 사물, 현상 간의 원리적 성향은 보다 근원된 원리가 창조를 이루는 과정에서 적용된 기준과 같은 것이라고 할 때, 앞서의 창조 법칙 개념과도 비교하지 않을 수 없다. 창조 법칙은 창조를 위해서 정한 총체적인 원칙이라면, 원리는 그러한 원칙이 정해지기 이전의 보다 근원된 바탕성, 곧 법칙을 정한 바탕이다. 법칙을 규정하는 것, 법칙이 베틀이라면 원리는 하나하나로 엮어진 실 가닥이라고 할까? 법칙의 날실을 구성한 것이 창조 원리이다. 세상의 이치, 원리는 이 같은 원리의 터전 아래서 작용한 것이고, 법칙이 정해지므로 원리도 운용된 법칙을 따라 움직였다. 따라서 사물에 변화를 가져다주거나 영향을 미치는, 또는 어떤 현상이나 운동을 일으키는 작용과 달리[154] 원리는 만상을 형성한 원칙이다. 만상에는 반드시 지어진 원리가 있는데 그것이 곧 창조 원리이다. 창조 원리는 우주의 원리

---

153) 이론화 단계-원리. 가설→이론→원리→법칙→일반화.

154) 풍화 작용, 침식 작용. 바람의 작용에 의해 사구가 형성되다. 비타민은 인체의 기능을 조절하는 작용을 한다 등등.

이고 온갖 존재를 뒷받침한 원리이다. 창조가 없으면 물론 만물도 없을 것이므로 만물의 되어짐을 창조 원리가 구축한 것이다.

따라서 만물을 창조한 원리와 만물이 되어진 사물의 원리는 다르다. 창조 원리가 無를 有되게 한 이치라면 사물의 원리는 그렇게 해서 구축된 질서라고 할까? 그러니까 사물의 원리를 통해서는 세상의 지어진 원리를 파악하는데 한계가 있었다. 그리고 창조 원리는 세상 섭리와도 구분되는 것이, 섭리는 창조 이후 목적의 분열상을 주도한 의지 형태로 나타난 것이다. 우연의 일치로 무형의 것이 유형의 형태로 나타난 것이 아니다. 하나님이 천지를 창조했을 때는 無를 유형화시키는 데 있어서 命化를 실현할 분명한 원리성을 마련하였다는 것, 그것은 물리적인 세계뿐만 아니고 하나님이 뜻으로 창조한 세상 이치 가운데서도 창조의 대원칙은 적용되며, 이것을 만상이 거부할 수 없는 법칙으로 받아들였다. 세상 가운데 존재하는 원리는 단순히 물리적인 작용 현상이나 필연적인 인과법칙으로 이해할 것이 아니다. 원리는 하나님이 창조를 실현하기 위해 쏟은 의지 작용의 결실이다. 하나님이 정한 관계로 사물이 그 같은 결정 원리로서 현현되었다. 하나님은 왜 그의 열매로 그들을 안다고 하였는가? 말씀의 뜻은 창조 역사가 하나님의 선별된 의지 바탕으로 창조되었다는 것을 시사한다. 내가 존재함도 만물이 창조됨도 선별된 사랑, 특별한 원칙에 의한 것이다. 이 연구가 구한 창조 원리가 과학자들이 탐구한 세계 원리 가운데 있다면 처음부터 객관적인 학문을 추구해야지 번지수를 잘못 찾은 것이 된다. 그러나 아이러니하게도 가장 과학적이고 이치적이라고 인식한 세계 구축 원리가 하나님의 특별한 뜻, 선별된 의지에 의해 결정되었다는 것은 미처 알지 못하였다.

조물론 원론   195

단단한 암석은 굳어서야 된 것이듯, 가장 확고한 원리도 선별된 창조 의지가 결집된 것이라는 것을 알 때, 나쁜 나무는 아름다운 열매를 맺을 수 없게 창조한 원리를 이해할 수 있다. 그것은 당연한 것이고 거기에는 이유가 없다. 하나님이 천지를 지은 원리의 핵심, 곧 의지와 뜻의 작용 본질을 밝힌 것이다. 우주의 주재 원리는 그냥 생긴 것이 아니다. 좋은 나무가 아름다운 열매를 맺게 한 하나님의 특별한 의지와 뜻과 사랑이 있었다. 이것이 하나님이 천지를 창조한 주체성 원리이다. 천지간에 하나님의 원인적인 의지가 내재되어 있는 것이 창조 원리이자 세계의 주체적인 본질이다. 창조 원리는 복잡한 설계도로 존재한 것이 아니고 특별한 사랑과 뜻과 의지 속에 있다. 뭇 존재와 함께하고 통합성인 본질로서 존재하며 만인의 인생을 주도한다. 혹자는 "하나님의 창조 원리는 道의 완성을 통해서 드러난다"고 하였다.155) 참으로 진리란 무엇인가에 대해 정통을 꿰뚫은 답, 그 정확한 개념과 기준이 여기에 있다. 道란 무엇인가? 진리란 무엇인가? 세상의 지어진 원리, 하나님이 천지를 지은 창조 원리이다. 창조 원리는 세계를 구성한 지배 원리이고, 이것을 인식한 것이 만물을 형상화시킨 진리이며, 이것을 밝히는 것이 진리 탐구의 궁극적 목적이다. 창조 역사를 뒷받침한 창조 원리와 의지와 뜻과 목적이 세상 진리의 모태이다. 인류가 파악한 모든 것 이상으로 가장 과학적이고도 우주적인 지혜를 동원해 하나님이 천지를 창조하였다.

---

155) 『생명책』, 김영순 저, 세광, 1994, p.28.

2. 창조 실현 원리

천지 창조 역사에 원리성이 적용된 것은 하나님의 뜻이 근본을 형성한 과정에서 구축된 의지력이다. 우리가 일반적인 현상으로서 원리를 이해할 때는 이미 결정되고 구축된 질서이라 이용도 하고 응용도 할 수 있다. 따라서 창조 원리도 그렇게 하여 새로운 조물을 이룰 수 있지 않을까 하고 생각할 수 있겠지만, 창조 원리는 하나님의 의지를 뒷받침한, 하나님의 뜻에 속한 고유 영역이라 원리를 알았다 해도 우리는 티끌 하나도 창조할 수 없다. 창조된 결과에 대해 작용된 원리성을 파악하고 개념적으로 표현할 수 있을 뿐이다. 그만큼 지금까지 전개한 논의는 形而上學적인 본질의 작용 세계를 인식한 과정으로서 기대한 것만큼 확고한 정립을 이루지 못하였다. 법칙이면 법칙으로서, 원리면 원리로서 법칙화, 원리화시킨 이론이 없고, 핵심된 문제 역시 회피된 감이 없잖아 있다. 사실 창조 이전에 작용된 의지력에 대해 인식적 체계화는 없다. 앞서 밝힌 창조 원리라는 것도 세상에 편만된 진리의 바탕이고 총화된 진리라고 했지만 창조 원리와 세상 진리 사이에는 설명되어야 할 많은 부분이 생략되어 있다. 창조 원리가 어떻게 구체화되어 진리가 되었는지, 또한 어떻게 천지를 창조하였는가에 대한 설명이 빠져 있다. 그러나 원리는 결국 無를 有하게 한 것이므로, 원리가 결성되기 이전의 창조 원리는 창조를 실현할 가능성을 통해 가늠할 수밖에 없다. 어떻게 해서 창조가 가능한지 실현 형태를 일관된 의식으로 판단한다. 창조 역사란 초월적인 전능성이라 감히 인간이 상상할 수 없는 영역으로 돌리지만 정작 창조를 실현한 원리성을 이해한다면, 그 같은 작용 근거를 통해 창조 역사가 어떻게 실현된 것인지 확인할 수 있다. 이것을 먼저 통합성인 본질로부터 풀어나가 보자.

즉, 창조 역사를 실현할 준비를 갖춘 통합성 본질은 모든 것을 구유하고 구비한 상태로서 이것이 命化로 실현될 때는 원인과 결과가 함께한 동시 창조로 이루어진다. 그리고 통합성은 한 통속이라 세계 안에서처럼 세세한 구분이 없다. 말 그대로 하나로 인식되고 하나가 전체를 내포한 상태이다. 그래서 만상을 있게 한 창조 원리는 결국 하나가 만상을 창조한 형태를 취하며, 이 같은 구조적인 특성을 통해 통합성 본질이 어떻게 창조를 가능하게 한 것인지 원리성을 인출할 수 있다. 하나가 만이고 만이 곧 하나인 것은 한 통속인 본질 바탕 위에서 천지가 창조된 데 대한 원리성 인식이다. 통합성이 만물로 구체화된 것이 인식상으로는 전체가 하나를 이룬 형태를 취하고, 하나인 통합성이 분열하여 만상을 이룬다. 하나가 만물을 낸 것은 만물이 하나인 본질 바탕으로부터 창조되어서이고, 하나는 능히 만물을 낼 수 있는 가능성을 지녔다. 통합성이 만 가지를 있게 한 창조력은 실로 위대하다. 통합성인 본질, 그리고 모든 것을 관장한 하나님이 있기 때문에 창조가 가능했다. 부분이 있다면 전체가 있듯, 전체는 이미 개체를 낳을 수 있는 가능성을 내포하였다. 이것이 천지 창조의 대실현 원리이다. 하나는 능히 만을 이루는 능력을 지녔다. 전체가 있기 때문에 내가 있고, 세계가 있기 때문에 개물이 있다는 것, 곧 전체자로서 권능을 갖춘 하나님이 있기 때문에 창조 역사가 실현되었다. 전체가 만을 낳을 수 있는 메커니즘을 구축했다는 것, 그런데 과거에도 이 같은 사실을 몰라서 창조 원리를 인출하지 못한 것은 아니다. 오직 전체자인 하나님이 창조란 차원 벽에 가려져 있다 보니 볼 수 있는 눈이 개안되지 못했다. 만인 통합성은 하나이고 하나로서 만을 이룬 것인데, 세상 안에서는 전체로서만 파악되어 처음부터 전체가 존재한 창조 원리 인출이 불가능하였다.

이처럼 전체가 하나를 만들고 하나가 전체를 만든 것이 창조를 가능하게 한 원리이기는 하지만, 그렇다고 직접적인 원리성의 인출은 아니다. 전체가 있기 때문에 하나가 있고 하나가 있기 때문에 전체가 있다는 것은 당연한 인과성이지만 구체적인 창조 원리와는 무관하다. 하지만 전체와 부분, 혹은 만과 하나는 창조를 실현시킨 원리를 인출할 수 있는 관계식을 성립시킨다. 즉, 하나가 있는 것이 전체가 있기 때문이라는 필연적인 전제 성립은 무엇을 의미하는가? 통합성을 이룬 바탕 본질은 하나 됨이 만을 이루었는데, 하물며 만이 하나를 이루지 못할 것인가? 만 가지를 구유한 통합성이 하나로서 천지를 창조하고 통합성인 하나가 분열하므로 하나가 창조의 本을 이루었다. 따라서 창조는 인식상 無로부터 有를 있게 하였다고 하지만 창조 원리는 이미 일체를 갖춘 전체성을 본뜬 것 자체이다. 전체인 통합성이 구비되어 있는 상태에서 그것을 본뜬 것이 命化를 실현시킨 원리이다. "하나님이 자기 형상 곧 하나님의 형상대로 사람을 창조하시되……"156) 인간의 창조 本이 하나님에게 있다. 하나님이 있기 때문에 하나님을 本으로 인간이 창조되었다. 이처럼 창조 원리를 구축한 원동력은 어떤 정교한 수치와 이론일 것이라고 기대해서는 안 된다. 원동력은 곧 命化 자체이다. 유전 법칙도 그렇게 하여 정해진 법칙이라 정보를 수정하고 재조정할 수 없다. 창조 원리는 본뜸으로

---

156) 창세기 1장 27절.

실현시킨 원리이므로 그 외의 작용력은 첨가할 수 없다. 메인 메커니즘은 命化에 있어 원리성을 인식하는 데는 거리감이 있다. 이런 특성을 감안할 때, 씨가 열매를 맺고 생물이 생식 능력을 가진 것도 창조의 기본 원리를 본뜬 것을 알 수 있다. 통합성인 전체가 하나를 이루고 하나가 분열하여 만상을 이루므로 전체가 하나를 낳은 창조 本이 세계 속에서는 우주적인 질서로서 생성하고 개체 안에서는 생식 기능으로 구축되었다. 그 과정에서 창조가 세상을 이룬 이치와 법칙을 정하였고, 우주 가운데 최상의 것으로 창조하여 우리도 최상의 개체를 유전시키기 위해 노력하고 있다. 통합성인 본질이 창조성으로 내재되어 세계 안에서 영원히 개체를 존속시키는 시스템으로 작동한다. 통합성인 본질이 만물화되었다 해도 본질은 고스란히 존재하므로 하나님의 창조 계획과 뜻한 근본 바탕이 본떠져 세계를 구축한 원리가 되었다. 창조 원리는 창조를 실현함과 함께 사라져 버린 것이 아니다. 만상을 생성시키는 존재 원리로서 내재한다. 그래서 창조 원리는 제반 원리성을 구축한 本이요 세상 원리는 창조 원리를 본뜬 결정체이다. 그 本이 전체가 개체를 낳은 것이고, 삼라만상을 낳은 창조 실현 원리이다. 결국 통합성인 본질이 천지를 창조한 것이라 세상의 변화를 관장한 근원된 본질은 완전태이다. 세계가 절로 생겼다면 원리성이 작동하지 않겠지만, 命化된 과정을 통하여 개체가 전체로부터 창조된 과정을 거친 관계로 개체 역시 개체를 낳을 수 있는 창조 원리를 유전화(본뜸)시키게 되었다. 파일을 복사하는 것처럼 만생이 유전과 생식 기능을 지닌 것이 본뜸의 창조 과정을 여실히 한다. 창조되지 않았으면 결코 획득될 수 없는 생명 기능이다. 창조의 바탕은 통합성이 이룬 본질이고 그러한 전체가 있어 창조될 수 있는 권능을 가진 것인데, 命化의 실현이 이 같은 창조 원리를 성립시켰다. 인간은 하나님의 형상을 본떴다고 하였지만 만물은 그러면 무엇을 본떴는가? 바로 창조를 위해 구비한 통합성 본질을 근거로 했다. 창조 원리가 창조 역사로 구체화되면 그때 세계를 전체로서 판단할 수 있다. 창조 원리는 진리화되고 만물은 전체화된다. 그래서 그동안 세계를 쉽게 판단하지 못한 이유가 드러난다. 창조의 제1 원리로서 전체가 하나를 낳았지만,157) 바탕인 통합성 본질은 세계 위로 한꺼번에 모습을 드러낼 수 없었다는 것이 그것이다.

전체가 개체를 창조한 원리성이 세계 안에서는 어떤 인식 형태로 굴절되는가 하면 개체가 점진적으로 분열하여 전체를 구성하는 방향으로 파악된다는 데 있다. 이런 상태에서는 一이 곧바로 多란 선각의 통찰을 이해하기 어렵다. 그렇다면 개별은 왜 전체를 떠날 수 없는가? 그래서 개별이 전체로부터 비롯되었다는 것은 인정하지만 전체가 존재한 사실은 바로 시인하지 못했다. 하지만 동양의 선현들은 太極으로부터 만물이 生하였다고 하였다. 太極, 곧 전체의 총화가 만물을 있게 하였다. 그렇다면 太極은 어떻게 형성된 것인가? 이것을 세계 안에서는 답하기 어려웠다. 전체가 없는 개체는 있을 수 없는 것인데도 세인들은 끝까지 개체가 모여 전체를 구성한 것으로 생각하였다. 그러나 그것은 정말 우리가 가진 인식상에서 굴절된 질서일 뿐이고, 통합성 본질은 천고 이래로 여여할 뿐이다. 인식상의 한계 때문이고 본체상으로는 하나가 만을 이루고 만이 하나를 이루어 초월된다. 이것은 전체와 부분의 상호 연관성으로 확인할 수 있

---

157) 모든 것이 갖추어지므로 창조 능력을 갖추지 않을 수 없음.

다. 즉, 현 존재는 부분만 드러나 있는 상태인데도 세인들은 그렇게 드러난 부분만 보고 판단한다. 그러나 통합성인 하나(전체)가 만을 낳고 하나가 만을 이룬 창조의 실현 원리를 알았다면 선천의 지성들이 인식상으로 이해하지 못한 영역도 한 차원 높은 단계에서 풀 수 있다. 장재가 본질의 작용 특성을 통해 인식한 원리성을 살펴보면, "乾은 아버지라 칭하고 坤은 어머니라 칭하니 우리들은 天地 사이에 서로 섞여 존재하는 조그만 존재이다. 그러므로 天地의 氣는 나의 몸체를 이루고, 천지의 근원은 나의 性이 된다. 따라서 백성은 나의 동포요 만물은 나의 친구이다."158) 장재가 "천지간에 있는 만물이 동일한 氣化로 생겨난 것이라고 보고 만물은 나의 동포이자 동류로 간주하고, 나의 性은 천지의 性이라고 여긴 것은"159) 만물이 하나인 바탕체로부터 창조되어서이다. 부분은 전체로부터 창조되었고 전체성을 구축한 것이 하나님이 응축시킨 통합성이다. 왕필은 말하길, "하나가 만유를 통괄할 수 있는 까닭은 하나가 만유의 근원이요 본체이며, 만유가 바로 이 하나에서 나왔기 때문이다"라고 하였다.160) 그의 생각을 따르면 이 "하나는 수(數)의 시작이요 만물의 종극이다. 각각 한 사물이 생겨나 이것으로 주체를 삼는다. 만물은 제각기 하나를 얻어서 이루어진 것이며, 이미 이루어지면 곧 자리 잡아 이루어진 것을 버린다. 자리 잡고 이루어지면 모체를 잃게 된다."161) "하나는 개별 사물의 하나가 아니라 전체라는 의미의 하나이며, 道의

---

158) 『장재전서』, 권 1, 서명.
159) 「주자학의 형성에 관한 연구」, 앞의 논문, p.22.
160) 『중국철학개론』, 앞의 책, p.152.
161) 위의 책, p.152.

또 다른 이름이다. 하나인 전체에서 분화되어 만물이 나오기 때문에 하나는 수의 시작이고, 개체는 결국 하나로 돌아가므로 만물의 종극이라고 하였다. 만물은 각각 전체에서 분화되어 제각기 구체적인 자리를 차지하면 모체에서 벗어나고, 하나로부터 떠나게 된다. 곧 하나가 많은 것[萬物을 거느리고 다스린다는 것은 왕필 본체론에 있어서의 대원칙이고",162) 본성에 있어서 창조 실현 원리를 인식한 것이다. 하나가 전체를 이루고 전체가 하나를 이룬 궁극은 인식의 장벽에 부딪히므로 만유의 종극이다. 혹은 전체로부터 하나가 분화되면 그 하나는 전체를 떠나게 된다고 표현하였지만, 이런 본체와의 관계성과 전체와 부분에 대한 인식의 팽팽한 구조상은 전체가 개체를 낳은 창조 원리를 그대로 형태화시켰다. 전체가 만상을 있게 하므로 창조된 만상은 언제나 "부분은 전체가 없이, 전체는 부분이 없이 성립할 수 없다. 각 구성 부분은 단순한 수단이 아니다. 수단인 동시에 목적이다."163) 개체는 나름대로 하나의 완전한 전체로서 창조되었다. 그래서 주자는 통체일태극(통합성)을 설명하면서 "이것을 분명히 체득해 내면 천하의 무수히 많은 조리들이 모두 이것으로부터 나온 것을 알게 된다. 즉, 一理가 만수가 되고, 만수(萬殊)에 一理가 관통하고 있음을 알아낸다"고 하였다.164)

거미는 거미가 살아갈 삶의 방식, 즉 생존을 위한 전체 메커니즘을 갖춘 관계로 처음부터 실을 만들어 거미그물을 건축할 수 있는 구조와 기능을 가지게 되었고, 어떤 기능도 처음부터 완전하게 갖추

---

162) 위의 책, p.152.

163) 『서양철학사』, 쿠르트 프리틀라인 저, 강영계 역, 서광사, 1986, p.313.

164) 『중국철학개론』, 앞의 책, p.269.

지 않고서는 제 기능을 발휘할 수 없다.165) 영국의 너톨(T. Nuttal)이라는 학자는 세포의 모임이 생물의 조직을 만드는 것이 아니라 반대로 조직 전체의 패턴이 세포의 특성을 결정한다고 말했다. 미국의 록펠러 대학교의 바이스(Paul Weiss)도 분자, 유전자, 세포, 생물 전체와 어느 레벨을 취해 보아도 모든 부분은 조직 전체를 움직이도록 하기 위해서 끊임없이 서로가 기능을 조정하며, 이런 기능을 좌우하는 것이야말로 場의 힘이라고 하였다.166) 그것은 전체가 단순히 부분을 통합하는 것이 아니라 하나의 전체적인 시스템이므로 서로 유기적으로 결합되어 있다는 것을 보여 준다. 전체와 부분과의 관계가 인식상으로는 독립되어 있는 것 같지만 전체가 부분을 낳지 않은 상태에서는 상호 관계성이 작용할 수 없다. 우리는 생물과 환경과의 긴밀한 관계를 알고 있다. 어떻게 생물이 환경에 적응할 수 있는지, 그리고 부분인 생명체가 어떻게 전체인 환경의 특성을 알고 존재를 구조화시킬 수 있는지……. 그것은 각 개체가 전체로부터 창조되지 않았다면 성립될 수 없는 유기체적 메커니즘이다. 전체를 보지 못한 현실적 상황에서는 어떻게 부분이 전체에 관한 정보를 알 수 있을까 하고 의아해할 수 있지만 각 개체는 전체로부터 창조되었기 때문에 전체에 관한 메커니즘을 본유하였다. 예를 들어 "개미들은 각각의 일개미와 개미 집단 전체라는 두 차원의 엄격한 구별에 바탕을 둔 빈틈없고 고도로 조직된 사회 구조를 가지고 있다. 비록 각각의 일개미는 어쩌면 오늘날의 마이크로 프로세스 기계에도 못 미치는 매우 제한된 활동 범위를 갖고 있지만, 그러나 개미 집단 전체는 목적

---

165) 『신비한 생물창조 섭리』, 조정일·손기철·성인화 공저, 국민일보사, 1994, p.37, p.48.
166) 『과학과 철학』, 앞의 책, p.119.

과 지성을 확실히 가지고 행동한다. 개미 집단의 집 구조는 다양하고 정교한 공학적 설계를 보여준다. 분명 각각의 개미에게는 그러한 전체를 설계할 수 있는 정신적 개념이 없다."167) 이 부분을 우리는 이해할 수도 설명할 수도 없다. 그런데 창조 원리에 입각하면 의문이 풀린다. 개미는 전체의 부분으로서 창조된 순간 개미라는 개체는 전체라는 메커니즘이 입력되었다. 여기에 동양의 선현들이 말한 본질적 특성인 '一卽多 多卽一'의 각성 원리가 있다. 동양의 전통적인 본체관에 의하면 개인과 우주는 하나이다. 세계가 그 같은 존재 모습으로 창조되었다. 어떻게 일개 단순한 기능을 소유한 일개미가 전체 집단의 목적적인 시스템에 맞는 기능을 원활하게 수행하는가? 현실의 인식 관점으로서는 불가능한 것이지만 하나님은 전체를 일시에 창조하였기 때문에 가능하다. "생명은 하나의 통합적인 현상이다."168) "생명 자체를 어떤 의미에서는 하나의 전체성에 속한 것으로 여겨야 한다."169) 전체가 하나를 창조하였다는 것은 현실적인 관점으로서는 이해가 곤란한 것이지만, 세계와의 관계성을 통하면 창조의 실현 원리가 천지 창조 역사를 증거한다. 순간은 영원과 통하고, 직관된 인식은 우주의 본질성을 묻어 낸다. 본질적인 특성은 창조된 세계 안에서 확인할 수 있으리라.

---

167) 『현대물리학이 발견한 창조주』, 앞의 책, pp.107~108.
168) 위의 책, p.108.
169) 위의 책, p.109.

3. 창조 원리의 인식 형태

통합성을 이룬 전체가 하나를 이루고, 하나를 이룬 전체가 개체들을 창조하므로 창조된 만물은 실체 면에서는 확실한 존재성을 구축하고 있지만 형태적인 면에서는 끊임없는 변화를 이루고, 인식적인 면에서는 구조적으로 한계성에 직면했다. 이런 특성에도 불구하고 지성들의 진리 추구 추세를 살펴볼 때 동양의 선현들은 창조 원리의 작용성을 다행히도 잘 파악하였다. 반면 서양의 지성들은 사고방식의 제한성 때문에 본질의 작용 세계를 보지 못하여 하나가 만을 낳은 창조 원리를 도무지 이해하지 못하였다. 현실적으로는 모든 것이 드러나야 판단이 가능한데, 통합성인 전체가 분열하다 보니 개체와 전체와의 상호 연관성을 확인할 수 있는 철학적, 원리적, 논리적 근거를 찾지 못했다. 예를 들면 다음과 같은 실험이 있다. "미분화의 배아를 가져와서 장래에 신경관으로 성장할 예정인 부분의 세포를 끄집어낸다. 그리고 이것을 장차 안구를 움직이게 하는 반사 신경이 될 부분에 이식시켜 본다. 그런데 이 세포는 본래 소화를 돕는 신경이 될 예정이었는데 새로운 곳에 이식되고 난 뒤에는 반사 신경으로 변했다."[170] 그래서 그들은 일련의 현상들에 대해 어떤 물리적인 힘의 영향인 것으로 이해하지만, 알고 보면 전체가 개체를 낳은 창조의 힘이며, 통합성이 바탕을 이룬 본질적 특성이다. 만은 하나로부터 창조되었기 때문에 하나가 만을 이룬 전체 시스템을 보전할 수 있고, 하나는 만을 창조하기 위해 총력을 동원하였다. 그래서 하나

---

170) 『과학과 철학』, 앞의 책, p.269.

가 만을 창조하는 순간, 만은 하나가 가진 전체자로서의 정보를 함께 보유한 형태를 취했다. 이것을 우리는 인식상 창조를 완전한 역사로 판단하고, 완전하지 않고서는 창조 역사가 실현될 수 없다고 믿었다. 처음부터의 완전함, 그것이 바로 하나님이 실현한 창조 역사의 위대한 힘이다. 처음부터의 완전함이 이미 모든 것을 구유한 전체성이라는 것을 알 때, 인식상 동시 창조를 가능하게 했다. 창조가 통합성에 바탕되고 완전함으로 구축된 이상, 삼라만상은 모든 것이 일시에, 한꺼번에 창조될 수 있었다. 완전한 전체만이 만상을 창조할 수 있고 종류대로 창조할 수 있다. 만물은 전체 속의 일부로 창조되었고 하나인 통합성으로부터 분열되어 나왔나니, 그래서 우리는 혼자가 아니고 우주 속의 나로서 존재한다. 그 속에서 나왔듯 그 속으로 다시 돌아가리라.

그리하여 지금까지는 창조를 실현시킨 본원적 근거를 규명하기 위해 노력하였지만, 이제는 관심을 전환시켜 창조된 세계가 어떻게 결정적인 특성과 구조를 가지고 사물의 본질을 이룬 것인지 논거하리라.

제12장 창조 세계 특성

1. 세계의 생성 메커니즘

만물은 유전하고 세계는 어느 것 하나 머물러 있지 않다. 끊임없이 나타났다가는 사라지고 있는 가운데서도 변화한다. 생성은 말 그대로 온갖 사물이 생겨나고 자라남이며 우주의 살아 있는 운동성이라, 이를 통해 우리는 온갖 현상을 인식할 근거를 찾는다. 아리스토텔레스, 토마스 아퀴나스, 다윈 같은 지성들은 생성하는 세계를 바탕으로 세계관을 펼쳤다. 변화로 드러난 자연의 여러 기능을 최선을 다해 표현하였고, 제창한 이론과 새로운 발견을 통해 우주의 메커니즘을 해명한 것이라고 생각했다. 진리를 모색하여 자신들이 펼친 우주론이야말로 세계 본연의 상태를 묘사한 것이라고 믿었다.171) 그러나 우리는 이 같은 기반 위에서 구축된 인류사가 자기기만의 역사였다는 것을 깨닫게 되리라. 일찍이 이 연구는 본질의 생성성은 모든 존재의 살아 있는 생명성으로서 존재가 존재하고 있는 것을 대표하고, 만물을 존재하게 한 근원된 바탕 운동이라고 하였다. 그렇지만 지성들은 안타깝게도 이런 생성이 어떻게 발생하였고 근원된 본질이 무엇인지에 대해서는 알지 못했다. 그러니까 참상이 아닌 기만의 상이 되어 버렸다. 생명의 이면에 있는 본질의 영원성을 보지 못하였고, 有한 본질에 대해서도 작용성을 밝히지 못하였다. 하지만 이제는 그 근원을 추적할 수 있게 되었고, 생성의 본질이 무엇인지를 한 단계 높은 관점에서 해명하게 되었다. 세계는 과연 어떻게 해서 창조된 것인가? 창조되기까지는 모든 것을 구유한 통합성이 자리 잡았고, 목적과 가치 부여의 과정을 거쳐 완성을 지향하였다는 것을 알게 된 지금은 생성 운동이 절로 일어난 것이 아니라는 것을 알 수 있다. 생성 메커니즘이 창조를 통해 구축된 것이라고 이해하면 그 특성을 꿰뚫을 수 있다. 창조란 무엇인가? 이전에는 없었는데 있게 하였고, 이후부터는 그런 있음 상태를 유지시키기 위해 생성 운동으로 나타났다. 생성 메커니즘은 창조 역사로 구축된 존재 유지 체제이다. 이 모든 것이 사전에 이룬 준비 작업을 통해 구축된 결과라는 것을 우리는 '창조 원동력' 장을 통해 알고 있다. 어떻게 세계는 생성력을 가졌고, 이것이 존재를 뒷받침하였는가? 구족한 통합성이 세계를 유지하기 위해 생성력을 제공한 것이다. 구축된 통합성이 분열하므로 만상도 생성할 에너지를 확보하였고, 진리도 이로부터 인출

---

171) 『엔트로피(Ⅱ)』, 제레미 리프킨 저, 김용정 역, 안산미디어, 1996, p.193.

되었다. 그리고 이런 분열적인 경과를 통해 생성하는 세계가 시간을 가졌다. 하나님이 命하므로 통합성은 창조 목적을 구현하기 위해 분열하게 되고, 분열 중인 한 곧바로 목적 실현이 안 되므로 연결 고리로서 시간이 생성되었다. 그러므로 우리가 접하는 시공은 생성하는 본질적 공간으로서 통합성이 분열하는 힘으로 존재한 것이다. 통합성으로부터 분출된 氣의 에너지를 운동하는 형태로 인식하였다. 그렇기 때문에 우리는 반드시 생성한 경과를 파악함으로써만 세계의 근원된 본질을 파악할 수 있다. 만상의 변화가 통합성의 분열로부터 일어났고, 그것은 곧 만상을 지탱시키는 운동이다. 자못 自化 시스템으로 착각하기도 하였지만, 통합성의 분열 운동이라는 것을 알면 이 연구가 왜 선천의 지성들이 펼친 우주론이 기만이었다고 한 것인지 이해할 수 있다. 하나님이 통합성을 바탕으로 세계를 영원히 有한 존재 체제로 구축하였으니, 그것이 곧 창조 역사의 구체적 실상이다. 모든 가능성을 가진 권능은 창조력을 말하는 것이고, 창조력은 통합성에서 비롯되었다.

세계는 생성하여 존재 체제를 유지하고, 유지하기 위해서 결코 소멸할 수 없는 시스템을 구축했다. 세계가 영원히 지속될 수 있도록……. 통합성은 원인과 결과가 함께하여 시작과 끝이 없고 운동 형태도 순환을 통해 끝이 없다. 이것을 두고 동양에서는 음양 동정한다고도 하였지만, 창조력에다 초점을 맞추면 통합이 분열을 낳고 분열은 통합을 이루는 주기를 가짐과 함께 분출력이 끝이 없다. 영원한 생성이 그대로 세계를 영원하게 한 근간이다. 여기에 창조의 대본질이 있다. 창조가 완전한 것은 영원한 생성 시스템을 통합성을 바탕으로 구축한 데 있다. 이것이 세계 안에서 현상의 분열적 특성으로 드러났다. 그래서 개체들이 설사 목적성을 지각하지 못하더라도 생성 방향은 완성을 지향하였다. 동식물의 생태 적응 현상과 인지 능력은 창조가 이룬 규정성이다. 창조는 이미 갖춘 시스템이고, 법칙은 이미 결정된 질서 구축 체제이다. 구유된 통합성이 분열하여 이룬 것이고, 이것이 존재를 유지하는 생성 시스템으로서 작동한 것이다. 통합성의 분열 경과로 제 현상이 나타났다. 세계의 전진 이유, 완전함을 향한 지향성, 성장 등은 모두 통합성이 이룬 특성이다. 경과 없는 세계에로의 열망은 없고, 경과 없는 세계적 차원은 도래할 수 없다. 통합성은 생성을 낳고 생성은 분열하여 세계를 구성한다. 세상을 둘러보라. 씨앗은 뿌렸다고 해서 즉각 움 트지 않는다. 기다려야 꽃도 피고 열매도 맺는다. 일체 결과를 낳은 바탕이 곧 통합성이 이룬 생성에 있다. 시간도 공간도 존재도 어떤 현상적인 결과도 그것은 창조되었기 때문에 주어진 결과성일 뿐이다.

2. 창조 세계 구조

스톤헨지는 영국 윌트셔 주(州)의 솔즈버리 평원에 있는 고대의 거석 기념물이다. 영국의 에브멜리, 프랑스의 엘라니크의 것과 더불어 장대한 규모의 스톤서클[環狀列石]의 유구(遺構)가 있는 것으로 유명하다.172) 자연적으로 세워진 것은 분명 아닐진대, 고대의 태양 신앙과 결부된 어떤 제단 같기도 하지만 자세한 것은 추측에 불과하다. 그런데도 학자들은 거석들이 놓인 상태와 전체적인 구조를 통해

---

172) 『동아세계대백과사전』, 18권, 동아출판사백과사전연구서 편자, 동아출판사, 1995, 스톤헨지 편.

고대인들이 우주를 관찰한 천문대 구실을 한 것이란 결론을 내렸다. 돌을 그렇게 배열한 목적은 바로 우주의 운행 질서를 반영시킨 것이다. 이처럼 세상에 있는 존재물들은 그것이 조형물이든 사물이든 생명체이든 나름대로 목적을 가진 구조물로서 거시 세계와 미시 세계로 눈을 돌릴수록 엄밀한 구조를 갖추고 있다는 것을 확인한다. 관찰과 분석력을 돕는 첨단 기구들이 발달할수록 존재는 그냥 생긴 것이 아니라는 것을 실감한다. 이처럼 세계가 어떻게 생긴 것인가 하는 것은 존재한 구조를 보면 어느 정도 판단할 수 있다. 구조는 바로 창조의 비밀을 밝히는 열쇠이다. 구축된 구조는 다방면에 걸쳐 존재한 방식을 밝혀 주는 실마리를 제공한다. 바로 이 실마리를 붙잡으면 발원된 창조 기원을 추적할 수 있다. 제 현상들도 실재성을 판단하는 통로이기는 하지만, 구조는 현상보다 더 심원한 비밀을 내포하였다. 존재한 결정 구조는 과연 최초에 어떻게 형성된 것인가? 구조는 설계되고 계획된 것으로서 "어떤 존재물의 전체를 이룬 부분들의 서로 짜인 관계나 체계"를 의미하는데,[173] 여기에 목적성을 개입시키면 구조에 걸맞은 근거를 인출할 수 있다. 어떤 경우에도 존재가 구조를 가진 것은 사전 계획성을 내포한 것이므로 결국 천지가 창조된 것을 증거한다. 통합성인 본질이 근본을 형성하는 과정에서 하나님이 뜻한 목적이 창조의 총체적인 구조를 결정하였다. 그렇기 때문에 우리는 주어진 구조를 통하면 하나님이 이루고자 한 뜻을 엿보고 창조된 실 가닥을 추적할 수 있다. 하지만 안타깝게도 개개 사물의 구조는 어느 정도 파악한 실정인데 세계의 구조는 곧바로 드러나지

---

173) 『동아 새국어사전』, 동아출판사, 1995, 구조 편.

않는 문제가 있다. 그러니까 피상적으로 판단할 수밖에 없는데, 이 연구가 본의를 자각함과 함께 근거를 확보하였다. 존재 이면에 바탕된 본질이 있다는 것을 확인하였다. 그리하여 이 연구가 본질의 작용 특성을 규명하는 과정에서 얻은 결론은 만상의 바탕 근거인 본질은 무형의 形而上學적인 실체로서 구조가 동일하다는 사실이다. 만상이 외형적으로는 만 가지 형태를 지녔지만 바탕된 본질은 구조가 동일하다는 사실을 통해서 세계가 한 근원으로부터 비롯되었다는 것을 알았다. 본질화에 기반을 둔 세계 구조가 밝혀진 것은 곧바로 창조 문제와 직결된다. 만상은 무형인 원리와 의지와 목적을 통해 창조되었다. 불교에서 말한 色과 空과의 관계성은 삼라만상이 필연적으로 본질과 연관된 것을 시사한다. 『화엄경』을 연구한 지식인들은 현대 물리학의 여러 모델들과 유사한 점들을 발견하고 놀라움을 표하였다. 이것은 세계가 본질적인 작용으로 인해 비롯된 것을 몰라서일 뿐, 물리 세계는 본질과 통하며, 본질은 물질의 바탕 근거이다. 세계 본질의 구조적인 일치성을 의미한다. 본질과 세계, 空과 色이 시사하는 구조는 창조된 실상 자체이다. 어떻게 생명을 화학과 물리 법칙만으로 설명할 수 있겠는가? 생명체는 물질적인 요소로 뒷받침되기 이전에 본질이 결정한 구조 위에 있다는 사실을 알아야 한다. 선행된 역사를 알아야 하는데, 모르니까 물질과 정신을 분리시켰다 (물심이원론). 양서류와 어류는 모습이 비슷하므로 충분히 양서류가 어류로부터 진화했다고 할 만하다.[174] 생물 기관의 상동 구조는 다분히 진화적으로 해석할 수 있다. 현재의 생물들은 먼 옛날 하나인

---

174) 단세포가 장기간에 걸쳐서 어류, 양서류, 파충류, 조류, 포유류, 영장류로 진화했다고 함.

공통 조상으로부터 서서히 진화되어 다양하게 되었다는 것이 진화론의 요점이다. 양서류는 어떻게 수백 만 년 동안 어류로부터 진화의 방향성을 지속시켰는가? 갖춘 존재 체계를 유지시키는 데 급급한데 말이다. 어류와 양서류가 비슷하다는 점은 또 다른 각도에서 이해할 수 있다. 변화만으로 비슷함을 설명할 수 있는 것은 결코 아니다. 온갖 변화는 창조된 과정에서 주어진 메커니즘에 따른 차이일수 있고, 비슷함도 사정은 마찬가지이다. 종은 원류를 추적할진대왜 비슷하게 가지를 늘어뜨린 것처럼 보이는가? 닮은 구조인가? 바로 창조 시 하나인 통합성 바탕으로부터 생성된 탓이다. 그래서 만물 구조의 동일성을 바탕된 본질 속에서 찾을 수 있고, 접한 의식으로 확인할 수도 있다. 세계 구조가 동일하기 때문에 우리는 그렇게존재한 본질을 추적해서 일치시키고 합일할 수 있다.

그렇다면 과연 한 근원으로부터 창조된 세계는 어떻게 만상을 구축한 엄밀한 구조를 형성할 수 있었는가? 그것은 창조를 위해 구축한 통합성 바탕에 하나님의 뜻이 더해짐으로써 정밀하게 구조화되었다고 할 수 있다. 그것은 분열의 지향 방향이기도 하고 창조 계획의 구체화 과정이기도 하다. 구조는 창조 목적의 총체성을 반영한고차원적 설계도이다. 한 치의 어긋남도 없는 완벽함과 완전성이 분열로서 드러난다. 이런 세계적 기반을 이룬 구조적 모습을 통하여우리는 무엇을 판단할 수 있는가? 구조가 정밀하고 결정적인 것은판단할 수 있지만 창조 문제는? 존재는 구조를 가지고, 구조는 기능작용의 구심체가 되며, 기능은 목적을 가지고 작용한다. 자연의 체계는 고도의 계층적인 구조를 이루고 또한 유기적인 총체성을 이룬다.175) 존재는 법칙과 결정 구조를 따른 엄밀한 시스템으로 존재한다. 구조는 발생함과 동시에 완비된 사실을 통해 창조된 근거를 찾을 수 있다. 이것은 건축물을 짓기 위해 그린 설계도와도 비교할 수 있다. 옛날에는 전기관 등이 외장되어 있어 완공하고 나서도 잘못된 곳은 뜯어 고칠 수 있었지만, 내장된 지금은 어려움이 있다. 외장된 건물을 진화라 하고 내장된 건물을 창조라고 해 보자. 그리고 사물의 구조와 비교해 보자. 과연 결정된 구조가 계속 뜯어 고쳐서 형성된 것인지(진화), 처음부터 통체로 구조화된 것인지(창조)? 뜯어 고친 것이라면 구조 변경 흔적이 있는 것인지 살펴볼 필요가 있다. 처음에는 없었는데 필요성이 생겨 물고기가 부레를 만들고 인간 뇌의 용량이 커진 것인가? 본래는 방이 2개인데 식구가 늘어 고친 흔적이 있는가? 그런 흔적은 어디서도 발견할 수 없다. 처음 설계된 전체적, 통체적인 설계도면과 일치한다. 어떻게 이런 일이 가능한가? 바로 천지가 사전에 완비되어 창조된 탓이다. 본질은 본래 구조가 없는 것이지만 통합본질이 창조 목적을 반영시켜 구성되었다. 그렇기 때문에 존재한 구조의 통합성을 통하면 하나님이 이룬 천지 창조 역사의 완전성과 사전 계획성을 확인할 수 있다.

3. 창조 대상의 특징

4세기에 쓰인 아우구스티누스의 『고백록』에는 이런 말이 있다. "창조 전에 무엇이 있었는가에 대한 질문은 무의미하다. 왜냐하면

---

175) "모든 사물은 같은 물질을 공유하며, 동물이나 식물에서와 마찬가지로 광물에서도 그와 똑같은 화학 구성물을 가질 수 있다."-『철학과 물리학과의 만남』, W. 하이젠베르그 저, 최종덕 역, 한겨레, 1994, p.101.

神은 세계와 함께 시간을 창조했기 때문이다. 다시 말하면 창조 전에는 시간이 존재하지 않았다. 따라서 창조 전에 무엇이 있었느냐는 질문은 무의미하다."176) 시간도 창조 때문에 생겨난 대상이다 보니 아우구스티누스의 창조에 대한 믿음과 논리적 근거는 진실에 근접하였다. 그렇지만 시간이 정말 창조된 것을 확인할 수 있는 것은 무엇인가? 믿음만일 뿐, 더 이상의 증거 방도는 없다. 그러니까 창조된 대상의 특성도 비교할 대상이 없어 두각을 드러낼 수 없었다. 동양의 선현들이 인식한 道도 천지를 있게 한 바탕 본질이라는 것을 모른 상태에서는 가치를 알 수 없었듯, 창조된 대상도 창조의 근원을 밝혀야 원인을 알 수 있다. 삼라만상도 창조된 대상인 것을 확인할수 있는 것은 바로 천지가 통합성인 본질로부터 비롯되었다는 사실을 통해서이다. 물질이든 생명이든 정신이든 시공이든 창조된 대상은 예외 없이 통합성으로부터 분열한 특성을 지니며, 분열성은 천지가 창조된 것을 증거하는 공통의 근거이다. 통합성의 분열 요인은 그대로 만상의 변화와 존재한 특성을 결정한다. 존재 형성의 전적인 근거는 창조에 있는데, 분열은 생성을 낳고 생성은 뭇 존재를 유지시켰다. 생성은 『주역』에서 말한 易의 원천이다. 易은 생성과 변화를 뜻하고, 만물이 변할 수밖에 없는 근거이다. 바탕된 본질이 분열을 주도하므로 삼라만상은 한시라도 머물러 있을 수 없다. 분열을 통해 완성을 지향한다. 통합성이 창조된 대상에게 영향을 미친 것은 생성으로 이룬 사물의 변화 전체이다. 분열을 통해 삼라만상이 존재한 것인데, 변화한 작용 원인을 몰라 종이 점진적으로 진화하고, 혹

---

176) 『아인슈타인의 세계』, 앞의 책, p.82.

은 일정한 방향으로서의 진행으로 보고 곡해하였다. 통합성으로부터의 분열은 다함이 없어 영원히 순환한다. 물리 공간 속에서 높은 속도가 되었을 때 시간의 흐름이 변한다면 그것은 창조의 산물이고, 우리가 확실하게 인식하는 물질도 여러 가지 화학적인 반응을 일으키는 창조 대상이다. 하지만 바탕된 본질은 형태적인 변화와 물리적인 작용력을 초월해 있다. 불교에서 상주란 "시간에 따라 아무 변화도 받지 않는 不生不滅, 不增不滅의 실재인데, 여기서 실재에 대한 정의는 탄생도 종말도 없으며, 시간에 구애됨이 없이 아무런 변화도 받지 않는 것"을 말한다.[177] 만물을 창생시킨 바탕 본질은 분열하지만 본질 자체가 변한 것은 없다. 반면 운동은 끊임없는 것이고 능히 창조로 실현된 시스템이다. 유물론자들은 "세상 만물이 운동, 변화, 발전하는 것은 그 기초에 서로 대립하는 힘들의 투쟁이 놓여 있다"고 하였는데,[178] 이것은 창조된 대상이 갖춘 특질로서 본질의 작용 특성과 다르다. 사물의 변화 현상 이면에는 본질이 있다.

그러므로 통합성의 분열은 하나인 전체가 만을 이룬 근거이고, 분열 요인은 창조된 바탕 본질 속에 함유되어 있다. 세계가 영원한 것은 영원한 본질성에 근거했기 때문이고, 이런 특성을 결정한 것이 곧 통합성의 분열이다. 만상은 변화하더라도 근본은 불변한데, 이것은 통합성이 강력하게 창조된 특성을 유지할 수 있도록 한 탓이다. 그래서 돌은 돌이 될 수 있고 나무는 나무로서 특성을 지속한다. 사물은 오로지 사물을 구성하는 유사한 것들만 혼합시키고 분리시키면서 생성하고 소멸한다. 연금술사들이 맞이한 결과처럼 "물이 돌

---

177) 『과학시대의 불교』, 앞의 책, p.39.
178) 『철학 다이제스트』, 철학연구회 정리, 일송정, 1989, p.25.

항아리 안에서 수억 년 동안 보존되더라도 포도주로는 변할 수 없다."[179] 이것은 세계의 인과론적인 결정성에도 영향을 미친다. 원인에 대한 결과는 결정된 통합성이 분열하여 원인을 필연화시킨다. 세계의 철칙인 인과관계는 통합성의 분열이 근본적인 요인으로 작용했다. 천지를 필연적인 법칙 아래 두었다. 통합성의 분열은 과정을 따라 실질적으로 온갖 존재의 기반을 다지고 만상이 유기체적인 생명성을 지니도록 한다. 인지한바 道의 생성 능력은 천지가 창조된 관계로 감지하고, 영원성을 보장한다. 통합성은 만상이 벗어날 수 없는 결정성을 구축하며, 세계가 영원히 有한 본질을 획득하게 한다. 분열 운동을 순환시켜 영원히 생성할 수 있게 하였다. 영원한 생명성은 통합성 본질이 영원한 하나님에 근거한 탓이다. 영원히 有한 본질로부터 영원히 有한 창조적 특성을 부여받았는데, 그 有가 갈 곳은 어디겠는가? 영원히 有한 본성을 이을 수밖에 없다. 존재를 유지할 수 있는 일체 작용 시스템을 부여받았다. "생명체의 유전 물질은 어떻게 불변인 채로 유지되는가? 유전 물질은 어떻게, 그리고 충실하게 자체를 재생산할 수 있는가?"[180] 에너지는 만들어질 수도 파괴될 수도 없는 열역학 제1 법칙을 성립시키는가? 생명은 오직 생명에서만 발생될 수 있다고 한 파스퇴르의 실험과, 효소는 오직 다른 효소에서만 만들어질 수 있다는 사실, 원자는 영원하고 파괴되지 않는다는 자연 과학적 사실들은 무엇을 의미하는가? 예외 없이 특질을 드러내었고 철칙을 고수하였다는 것은 통합성의 분열이 만상을 생성하게 한 존재 유지 시스템 탓이다. 여기서 한 가지 구분할 것은 세

---

179) 『성경적 창조론』, 앞의 책, p.24.
180) 『생명이란 무엇인가』, 앞의 책, p.154.

상에 드러난 특성으로 어떻게 창조된 사실을 알지 못했는가 하는 것이다. 그 이유는 無로부터 有한 창조 역사에 대한 인식의 경계가 불분명한 탓이다. 인식 작용은 대상이 분열했을 때만 성립되는 것이므로 이전의 작용 상태는 파악할 수 없다. 사물과 인식은 생성할 때 동일한 경과와 질서를 따른다는 점에서 인식의 경계선은 그대로 창조된 분열 특성을 대변한다. 세계가 가진 특성은 하나님이 이룬 위대한 창조 역사의 결과라는 사실을 알아야 이후 존재·사물의 본질성을 판단할 수 있다.

4. 존재·사물의 본질

존재란? 사물의 본질이란? 이 같은 물음은 우리가 직접 확인한 현실적 특성을 반영하면 정의내릴 수 있을 것처럼 보이지만, 막상 뚜껑을 열고 보면 그 깊이가 끝이 없다. 핵심 본질을 밝히기까지는 진리가 무엇인지에 대한 주장들이 분분했던 것처럼 존재·사물의 본질은 복잡성 문제까지 해결해야 한다. 땅이 굳어야 물이 고이듯, 근본적인 문제부터 해결해야 한다는 말이다. 당장은 인식한다는 것이 어떤 경로를 통하는 것인지 알아야 하고, 기원을 추적해야 존재한 본질 문제를 거론할 수 있다. 인식상에 문제가 있어 어떤 노력에도 불구하고 진상에 접근하기가 어려웠다. 존재에 대한 인식의 위치는 바로 존재에 따른 구조를 파악하는 데 있다. 사실 존재와 인식은 동일한 구조이고 질서성의 반영이기는 하지만, 그것은 존재가 아닌 인식이 지닌 특성의 반영이기도 하다. 사물에 대해 인식의 분열성이 지닌 제한성에 대해서는 누차 지적하였지만, 인식이 지닌 작용성을 파악하지 못한 상태에서는 진상을 볼 수 없는 문제가 있다. 또한 본질은 시원의 문제와도 연관이 있어 존재가 자체로서는 본질을 드러내지 못했다. 보다 선행된 핵심 본질을 밝혀야 조망할 수 있다.[181] 서양의 철인들도 존재에 대해 시대를 초월해 사색하고 중대한 진리 탐구 영역으로서 맥을 이루었지만 본질을 규명하는 것은 차원적이라 합당한 관점을 확보해야 했다. 이런 문제를 해결한다면 본질의 정의는 한마디로 족하다. 존재가 세계의 근원적인 문제와 직결된 것은 무엇을 시사하는가? 인류는 존재의 본질을 보기 위해서 얼마나 깊이 있는 웅덩이를 팠는가? 천지가 창조된 것이라면 지금까지 논한 존재에 관한 정의들은 어떻게 되는가? 문제성을 착안이라도 했던가? 창조적 관점에서는 존재를 어떻게 정의내릴 것인가? 지성들은 존재의 본질을 규명할 눈높이를 확보하였는가? 존재의 學은 온갖 미로를 헤쳐 나가는 탐험과도 같다. 확보한 정보를 최대한 활용하여 진척시켜 보지만 세계 안에서 찾을 것을 기대할 수는 없다. 차원성에 가로막혀 있다. 그래도 존재가 지닌 것은 결국 창조가 지닌 문제에 해당된다는 것 정도는 인지할 수 있다. 존재하는 사물에는 법칙이 있어 법칙이 어떤 것이든 양단간에는 이유가 있다. 이것을 알고자 한 것이 진리 추구 목적이다. 사물은 알고 보면 상상을 초월할 정도로 신비한데 도대체 어떻게 생겨난 것인가? 결국 창조와 연관된다. 그곳에 구하고자 한 방향타가 있다. 그래서 확보해야 하는 것이 곧 주어진 법칙성을 종합하여 관점을 확보하는 것이다. 그리하면 일관된 관점으로 천차만별한 존재를 꿰뚫을 수 있다. 존재를 구성한 원리, 물

---

181) 본질은 선재된 근원이 먼저 밝혀져야 함. 그런데 현실적으로 그것은 사실상 불가능했음. 시간을 역류할 수 없는 바에야…….

리적인 법칙, 세상 이치가 한결같이 본질에 바탕된 것이다. 세계는 결코 기계적이지 않다. 무궁한 본질성에 바탕되었다. 물리학자들이 발견한 이론들이 지식의 첨단을 섭취한 것인 양 사상계에 영향을 미치지만, 물리 법칙은 존재의 본질을 규정한 결정성 안에 있다.

그렇다면 하나님이 천지를 창조한 관점은 존재한 본질의 차원적인 깊이를 캐내는 데 있어서 어떤 역할을 하는가? 왜 우리가 존재하기도 전에 천지가 존재하였고, 이해하기도 전에 엄밀한 법칙성을 구축하였는가? 발견한 사실들이 하나님이 창조한 有한 세계상 안에 속해 있다는 것을 알 때, 존재의 본질 문제도 예외는 없다. 신앙인들은 이런 조건을 들어 흔히 피조체라고 했다. 만상은 주어진 것일 뿐 주도성이 없다. 이치와 원리는 있지만 존재가 창조된 것이라면 본질역시 창조를 통해 구해야 한다. 그래서 존재란 바로 창조력이 집약된 결정체란 것을 알 수 있다. 통상 존재는 어떤 고정된 실체이거나 사물이라고 생각하기 쉽지만 이런 특성을 형성한 것이 창조일진대, 존재·사물의 본질은 파악하기 곤란한 形而上學적 문제이다. 그리스 철학에서 제기된 최초의 원질에 대한 물음은 존재·사물이 무언가를 향한 발전의 상태에 있다는 사실을 간파한 것이다. 이전에는 플라톤의 이데아설이나 아리스토텔레스의 형상·질료에 대한 개념을 이해하기 어려웠지만 통합성 본질이 관여된 사실을 알 때, "이데아가 왜 사물의 원형이고 전형이며, 객관화된 유(類)개념, 곧 실재의 본질"인지 알 수 있다.[182] 이데아는 창조를 실현한 바탕 본질로서 비물체적, 비공간적이며, 어떤 감각 성질도 가지지 않고 불변, 영원

---

182) 『서양철학사』, 앞의 책, p.110.

하다. 하지만 이데아만으로는 존재를 구성할 수 없어 아리스토텔레스는 이데아를 형상(eidos)으로 대치시키고 자기 자신을(사물의 목적을) 실현시키는 운동인으로 풀이하였다. 나아가 "사물을 형성하기 위해서는 형상 외에 재료 또는 질료가 필연적이라고 보고 질료는 모든 것에 대하여 순수한 가능태로서, 그것으로부터 모든 것이 생길 수 있는 공허한 기체"라고 정의하였다.[183] 이것은 창조를 실현하기 위한 가능태로서의 통합성, 곧 命化 역사 이전의 준비 상태를 말하고, 형상과 질료는 항상 불가분리 한 "상호, 그리고 서로를 통하여 어떤 것도 다른 것 없이는 존재하지 못한다."[184] 세계의 참다운 존재자는 질료와 형상으로부터 형성된 실재하는 사물이다. 이것은 현실 자체의 실체성이다. 즉, "형상은 스스로 성립하지 않으며 순수한 최고의 능동태, 또는 활동으로서, 이것에 의하여 사물이 현상으로 나타난다. 그리고 형태를 갖춘 질료가 실재를 소유할 때 개물이 된다."[185] 형상이 질료를 자기 것으로 만들어 움직이게 하고 형태를 부여하여 개물을 형성한다. 마치 형상이 개물을 창조한 능동적 창조자인 것처럼 묘사하였지만, 실상은 하나님이 창조를 위해 마련한 사전 준비 과정이다. 단지 그동안 개물을 창조와 연결시킬 수 있는 命化적 매개체가 없다 보니 본질 개념을 파악하지 못하였는데, 형상을 창조를 위한 하나님의 선재된 뜻과 목적과 의지 작용으로, 질료를 창조를 실현하기 위한 통합성 본질로 놓고 본다면 진의를 알 수 있다. "형상은 사물 안에서 작용하는 원리로서 사물의 본질이나 사물

---

183) 위의 책, p.78.
184) 위의 책, p.116.
185) 위의 책, pp.78~79.

자체는 아니다. 사물을 형성하기 위해서는 형상 외에도 재료 또는 질료가 필요한데, 형상이 없으면 사물이 존재할 수 없는 것처럼 질료 역시 없으면 불가능하다."[186] 여기서 창조를 실현하는 선재 조건의 성립, 즉 창조를 위한 뜻과 질료를 뒷받침한 본질이 아리스토텔레스의 창조 공식에도 적용된다. 그렇기 때문에 만일 형상이 사물에 있어서 운동성을 부여한 원리라면 질료는 움직이지 않는 원리이고, 질료가 없으면 형상이 현상으로 나타날 수 없듯, 형상이 없으면 질료도 현상으로 나타날 수 없다. 형상과 질료는 현존하는 존재·사물을 있게 한 바탕, 즉 존재·사물의 본질을 구축한 "순수한 가능성 내지 잠재성인 가능태(Dynamis)이다."[187] 질료는 하등 실재적인 것이 아니라는 것, 그래서 질료는 존재·사물의 바탕인 것을 확증한다. 존재·사물의 본질을 규명하는 것이 물질적인 특성이 아니고 形而上學적인 규명 문제가 된 이유이다. 존재가 본질에 근거하다 보니까 지성들은 좀체 존재에 대해 근접된 대답을 할 수 없었다. 존재는 사전에 마련된 거대한 통합체로부터 생성되었다.

본질적인 관점에서의 존재란 과연 무엇인가? 지적한 대로 이미 창조되고 존재하여 형성된 결정체 외에 아무것도 아니다. 본질이 생성하여 이룬 결정체로서, 세계도 이미 有함이고 이미 창조된 사실에 대한 결과성을 뒷받침한다. 그 진정한 의미는 과거에 결정된 것이 아니고 아직 분열을 완료하지 못한 미래의 통합성이 현재의 유효한 존재 상태를 구속해서 결정지었다는 것, 현 존재를 존재이도록 한 것이 통합성의 분열 과정이고 생성력이다. 그렇기 때문에 세계의 제

---

186) 위의 책, p.78.
187) 위의 책, p.116.

존재는 有한 본질의 구성체로서 영원히 존속한다. 끊임없이 분열하여 어느 한곳에도 머물러 있지 않다. 파르메니데스는 존재를 오직 하나의 처음도 끝도 없는 불변, 부동, 불가분의 실재라고 하였다. 존재가 창조의 결정적 인자라는 것을 확인할 수 있는 것은 세상 이법과 원리성이 존재·사물을 구축한 호위병 역할을 하고 있다는 사실을 통해서이다. 본질은 영원한 것이고 존재는 이 같은 본질로 이루어졌다는 것을 알 때, 이 연구는 드디어 하나님이 태초에 이룬 천지 창조 역사를 증거할 수 있는 인식적 근거와 원리적 바탕을 마련하였다. 창조로 결정되었기 때문에 존재가 존재일 수 있다는 것, 그런데 그 결정성은 완료된 것이 아니고 분열 중인 상태라 만상이 필연적인 인과법칙으로 존재하고, 세계 안에서 영원한 지속성을 보장받게 되었다. 이를 바탕으로 이 연구는 바야흐로 창조 역사의 대본의에 입각하여 실질적인 문제들을 판단하고 본의와 어긋난 실상들은 비판할 수 있게 되었다. 그 주요 대상이 곧 진화론, 유물론, 무신론이란 3대 극복 과제이다. 하나님의 지상 강림 본체를 증거하고자 한 이 연구의 저술 역정은 끝나지 않았으니, 본의를 자각한 만큼 숙원인 인류의 정신적 고뇌를 풀기 위해 길을 출발하리라.

Chapter 03

조물론 본론

창조 역사의 특성을 요약하면 본체적, 초월적, 차원성이 뒷받침된 역사라 할 수 있고, 절대 본체의 창조 본체로의 이행 과정에서 萬化의 기반을 마련하였다. 이것이 일찍이 선천에서는 보지도 듣지도 못한 하나님의 존재 본체에 근거한 사전 창조 역사이고, 단계적 절차에 따른 창조 과정이다. 창조 세계에서의 모든 이유와 원인과 원리와 법칙을 결정하고 발원시킨 역사이다. 선현들이 道, 太極, 空, 理, 이데아, 一圓相, 無盡本, 形而上學으로 접근했던 본체 작용 역사이다.

- 본문 중에서

제3장 개관(창조의 제1 능동인)

「조물론 원론」은 하나님의 천지 창조 역사를 증거하는 문제에 대해 제일 핵심인 창조 실행 원동력을 밝힘으로써 동양창조론이 천지 창조 역사론을 완성할 수 있는 기초를 다졌다. 그리고 이제 펼치고자 하는 본론 영역인 창조 역사의 대원동력 확인 작업은 앞선 개설에서 지침한바 창조 이전에 이룬 사전 창조 역사의 증거 일환으로서, 하나님이 주관한 창조 권능인 작용력과 역사성과 존재성을 구체적으로 부각시키고자 한다. 이것이 원론과의 차이이자 업그레이드된 통찰 관점이다. 원론은 앞선 창조 역사가 어떻게 이루어진 것인지를 밝힌 것이라면 본론은 그렇게 이룬 주체자가 바로 하나님이라는 것을 확인시키고자 한다. 그동안 이룬 어떤 논거에도 불구하고 사전 창조 역사만큼 창조 역사가 하나님이 이룬 권능적인 역사라는 것을 증거할 사례는 없다. 이것은 하나님이 천지를 지은 창조주란 사실을 넘어 일련의 역사가 어떻게 실현되었는가 하는 사실까지 증거한다. 창조의 원동력을 밝히는 것은 태초 이전부터 존재한 하나님이 이룬 고유 작업이고 주관적인 영역에 속한 절대 지혜로서 세상 누구도 엿보지 못한 비밀에 속한 문제인데 어떻게 이 연구가 논거하고자 하는가? 하나님으로부터 세세한 인도와 계시를 받들었다는 증언만으로는 객관적이지 못하다. 그럼에도 불구하고 '본질로부터의 창조'를 증거하였으니, 이것은 기독교가 내세운 無로부터의 창조를 전격 배격하고 하나님이 갖춘 몸된 본체로부터의 창조론(단일론)을 펼친 것이다. 창조와 무관하게 존재한 하나님이 천지를 창조할 뜻을 가지고 자체 지닌 절대 본체를 창조 본체, 존재 본체로 이행시킨 과정에서 천지 만물을 화생시켰기 때문에 하나님은 고유한 불변성을 유지하면서도 만상의 본질을 결정할 수 있었다. 이런 이행 본질을 만상은 창조된 근거로 간직하였고, 이것을 동서의 지성들이 道 내지 形而上學적인 진리로서 각인하였다. 하나님이 몸된 본체를 근거로 한 관계로 이런 역사 과정을 주관한 세계 안에서 하나님은 전지, 전능, 전재할 수 있었다. 본의를 파악할진대 절대 주관적인 창조 역사를 통찰할 수 있다. 동양본체론에서 말한 太極은 곧 얼굴 없는 하나님의 창조 본체이라(無極=절대 본체), 이 太極 본체를 통하면 하나님이 창조 이전부터 주도적으로 이룬 사전 창조 역사까지도 작용성을 추적할 수 있다. 이런 과제를 해결한 것이『본질로부터의 창조』이다. 하나님이 창조 역사를 이끈 것을 증거하고, 하나님의 주도적 역사인 것을 입증한다. 하나님이 본유한 본질이기 때문에 본질을 통하면 하나님이 이룬 일체의 창조 지혜, 원리, 비밀, 뜻을 구할 수 있다. 太極 본체는 곧 하나님의 몸된 본체이므로 창조 역사의 대본의, 곧 창조를 이룬 작용 원리를 밝힐 수 있다. 이것이 하나님의 사전 창조 역사를 증거하는 제1의 방법이다. 진리의 성령으로서 역사한 만큼 하나님이 직접 밝히는 것과 동일한 결과이다. 동양의 선현들은 太極 본체 속에 창조 비밀이 숨어 있다는 것을 알고 진리로서 각성하였는데, 그것은 정말 얼굴 없는 하나님의 본체이다. 주돈이는 "우주 만물의 존재를 만물→오행→음양→太極→無極의 일직선으로 연계된 구조적인 것으로 파악하여, 無極을 중심으로 하는 일원론적인 세계관을 펼쳤는데",[1] 이것이 어떻게 해서 하나님의 몸된 본체를 만물화로 이행시킨 창조 과정에 대한 파악인가 하는 것은 차후에 증거하리라. 太極론이 無極으로부터 오행에 이르기까지 이행된 과정을 거치면서도 일원론적인 세계관을 지킨 것은 기독교가 신앙한 유일 신관과도 같은 것이므로, 천지 창조 역사의 본질이 무엇인가에 대한 본의를 시사한다. "우주는 온통 太極 아닌 것이 없다. 우주 속에 존재하는 것이면 무엇이든지 太極의 理를 분여받았다"란 말은[2] 천지 만물이 하나님의 본체로부터 창조(분여)된 사실에 대한 각성이다. 우주가 온통 太極 안인 것은 천지가 하나님의 본체에 근거하여 창조된 탓이다. 우주는 하나님의 몸 안이요 몸 자체이다. 그래서 전체로 보면 통체일태극(統體一太極)이고 나누어 보면 각구일태극(各具一太極)이란 본체 논리, 창조 논리를 일갈할 수 있었다. 하나님이 본체를 강림시킨 마당에서 선현들이 통찰한 본체 논리를 해명하지 못할 것은 없다. 곧 "太極과 神은 본체(창조)로서 각각 자체는 불변이지만 太極은 만물을 낳았고, 神은 모든 존재자를 창조함으로써 만물과 존재자의

---

1) 『주돈이』, 함현찬 저, 성균관대학교출판부, 2007, p.139.
2) 『주자학과 토미즘의 철학적 협연』, 소병선 저, 동과 서, 2006, p.189.

제1 원인이요 능동인이다."3) 동양의 太極과 서양의 神은 진리적인 신념에서 차이가 크지만 이 연구는 본질로부터의 창조 논거를 통해 차이를 메웠고 일치시켰다. 동양은 본체적인 차원에서, 서양은 초월적인 차원에서 우주론을 펼쳤지만, 결국은 밝힌 본의로 동서 간의 차이를 극복할 수 있게 되었다. 본체에 근거한 제1 능동적 창조 조건=神의 존재 조건=神의 창조 조건=세계의 존재 조건과 상통함에, 하나님의 주관적인 뜻, 곧 하나님의 본체 의지에 근거한 창조의 제1 능동인은 세계를 규정하고 구분하는 절대 기준선이다.

다윈은 "『종의 기원』을 쓰면서 지구상에 있는 모든 생물은 神이 창조한 것이 아니고 최초로 만들어진 생명체에서 진화한 결과"라고 주장하였다.4) "현재 세계에는 약 9,000 종의 새들이 살고 있는데, 그들의 다양한 부리 모양은 각자가 먹이를 취하는 데 적합한 모양과 구조와 기능을 갖추었다."5) 진화 때문이라고 하지만 정작 이유를 물으면 진화 작용에는 아무런 목적이 없다고 한다. 일명 자연선택인데, 이것은 아무런 목적성, 곧 능동적인 요인이 없다는 뜻이다. 하나님이 이룬 일체의 창조 손길을 거부하였다. 하지만 창조는 밝힌바 사전에 이루어진 역사이므로 창조된 종 안에서는 밝힐 수 없는 것이 당연하고, 존재한 본질을 통하여 추적하므로 능동적인 창조 원동력이 창조된 세상과는 엄격하게 구분될 수밖에 없다. 구분되기 때문에 창조주 하나님과 창조된 세계를 확실하게 가르는 판단 기준이다. 운동, 의지, 목적, 구원, 진리성 등등 예외가 없다. 능동성이 神의 존재

---

3) 위의 책, p.146.
4) 『진화론은 어떻게 진화했는가』, 신현철 저, 컬처북, 2016, p.159.
5) 『핀치의 부리』, 조너던 와이너 저, 이한음 역, 이끌리오, 2002, p.80.

와 세계의 본질 여부까지 판단, 규정, 결정한다. 그래서 하나님이 천지를 창조했는가는 세계의 능동적인 창조력을 통하면 가늠할 수 있다. 왜 세상 안에는 그 무엇도 창조할 수 있는 권능, 원동력, 요인 메커니즘이 부재한데 만물은 존재하고 있는가? 이런 의문은 그나마 양호한 편이다. 도를 넘어선 것은 일체 능동인이 부재한데도 있다고 여긴 데 있다. 부재한다고만 해서 될 일이 아니다. 직접 능동적인 요소를 제시해야 한다. 예를 들어 종교 개혁자들은 피조물의 무력함을 철저하게 강조하는데, 이는 神만이 능동적인 힘을 갖고 다른 모든 것들은 수동적인 존재라는 것을 암시했다. 물질은 스스로 움직일 수 없고 운동의 원천은 오직 神일 뿐이다. 神만 능동적이고 이외의 것들은 수동적이다. 논거 틀은 철저한데 정작 중요한 능동성 요인은 어떻게 확인할 수 있는가? 창조주와 피조체가 가진 존재 조건을 통해서이다. 그런데 만물은 운동을 일으킨 원인을 지녔지만 창조주는 제1 능동인이므로 운동의 원인을 가지지 않는다는 아이러니가 있다. "세계에 존재하는 어떤 것도 그 자신의 원인인 것은 없다. 하지만 神과 太極은 자기 원인이자 자기 결과로서 제1 능동인이다."[6] 이런 존재 조건을 놓고 스피노자는 "실체란 스스로 존재하는 것, 즉 독자적으로 존재하며, 어떤 것에 의존하지 않고 그 자체를 통해 이해되는 것을 가리켰다."[7] 이런 조건을 가진 분이 창조주인데도 지성들은 그동안 神을 세상 안에서 찾으려 하여 확인도 증명도 할 수 없었다. 하나님은 창조 역사의 주동자로서 창조 이전부터 존재하였고, 창조 역사와 독립된 분으로서 세상과 동떨어졌다(?). 그러니까 세상적인

6) 『주자학과 토미즘의 철학적 협연』, 앞의 책, p.120.
7) 『마르크스 · 엥겔스의 종교론』, 라인홀트 니버 엮음, 김승국 역, 아침, 1988, p.43.

조건을 가지고서는 도무지 창조의 제1 능동인, 곧 원인 없이 최초의 운동을 일으킨 하나님을 볼 수 없었다. 세상 조건 안에서는 신비로운 최초의 충격이 필요한 상황인데, 그런 제1 능동인을 세상 안에서는 찾을 수 없게 된 상황, 이것이 능동적인 창조의 제1 동인, 곧 神이 필연적으로 지닌 존재 조건이다. "둔스 스코투스는 움직여지는 것은 다른 것에 의해서 움직여진다는 원리에 의심을 품었다고 하지만, 제1 동자[神]는 사물이 스스로 움직여질 수 없는 확고한 사실을 통해 증명된다(토마스 아퀴나스의 제1 동자에 의한 神 증명). 어떤 것을 움직이게 하는 그것이 움직인다면 그것 또한 다른 것한테서 움직여져야 하고, 그것은 또 다른 것한테서 움직여져야 한다(동인의 무한소급)."[8] 상황이 이와 같은 데도 본질적인 원인으로 따진다면 조건이 성립될 수 없다. 원리상으로도 수동적인 것이 움직이고 있다면 그것을 움직이게 하는 한 동인은 반드시 있어야 한다. 따라서 한 존재자가 세상에서 가장 완전하게 존재할 수 있는 조건은 존재 조건을 부여한 자와 부여받아 존재한 자가 함께하는 것이다. 세상의 존재자는 자체가 스스로 존재한 동인을 부여할 수 없으므로 세상에는 이런 동인을 부여한 원동력, 곧 神이 필요하였다. 돌이 하늘을 나는데 돌은 스스로 날게 한 추동력이 없다. 따라서 돌이 현 시공간 안에서 날아가고 있다는 사실은 분명하지만 그것은 스스로 날아가는 것이 아니며, 누군가로부터 던져졌다는 사실이다. 세계도 마찬가지이다. 세계가 존재하게 한 원동력을 자체 갖추지 못한 것이라면 세계는 창조된 것이다. 그런데도 그런 이유를 알지 못한 것은 초월적으

---

8) 『서양철학 이야기(1)』, 박승찬 저, 최남진 역, 책세상, 2006, p.185, 141.

로 존재한 하나님을 세상적인 질서 조건으로 구한 탓이다. 차원적인 본의에 입각해야 하는데 그 안목을 이 연구가 제공하고자 한다. 창조 역사의 본질, 그 본의를 알아야 창조 이전에 이룬 하나님의 초월적, 차원적, 절대적인 사전 창조 역사를 볼 수 있게 되리라.

제14장 창조의 역사적 특성

1. 창조 작용의 원동력 요인

원동력(原動力)은 일반적으로 열(熱), 수력(水力), 풍력(風力) 등 물체나 기계의 운동을 일으키는 힘, 곧 모든 사물 활동의 근원이 되는 힘을 말한다.[9] 그렇다면 하나님이 천지 만물을 창조하는 데 있어서 작용된 원동력은 무엇인가? 이런 과제는 앞선 '원론'에서도 다룬 바이지만 여기서는 이런 요인을 찾기 위해 노력한 선현들의 지혜를 보태어 말씀이 어떻게 결정적인 역할을 한 것인지에 대해 논거하고자 한다. 원동력은 절로 밝혀진 것이 아니고 선현들이 바친 노력의

---

9) 네이버 어학사전.

결과 위에 있다. 근접되었든 거리감이 있든 상관없이 진리 탐구 가운데는 창조 작용 요인을 구하고자 한 보편적 인식이 있었다. 다윈은 종의 기원을 설명하기 위해 의도적인 선택보다는 경쟁이 생물의 변화를 유도하는 힘인 것으로 느꼈는데, 그 힘이 정말 뭇 종을 창조한 원동력인가를 판가름하기 위해서는 참된 본의를 알기까지 기다려야 했다. 생존 경쟁에서 유리한 종은 자손을 최대한 많이 남기기는 하겠지만, 그 결과가 새로운 종의 창조로까지 이어지는가 하는 것은 재고되어야 한다. 진화 메커니즘의 핵심적인 전달 매개체인 DNA마저도 "지금까지 나온 다른 조직체들의 발전적 단계를 재창조하지 않고 단지 고유의 종류대로 재생산해 내는 일만 한다."[10] DNA는 왜 창조가 불가능한가? 피조체인 탓이고 재생산은 창조된 결과 시스템인 까닭이다. 같은 조건으로서 자연은 스스로를 창조할 수 있는가? 인간은? "식물로부터 섬유를 채취하여 실로 짜서 직물(織物)을 만들어 옷가지로 쓸 수는 있지만 직물 그 자체는 창조할 수 없다."[11] 왜 그런가? 기독교는 하나님의 창조 권능을 근거로 만물을 피조성으로 규정했는데, 이 연구는 창조의 원동력 때문이란 사실을 명시하고자 한다. 지금까지 수많은 지성들이 우주의 신비를 파헤치기 위해 노력하였고, 놀라운 법칙과 원리를 발견하였지만, 그것이 원동력인가 하면 자격 미달이다. 원리 법칙은 결정 법칙이지 창조 법칙이 아니다. 그렇다면 주자학에서는 모든 사물과 기(器)는 理와 氣로 구성되어 있다고 했는데, 이것이 원동력 요인인가? "形而上學

---

10) 「창조 대 진화」, 임원규 저, 목원대학교신학대학원 신학과 구약학, 석사, 2002, p.19.
11) 『무신론과 유신론』, 히사마쯔 신이찌 · 야기 세이이찌 저, 정병조 · 김승철 역, 대원정사, 1994, p.188.

에서 氣는 재료이다. 재료는 스스로 움직여 제품이 될 수 없고"[12] 理는 사물의 본질과 규칙으로서 수동성을 면할 수 없다. 하나님도 본질을 지녔고 창조된 사물도 우주만물도 모두 氣로 구성되어 있다고 한 만큼이나 본질을 지녔지만, 본질 자체로부터는 어떤 원동력도 이끌어 낼 수 없다. 창조성은 神적 본질이고, 창조의 이치적 진리를 간직한 理로서 만상의 존재성을 뒷받침한 것은 분명하다. 창조 역사를 이룬 근원으로서 하나님의 창조 의지, 뜻, 목적, 지혜, 命을 함축하였다. 그래서 원동력과 무관할 수 없다. 창조 본질은 창조를 이룰 가능성이고 실현 요소이지만 발현 인자는 아니다. 이런 이유로 창조 원동력에 의지적인 요소가 요청된다. 주자는 사람과 사물은 반드시 理를 품부 받은 뒤에야 性이 생기고, 氣를 품부 받은 뒤에야 형태가 생긴다고 하였다.[13] 理도 形而上學적인 본질이고 氣도 그러하되, 性이 생기고 형태를 생기게 한 주된 원동력은 理도 氣도 아닌 품부한 의지 작용에 있다. 존재는 그냥 생기지 않았고 절로 존재하지 않았다. 바탕된 본질과 함께 性과 형체를 이룬 본성을 부여받았다. 여기서 품부, 부여란 命받는다는 것으로서 기독교의 말씀을 통한 창조 역사와 대등한 인식이다(유교의 天命=하나님의 말씀 命). 하늘이 만물에게 性을 부여한 것으로 性과 형태가 생긴 데는 품부된 命의 작용이 있었다. 본질적인 요소와 의지적인 요소가 작용한 것으로, 이런 구분은 서양의 창조론에서는 찾기 어렵지만 동양에서는 인식이 구체화되어 있다. 주자는 "一陰一陽하는 것을 道라 한 즉, 음양은 氣이고 道가 아니며, 음양이 되도록 하는 소이(所以)가 道이다"라고 하

---

12) 『성리학의 형이상학 도론』, 손영식 저, 울산대학교출판부, 2008, p.223.
13) 『송명성리학』, 진래 저, 안재호 역, 예문서원, 1997, p.241.

였다.14) 여기서 되도록 한 소이=의지=뜻=작용력=창조 원동력이다. 품부, 소이에 해당하는 작용력이 곧 하나님이 말씀으로 이룬 천지 창조 역사이다. 원동력은 창조 의지를 수반한 하나님의 말씀이다. "만물이 그(말씀)로 말미암아 지은바 되었으니 지은 것이 하나도 그 (말씀)가 없이는 된 것이 없느니라."15) 말씀은 의지를 수반하고 의지의 결정체가 하나님의 命이다. "저(하나님)가 命하시매 지음을 받았음이로다."16) 창조의 주도권이 창조의 대원동력이고, 命의 주체성은 하나님의 존재 의지를 주관한 뜻이다. 아우구스티누스는 "만약 하나님이 창조하지 않았다면 어떤 것도 존재할 수 없다고 하여 창조가 전적으로 하나님의 자유 의지에 의해 이루어졌다고 고백하였다."17) 만물이 존재하고 하지 않음이 주관적인 뜻에 달렸는데, 그 뜻의 구체적인 실현이 창조 의지를 수반한 말씀의 命이다.

그런데 말씀을 통한 창조에 있어서 성경에서의 표현처럼 하나님이 가라사대 되라, 있으라고 하니까 창조가 단숨에, 그것도 말씀만으로 이루어진 것으로 이해하여 기독교에서도 無로부터의 창조론을 채택하였고, 아우구스티누스는 無로부터의 창조를 부정하는 것은 하나님의 절대 권위를 부정하는 것과 같다고 하였다. 그래서 유신론자들은 "과학은 모든 재료를 사용한다 하더라도 한 잎의 풀이나 미생물을 만들어 낼 수 없다"고 하면서 비판하였다.18) 하지만 이런 조건만으로 무신론자들이 하나님의 창조 권능을 인정할 리 만무하다. 여

---

14) 『노자철학의 연구』, 김항배 저, 사사연, 1991, p.38.

15) 요한복음 1장 3절.

16) 시편 148장 5절.

17) 「플로티노스와 어거스틴의 창조론에 관한 고찰」, 이상정 저, 신학논단, p.122.

18) 『창조는 과학적 사실인가』, 김종배 저, 한국창조과학회 편, 1996, p.64.

기에는 비판한 자나 거부한 자나 말씀 창조에 대해 심대한 곡해가 있었다. 왜 하나님은 단지 말씀만으로 천지를 창조한 것처럼 비쳤는가? 그것은 말씀을 통한 命만으로 창조 역사를 일사불란하게 완결할 만큼 일체 요소를 사전에 갖추어서이다. 완벽한 사전 창조 역사 과정이 있었다는 뜻이다. 그러니까 정작 命의 실행 단계에 있어서는 어떤 제약도 없이 말씀이 천지 창조를 실현시킨 대원동력이 될 수 있었다. 완결, 완벽, 간단, 무제약적이었다. 뜻→의지→본질→말씀→창조→분열→만물화 과정을 거쳤다. 창조는 현상계 안에서 이루어진 역사가 아닌 관계로 현상계 안에서는 온전히 가늠할 수 없다. 성경 말씀도 본의에 입각한 세계관을 뒷받침해야 온전히 해석된다. 말씀을 이해하기 위해서는 반드시 하나님이 창조 이전에 이룬 사전 준비 역사를 알아야 했다. 창조를 실행하기 위해서 하나님은 의도한 뜻, 목적, 계획, 주재 의지, 결정적인 命 일체를 함축하였다. 진화론자들은 이 같은 주재 원동력을 부인한 관계로 진화의 무목적성, 무계획성, 무방향성을 앞세웠다. 사전 창조 역사를 보지 못한 한계성 인식이고, 역설적인 창조 역사 확인인지도 모른 채……. 천지는 하나님의 命에 의해 창조되었고 말씀에 의한 命이 천지 창조의 핵심 원동력이며, 이것이 세상 질서와 법칙으로서 결정된 것인데, 동양의 노자는 "천하 만물이 각자의 근원을 본받지만 가장 핵심인 道는 스스로 그러함을 본받는다(道法自然)고 말했다."[19] 왜 道는 스스로 그러한 자연을 본받는다고 한 것인가? 자연이 스스로 그러한 道를 이룰 수 있도록 命이 온갖 지혜를 동원하여 시스템화한 탓이다. 도법자연은 역

---

19) 『노자도덕경』 25장.

설로서 알고 보면 스스로 그렇게 된 것은 세상 어디에도 없다. 완벽한 창조 시스템의 표현이다. "자연계는 인과적 법칙에 의하여 기계적으로 움직인다"고 하는데,[20] 이런 자연 기계론도 그 의미는 오십보백보이다. 기계적인 시스템화의 역설적 인식이고, 사전 창조 역사와의 단절 표현이다. 그리고 이런 자연의 기계적, 절로 시스템화에 전적으로 기여한 것이 곧 말씀에 의한 命의 결정성이다. 창조는 그대로 命의 결정화라고 해도 과언이 아니다. 동양인이 말한 사물의 본질은 무엇인가? 사물을 사물되게 한 理, 곧 결정적인 이치이다. 자연과 천지 우주의 이법, 이치, 원리, 법칙은 누가 어떻게 정한 것인가? 하나님이 창조를 命함으로써 결정되었다. 『중용』에서 말한바 하늘이 命한 것이 性이라는 것은[天命之謂性] 본성은 태어나면서부터 지닌 천성이란 뜻이다.

물리·화학적 법칙도 命化로 인해 결정된 것은 마찬가지인데, 생명체의 유전 법칙도 알고 보면 창조 역사를 증거한다. "종의 정의는 공통적인 유전자 풀을 공유하고, 실제적 또는 잠재적으로 교배가 가능한 생물 개체군이다."[21] 종을 종답게 하고 종이 가진 특성을 지속할 수 있도록 유전자 풀을 공유하는 등 교배가 가능하도록 창조된 것이라 그 역은 불가능하다. 종을 종답게 한 것이 命으로 이룬 창조 역사이다. 종은 법칙에 따라 창조되었기 때문에 더 이상 변할 수 없다. 진화가 불가능한 것은 하나님이 命한 결정성을 누구도 풀 수 없기 때문이다. 확인하는바 유전적 특성은 지속시키는 것이 근본인가, 돌연변이가 근본인가? 영속함이 근본이라는 것을 인정해야 한다.[22]

---

20) 『우주변화의 원리』, 한동석 저, 행림출판, 1996, p.34.
21) 『다윈 이후』, 스티븐 제이 굴드 저, 홍욱희·홍동선 역, 사이언스북스, 2009, p.159.

"수정란에서부터 생식할 수 있는 성숙 단계까지 개체 발생의 모든 과정인 4차원적 양식이 한 개의 세포, 곧 수정란(세포핵)의 구조에 의해 근본적으로 결정될진대",[23] 결정성은 어디서도 확인되는 하나님이 命한 창조 법칙이다. 창조 작용의 원동력 요인은 가장 주관적인 뜻이 자체 본질을 의지화시킨 命의 결정으로 법칙화되었다는 사실을 알진대, 주관 의지와 객관적인 법칙과의 차이는 창조 역사의 단계적인 이행 특성을 알아야 이해할 수 있다.

2. 창조 과정의 이행 특성

성경의 창세기는 하나님이 6일 동안 천지를 창조하고 7일째 안식하였다고 한 과정을 상세히 기록하였다. 그럼에도 불구하고 지성들은 이것을 문자대로 받아들여야 할지 은유적인 표현인지를 놓고 논란을 벌였다. 결정 여부를 떠나서 성경의 창조 과정 제시가 창조 역사의 본의를 파악하는 데 있어 어떤 기준이 되고 규명하는데 보탬이 되는 정보를 제공하지 못한 것은 분명하다. 비단 성경만 해당되는 것은 아니다. 철학자 라이프니츠는 창조 과정을 세 단계로 나누어 생각했는데, "첫째는 神의 지성 안에서 가능적 존재로서의 개별적 모나드를 구성하는 단계, 둘째는 가능적 모나드들이 집합으로서 가능적 세계를 구성하는 단계, 마지막은 무수히 많은 가능한 세계들 중에서 하나를 선택하여 현실 세계로 가져오는 단계였다."[24] 개별적

---

22) 『생명이란 무엇인가』, E. 슈뢰딩거 저, 황상익 역, 한울, 1996, p.53.

23) 위의 책, p.40.

24) 『서양근대철학의 열 가지 쟁점』, 서양근대철학회 저, 창비, 2010, p.186.

모나드 구성→가능성 세계 구성→선택하여 가져오기로 요약할 수 있겠는데, 神의 지성 안이라면 둘째 단계까지는 창조 이전 단계에서의 작업이고, 선택하여 현실 세계로 가져온다는 것은 창조의 결정 작업이자 창조 준비를 완료해서 실현시킨 역사로 이해할 수 있지만, 문제는 그렇게 판단할 수 있는 본의 메커니즘을 뒷받침하지 못했다는 것이다. 그러니까 무슨 말인지 단계 구분이 모호하다. "주자학(주자)은 太極에서부터 발원하여 만물이 존재하고, 토미즘(아퀴나스)은 神으로부터 발원하여 모든 존재자가 존재한다"고 하였는데,[25] 이런 구분을 통해 우리는 무엇을 알 수 있는가? 太極→만물, 神→모든 존재자가 발원된 것이 눈에 보이는가? 볼 수 없다면 무슨 문제부터 해결해야 하는가? 창조 과정의 단계적 특성을 명시해야 했다. 이런 필요성 때문에 주돈이는 우주 발전 도식을 太極-음양-오행-만물로 제시하였는데, 이것은 창조의 단계적 과정에 대한 유교적 인식이자 접근이고 이해방식이다. 창세기와 라이프니츠 간의 차이로 볼 때, 주돈이는 도대체 이런 도식을 통해 무엇을 말하고자 한 것인가? "우주의 원초적 실체는 太極 원기(본체 본질)이고, 이 원기는 분화하여 음양의 두 氣가 되고, 음양의 두 氣는 변화·교합하여 오행을 형성하고, 각각 특수한 성질을 지닌 오행은 더 나아가 화합·응취하여 만물을 생성한다"고 하였다.[26] 이것은 진화론적 인식과도 차이가 있다. 진화론은 이미 존재한 종을 근거로 종의 기원과 다양성을 추적하고 창조 메커니즘을 존재한 종과 환경과의 관계 속에서 유추하였지만, 주돈이는 출발점부터 전혀 판이하다. 다윈이 시초로 삼은 종

---

25) 『주자학과 토미즘의 철학적 협연』, 앞의 책, p.97.
26) 『송명성리학』, 앞의 책, p.88.

에 해당한 만물은 오히려 맨 뒤의 결과에 해당한다. 그렇다면 열거된 太極으로부터 오행까지의 발전 도식은? 바로 창조 이전 내지 존재 이전의 본질에 근거한 본질의 변화, 이행 과정과 특성을 밝힌 것이다. 도식적이라 창조 과정의 구체적인 역사 주체는 드러나 있지 못하지만, 본의에 따라 대입만 하면 정확하게 해명할 수 있다. 천지가 창조되기 이전에 설정된 엄연한 창조 과정이 있었다는 뜻이다. 그리하여 만물은 자연선택이 아니고 太極 원기로부터 이행된 음양의 두 氣가 변화·교합하고, 오행이 화합·응취하여 만물을 생성한다고 함으로써 본질의 작용으로 인해 천지가 창조된 사실을 입증하였다. 아니 본질로부터 창조 역사가 이미 출발되었다. 장재도 우주의 주요 구조를 太虛↔氣↔만물이란 세 단계로 나누어 "太虛에는 氣가 없을 수 없고, 氣는 모여서 만물이 되지 않을 수 없고, 만물은 흩어져 太虛가 되지 않을 수 없다"고 하였다.27) 太虛, 氣는 만물과는 분명하게 구분되는 만물이 창조되기 이전에 만물을 이룬 근원 바탕의 이행 작용이다. 헤겔이 正·反·合을 통해 존재한 온갖 영역에 해당된 발전 도식을 세운 것이라면 장재의 세 단계 이행 변화는 창조 이전과 창조 이후를 아우른 차원적 진행 도식이다. 그럼에도 불구하고 창조 과정이 명확하지 못한 것은 선천 우주론이 지닌 공통된 한계성이다. 이 연구는 太虛는 절대성이고 氣는 창조성이고 만물은 현상성이며, 氣가 모여서 만물이 되지 않을 수 없다고 했을 때를 천지 창조의 결정선으로 보거니와, 이런 판단을 위해서는 그렇게 구분할 수 있는 창조 역사의 이행 메커니즘을 밝혀야 했다는 뜻이다.

---

27) "太虛不能無氣 氣不能不聚而爲萬物 萬物不能不散而爲太虛."- 『정몽』, 태화 편.

창조 과정의 단계적 이행 특성은 하나님이 이룬 천지 창조 역사의 본질을 드러내고, 만상의 최초 근원자인 하나님의 절대 본체성을 증거한다. 밝힌바 주돈이가 우주론을 전개함에 있어 우주만물의 존재를 無極을 중심으로 한 일원론적 세계관으로 펼친 것은 절대 본체성에 관한 인식과 무관하지 않다. 절대 본체가 있다는 것은 그를 근거로 창조된 세계가 무엇인가 하는 것을 시사하고, 일체 창조 과정의 이행 메커니즘을 판단하는 기준이 된다. 이 기준이 명확하지 못한 관계로 선천에서는 그 누구도 우주론, 본체론, 창조론을 완성하지 못했다. 아류로서 진화론, 유물론, 과학주의 같은 무신론적 세계관이 파생되었지만 비진리성을 지적할 근거마저 찾지 못했다. 절대 본체는 창조된 세계의 생멸 변화 현상과는 무관한 초월성, 불변성, 영원성을 동시에 지닌 존재인데, 이런 특성을 선천의 지성들이 창조와 연관 짓지 못했다. 그 결과 神을 부인하고, 불변한 실체까지 거부하였다. 불변성의 아성이 허물어지자 그 역할 자리를 변화 메커니즘이 대신하였다. 무엇이 변하는 것이고 무엇이 불변한 것인지를 구분하지 못하는 한 변화의 본질과 한계성을 인지할 리 만무하다. 진화론은 "변화의 축적 과정으로서 진화는 다양한 조건들 간의 적절한 균형에 달려 있고, 이런 균형이 유전자, 염색체, 세포, 개체, 국소 집단의 수준에서 종의 유전적 동질성, 혹은 이질성을 만들어낸다고 하였다."[28] 유전자, 염색체, 세포 등은 바로 창조된 결정체인데, 종의 유전적 동질성과 이질성을 가르는 창조성을 지닌 것으로 여기다니! 정신도 물질도 변하고 사라지는데 어디에 불변한 실체가 있는가? 어떻게 神이

---

28) 『과학과 종교 논쟁, 최근 50년』, 래리 위덤 저, 박희주 역, 혜문서관, 2008, p.43.

존재할 수 있는가? 물자체까지 거부하고 말았지만 이 연구는 절대 본체의 실체성을 논거함으로써 진정한 창조 메커니즘의 본의를 밝히고, 온갖 변화는 천지 만물이 창조됨에 따른 결과적 현상이란 사실을 증거하리라. 온갖 변화 현상을 물리치고 절대 본체의 불변성을 추적, 확인, 증거하기 위해서는 어떤 방법을 동원해야 하는가? 바로 본체와 창조와의 관계성을 규명함으로써이다. 천지가 창조된 사실과 과정을 확인해야 절대 본체가 드러난다. 이에 대해 동서의 지성들이 세월을 두고 본체의 특성을 시사하는 주장을 펼쳤다.

먼저 상식적인 판단으로서 기독교 신학에서는 창조란 비(非)존재에서 존재를 향하는 근본적이면서도 절대적인 이행(移行)을 내포한 神적 행위로서 규정하였다. 여기서 비존재란 창조되기 이전으로서 창조를 이룬 바탕 본질이란 뜻으로 해석된다. 비존재가 존재로 나아가고, 떠나고, 옮겨진 절대적 이행이 창조라고 했으니, 이런 규정의 진의란 비존재가 존재로 이행되어도 비존재가 변한 것은 아무것도 없고, 창조로 존재화되었어도 비존재는 변함이 없으므로 化된 존재, 곧 그렇게 이룬 창조가 무엇인지에 대한 규정이 가능하다. 여기서 이행은 말 그대로 옮기고 나아간 것이라, 우리 역시 다른 곳으로 나가고 자리를 옮겼다고 해서 자신이 변한 것은 없다. 그래서 창조주 하나님은 창조 역사로 인해 어떠한 변화 또는 변경을 겪지 않는다. 곧 최고 존재는 하위 존재를 생산함에 있어 그 무엇도 잃어버리거나 획득하지 않는다.[29] 이것은 하나님이 전능한 권능주라서가 아니다. 하나님은 창조된 일체 본질을 규정한 제1 근원자이다. 선천적인 여

---

29) 『창조론』, 호세 모랄레스 저, 윤주현 역, 가톨릭출판사, 2015, pp.186~187.

건상 지성들이 생각한 神의 모습은 달랐지만, 만물과 본체와의 관계에 있어서 절대 본체의 불변성을 규정한 원칙 틀은 동일하다. 일원론적 우주론은 모두 절대 본체의 존재성을 시인한 인식과 연관되어 있거니와, 천지 만물이 一者로부터 유출되었다고 말한 플로티노스의 유출설은 절대 본체의 불변성과 자체 바탕성을 시사한 대표적인 인식 유형이다. 여기서 유출이란 마치 태양이 끊임없이 빛을 방출하지만 그 빛이 조금도 감소하지 않는 것처럼 一者 자체는 아무런 변화나 감소도 겪지 않으면서도 자신으로부터 무언가를 나타낼 수 있다는 뜻이다.[30][31] 세계 안에서는 하나에 하나를 보태면 둘이 되고 둘에서 하나를 들면 하나가 감하는 법인데, 一者는 그런 질서 법칙이 통하지 않는다. 세계는 결정되었기 때문에 증감이 있지만 一者는 비결정적인 본질체이다. 아울러 그렇게 결정된 것은 창조된 것이고, 창조된 것은 원래 존재한 본체에 대해 化이다. 플라톤이 말한 이데아도 알고 보면 "개개의 여러 사물에 대해서 공통자, 곧 一者이다. 개개 사물은 이데아로부터 분여된 것으로, 그 자체로 독립된 세계를 형성하는 참된 존재이다."[32] 플라톤이 현실 세계를 이데아의 그림자로 여기고, 선의 이데아를 최고의 참실체로 규정한 것은 창조 본의에 근접했다. 단지 그 구체적인 메커니즘을 밝히지 못한 것이 문제일 뿐…… 세계를 의지와 표상의 세계로 규정한 쇼펜하우어는 체제 면에서 부족한 점은 있지만 서양 사상에서 보기 드물게 절대 본체의

---

30) 「아우구스티누스의 무로부터의 창조와 연속창조에 대한 과학신학적 해석」, 김태중 저, 호서대학교대학원 조직신학, 박사, 2014, p.30.

31) 같은 문화 전통 안에 있는 아퀴나스도 "모든 존재자가 다양한 까닭은 각각 神으로부터 존재가 다르게 분여되었기 때문이라고 했다. 모든 존재자가 제1 존재자로부터 원인되어지는 구도를 그는 창조라고 함."-『주자학과 토미즘의 철학적 협연』, 앞의 책, p.100.

32) 『우연이란 무엇인가』, 쿠키슈우조우 저, 김성룡 역, 이회, 2000, p.21.

영존성 문제를 거론한 점에서는 이데아적 실체관을 계승했다. 그는 갈파하길, 물질이 사라지면 정신도 사라지고 의식도 사라지지만 세계 즉, 의지의 세계는 영원히 존재한다. 물자체이자 세계의 내적 내용이며 본질적인 의지는 영원히 존재한다고 하였다. 이로써 칸트가 인식이 불가능하다고 한 물자체를 의지로 대체시켜 물자체의 한계성 문제를 해결하였다고 자찬하였지만, 그 물자체에 해당한 세계 의지가 왜 영원히 존재하는가? 해명하기 위해서는 창조 과정에 대한 배경을 첨가해야 했다. 곧 의지(본질)와 존재와의 관계방정식=창조 방정식을 풀어야 했는데, 세계 의지가 영원한 것은 명백히 의지가 창조된 세계를 초월해서 창조를 있게 한 근원 본체인 탓이다. 물질과 정신은 창조된 결과 대상이고, 세계 의지는 이것을 있게 한 바탕 본질이다. 그러니까 온갖 세계는 말 그대로 의지로부터 표상된 것이므로 시종이 있지만, 의지는 무관하게 홀로 영원할 뿐이다. 제련 과정을 거쳐야 필요한 금속을 추출하는 것처럼 창조란 용광로가 있어야 영원한 실체, 불변한 본체를 확인할 수 있다. 그 불변한 본체란 절대 본체로서 창조 세계를 초월하고 긴밀하면서도 무관한 관계로, 그런 본체 형태에 대해 불타는 "모든 法의 空한 상은 나지도 않고 없어지지도 않고 더러워지지도 않고 깨끗하지도 않으며 늘지도 않고 줄지도 않느니라"라고 하였다(『반야심경』). 창조와 무관한 절대 본체의 실상을 불타는 일체 인식적 근거를 부정한 논법을 통해 실인하였다. 중관학파 철학자들은 왜 현상 세계에서의 변화를 부정하고 진리를 언어로서는 표현할 수 없다고 말했는가? 그 진리란 과연 무엇인가? "어떤 것도 소멸하지 않고[不滅], 어떤 것도 새롭게 생기지 않고[不生], 어떤 것도 종말이 없고[不斷], 어떤 것도 항상이지 않고

[不常], 어떤 것도 그 자신과 동일하지 않고[不一義], 어떤 것도 그 자신으로부터 나누어진 별다른 것이지 않고[不異義], 어떤 것도 우리들을 향해 오지 않고[不來], 가지 않는[不去] 희론[形而上學적 논의]의 소멸 실체란?(『중론』)"[33] 그것이 곧 불교 문화권에서 도달한 창조주 하나님의 불변한 본체에 대한 각성 표현이다. 이런 본체성 인식은 『천부경』이 가장 명료한 개념으로 표현한 듯하다. "一析三極無盡本"이 그것인데, 궁극적 본체로서의 一은 나누어지고 모아져도 결국 근본은 변함이 없다는 뜻이다. 근본이 변함없다는 인식이 하나님의 창조 역할을 인정하고 절대 본체의 근원성을 증거한 천지 창조의 대원리이다. 창조의 원리성 문제는 다음에 주제를 다시 설정할 것이지만, 무진본은 천지 만물을 있게 한 또 다른 이름의 창조 본체이다. 여기에 견주면 진화의 변화 메커니즘은 그 시종에 대한 한계성이 명확해진다. 무진본은 形而上의 절대 불변한 본체인 동시에 온갖 形而下의 바탕 근거로 존재하는 것이니, 이런 존재 방식에 창조의 원리적인 비밀이 있다. 동일한 원칙 틀로서 太極이 양의되고 양의된 음양의 두 氣가 변화·교합하여 오행을 형성해도 太極 자체는 어떤 변화도 없다. 이것이 창조의 바탕 원리이고, 그러면서도 만상 가운데 내재한 초월 원리이다. 이일분수의 統體一太極인 동시에 사물 개개가 하나의 완전한 太極을 갖춤으로써(各具一太極) 만상(종)이 불변성을 유지한 체제를 갖추었다.[34] 理의 존재화에 존재의 바탕이 된 理로부터 氣로의 이행이 있는 것이지, 理와 대립된 氣가 따로

---

33) 『용수의 삶과 사상』, 나카무라 하지메 저, 이재호 역, 불교시대사, 1993, p.218.

34) 理一이 氣의 소위(所爲)로 분수(分殊)되는 것, 즉 理 자체가 분수되면서 분수 속에 理一이 공유된다는 것(이일분수설)은 명백히 절대 본체의 창조 역할을 인지한 것임.- 『율곡철학 연구』, 황의동 저, 경문사, 1987, p.83.

있는 것이 아니다. 그래서 性卽理이다. 氣가 변해서 性이 된 것이 아니고 理가 곧바로 性이 된 여기에 理에 바탕한 性의 즉각 창조 원리가 있다. 理가 性이 된 존재화에 理의 氣로의 이행 근거가 있다.

그 원리적 근거, 불변한 본체의 존재 그림자가 눈에 아른거리지 않는가? 볼 수 있다면 세상 보는 눈이 확 달리지고, 분열 질서를 초월한 동시 존재, 동시 인식이 가능해진다. 본체와 창조와 만상이 이룬 조화로운 세계상이다. 노자는 道를 帝[天]의 존재보다도 이전에 존재한 사실을 언급했는데, 이런 道는 절대 본체인 동시에 만상을 낳은 바탕 본체이므로 "모든 대립과 분별을 초월하면서 동시에 이 모두를 포괄하는 궁극적 원리"가 될 수 있다.35) 어떻게 해서 이런 동시성이 성립될 수 있는가? 창조에 해답이 있고, 창조가 매개 역할을 담당한다. 세계에는 변화하는 현상만 있는 것이 아니다. 이면에는 바탕된 본체가 있다. 본체는 변함이 없고 만상의 근거를 이루고 있어 그로부터 창조된 만상에 대해 道는 초월함과 동시에 포괄함이 있다. 창조는 항시 근본으로부터의 파생이라 근본이 중요하고, 근본이 중심을 이룬다.36) 道는 본체적이지만 神은 창조 역사를 이룬 주재자로서 道적 본체성을 함유한 창조주이다. 당연히 존재와 본체는 함께하므로 "神은 모든 유한한 것 안에서 충만한 동시에 모든 유한자를 초월한다. 바울이 말한바 하나님은 하나이자 모든 것 안의 모든 것이다. 그래서 철학자 셀링은 유한한 모든 것 안에 우주 전체의 무한한 창조적 통일의 힘이 현실적으로 존재한다는 사실을 자연철

---

35) 『노자철학의 연구』, 앞의 책, p.28.
36) 언급할바 진화 메커니즘은 가지치기식인데(다윈의 생명나무 이론), 이런 창조 원리와 논리는 성립될 수 없음.

학과 동일철학을 통해서 역설하였다."37) 세계에서 초월 논리가 성립되는 것은 불변한 본체 존재가 제공했다. 불변한 바탕 본체가 동시 인식과 동시 존재, 포괄, 통일을 가능하게 했다. 神은 세계 안에서 자유자재하나니, 그 이유는 창조로 인해 절대자인 동시에 내재자로 존재한 탓이다. 유한자 속에 있는 무한자요, 내재 속에 있는 초월이며, 상대자 속에 있는 절대자이다. 神이 세계 안에 있음과 동시에 그 세계는 다시 神 안에 있다.38) 모든 법계(dharma), 즉 모든 개별 존재와 현상이 서로 융통한 이유에 대해 화엄 사상은 현상계적인 관점에서 모두가 연기로 일어나기 때문이라고 했지만, 리사무애(理事無礙-원리와 현상이 융통함)인 동시에 사사무애(事事無礙-모든 개별 존재와 현상이 융통)할 수 있는 진정한 이유는 불변한 본체 바탕에 근거해 천지가 창조되어서이다. 본체 바탕이 존재한 때문인데, 이것을 간파하지 못한 결과로 연기적 인식이 도달한 결론은 모든 개별 존재와 현상은 그 자체의 고유한 정체를 규정하는 불변의 본질이 없고, 다른 존재 및 현상과 인연으로 얽혀 있다(自性이 없다)는 것이다. 당연한 귀결이라,39) 선천의 불교적 각성이 창조 진리를 완성하지 못한 소이이다.

화엄 사상은 현상계적 입장에서 삼라만상의 존재 방식이 법계 연기적, 곧 다른 존재 및 현상과 인연으로 얽혀 있다고 보았듯, 주자는 존재적 입장에서 구체적 사물은 理와 氣의 合으로 이루어지며, 양자는 서로 분리하여 나눌 수 없다[理氣不相離]고 하였다. 그러면서도

---

37) 『서양근대 종교철학』, 서양근대종교철학회 엮음, 창비, 2015, p.460.
38) 『신은 존재하는가(1)』, 한스 큉 저, 성염 역, 분도출판사, 1994, p.266.
39) 『박성배 교수의 철학강의, 깨달음과 깨침』, 윤원철 역, 예문서원, 2002, p.208.

한편으로는 리기불상잡(理氣不相雜)이라, 理氣는 서로 합성되어 있으면서 또 서로 구별된다. 이것은 분명히 모순된 언명 같지만[40] 창조는 차원적인 이행 메커니즘이기 때문에 초월과 동시에 내재가 가능하다. 아울러 불상리인 것은 창조된 결과 탓이고, 불상잡인 것은 절대 본체인 理가 독립적인 탓이다. 그래서 理와 氣가 合인 것은 理가 氣로 이행된 탓에(창조) 가능한 것이고, 하나님이 만유 안에 내재함과 동시에 초월적인 특성 탓에 실현된 것이다. 그러므로 하나님만 단독으로 구별한다면 "필연적 존재, 무한한 존재, 자존적 존재, 자기원인적 존재"로서[41] 현상적 질서와 다른 조건을 지녔다. 우리는 가질 수 없고 하나님만 가질 수 있는 절대적 권능, 곧 현상의 분열 질서를 초월한 본성이다.

절대 본체의 창조를 위한 이행 과정을 理氣론을 통하면 각 단계의 특성을 보다 명확히 구분할 수 있다. 알다시피 주자는 理와 氣라는 세계를 구성한 핵심된 두 요소를 통해 동양본체론을 대성시켰는데, 후인들에 의해 理氣一元論과 理氣二元論으로 양립한 것은 본의에 입각한 정확한 판가름을 필요로 한다. 세계에 이원이 생긴 것은 음양처럼 하나인 氣가 양의된 것이 아니고 천지가 창조된 과정에서 理가 이행되었다는 것을 분명히 해야 한다. 창조 과정이 없었다면 理만 절대 본체로서 창조 이전에는 理만 있었다. 그러나 창조 이후는 절대 본체가 다시 뭇 존재를 뒷받침하기 위해 변화되지 않을 수 없었다. 창조된 존재가 하나님의 존재 본체와 무관하게 그야말로 無로

---

40) 『주자학과 토미즘의 철학적 협연』, 앞의 책, p.96.

41) 「현대무신론의 의미와 그에 대한 윤리적 평가 연구」, 곽연수 저, 가톨릭대학교대학원 신학과 종교철학, 석사, 1982, p.2.

부터 창조되었다면 절대 본체가 변하거나 이행될 필요가 없다. 하지만 그렇게 해서는 창조된 세계를 관장하고 주재할 수 없어 바탕 본체로서 함께해야 함에, 理가 氣로서 이행된 존재 본질화란 변화 과정을 거쳤다. 氣는 太極에서 양의된 세분화 과정을 거쳤는데, 음양으로 양의됨으로써 온전히 존재를 뒷받침할 수 있게 되었다. 주자학에서는 흔히 理를 太極과 동격 본체로도 보는데, 이런 의미에서 太極과 음양은 하나이면서 둘이다. 太極=理이고 음양은 氣로서 一物이면서 二物이다. 곧 太極→음양은 창조로 인한 본체의 이행이다.42) 二物로서 독립적이지 않다. 주자가 理氣의 선후 문제를 거론했던 것은 논리상 절대 하나님과 창조 하나님을 구분한 것과 같다. 비슷한 인식으로서 道에서 一로의 이행 역시 절대 본체에서 창조 본체로의 이행이다. 창조는 無적인 본질로부터 有적인 존재로의 이행 과정이랄까? 道와 一 사이의 비밀, 바로 道는 절대 道이고 一은 창조 道라는 데 있다. 결론적으로 理와 氣는 둘로 나뉜 것이 아니라 理가 氣로서 이행된 것이고, 理+氣가 일원이라는 것은 창조된 결과를 말한 것이다. 氣의 발생 경위와 理의 독자 존재성 이유에 창조가 있다. 그래서 氣가 창조와 연관하여 확실히 존재 바탕화된 근거는 이통기국(理通氣局) 특성에 스며 있다. 이통기국에 理氣의 명백한 이행 절차가 있고, 본체적인 특성과 존재적인 특성이 확실히 구분된다. 창조주란 절대 본체가 있어 이를 근거로 창조가 단계적인 이행 과정을 거쳐 理가 氣化된 것이므로, 퇴계 이황이 "주자학을 토대로 理와 氣를 모두 근원적인 것으로 보고 사단(四端)을 理에, 칠정(七情)을 氣에 근

---

42) 『주자어류』, 권 5.

거하여 설명한 것은(理氣二元論)" 재고되어야 했다.[43] 기독교의 유일 신관과 달리 데카르트는 物心二元論을 주장하였듯, 퇴계도 유사한 판단은 할 수 있었지만, 理와 氣는 세계의 동등한 두 근원 원소가 아니다. 理와 氣는 二物이 아니다. 理는 본체적인 특성을 지녔고 氣는 理로부터 化한 존재적 특성을 지녔다. 그래서 구분된 사단과 칠정도 사단, 즉 측은(惻隱), 수오(羞惡), 사양(辭讓), 시비지심(是非之心)은 선천적인 본성을 지배하는 것이고 칠정, 즉 기쁨[喜], 노여움[怒], 슬픔[哀], 두려움[懼], 사랑[愛], 미움[惡], 욕망[欲]은 감정으로서 드러난다. 二物로서 보면 해명할 길이 없지만 理의 이행으로 보면 해명된다. 절대 道는 변함없지만 이행된 一은 2차적이다. 一은 이행된 통합성이자 창조 본체이다. 그래서 一로부터 비로소 二, 三…… 만물이 생성할 수 있다. 절대 본체[道, 理]→창조 본체[一, 통합성]→존재 본체(氣)로의 단계적 이행 특성이 그것이다. 창조가 없으면 一도 一氣도 없나니, 창조가 있어 道는 절대, 一은 통합, 그 一로부터 三生萬物할 수 있다. 절대 본체인 道生一로부터이나니, 이것이 천지가 생겨난 소이이다.

이런 원칙적 인식은 太極론에서 제기된 太極과 無極이 一物인지 二物인지 하는 문제에도 그대로 적용된다. 무극이태극(無極而太極)은 결코 二物이 아니다. 道體의 표현상 구분일 뿐이다. 理氣論은 논리적, 도식적이라면 太極론은 지극히 본체적이다. 기독교 창조론에서 원리적인 면을 보완하라고 한다면 이 無極으로부터의 창조론을 수용해야 하리라. 즉, 주돈이는 『太極圖說』에서 말하길, "無極이면서

---

43) 『한국의 유학 사상』, 이황 저, 윤사순 역, 삼성출판사, 1988, p.1.

太極이다. 太極이 動하여 양을 生하고, 動이 극하면 靜하나니 靜하여 음을 生한다고 하여, 이런 과정을 거친 최종 결과로서 만물화생(萬物化生)한다고 했으니",44) 창조 과정을 도식화한 동양식 대본체 우주론이다. 어떻게 無極이 太極화된 것인가? 하나님이 뜻을 발함으로써 절대 본체가 변화를 일으킨 것이다.45) 그것이 곧 無極으로부터 太極으로 이행된 창조 본체화이다. 그래서 극이 없는 無極과 달리 太極은 창조를 위해 온갖 극을 생성시켰다. 無極의 만극화 상태이다. 太極도 統體一太極과 各具一太極으로 구별되지만, 이것 역시 二物이 아니고 보는 관점에 따른 이명(異名)일 뿐이다. 만물의 존재 방식은 오직 하나인 太極으로부터 발원되었기 때문에 하나의 太極만으로서도 원만구족하다. 진화가 자리할 틈새가 없다. 아무리 천지가 사법계와 이법계로 나뉘었다 하더라도 사사무애법계에 이르면 사법계와 이법계에서 인식된 우주의 모습이 따로따로 존재하는 것이 아니고 결국 하나이다.46) 하지만 이런 통찰은 선천에서 선점하지 않았던 것이 아닌데도 현대 사회는 사법계적 질서 인식만 활개를 치고 이법계적 진리성이 사장되다시피 한 지경에 이르렀다.

이에 이 연구는 천지 창조 역사가 단계적인 이행 과정을 통해 화현되었다는 것을 논거하면서, 하나님의 절대 본체가 일체 천지 창조 과정의 제일 중심이고, 그 본체성은 어떤 경우를 불문하고 불변, 절대, 영원하다는 것을 확언하는 바이다.

---

44) 위의 책, p.252.

45) "주돈이는 원래 無極에서 太極이 나오고, 太極이 움직여 陰陽이 생겼으며, 음양에서 四象을 내고, 사상에서 만물을 낸다고 하였다."-『인과의 세계』, 김중묵 저, 동남풍, 1994, p.256.

46) 『세계관과 영적 전쟁』, 안점식 저, 죠이선교회출판부, 2011, p.119.

3. 창조의 원리 특성

원리(原理)는 사물의 근본이 되는 이치이다. 전화기는 전화기로서의 목적을 이루게 하는 원리가 있고 냉장고는 냉장고이게 하는 원리가 있듯, 하나님도 천지를 창조할 수 있는 원리성을 구안하였는데, 그것이 곧 창조 원리이다. 창조 뜻, 창조 계획, 창조 법칙 등등 이 연구는 창조와 관련한 다양한 개념을 양산하였지만, 창조 원리는 도대체 무엇을 말하는가? 철학에서는 기초가 되는 근거 또는 보편적 진리, 존재의 근거가 되는 실재 원리 등을 의미한다. 그래서 창조 중에서도 제일 궁금한 원리, 그러면서도 반드시 밝혀야 하는 창조 역사를 실현시킨 원리는 바로 어떻게 하나인 근원을 다양하게 한 것인가 한 묘법을 푸는 것이다. 하나님이 구안한 원리라 쉽게 간파할 수는 없지만 자각한 본의를 통하면 가능하다. 진화론, 창조론, 太極론, 理氣론, 『천부경』, 『화엄경』, 일원론 할 것 없이 하나, 곧 一의 비밀을 푸는 것이 진리적 과제였고, 그것은 전부라고 해도 과언이 아니다. 없었던 것을 있게 한 창조 역정은 정작 관점상에 문제가 있는데, 하나님의 본체에 근거하여 이행된 특성만 인지한다면 無한 有에서 有한 有로의 창조 역사란 원리라고 할 것조차 없다. 그럼에도 불구하고 참으로 궁금한 것은 하나로부터 발원된 씨알이 오늘날 어떻게 거대한 우주를 형성하고 천차만별하게 되었는가 하는 사실이다. 여기에는 우리가 눈으로 보고 판단하는 것과는 다른 차원적인 비밀이 숨어 있는데, 이것을 모른 결과 선천의 세계관 구축에 곡해가 있었다. 무슨 말인가 하면, 창조 원리는 어디까지나 창조 이전에 이룬 본질성의 구축인데, 지성들이 찾아 헤맨 것은 사물에 대한 근본 이치였다고나 할까? 하나가 다양화된 것은 창조 이전에 구축된 창조 원리에 의해 현상 세계에 드러난 결정성일 따름이다. 창조 원리는 바로 사물의 근본이 되는 이치를 결정한 본질 작용 원칙이다. 이 원리는 앞서 말한 이행 법칙, 절대 본체의 불변 원리, 하나인 전체로부터의 가역 원리, 有→有 창조 원리, 사전 창조 원리가 두루 포함된다. 이 원리에 근거해서 삼라만상의 제 현상적 특성이 결정되었다. 그런데도 지성들은 드러난 특성만 보고 그것이 전부인 것으로 착각하고 창조에 대한 실마리를 풀려고 하였다. 단도직입적으로 말해 세계의 다양화 원인은 분열적인 생성에 있는 것이 아니라 그 이전에 이룬 본질의 통합성 구축에 있다. 다양함의 현상적 구동 원리는 생성에 있지만, 생성할 에너지를 축적시킨 것은 사전에 이룬 본질성이다. 여기에 세계의 다양화 묘법을 풀 지혜가 있다. 이런 본체 작용의 메커니즘 원리를 알아야 하는데, 겉테두리만 보니까 도식화된 개념 인식에 그쳐 진리로서의 생명성을 상실했다. 창조 메커니즘의 규명 때를 기다려야 했다. 생성으로 꽃을 피운 현상적 특성은 그대로 창조 원리로 이룬 본질 작용 결과라는 것을 기준 잡는다면 깊이 감추어진 창조의 비밀을 하나하나 풀어낼 수 있다. 一과 하나를 해석하고 도식을 풀 수 있다면 비밀은 그대로 풀린다. 하나가 지닌 겉모습만으로는 어떤 실마리도 풀 수 없다. 실상은 전체가 한 보따리 안에 싸여 있어 볼 수 없었다고 할 수 있는데, 그 경계막이 창조 이전이다. 사전에 하나가 다양화될 수 있는 본체 바탕을 마련하였는데, 여기에는 하나님의 창조 뜻, 계획, 목적, 의지, 가치 등이 망라되어 있다. 통합성이자 창조 본체이고 無極의 太極화 상태이다. 하나이고 一인 것은 아직 창조되기 이전인 탓이고, 命을 발하지 않아 생성 운동이 시작되지 않은 상태이다. 지속적으로 이 연구는 창조 이전에 본질에 근거한 사전 창조 역사 과정이 있었다고 강조했거니와, 이것이 현상계의 다양한 특성을 결정지었다. 어떻게 一이 多를 창조할 수 있는가? 一 속에 창조의 모든 과정, 단계, 지혜, 본질, 의지가 함축되어 있다. 그래서 이미 준비되고 창조된 것을 풀어내는데 열쇠가 숨어 있다.

노자가 말한 道生一 …… 三生萬物의 과정은 시사하는 바가 크다. 도식적이기는 하지만 창조 역사의 전체 과정을 축약적으로 표현했다고 할 수 있다. 창세기의 창조 과정과 비교하면 지극히 본질적인 진리 인식이다. 창세기가 모든 것을 준비한 바탕 위에서 하나님이 命을 실행시킨 과정의 기록이라면, 道生一은 그 이전 단계의 준비 작업 과정에 대한 판단이다. 무명(無名)은 천지의 시초요 유명(有名)은 만물의 모태(母胎)란 범상치 않은 말을 통해서도 짐작할 수 있듯,[47] 노자가 천지 창조의 첫 근원 시초로 잡은 것은 바로 道이다. 그것마저 一보다도 앞서 있어 道는 과히 절대 道라고 할 만하다. 하나님이 창조 뜻을 가지지 않았을 때의 절대 본체 상태이다. 이런 道로부터 一이 生한 것은 無極에서 太極으로의 이행, 절대 본체에서 창조 본체로의 이행 과정과 같다. 이 단계에서 하나님이 천지를 창조할 수 있는 본체적 바탕, 곧 통합성 본질을 구축하였다. 命하기 직전 상태이다. 창조 직전의 一이 갖춘 본체성은 신묘한데, 아직 창조 직전이라 아무것도 드러난 바가 없고 인식할 근거도 없어 예로부터 도식적으로 一로서 존재 자리를 마련하였다. 이 一은 왕필이 말한 無이기도 하고 불교에서 말한 空 같기도 하다. "왜 불교에서는 모든

---

47) 『노자도덕경』 1장.

존재의 본질을 空이라고 하였는가? 空은 결코 허무주의가 아니다. 그것은 존재의 바탕이고 실상이다. 실로 空으로부터 모든 존재가 비롯되었다"고 굳게 믿었다.[48] 空이란 개념 인식은 명백히 一과 하나로서의 역할인 통합성 본질을 창조 이전으로서 표현한 것이고, 창조 이후라 해도 一로서 생성 이전, 분열 이전, 존재 이전이라 어떤 형상조차 갖추지 못한 상태이다.[49] 그래서 이전에는 누구도 空의 실체를 이해하지 못했는데, 본의로 숨겨진 실마리를 풀었다. 여기서 一은 일체를 갖추었지만 一元인 상태로서는 세상 안에서 존재할 수 없기 때문에 본질로 머문 상태이다. 이후 전개된 이행 과정에서 비로소 一生二라, 통합 본체가 분열하여 太極이 양의되고 양극화되어 창조의 시스템화가 완성된 영원한 생성 운동이 있게 되었다. 양의된 음양 二氣가 운동, 변화, 교합하여 영원한 생성 에너지를 방출하였고, 순환과 지속함을 통해 有한 본질성을 확립하였다. 그 결과 二生三이라, 두 氣가 교합하여 二氣 외에 새로운 三을 生하였나니, 이 三이 다양화의 시발로서 三生萬物하였다. "道는 만물의 근원적 실체이고, 운행과 화성(化成)의 원리인바"[50] 창조 원리를 구축한 중심 밑바탕이다. 여기서 三이란 一이 분열로 변화된 생성 모습으로서 만화된 만물을 상징한다.

一이 어째서 만물을 낳은 근원이며, 그런데도 空이고 無인지에 대한 비밀을 알았다면, 선현들이 일갈한 一卽多 多卽一도 무슨 뜻이고

---

48) 『용수의 삶과 사상』, 앞의 책, 뒤 표지글.

49) "차별적인 모습도 없고 명칭도 없는 道는 그 자체가 지극히 텅 비어 천지가 모두 이 가운데서 변화를 일으키며 나온다. 그래서 상주불변하는 道의 자체는 천지창조의 시작이다."- 『노자, 그 불교적 이해』, 감산청덕 저, 송찬우 역, 세계사, 1990, p.32.

50) 『노자』, 노자 저, 장기근 역, 삼성출판사, 1990, p.132.

성립 가능한 논리인지 가늠할 수 있다. 『화엄경』의 사사무애법계(事事無碍法界)에서 말한 一卽多 多卽一은 시간과 공간을 초월한 대창조 도식이다. 그 연유는 원래 통합 본체인 一로부터 만물이 생성한 것이고[多], 하나로부터 多가 생성한 관계로 一卽多 多卽一이다.[51] 그야말로 우주 창조의 대비밀을 함축했다. 언젠가는 풀어야 한 창조 방정식이었으니, 풀기 위해서는 본의에 입각하여 一이 지닌 비밀, 곧 창조 원리를 알아야 했다. 가장 원칙적인 창조 원리가 작용했는데 그것이 무엇인가? 一이 아무리 多化했어도 多는 즉시 一이라는 것, 창조되었어도 하나인 一이 변한 것은 아무것도 없다. 그래서 一은 多이고 多는 一이다. 만물은 하나로부터 말미암았고, 하나로서 변함없으며, 하나로서 유일하다. 만물은 일체이고 한 몸, 하나로서 유일한 본체이다(一卽萬=창조 원리). 『천부경』은 一로 시작해서 一로 끝나는 경전답게 뜻한 바도 분명하다. 천지 만물은 바로 一(有, 본질 존재)의 化이다. 천지간에 一 이외에 다른 것은 없다. 석삼극무진본(析三極無盡本)이라 세극을 나누어도 근본은 다하지 않는다. 근본[一]은 변함이 없다. 하나님의 본체가 化해서 천지를 구성한 것이라면 세상은 정말 하나님의 몸 안이고 신성이 충만한 세계이다(神이 세계 안에 있고 세계는 神 안에 있다-스피노자). 천지는 神적 본질의 화현체이다. 뭇 종이 진화해서 변한다고 해도 변한 일체는 변할 수 없는 하나이다. 하나로부터 생성한 것이므로 더 늘거나 주는 일이 없다. 一은 道, 多는 생성이다. 창조 본체로부터 존재 본체로의 이행이다. 창조는 하나의 변용 모습일 뿐이다. 하나는 일체 만물을 있게

---

51) 一卽多의 성립 근거=一이 多化됨.

한 종주이고 근원인 바탕 본체이므로 이 하나에 주체 의지성을 보태어 하나+님으로 지칭한다. "一은 神의 수로서 수의 전체이고 모든 수를 창조한 수이다."[52] 그래서 사실상으로는 하나님만 유일한 것이 아니고 천지 만물도 유일하다. 크기, 종류, 다수와 상관없이 무수한 생성 과정만 제하면 그 즉시 一卽多 多卽一이다. 이 도식은 시공을 초월한다. 전체란 곧 하나라고도 할 수 있어 분열된 무수한 창조 세월은 오직 하나로 인식될 뿐이다.[53] 一이 일체 날개를 접은 창조 이전의 본질적 존재 양식이라면, 多는 창조 이후에 날개를 편 현상적 존재 양식이다. 多는 一의 창조적 존재 방식이고 그렇게 해서 만개된 존재 모습이다. 스피노자에게 있어 자연은 "神이 존재한 특수한 방식이요 인간 의식은 神이 스스로 사유한 특수한 방식이듯",[54] 세계는 정말 神의 化된 존재 방식이고, 정신은 神의 뜻과 교감할 수 있도록 구조화된 합일체이다.

세계가 一의 범주 안에 있다는 것이 창조의 대원리이고 비밀인데, 여기에는 또 한 가지 감추어진 원리가 있다. 미세한 티끌 하나에도 천지 만상의 일체 법이 갖추어져 있어 창조 원리가 총동원되었으니, 統體一太極이고 各具一太極인 원리가 그것이다. 주자는 理인 太極은 우주의 보편자인 동시에 모든 만물의 근거로서 존재한다고 하였다. 사물마다 하나의 완전한 太極을 갖추었다는 것이야말로 완전한 하나님의 본체로부터 천지가 창조되었다는 것이고, 미물도 太極, 곧

---

52) 『개벽 실제상황』, 안경전 저, 대원출판, 2005, p.112.
53) "法은 시공을 초월하기 때문에 일즉일체 일체즉일이 될 수 있다. 일순간에 삼세를 포함할 수 있고, 일거에 전체가 일찰(一刹)에 들어간다."-『원효철학 에세이』, 신오현 저, 민음사, 2004, p.88.
54) 『신은 존재하는가(1)』, 앞의 책, p.195.

완성된 창조 역사 없이는 존재할 수 없다는 뜻이다. 화엄오교장의 십현문 중 동시구족상응문(同時具足相應門)에서도 하나의 먼지 속에 일체 법을 갖추었다고 하였다. 역시 완전한 창조, 그러니까 어떤 진화 여지도 끼어들 틈이 없다는 뜻이다. 창조란 본래 그러한 것이다. "어떻게 한 사물이 그 사물의 소이연지리(所以然之理)를 갖추고 있을 뿐 아니라 太極의 전체성도 갖추고 있는가?"[55] 티끌 하나라도 전체 시스템을 갖추지 않고서는 창조될 수 없었다는 뜻이다. 그래서 창조를 알기 위해서는 결국 온 우주를 알아야 하기 때문에 불가능하다란 체념은 어리석은 생각이다. 진실로 먼지 하나가 일체 법을 갖추었다. 화엄종은 "理란 통일된 전체로서 분별할 수 없기 때문에 개개의 事는 결코 理의 일부분이 현현한 것이 아니다. 理 전체가 현현한 것이다. 터럭 같은 事라도 理가 원만 구족하게 체현된 것이므로 사물과 사물은 본질적으로 같다. 원융무애(圓融無碍)하다"고 하였다.[56] 인간은 곧 소우주로서 온 우주가 한 본질체로부터의 현현이다. 사물과 사물이 서로 무애하고 차별성이 없는 이유는 모두 일심(一心)의 현현인 탓이다. 하나와 전체는 분리될 수 없다. 하나는 전체를 총섭한다. 창조 역사 없이는 무엇 하나 존재할 수 없다. 온 우주를 한 티끌 속에 들게 할 수 있는 것은 참으로 불가사의한 일이다.[57]

노자와 『화엄경』에서 말한 一은 숫자 개념이 아니다. 숫자로 친다면 제로처럼 생성과 분열 질서를 초월한 근원적 실체이다. 왕필은 "만 가지 형상을 띤 만물은 하나[一]로 돌아갈 수밖에 없는데, 그 하

---

55) 「주자 이기론의 연구」, 강현 저, 원광대학교대학원 불교학과, 석사, 1994, p.39.
56) 『한국철학 사상사』, 주홍성 · 이홍순 · 주칠성 저, 김문용 · 이홍용 역, 예문서원, 1993, p.204.
57) 『원효철학 에세이』, 앞의 책, p.88.

나가 곧 無라고 하면서 無이기 때문에 하나라고 하였다. 복잡한 만물의 통일 기초가 곧 無, 혹은 하나이며, 하나가 세계의 본원으로서 만물이 이 하나로부터 파생되었다"고 하였다.58) 왜 하나가 無인가? 창조 이전, 분열 이전, 존재 이전을 가른 통합 본질인 탓이다. 어느 모로 보아도 無할 수밖에 없다. 조주 화상에게 물었다. "우주의 모든 것이 하나로 돌아간다고 합니다만 그럼 그 하나는 어디로 돌아갑니까?"59) 어떻게 답했을까? 동문서답. 진정한 초점을 꿰뚫지 못했다. 과연 어디로 돌아갈까? 우주의 모든 것이 하나인 無로 돌아갈진대, 그런 하나가 돌아갈 곳은 다시 우주의 모든 것 안이다. "하나가 셋이 되고 셋이 하나가 된다고 한 것이 『천부경』이 밝힌 핵심 내용이다(析三極 無盡本)."60) 천지가 창조되지 않았다면 하나조차도 없고, 그렇게 창조되었으므로 하나[一]는 하나만으로 존재할 수 없다. 반드시 多[만물]와 함께하고 多와 관계를 형성했다. 장재는 왜 太虛에는 氣가 없을 수 없고, 氣는 모여서 만물이 되지 않을 수 없고, 만물은 흩어져 太虛가 되지 않을 수 없다고 하였는가? 창조된 필연적 연관 관계 때문이다. 多를 구성한 일체 개별은 낱개로 독립, 생김, 존재할 수 없다. "일체 법은 인연이 합쳐져 존재하고, 인연이 흩어지면 법 역시 소멸한다. 연이 흩어지면 無이다."61) 하나로 다시 돌아간다. 불교식 존재 메커니즘이랄까? 일체 법은 하나의 창조로 인한 생성 결과이다. 일체 법이 결국 一卽多란 창조 원칙 범주를 벗어날 수 없

---

58) 『중국철학 사상사』, 김백현 편저, 차이나하우스, 2007, p.156.

59) 『벽암록』, 안동림 역주, 현암사, 1999, p.260.

60) 『천부경』, 최동환 해설, 지혜의 나무, 2006, p.129.

61) 『중국철학 사상사』, 앞의 책, p.176.

어 일체 법이 연으로 연결되고 多가 하나를 이루어 개별로서는 단연코 존재할 수 없었다. 전체[多]가 하나이고 하나가 생성으로 늘어난 것이 多이다. 세계는 하나가 분열하여 생겨났으므로 법계 연기적인 방식으로 연결되어 존재한다. 그래서 연기의 법계에서는 하나가 모든 것이요 모든 것이 하나이다.62) 하나가 생성하는 세계 안에서 존재한 방식이 곧 법계 연기적 존재방식이다. 하지만 그런 존재 조건, 즉 생성 조건을 제하면 그 즉시 一卽一切, 一切卽一이다. 一卽多는 일체의 생성 시공을 초월한 창조 도식이다.

하나를 전체로 보고 그 이면에서 一을 多化시킨 엄연한 본체가 있다는 사실을 알아야 현상계의 현란한 논거 숲을 헤쳐 나갈 수 있다. 하지만 서양의 지성들은 하나인 초월적 본체성을 보지 못한 관계로 삼라만상 세계를 갈기갈기 흩어 버렸다. 잡다(雜多)를 통일시킬 유일자를 찾으려 한 시도가 고대희랍으로부터 시작되었지만,63) 하나에 대한 전체성을 판가름할 창조 메커니즘을 구축하지 못한 관계로 잡다를 끝내 통일하지 못했다. 그런 결과 차이는 실로 엄청나다. 영원히 전체가 개별, 잡다로 남아 있을 수밖에 없었는데, 창조를 알면 一의 분열 메커니즘으로 多를 통합할 수 있다. 一의 분열이 사실은 多를 통합시키는 여건을 축적시킨다. 一의 분열 방식은 하나를 바탕체로 한 상호 교통과 연결 방식이다. 一의 테두리 안에 있는 多는 一의 현상계적 존재 방식이다. 多는 一로부터 말미암았고 一을 갖추고 있어 어떤 多化에도 불구하고 一은 多를 조화, 통일시킨다. 一은 창조적 본체로서 능히 세계의 분열성을 통합할 수 있다. 일련의 가능

---

62) 『박성배 교수의 철학강의, 깨달음과 깨침』, 앞의 책, p.209.
63) 『기독교 세계관』, 아더 홈즈 저, 이승구 역, 엠마오, 1987, p.14.

성을 우리가 무엇을 통해 확인할 수 있는가? 개체적 현상과 세계가 지닌 존재 특성을 통해서이다. 세계가 개별로서는 존재할 수 없고, 전체성을 하나로 하고 있는 확실한 근거는 우주적 본질이 서로 통하고 연기, 인과, 필연, 일체, 귀일, 合一이 가능한 데 있다. 하나가 多, 전체를 이루고 있어 생성하는 세계에서 개체가 하나를 이루기 위해 끊임없이 추구 에너지를 발동시켰다. 生함과 존재함과 귀향처의 근원과 완성 방향과 존재 목적이 확고한데도 인류는 어떻게 아직도 깨닫지 못해 방황하고 구원처를 찾지 못했는가? 창조의 본향은 그대로 진리의 본향이며, 인류가 마지막에 도달할 영혼의 본향처이리라.

4. 창조의 메커니즘 특성

우주론(宇宙論)은 우주의 기원, 구조, 진화, 종말 따위를 연구하는 분야이고, 그중 창조론(創造論)은 세상의 모든 물질과 생명체가 無의 상태에서 神에 의해 창조되었다는 이론이다.[64] 다양한 우주론 안에 창조론이 있는데 과학의 물질적 우주론, 진화적 우주론 등은 이미 존재한 현상성에 근거했다는 점에서 자격 미달이고, 동양의 본체론은 초월적인 본질성에 근거하였지만 의지성, 인격성을 결여하여 창조 역사에 대한 주재성을 상실하였다. 반면 기독교의 창조론은 제반 조건을 갖춘 우주론으로서 완성될 가능성은 지녔지만 창조 역사를 뒷받침한 서양 문명의 한계성 때문에 답보 상태를 면하지 못하였다. 이에 이 연구가 창조론에 올인하여 그동안 복원한 神과 세계와

---

64) 다음 어학사전.

의 관계성을 대별한다면, 神과 세계를 전혀 별개로 본 관점, 같다고 본 관점, 변화된 것이라고 본 관점, 神과 무관하다고 본 관점 등으로 나눌 수 있다. 천지는 분명 존재하기 때문에 이중 하나는 정설인 것이 맞는데, 이 연구가 창조 메커니즘과 특성을 통하여 관계성을 판가름하고자 한다. 메커니즘(mechanism)은 어떤 대상의 작동 원리나 구조를 뜻하는바, 창조 역사의 작동 원리는? 구조적 특성은? 천지가 창조되었다면 하나님은 도대체 무엇을 어떻게 창조한 것인가? 창조론을 완성한 시점에 이르기까지는(증거까지 완료) 전제된 상황을 피할 수 없지만, 창조라는 단어는 모든 존재의 종시를 시사한다. 무슨 말인가 하면 이 연구가 밝힌 어떤 본질성보다도 메커니즘적인 특성을 규명하는 것이 세상 보는 눈을 다르게 한다. 세계관에 있어 큰 혁신과 변화를 불러일으키리라. 무엇을 기준으로 삼는가에 따라 판단 기준이 달라지고, 관점의 수정이 불가피하다. 알다시피 유물론과 유심론은 물질과 정신 중 무엇을 1차적인 것, 근원적인 것으로 본 것인가에 따른 차이인데, 창조 메커니즘은 일체 세계관적 논란에 대해 종지부를 찍으리라. 설정된 우주론에 있어 미비점을 보완하고 우주의 출발 시점을 창조 이전부터 두어 지난날 넘어서지 못한 한계성을 극복하리라. 하나님이 혼신을 쏟은 창조 역사 실현의 전부가 바로 천지 만물을 메커니즘화한 데 있다는 것을 밝히리라. 이 연구는 각종 창조론을 정리해서 체계 짓고자 한 것이 아니다. 직접 실행된 창조 메커니즘, 곧 하나님이 어떻게 천지 만물을 化生시킨 것인지를 밝히고자 한다(하나님의 존재 본체→창조 본체→命→창조 역사→化生 메커니즘→만물).『노자도덕경』에서는 "道는 一을 낳고, 一은 二를 낳고, 二는 三을 낳고, 三은 온갖 만물을 낳는다"고 하였고, 전한

(前漢)의 『회남자』「천문훈」에서는 "太昭→허확(虛廓)→우주→氣→천지→음양→四時→만물"이란 우주발생론을 말했는데, 이를 통해 우리는 우주 창조에 대해 어떤 정보를 얻을 수 있는가? 도식적 나열에 불과하였다. 주돈이는 『태극도설』에서 太極의 작용 바탕으로 化生萬物한다고 하였고, 헤겔은 역사란 '절대정신의 자기실현 과정'이라고 했다. 곧 자기를 외화(外化)했다. 다윈은 진화론을 세워 종의 변이 사실을 밝혔다. 하지만 그렇게 化를 작동시킨 메커니즘을 명시한 적은 없다. 쇼펜하우어는 단도직입적으로 말해 "모든 표상, 모든 객관은 의지가 현상으로 나타난 것, 가시적으로 된 것, 객관화된 것이라고 하였다. 그는 현상과 사물 자체는 이원적인 것이 아니다. 표상은 의지와 독립적으로 존재하는 것이 아니며, 의지가 객관화된 것으로 하나이다"고 하였다.[65] 표상과 의지가 하나라면 원래 하나인 것이 양분되었다가 합한 것인가? 의지는 영원하고 표상은 생멸하는데 그 이유는? 왜 둘인데 하나인가? 보다 명확한 해명이 필요하였고, 그러기 위해서는 의지와 표상이 곧바로 연결될 수 있는 작용 메커니즘이 있어야 했다. 창조 본의를 뒷받침하고 메커니즘을 더해야 창조론으로서 완성된다. 세계 위로 다양하게 나타난 현상들이 의지의 객관화로 가시화된 것이라면, 그렇게 설명하는 것만이 전부가 아니다. 의지와 세계와의 관계를 밝혀서 연결시킬 메커니즘이 필요했다. 스피노자의 범신론은 "하나님이 곧 실체이고 자연인 것으로 요약할 수 있는데, 특별한 사물들은 하나님의 속성이 변화한 모습이거나 그것을 통해서 하나님의 속성이 어떤 정해진 방법으로 표현되는 양상에

---

65) 「쇼펜하우어의 의지의 형이상학 연구」, 김현수 저, 제주대학교대학원 철학과, 석사, 2012, pp.42~43.

지나지 않는다(소산적 자연 대 능산적 자연)"고 하여66) 남들이 어려워한 문제를 풀어 낸 것처럼 말하지만, 역시 핵심된 실마리는 찾지 못했다. 창조방정식은 無極과 太極의 이행 특성을 조건화시켜야 성립되고 숨은 비밀을 풀 수 있는데, 양태적 변화 도식은 너무 단순하다. 절대 본체를 보지 못한 탓이다. 無極, 혹은 太極만으로서는 공적 상태에 빠지고 말아 창조를 일으킨 메커니즘에 대해 어떤 실마리도 추출할 수 없다. 본의에 입각하여 창조방정식을 풀 수 있는 조건을 갖추어야 비로소 차원적인 법문을 각성할 수 있다. "一心에는 二門이 있나니, 하나는 진여(眞如)문이요 또 하나는 생멸문이다. 이 두 문이 각자 모든 法을 담고 있는데, 왜 그런가? 두 문은 서로 별개가 아닌 때문이다(마조)."67) 여기서 진여문은 창조문이고 생멸문은 현상문이다. 이 二門은 왜 다르지 않는가? 생멸문이 진여문에 근거한 탓이다. 진여문, 혹은 생멸문 하나만 있다면 진여문이 생멸문을 있게 한 창조 메커니즘 비밀은 풀 길 없다. 다행히 두 문이 존재한 조건이 확실하여 생멸문의 본질을 꿰뚫을 수 있다. 왜 二門이 같은가? 났음(창조)에도 불구하고 원래는 나고 없어짐이 없다. 그렇다면 생멸함의 본질은? 생즉멸이고 멸즉생이다. 생과 멸이 다르지 않다. 영원히 有한 본질 바탕에서 돌고 돈다. 생멸은 이미 존재한 본체 有의 化이다. 有無적 본질도 마찬가지이다. "無와 有는 한 근원에서 나온 것이고, 오직 이름만 다르다. 이들 둘은 다 같이 유현(幽玄)하다. 유현하고 또 유현하여 모든 도리와 일체 변화의 근본이 된다."68) 無와

---

66) 「진화에 대한 목적론적 해석의 가능성 고찰」, 대구가톨릭대학교대학원 신학과, 석사, 2016, p.47.

67) 『박성배 교수의 철학강의, 깨달음과 깨침』, 앞의 책, p.172.

68) 『노자도덕경』 1장.-『노자』, 장기근 역, 앞의 책, p.31.

滅은 초월적인 본체 영역이요, 有와 生은 현상적인 존재 영역이다. 생멸 자체가 변화에 불과한 것은 본체가 존재한 때문이고, 진여문과 생멸문이 다르지 않은 것은 생멸문이 진여문으로부터 化한 탓이다.[69]

化의 본질을 진솔하게 부각시키기 위해서는 절대 본체의 불변성을 다시 한 번 확인할 필요가 있다. 송대 유학에서는 性卽理란 명제를 개진했다(주자학의 종지). 곧 理=性이라, 신즉자연의 자연=神이란 등식과 같다. 다른데 왜 같은가? 그 이유는 理와 神이란 본체성의 절대 불변에 근거가 있다. 창조되었는데도 본체는 그대로라, 이것이 창조로서 결정되고 만들어진 性과 자연의 본질을 확정했다. 이행되었지만 그대로가 아니고 化되었다. 그래서 이 연구는 창조를 命化라고 지칭했다. 하나님의 존재 본체가 말씀, 뜻, 의지의 작용력과 응집력으로 인해 본성을 이루고, 만물로 하여금 개별적인 특성들로 萬化시켰다. ○卽○는 변했지만 본질은 같다. 化는 같지만 현재의 모습이 다른 상태이다. 불교 철학의 용어를 빌리면, "하나이자 곧 둘이요 둘이자 곧 하나이다[一卽二而二卽一]. 같으면서 다르고 다르면서 같다[同卽異而異卽同]."[70] 왜 이런 초월 논리가 가능한가? 二와 異가 一과 同의 변용인 탓이다. 化된 창조가 아니라면 성립이 불가능하다. 化=변용이고 이행이고 창조된 현상계에서 존재하기 위한 메커니즘 방식이다. 이런 불교 용어도 결국은 萬化를 이룬 메커니즘 방식, 곧 창조 작용이다. 다시 말해 창조는 化인데도 그 化는 현상적 변화가 아니다. 그 이전부터 이루어진 본체의 이행이다. 본체로부터 창조되

---

69) 진여문이 있기 때문에 생멸문은 변화에 불과하고, 진여문이 化한 것이 생멸문이라 진여문이 달라진 것은 없다. 그러므로 생멸문의 본질은 진여문의 化이다.

70) 『원효철학 에세이』, 앞의 책, p.173.

었는데, 본체는 그대로이므로 창조된 것은 化이다. 정말 본체로부터 본체에 근거해 창조되었는데 본체가 여전한 것이라면 만상의 본질은 도대체 무엇인가? 본체 대 본체로서 이행된 것이라면 천지를 창조한 법칙도 원리도 계획도 목적도 필요 없다. 하지만 化이기 때문에 모든 이치를 망라하고 동원해야 했다. 그러니까 이행된 氣도 理의 氣이고, 분수된 사물도 各具 太極을 본유했다.[71] 결국 천지는 無極의 太極化이고, 太極의 萬極化이다. 하나인 유일신이 천지를 창조했고, 그 권능은 오직 하나님만 지녔다. 가지치기식 진화 계통수 원리는 절대 불가역이다. 化된 종은 어떤 창조 요인도 갖추지 못했다. 이치는 하나이지만 다양한 만물 속에서 다양하게 실현되는데(이일분수), 이치의 발생 근원은 유일하다.[72] 천 개의 호수는 천 개의 달을 비추고 있지만, 그렇게 비친 달은 밤하늘에 떠 있는 하나뿐이다. "天·地·人이 모두 一에서 나뉘어져 나왔다(『천부경』)."[73] 절대 본체의 불변성이 이에 근거한 창조 역사와 결과 세계의 본질을 규정했다. 그것이 무엇인가? 절대 본체의 이행 절차는 초월적인 창조의 化(無→有)이고, 만물의 변화는 시스템화된 현상적(有→有) 化이다. 이것을 우리가 명확하게 인식해야 하나니, 창조적 化는 본체에 아무런 변화가 없지만, 현상적 化는 생멸이 있다. 원 본체의 化는 불변을 원칙으로 하고, 변화를 본질로 한 현상계의 化는 생멸을 원칙으로 한다. 그래서 뭇 현상계의 실상은 無我, 무상하다. 왜 변화에는 한계가

---

71) "나누어 말하면 천지만상이 각각 하나의 氣이고, 合해서 말하면 천지만상이 같은 하나의 氣이다."-『율곡철학 연구』, 앞의 책, p.87.

72) 『유학의 변신은 무죄』, 강신주 저, 김영사, 2014, p.109.

73) "궁극적 본체로서의 一은 나누어지고 모아져도 결국 근본은 변함이 없다."-「천부경에 대한 철학적 연구」, 이근철 저, 대전대학교대학원 철학과 동양철학, 박사, 2010, pp.58~59.

있는가? 化된 탓이고, 化의 궁극은 滅이기 때문이다. 그런데도 그 멸
은 영원한 멸이 아니다. 化를 있게 한 본체가 불멸하고 불변으로 건
재하기 때문에 멸즉생이니, 化된 만상은 生者必滅하지만 순환, 유전,
생성을 통해 본체의 불변성을 시스템적으로 구현했다. 그래서 창조
메커니즘의 본질은 化이요, 化는 生이며, 生은 滅이다. 차원을 넘나
든 순환 멸이다. 하나님은 창조 역사로 만물이 영원할 수 있는 메커
니즘을 구축했지만 정작 우리가 확인할 수 있는 것은 생성 운동을
통한 시스템적 변화일 뿐이다. 이런 化를 지성들이 창조로 보고 도
법자연, 곧 道는 자연을 따라 스스로 그렇게 된 것이라고 착각하였
다. 변화의 본질을 변화하는 현상 속에서는 찾을 수 없다. 존재한 모
든 것은 창조된 것이고, 창조된 모든 것은 化한 것, 즉 변화된 것이
다. 化는 가존이요 진존은 따로 있었나니, 이것을 추적하면 변화의
본질은 물론이고 그 이면의 진존도 볼 수 있다. 만상, 萬化에도 불구
하고 본질이 변한 것은 하나도 없었나니, 이런 본체의 불변한 특성
을 바탕으로 제2의 하나님인 자신을 닮은 2세를 얻기 위해 온갖 정
성과 지혜와 사랑을 쏟아 뜻을 반영시킨 시스템적 구현 체제가 곧
천지 창조 역사의 化된 메커니즘 방식이다. 化는 만상을 이룬 본질
이고, 창조 역사를 실현시킨 메커니즘 본질이다.

5. 창조의 인식 특성

칸트는 서양 인식론의 대가로서 인식의 주체성을 확립한 독일의
철학자이다. 칸트 이전에는 존재론이 철학 체계에서 중심적인 자리
를 차지하고 있었는데, 칸트로부터 인간 자신의 인식 주관이 철학적

고찰의 기본 대상이 되었고 체계화된 학문으로서 본래 의미의 인식론이 출현하였다. 칸트는 당대에 영향력을 가지고 있었던 영국의 철학자 데이비드 흄(1711~1776)의 불가지론에 반발하여 자연과학이 진리로서 성립되는 근거를 인식론적으로 증명할 것을 철학적 과업으로 삼고, 이를 위하여 인간의 인식과정과 인식능력을 분석하였다.74) 그는 객관 세계가 인간의 주관적, 선천적인 인식 형식에 의해 파악된다는 발견을 두고 관점의 전환 사실을 자찬하기도 했지만,75) 이 연구는 그가 인간의 주관적인 형식에 기준을 둔 관계로 한계성에 도달한 반쪽짜리 인식론이 되어버린 안타까움을 지적하고자 한다. "물자체(Ding-an-sich)를 인식할 수 없고, 인식할 수 있는 것은 단지 현상적인 것에 한정시킴으로써 세계를 인식할 수 있는 것과 인식할 수 없는 것으로 나누었다."76) 왜 물자체를 인식할 수 없는 것인지 이유는 밝히지 못한 채……. 주관적인 인식 형식, 곧 인간을 기준으로 하니까 문제가 발생했다. 경험론자인 영국의 버클리는 관념은 우리의 마음이 없이는 존재할 수 없다고 주장했다. 어떤 사물이 존재한다고 생각하는 것은 실제로는 그 사물을 지각한 것이기 때문이다. 인간이 사물을 사물의 지각됨과 분리해서 생각하는 것은 불가능하다.77) 인식 작용이 제 눈의 안경 격이다. 자신도 지적하였듯 감각적인 지각은 객관성을 결여했고, 감각 자체도 대상에 따라 인식에 제

---

74) 『독일 고전철학 비판』, 김인철 저, 나라사랑, 1989, p.29, 33.

75) "자연현상에서 어떤 법칙적인 질서를 인식하는 것은 자연 안에 그런 법칙적인 질서가 존재하기 때문이 아니라 나의 오성 형식이 법칙적인 질서를 자연에 부여하기 때문이다. 자연의 입법자는 바로 인간이다(인식론상의 코페르니쿠스적 전회)."- 『과학기술의 철학적 이해』, 과학철학교육위원회 편, 한양대학교출판부, 2003, p.30.

76) 『유가사상과 중국식 사회주의 철학』, 이철승 저, 심산, 2002, p.92.

77) 「쇼펜하우어의 의지의 형이상학 연구」, 앞의 논문, p.25.

한성이 있으므로 이런 요인이 세계를 판단하는 데 있어서도 심각한 문제를 유발했다. 곧 존재 이면의 본질을 볼 수 있는 안목을 상실하고 만 것이다. 감각과 이성은 사물과 현상을 파악하고 분석하는 데는 유효한 수단이지만 생성되기 이전에 존재한 본질 세계를 파고드는 데는 장애를 지녔다. "칸트에 따르면, 자연의 세계가 본질적으로 어떤 모습인지에 대해서는 우리가 알 수 없다. 우리는 그저 인식 형식이 보여주는 세계의 현상적인 모습만 알 수 있을 뿐이다."[78] 본질을 보지 못하는 서양 인식론의 확증적 고백이다. 이런 문제를 보완하고자 한 쇼펜하우어는 "우리가 아는 것은 표상, 현상뿐이며, 물자체[神]는 결코 알지 못한다는 점을 시인하면서도, 우리가 물자체에 접하는 것은 지식이 아니라 의지이며, 의지는 모든 현상의 본질에 접하는 열쇠이다"고 하였다.[79] 그래서 정말 그가 의지를 수단으로 삼아 순수한 본질 세계를 엿보았는가 살펴보니까 의지란 존재의 보편성은 내세웠지만 피상적인 접근에 머물렀다. 일단 알려질 수도 이해될 수도 없는 초월적 존재가 의지라고 한 점에 있어서는 근접했지만[80] 의지와 신체 운동은 같은 것이다. 신체 운동은 의지가 객관화되어 나타난 것이라고 하고, 세계의 본질을 파악하기 위해서는 표상이 아니라 신체를 통해 접근해야 한다고 주장한 것은 인식 수단에

---

78) 『과학기술의 철학적 이해』, 앞의 책, p.31.

79) 『신은 존재하는가(1)』, 앞의 책, pp.492~493. "쇼펜하우어는 자신이 칸트가 제시한 수수께끼를 푼 사람이라고 자부하는데, 칸트가 인식할 수 없다고 본 사물 자체가 사실은 의지라는 것을 발견했다"고 주장하였다.-위의 논문, p.44.

80) "의지라는 말은 논리적으로 설명할 수 없다. 그 이유는 의지가 논리의 영역 밖의 것이기 때문이다. 다시 말해 논리는 표상의 세계에 해당되고 의지는 본질적인 것인 한 표상의 세계에 속하지 않는다. 표상은 모두 근거율에 의거하는 것이고, 의지는 표상의 배후에 있는 실재이니, 의지는 아무런 근거율을 갖지 않는다."- 『쇼펜하우어의 생애와 사상』, 박범수 저, 형설출판사, 1991, p.77.

있어 한계성을 지닌 것이다. 특히 의지 자체는 맹목적이어서 목표점이 없다고 언명한 것은 결정적이다.81) 이것은 비단 칸트나 쇼펜하우어에게만 주어진 한계성 인식이 아니다. 전통 맥을 이은 서양 문명 전체가 어쩌면 순수한 본질 세계를 볼 수 있는 눈을 틔우지 못한 것이라고 할 수 있다. 그들은 엄밀한 분열질서와 결정성을 갖춘 현상 사물에 대해서는 철저하게 파고들었지만 太極, 道, 空, 法과 같은 초월적인 본체 세계에 대해서는 무기력하였다. 이 같은 맹목성이 낳은 세계관의 총아가 그들이 건설한 현대 문명에 반영되어 있다. 왜 플라톤은 이데아의 실재성을 주장했음에도 불구하고 본체성을 보지 못했고, 아리스토텔레스는 오히려 본질의 절대 보편성을 정면으로 부인하면서 개별적인 사물 안에 국한시켰는가(형상과 질료)? 중세시대를 풍미한 보편논쟁, 즉 "유명론과 실재론은 보편자의 문제로서 보편자는 어떠한 종류의 존재를 가지고 있는가, 그것이 자연 안에 현실적으로 존재하는가, 그렇지 않으면 오직 인간의 정신 속에만 존재하는가, 또 그것들은 개별물들에 대해서 어떠한 관계를 갖고 있는가?"82) 정답을 구하고자 할진대 오히려 이일분수설을 대성시킨 동양의 주자를 초빙해서 물어보아야 했다. 보편은 초월적이라 현실적인 존재가 될 수 없고, 또 개별물과는 질적인 차이를 지니면서도 한편으로는 창조를 이룬 근원으로서 개별물들에 대해 어떤 관계를 가지는 것인지는 창조의 대메커니즘 작용으로 뒷받침해야 했다. 그래서 그들은 사실상 보편을 볼 수 있는 가능성을 지니지 못한 것이다. 결과로서 실재론은 지리멸렬하였고, 유명론이 서구 근대 문명의 적통

---

81) 위의 논문, p.41, 51.
82) 『서양철학사』, 스털링 P. 램브레히트 저, 김태길 외 역, 을유문화사, 2010, p.216.

을 계승하였다.

본질 세계를 볼 수 없는 인식 수단의 미비도 문제이지만, 객관적인 세계에 대해 인간을 인식의 주체자로 내세운 것도 문제이다. 사르트르는『존재와 무』에서, "사물은 자기 동일성을 지니고 자체적으로 존재하므로 사물 존재를 즉자존재(卽自存在)로, 인간의 의식은 즉자존재에 대면하여 그것을 어떤 것으로 규정하므로 의식 존재를 대자존재(對自存在)"라고 하였다.[83] 사물을 규정하는 자라고 하여 인식 기준을 인간에게 둔 관계로 인간이 규정한 즉자존재는 결국 한계성에 직면할 수밖에 없었다. 인식 기준 자체가 유동적이면 일체 판단이 그릇되고 상대화된다. 그렇다면 세계를 한계성 없이 판단할 수 있는 절대적 기준선은? 창조가 그 적정 수준선이다. 창조가 모든 인식을 발현시킨 첫 출발선으로서 본의를 알면 세계적 해명이 가능하고, 물자체 영역도 인식할 수 있다. 지적설계론자들은 "현재 초자연적인 개입을 허용하지 않는 자연주의 과학은 실체를 바라보는 잘려진 관점이다"고 비판하였는데,[84] 창조 역사는 인식이 불가능한 초월적인 영역을 가르는 기준선이다. 앞서 밝힌 창조의 초월적인 특성 몇 가지만 상기한다면 만사를 헤쳐 나갈 수 있다. 창조 이전은 왜 인식할 수 없는가? 버클리는 존재는 지각됨이라고 했는데, 그처럼 인식 세계에 포착되지 않으면서도 존재하는 것이 본질이고, 존재하지만 생성, 분열하지 않은 상태에서는 무엇도 인식할 수 없다. 그래서 창조는 인식의 제1 분기점이다. 주자학에서 주장한 理氣一元論은 창조 이전의 본체 논리에 근거한 통합적 인식이고, 理氣二元論은 현상

---

83) 『서양철학과 선』, 존 스태프니 외 저, 김종욱 편역, 민족사, p.169.
84) 「신과 과학의 만남」, 이승엽 저, 본질과 현상, 26호, p.137.

질서에 근거한 분열적 인식이다. 창조 역사를 기준으로 한 이원적 구분으로서 삼라만상 현상을 창조 이전과 창조 이후의 역사로 구분해서 보면 어떤 대립도 충돌도 없이 세상 질서를 바로 잡을 수 있다. 누구의 인식이 옳고 그르다는 것을 판가름하자는 것이 아니다. 무엇을 기준으로 삼았는가에 따른 관점상의 구분이다. 실상은 변함이 없다. 창조 역사는 지극히 초월적이라, 창조를 기준으로 삼으면 창조 이전에 존재한 본체적 실체를 실인할 수 있다. 노자는 道生一이라고 했는데, 여기서 道와 一은 무엇을 의미하는지 구분할 수 있다. 창조 메커니즘을 배경으로 깔아야 하는데, 천지가 어떻게 창조된 것인지 창조 이전의 작업 과정에 대한 비밀을 내포하였다. 즉, 道는 一보다도 더 상위 개념인데, 그 이유는 절대 본체의 창조 본체로의 이행 결과 탓이다. 一은 사실상 창조 역사의 전부이다. 창조 이후의 역사도 오직 一의 전개요 펼침에 불과하다. "一 이전에 다른 것이 있을 수 없고, 一 이후에 다른 것이 없다. 一에 의해 일체 만물이 생성, 변화하여 궁극적으로는 다시 一로 나아간다."[85] 一은 우주만물의 근원인데, 생성 이전이므로 무궁한 창조 시공이 일축된 상태이고, 인식상 無한 상태이다. 창조론자들은 하나님이 태초에 無에서 有를 창조하였다고 하였는데, 이 말도 창조 이전이 아닌 창조 이후 단계로 보면 해명이 가능하다. 현상적인 질서 안에서 無→有 창조는 불가능하지만, 창조 이전에 이룬 하나님의 사전 창조 역사를 근거로 하면 無에서 有를 창조한 것이 맞다. 동양의 왕필은 "천지가 비록 크고 온갖 사물을 가지고 있어 우레가 치고 바람이 불며 운동 변화하고 온갖

---

85) 「천부경에 대한 철학적 연구」, 앞의 논문, p.25.

변화를 일으킨다 해도 고요해지면 無에 이르게 되니, 이것이 천지 본연의 모습이다"고 하였다.[86] "돌아간다고 했을 때 그 돌아가는 것은 항상 자연이요 無이며 또한 하나[一]이다."[87] 천지가 창조되어 변화를 일으켰지만 결국 돌아가는 곳은 창조 이전의 본체 상태로서 無, 하나이다. 『태극도설』에서도 "궁극의 고정된 원리가 없으면서도 [無極] 최고의 원리가 있다고 했으니[太極]",[88] 곧 하나님의 사전 창조 역사를 직설한 것이다. 최고의 원리를 창출했지만 창조 이전의 작업 과정은 인식할 수 없어 無極이다. 창조 역사의 시작이 있었고 첫 출발이 있었지만 현상적인 첫 출발은 창조 이후부터이라, 시작은 있었지만 창조 이전부터 출발되어 세상 가운데서는 찾을 수 없었다 [無]. 이에 예로부터 깨달음을 얻은 覺者들은 이전의 궁극(시작)은 알 수 없다고 설했다(無始無終).[89] 사전 창조 역사를 염두에 둔 지극히 정상적인 통찰이다. 참으로 우주와 에너지와 생명은 無로부터 갑자기 시간이 걸리지 않고 창조되었고, 어떤 시행착오도 없이 순간적으로 완전하게 창조되었으며, 단순히 命함으로써 창조되었는가?[90] 일체 조건을 단숨에 충족시킬 수 있는 창조 메커니즘은? 바로 하나님이 창조 이전에 이룬 사전 창조 역사에 있다. 갑자기 창조할 수 있도록 하나님이 사전에 모든 준비를 갖추었다.

그러므로 우리가 파악할 수 없는 인식상의 문제는 창조 이전에 있은 본체 작용을 볼 수 없었기 때문이고, 규명하지 못한 원인은 사전

---

86) 『주역 주』, 왕필 저, 복괘, 「단전」.
87) 「왕필의 무귀론 연구」, 정기원 저, 서울시립대학교 교육대학원 윤리교육, 석사, 2005, p.31.
88) 『유학의 변신은 무죄』, 앞의 책, p.106.
89) 『용수의 삶과 사상』, 앞의 책, p.236.
90) 『창조는 과학적 사실인가』, 앞의 책, p.10.

창조 역사로 발생되었기 때문이다. 물자체를 인식할 수 없는 사실과 현상계를 벗어날 수 없는 한계성은 모두 창조 이전에 이룬 사전 창조 역사와 본질 작용과의 단절로부터 초래되었다. "결과는 우연히 나타나는 것이 아니고 그 배후에 어떤 필연적인 이유가 있는데",[91] 그 必因을 창조가 지녔다. 必因은 창조 이전이라 인식적으로 차단되어 있어 지성들이 필연을 거부하고 우연을 내세웠다. "우연이 생물계의 탄생과 인간 존재의 기원, 진화를 설명하는 유일한 사실이며, 그것은 필연적으로 미리 정해진 것이 아니라고 단정했다."[92] 이런 한계성 인식은 동서를 불문하고 공통적으로 나타난 현상이다. 곽상은 "만물의 존재는 모두가 자연스럽게 저절로 그러한 것이지 그 무엇이 그렇게 하도록 시키는 것이 아니라고 했다. 사물의 존재와 변화는 각자 독립적이고, 서로 의뢰하는 것이 하나도 없으며, 또한 어떠한 원인도 없고, 어떠한 조건도 필요로 하지 않는다고 했다."[93] 사실이 그렇다는 것이 아니고 오직 인식이 지닌 한계성을 나타낸 것이다. 이런 관점 유는 진화론 판박이다. 진화론은 시종일관 진화의 무방향성, 우연성, 무목적성, 무의도성(자연선택)을 기조로 삼았는데, 이것은 정말 대역설이다. 반박하는바 오히려 창조 역사의 완전한 시스템성, 사전 완비 체제를 시사한다. 세상 어디서도 저절로 생겨난 질서는 없다. 없었던 질서가 새롭게 생겨난 것은 이미 창조된 것이 잠재되어 있다가 생성된 것이다. 이신론적 신관의 큰 곡해 이유는 사전 창조 역사와의 차단으로 인해 세계 질서를 자동 시스템으로 본

---

91) 『과학기술의 철학적 이해』, 앞의 책, p.15.
92) 「진화에 대한 목적론적 해석의 가능성 고찰」, 앞의 논문, p.52.
93) 『왕필의 노자 주』, 왕필 저, 임채우 역, 한길사, 2005, p.167.

것이다. 보이는 것은 自化밖에 없다. 이런 측면은 노자의 우주론도 비슷한데, 그는 "만물의 생육화성은 무목적적인 순환, 스스로 이루어지는 자연적 작용, 무목적적 조화이다"고 하였다.[94] 道의 운행은 멈추지 않고 만물은 부단히 변화한다. 곧 이런 변화를 自化(natural trasformation)라는 개념으로 이해했다.[95] 노자는 인류의 지성들 중에서도 손가락 안에 들 정도로 창조의 심오한 차원성을 직시한 성현인데도 끝내 창조주의 의지성과 뜻을 간파하지 못한 관계로 선천 진리의 한계성 안에 머물렀다. 날마다 새로워지는 만물의 변화에 대해 외부적인 다른 힘을 배제시킨 것은 신령한 어떤 힘의 작용을 빌리지 않고자 한 합리성 추구 의도이겠지만, 그것은 신령한 힘이 아니라 창조 이전에 응축시킨 본질의 통합력이다. 현상계 안에서 보면 自化가 맞지만 이전의 사전 창조 역사가 자화적일 수 있도록 시스템을 완비시켰다. 자동차는 그냥 운행될 수 없듯, 현상계의 自化 시스템도 절로 구축될 수 없다. 그런데 진화론자들이 선호하였고 창조론자들도 일부 수용한 자기조직화(self-organization) 원리는 하나님이 창조 이전에 이룬 사전 창조 역사를 곡해한 판단이다. 세상 안에서 그처럼 자기조직화가 가능하도록 하나님이 원리로 설계하였다는 주장은 있지만,[96] 이것은 창조가 가른 경계선이 하나님의 사전 창조 역사를 차단시킴으로써 발생된 한계성 인식이다. 세계 안에서의 자기조직화란 다름 아닌 이미 창조된 시스템화이고, 엄밀한 조직의 생성

---

94) 『노자』, 장기근 역, 앞의 책, p.93.
95) 「노장의 자연철학에 관한 연구」, 노승만 저, 성균관대학교 유학대학원 유교경전, 석사, 2000, p.26.
96) 「과학과 신학의 대화를 위한 자연개념의 이해와 적용」, 서재선 저, 장로회신학대학교 신학대학원 신학, 석사, 2006, p.99.

활동이다. 다윈은 유물론적인 관점에서 "생명을 스스로 조직하는 원자로 된 가장 간단한 존재라고 생각하여"[97] 진화론을 펼쳤지만,[98] 물질과 생명체의 자기조직화 창조는 절대 불가역이다. 물리학에서는 대폭발 이론이 있는데, 어떻게 "태초의 우주가 한없이 조그만 점 하나에 응집된 에너지였고, 이 점의 팽창과 더불어 작은 입자들이 생겨나 이윽고 원자가 탄생하였고, 원자 사이의 결합으로 다양한 물질이 태어난 것인가?"[99] 그 겨자씨보다도 작은 우주 출발의 최초 점 하나가 곧 사전에 응축된 氣의 에너지가(통합성 본질) 하나님의 命에 의해 일시에 전환된 차원적 化로서, 우주의 거대한 팽창은 사전에 응축된 통합적인 에너지의 분열성에 기인했다. 대폭발 이전에 사전 창조 역사, 본질적 준비 과정, 곧 氣의 에너지 응축 작용이 있었다. 그래서 우주의 첫 출발이 대폭발로부터 있게 되었다. 과학적 무신론의 대표 논객인 도킨스는 "우리 인간은 생존기계이다. 유전자라고 알려진 이기적인 분자들을 보존하도록 맹목적으로 프로그램이 입력된 로봇 기계들이다"고 하였다.[100] 그는 분명 제작을 말했지만, 기계 로봇이 자체를 제작할 수는 없다. 로봇은 누가 만들었는가? 도킨스는 유전자에 프로그램이 맹목적으로 입력되었다고 하였는데, 이것은 사전 창조 역사를 보지 못한 진화론의 대표적인 억지 논거이다. 이처럼 지성들이 이해하지 못하고 설명하지 못한 인식적 제한성

---

97) 『진화론은 어떻게 진화했는가』, 앞의 책, p.70.
98) "자기조직화는 수학적으로 잘 정립된 엄연한 사실이다. 비록 초기 단계의 증거이지만 자기조직화 원리가 동식물의 몸에 적용된다는 증거도 있다."- 『다시 만들어진 신』, 스튜어트 카우프만 저, 김명남 역, 사이언스북스, 2012, p.175.
99) 『21세기의 신과 과학 그리고 인간』, 러셀 스태나드 엮음, 이창희 역, 두레, 2002, p.10.
100) 『과학으로 기독교 새로 보기』, 현우식 저, 연세대학교출판부, 2007, p.108.

(불가지론)과 단정은 모두 하나님이 창조 이전에 이룬 사전 창조 역사로 해명할 수 있다. 창조 이전의 역사는 無한 상태로서 인식할 수 없다고 했는데 해명할 수 있다는 것은 모순이 아닌가 하겠지만, 결코 그렇지 않다. 볼트와 너트는 겉모양은 다르지만 구조적으로 일치된 쌍을 이루듯, 사전 창조 역사는 창조 역사 이후의 현상적 특성과 짝을 이룬다. 그래서 드러난 구조상의 일치 여부를 살피면 창조 이전에 이룬 하나님의 역사 과정을 확인할 수 있다. 깨어진 유리 조각은 아무리 흐트러졌더라도 애써 맞추면 다른 조각들과 들어맞는 것처럼, 현상계에 나타난 결정적 특성과 그것을 결정한 본질의 사전 창조 역사 특성은 긴밀히 연결되어 있다. 色을 통하면 空을 알고 空을 통하면 色을 알 수 있도록 조건화되어 있었나니, 이 문제는 차후의 과제 속에서 구체적으로 논거하리라.

6. 창조의 초월 특성

이해할 수 있는 길이 있다면 이성을 가진 인간이 이해할 수 없는 것이 있겠는가만, 신앙인은 神을 이성적인 사고를 초월하는 존재로서 찬미하면서도[101] 아직까지는 믿음 외에 神을 이해할 수 있는 길은 발견하지 못한 것 같다. 아주 단순한 이치인데도 말로서는 神이 초월적인 존재라고 하면서 이해하는 데 있어서는 이성적인 방법을 들이댄 것은 결국 神의 초월성이 무엇인지 몰랐다는 뜻이다. "현대 물리학의 한 분야인 양자물리학의 눈부신 발전은 과학과 종교에 대

---

101) 『현대의 신』, N. 쿠치키 편, 진철승 역, 범우사, 1996, p.63.

한 인식의 근본적인 전환이 필요한 패러다임에 대한 인식을 가졌지만",102) 정작 무엇을 갖추어야 할 것인지에 대한 착안은 이루지 못하였다. 하지만 이 연구가 생각하는 패러다임과 그들이 인지한 패러다임은 전혀 다른 것일 수도 있다. 왜냐하면 그들로서는 듣지도 보지도 못한 질서이라, 설명해도 자신들이 가진 세계관적 기준 안에서 판단할 것이기 때문이다. 그것이 정말 무엇인가? 현재까지 포착한 기준은 현상적인 질서, 곧 3차원적인 기준이었다. 동양의 본체론이 4차원적인 질서를 개진하지 않은 것은 아니지만, 개밥의 달걀처럼 진의를 포착하지 못했다. 이것은 神의 초월적인 특성뿐만 아니고 창조 역사도 마찬가지이다. 창조처럼 차원을 달리해서 이룬 역사도 없다. 그런데 세인들은 줄곧 성경을 통해서든 신학을 통해서든 창조 역사를 이해하는 데 있어서 현상적인 질서 기준에 머물렀다. 새로운 패러다임이란 바로 4차원적인 질서 바탕 마련이라, 이런 질서를 구축할 지적 전통이 서양 문명 안에서는 없었다. 창조 역사는 초월적인 하나님의 존재 본체에 근거한 역사이므로, 본체 차원(4차원) 안에서 이루어진 역사를 이후로 구축된 결정적인 질서, 곧 3차원적인 질서 안에서는 가능할 수 없다. 초월적인 神과 창조 역사를 이해하지 못한 이유가 명백하다. 온통 3차원적인 질서 안에서 호흡하는 자들이 4차원에서 이루어진 존재와 역사를 가늠하고자 하니까 장벽에 부딪혔다. 이런 한계성은 창조 본질이 분열을 완료하지 못한 제약성과도 연관이 있다. 창조된 본의를 알기 전에는 과학적인 사실과 과학이 발견한 원리와 결정적인 법칙이 진리 판단의 전부일 수밖에 없

---

102) 「과학적 무신론에 대한 과학적 유신론의 비판 연구」, 정진우 저, 호서대학교대학원 조직신학, 박사, 2011, p.144.

었다. 탈레스가 세계의 기원을 물로부터 잡은 것과 다윈이 종의 기원을 종으로부터 구한 것은 그 이유가 분명하다. 창조 이전에 이루어진 사전 창조 역사, 그리고 차원성에 근거한 본질로부터의 창조를 알지 못한 뚜렷한 한계성 인식이다. 하지만 진리의 성령이 이 땅에 강림하여 창조 역사의 본의를 밝힌 지금은 창조의 전후 역사에 대한 특성을 통하여 불가능한 현상 질서의 한계벽을 넘어섰다.

하나님의 존재 본체가 창조 역사의 근원을 이루고, 창조 이후로는 사물 속에 바탕 본질로서 함께(내재)한 데서 이끌어낼 수 있다. 곧 초월됨이 가능한 본체적, 입체적, 메커니즘적, 세계관적 뒷받침을 이룬 것이라고 할까? 지성들은 세계 속에 함께한 전체성, 곧 바탕 본질을 보지 못한 관계로 神과 창조 역사의 초월성을 실감하지 못했다. 만상이 하나로 통하고, 어디에나 존재하고, 관점 하나로 꿰뚫어지는 등 만물일체, 하나가 만이고 만이 하나란 진리의 입체성을 보지 못했다. 억겁에 걸친 창조 시공이 한 통속이고 하나란 사실은 창조 역사의 초월적 특성을 알아야 이해할 수 있다. 그것이 무엇인가? 우리는 창조된 시간 안에서 모든 것을 헤아리지만 창조 역사는 일체가 시간이 생성되기 이전, 그러니까 無시간적인 본질에 근거했다는 데 있다. 숱한 다양함과 무수함을 이룬 기원을 분열 중인 시공간 질서 안에서 가늠하면 안 된다. 아우구스티누스는 하나님의 천지 창조는 無로부터 형태가 없는 질료를 만들고, 시간도 함께 창조하였다고 하였다. 여기서 시간의 창조란 시간도 창조의 결과물이란 뜻이고, 이런 의미에서 시간의 본질은 곧 생성을 의미한다. 따라서 정말 창조 이전에는 시간이 없었다. 그런 뜻이라면 천지는 시간이 없는 無로부터 시간이 있는 有를 창조한 것이 맞다. 시간은 결코 일률적일 수 없다. 존재와 함께하고 존재에 따라 생멸한다. 그래서 시간의 시초, 생명의 시초, 만물의 시초, 우주의 시초는 無로부터이다. 다시 강조해 창조 역사는 시간 개념과는 무관하다. 無로부터이므로 기원 역시 지극히 초월적이다. 생명은 무수히 나고 가며 너와 나도 그러하다. 시간 안에서는 선후를 따지지만 창조에는 그런 구분이 없다. 분열적인 질서 안에서는 三世를 따지지만 시공의 본질은 三世가 함께 실유한 본질체이다. 이전에 존재하지 않았던 조카가 태어나고 손자를 보는 것은 다반사한 일이다. 현실 안에서는 대개 삼촌이 먼저 나고 조카가 뒤에 태어나지만 잠재된 본체 안에서는 그런 구분이 없다. 만사 만유는 한 근본이고 한 통속이다. 현상 안에서의 시차와 순서를 고착화시킬 수 없다. 태초의 창조 역사도 하나님이 첫날에는 무엇을 창조하였고 둘째 날에는 등등 6일간에 걸친 단계적, 순차적, 종류별 차이를 따지지만 한편으로는 천지 만물을 한꺼번에, 순간적으로 창조하였다고도 하여 초월적인 권능성을 강조하였다. 즉, 태초에 혼돈의 현상을 전제한 다음 첫째 날-빛, 둘째 날-궁창, 셋째 날-바다, 땅, 식물, 넷째 날-해, 달, 별, 다섯째 날-조류와 어류, 여섯째 날-동물과 사람, 일곱째 날 안식 등등 이것은 지극히 현상적인 구분이다. 그런데도 진화론자들은 지구가 창조된 것은 불과 수천 년 전의 일이고, 그때 神이 모든 생물을 만들었다고 기록된 사실을 근거로 창조론이 틀렸다고 말한 것은 창조 역사의 초월성, 無시간성을 모르고 내린 판단이다. 그 오류가 명확하지 않는가? 중세의 "교부들은 창세기의 서술에 따라 하나님은 순서대로 어떤 것을 만들지 않고 한 번에 모든 것을 만들었다고 강조했다."[103] 그런데 문제는 어떻게 그렇게 한 번에 모든 것을 만들 수 있었는지 사전 창조 역사 메커니즘을 밝힐 수 없으니까 진리성을 확인할 수 없었다. 이해인들 하였겠는가? 하나님의 시간은 하루가 천 년과 같기 때문에 6일간의 창조 기간을 더 오랜 기간인 것으로 해석한 억지 춘향격뿐이었다. 만상은 본체 바탕에 근거해서 창조된 것이므로 이미 오고 감(생멸)을 초월했다. 하나님이 세계 안에서 초월하는 것도 다를바 없다. 하나님은 세계의 어김없는 바탕 본질 제공자로서 무소부재, 편재, 전재하다. 이것이 하나님이 창조주로서 제 현상이 지닌 질서성, 결정성, 분열성, 순차성, 제한성, 장애성, 한계성을 초월할 수 있는 근거이다. 우리는 시공간의 분열성을 따지고 사물을 분리해서 인식하지만 그 이전의 근본은 하나이다. 선천에서는 현상적인 질서 안에만 머물러 도무지 동시 창조를 생각할 수 없기 때문에 질료와 형상을 구분하고, 질료를 바탕으로 단계적인 과정을 거쳐 만상과 생명이 진화한 것으로 여겼다. 그래서 많은 세대에 걸쳐 수많은 종들이 멸종했지만 살아남은 몇몇 종들이 다시 진화를 거듭하여 오늘날의 종들로 다양화되었다고 논거했다. 왜 이런 억지에 대해 창조론자들은 반박할 근거를 찾지 못했는가? 창조 역사의 초월성을 알지 못한 때문이다. 창조 역사는 이미 완료된 것이고, 그로부터 생성된 역사적 근거가 곧 현재 모두가 겪고 있는 시간이다.[104] 태초는 우리가 현상적 질서 안에서 기준으로 삼은 과거가 아니며, 아직 다 풀지 못하고 겪지도 보지도 못하고 도달하지도 못한 먼 미래에 있다. 왜냐하면 통합성인 창조 본체[一]가 지금도 생성으로 풀리고 있기 때문이다. 멸종했는데 다시 새로운 종들이 나타나는 것은 생존한 종들이 진화한 것이 아니다. 섭리에

---

103) 「진화에 대한 목적론적 해석의 가능성」, 앞의 논문, p.111.
104) 시간은 곧 생성을 말하며, 생성은 바로 창조를 증거한다.

따라 태초에 이미 창조된 것이 잠재되었다가(통합성) 나타났다. 전에는 無했던 너와 내가 오늘날 빛을 보게 된 것처럼……. 시공간 안에서의 생성과 창조 역사의 단계적 시차, 종의 멸망과 새로운 종의 창조, 뭇 생명체가 죽고 태어난 생멸 현상, 예수의 재림 시차 등등 현상계 안에서의 나타나고 사라짐의 본질은 결국 동일하다. "시간으로부터 분리된 神이 어떻게 해서 우주 안의 일시적 사건, 예를 들어 예수의 몸으로 인간의 역사 속으로 들어오는 일을 벌일 수 있는가?"[105] 그리고 다시 재림했을 때의 질적 차이란? 현상계적인 차이일 뿐, 창조 역사 안에서는 無이고 하나로서 일체 구분 인식을 초월했다. 수천 번 생멸하고 재림한다 해도 형태와 이름과 역사적인 의미만 다를 뿐 본질은 변함이 없다. 이런 창조 역사의 특성을 요약하면 본체적, 초월적, 차원성이 뒷받침된 역사라 할 수 있고, 절대 본체의 창조 본체로의 이행 과정에서 萬化의 기반을 마련하였다. 이것이 일찍이 선천에서는 보지도 듣지도 못한 하나님의 존재 본체에 근거한 사전 창조 역사이고, 단계적 절차에 따른 창조 과정이다. 창조 세계에서의 이유와 원인과 원리와 법칙을 결정하고 발원시킨 역사이다. 선현들이 道, 太極, 空, 理, 이데아, 一圓相, 無盡本, 形而上學으로 접근했던 본체 작용 역사이다.

---

105) 『21세기의 신과 과학 그리고 인간』, 앞의 책, p.33.

제15장 창조의 결과적 특성

1. 창조 세계의 완전성

　플라톤은 현상의 근원에는 완전한 이데아가 있다고 하였고, 창조론자들은 생명체의 생식 과정이 경이로울 정도로 복잡하므로 성공하기 위해서는 처음부터 완전해야 했을 것이라고 추측했다.[106] 유학자와 기독교인은 한결같이 太極과 神이 완전하다고 하였는데, 도대체 그 완전성에 대한 기준이 무엇인지 감 잡기 어렵다. 특히 창조 결과는 그대로 만물이 처음 출발한 상태인데, 시작부터 완전한 상태로 출현되었다는 것은 쉽게 이해할 수 없다. 씨앗은 성장 과정을 거쳐서 거목이 되고 의자는 나무를 자르고 다듬는 제작 과정을 거쳐야

---

106) 『창조는 과학적 사실인가』, 앞의 책, p.59.

완성된다. 분열하는 현상계 안에서 처음부터 완전하게 존재하는 것은 불가능하다. 하지만 우리가 아는 당위성은 우리가 알지 못한 또 다른 이유로 반드시 작용된 과정을 거쳤다. 이것을 알지 못한다면 플라톤 이나 창조론자가 아무리 처음부터의 완전한 창조를 강조해도 이해할 길이 없다. 설명하기 위해서는 합당한 세계관을 제시해야 한다. 이런 성과가 부재한 선천에서는 아무래도 생성하는 질서에 부합한 방향으로 판단하였다. "기원전 4세기 말과 3세기 초 아리스토텔레스의 제자인 스트라톤은 자연은 메커니즘의 체제로 움직이는 보편적인 존재에 불과하다고 본 물질주의를 견지했다."107) 창조 이전에 이루어진 사전 역사와 존재한 본질을 보지 못하면 물질 작용의 기계적 메커니즘을 당위로 인식한다. 결정된 법칙성을 누가 어떻게 할 수 있겠는가? 『과정과 실제(1929)』를 쓴 화이트헤드(1861~1947)는 현실적 존재자의 궁극적 성질은 생성의 활동이라고 하였는데, 그 선구자에 해당한 헤겔은 "전체는 절대자와 직결될 뿐만 아니라 절대자 자신을 뜻한다. 절대자는 처음부터 완전한 모습으로 존재하는 것이 아니고 장구하고 복잡한 변증법적 자기 진화의 과정과 단계를 거쳐 종국에 가서 비로소 정신 또는 이성으로서의 참되고 본래적인 모습으로 나타난다"고 하였다.108) 헤겔도 神을 완성자로 본 관점은 일치한다. 하지만 그가 확보한 세계를 본 관점, 그 첫 출발점은 현상계, 곧 창조된 결과 세계로부터이다. 따라서 만상은 소정의 과정을 거쳐야 완성된다고 본 것이 타당하다. 이런 과정적인 세계 안에서 무엇 하나 처음부터 완전할

---

107) 『신학의 주제로서의 마르크스주의』, 배영호 저, 가톨릭대학교출판부, 2000, p.10.
108) 「유물론과 생명윤리」, 김필균 저, 총신대학교 일반대학원 신학과 조직신학, 석사, 2006, p.12.

수는 없다. 하지만 반드시 그렇지만은 않다는 것이 세계에는 드러난 현상 질서 이외에 제3의 질서가 있다는 데 있다. 입이 있는 자 무슨 말을 못할까만 그렇게 한 말과 생각과 판단의 진위 여부는 판가름할 수 있어야 하는데, 선천에서는 그 기준을 아무도 제공하지 못했다. 본의를 자각한 시점이 되어서야 선천 세계관의 미비점을 보완해 처음부터 완전한 메커니즘을 해명할 수 있게 되었다.

2부로 구성된 줄도 모르고 후편부터 소설을 읽은 독자는 무언가 석연찮은 점을 느끼게 되고, 읽어 보아도 끝까지 해명할 수 없는 부분이 있다는 것을 알아차리리라. 창조된 결과 특성도 마찬가지이다. 결과가 있다면 반드시 원인이 있듯, 창조도 창조 이전의 역사와 창조 이후의 역사가 있는바, 창조 세계의 특성은 당연히 창조 역사가 실현됨으로써 드러난 특성이다. 창조 역사는 전편과 후편이 있는데, 스트라톤과 헤겔은 후편만으로 세계를 판단하였다. 당연히 한계가 있고 유동적이므로 끝까지 해결할 수 없는 부분이 있다. 이 같은 세계관적 한계성이 선천에서 여실히 나타났다. 플라톤은 이데아의 세계를 통찰한 선각자이지만 그가 정말 전편의 창조 역사까지 알고 내린 판단인가 하면 그렇지 못하다. 후편부터 읽어도 전편에 스토리가 있다는 것을 유추할 수는 있듯, 플라톤도 일체를 현상적인 질서 틀 안에서 유추한 것이란 판단 근거는 그가 사례로 든 동굴의 비유를 보면 알 수 있다. 지극히 현상적이고 본체적이지 못하다. 관념적으로 이데아의 세계를 상정한 실정이다. 이런 이데아마저도 부인한 아리스토텔레스는 개별적 사물이 지닌 형상적 실재만 인정하였다. 이로써 그는 서구 문명 안에서 창조의 근원 세계로 나갈 수 있는 길을 차단시킨 가장 튼튼한 바리케이트를 친 공적을 남긴 철학자가 되었다(?). 창조 역사의 전편을 알아야 하는데, 이런 지적 요구에 대해 섭리적으로 부응한 것은 오히려 동양의 선현들이었다. 보혜사 하나님은 인류의 전 과정에 걸쳐 보편적인 역사를 펼쳤는데, 그것이 곧 진리의 성령으로서 펼친 본체론적 각성 발자취이다. 본체에 근거한 우주론 펼침 역사가 그것이다. 밝힌바 太極은 우주만물의 궁극적 존재 근거로서 우주만물은 모두 太極에 의해 생성되었다고 하였는데,[109] 太極→정동→음양→오행(화, 수, 목, 금, 토)→만물로 이어진 본질의 이행 과정이 그것이다. 이것은 창조 이후의 엄밀한 생성 과정이 아니기 때문에 논리적, 수학적, 원리적으로 표현될 수 없다. 일체 법칙이 결정되기 이전이라 無極, 太極, 道, 理氣, 음양, 오행 등으로 표현하였다. 창조 이전의 사전 역사 과정이 있어 창조의 3대 요소인 통합성, 선재성, 본질성과 5대 특성인 전체성, 초월성, 차원성, 완전성, 결정성을 갖출 수 있었다. 전편의 사전 역사 결과로 순간적 창조, 완전한 창조, 한꺼번의 창조 역사가 실현되었다. 창조 역사가 일시에 전편과 후편을 갈랐고 본질로부터 물질, 에너지, 생명, 정신, 영혼 등으로 萬化되었다. 최초의 DNA가 완전한 설계도를 갖추고 순간적으로 창조되었다. 현상계에 갑자기 등장할 수 있는 바탕 근거를 통합성 바탕으로 마련하였다.

전편의 비밀을 밝힘과 함께 지난날 끝까지 해명하지 못한 창조의 원인 문제, 조건을 갖추지 못한 상태에서의 세계관적 곡해 문제 등을 풀었다. 동양본체론은 한결같이 우주 기원의 첫 출발을 道, 太極, 梵, 空 등 구족한 본질 상태로부터 펼쳤는데, 바로 하나님의 사전 창

---

109) 『율곡철학 연구』, 앞의 책, p.45.

조 과정을 포함시킨 것이다. 천지 창조의 첫 출현이 완전함으로부터 시작된 것은 이전에 사전 준비 작업이 있었다는 뜻이다. 어떻게 하나님이 만물을 완전하게 창조할 수 있었는가? 사전 창조 역사를 통하면 충분히 이해할 수 있다. 왜 창조는 순간에 이루어졌는가? 창조 실현 이전에 이미 모든 것을 갖추었기 때문이다. 그 역할을 본질이 담당하였다. 창조의 결과적인 특성만으로는 만상이 점진적으로 진화한 것으로 보이지만, 사실은 처음부터 완전한 것이다. 진화는 창조에 대해 불가역인데, 그런 사실을 지적하기보다는 창조 역사의 완전성을 확인하는 것이 더 우선적이다. 창조의 완전성은 진화의 가설적 가능성을 불식시키며, 세계에 드러난 완전한 결과적 특성을 통해 입증할 수 있다. 태아 때 갖추지 못한 신체 기관을 성장하면서 갖춘 경우는 없다. 인간을 포함해 뭇 종들은 태어날 때부터 완전성을 갖추었다. 생존에 필요한 기관들은 단계적, 점진적으로 주어질 수 없다. 처음부터 구족, 완비되었다. 선천에서는 동시 창조, 순간 창조, 완전한 창조 메커니즘을 밝히지 못했고 사전 창조 역사를 규명하지 못했기 때문인데, 이제는 전·후편에 걸친 천지 창조 역사를 조망할 수 있게 되었다. 하자 보수를 걱정할 필요가 없을 만큼 완전하게 창조하였으므로 창조된 결과 세계 안에서 새로운 종의 창조는 절대 불가능하다. 창조된 세계 안에서 진화가 일어난다는 것은 말이 안 된다. 생성에 따른 변화 법칙의 심대한 곡해이자 전편의 창조 역사를 보지 못한 데 따른 한계성 인식이다. 완전한 창조 역사 안에서 진화는 없다. 하나님은 일체 진화가 허용될 수 없도록 완전하게 창조하였다. 창조론과 진화론은 아주 간단하고 단순한 문제를 두고 대립하였다. 서로가 완전함을 설명하고자 한 원리성 인식은 동일하다. 그런데도 진리성을 판가름하지 못한 것은 작용 메커니즘을 밝히지 못해서이고, 인식이 못 미쳐 창조론은 창조론대로 진화론은 진화론대로 서로에 대해 억지 주장만 되었다. 사실은 서로가 바라본 관점이 다르고, 차원 질서가 다르며, 종의 첫 출발 시점이 달랐기 때문이므로, 이런 차이점을 보완해서(생성 질서를 창조 질서로 대체시킴) 역도된 세상 질서를 正位시키리라.

2. 운동·변화의 원동력

세계에서 드러난 운동·변화의 원동력은 자체로서 발생시킨 것인가, 이것도 저것도 아닌 제3의 힘에 의한 것인가를 추적하는 것은 창조의 원동력과 피동성을 구분하는 것과 함께 창조 여부를 판가름하는 중요한 기준 요소이다. 신앙인은 당연히 창조되었기 때문에 피조체라고 하지만, 자동차는 그냥 움직이는 기계가 아닌 것처럼 운동·변화를 일으킨 근원을 추적하여 창조 세계의 결과적인 특성을 명확하게 부각시키고자 한다. 경험적으로 접하는 사물의 운동·변화는 절로, 자체로 움직이고 한도 끝도 없는 것 같지만, 우주의 운행과 변화에 법칙이 있다고 한 것을 보면(『주역』) 단언할 문제가 아니다. 동서양의 지성들이 원동력 요소에 대해 많은 견해를 피력했는데, 어떻게 보았는가에 따라 선천의 세계관이 결정되었다. 선천에서는 세계의 본질이 분열을 완료하지 못했고, 하나님도 창조된 본의를 밝히지 못한 만큼 운동·변화의 원동력에 대해서도 곡해가 있었다. 도대체 무엇을 잘못 본 것인지를 지적하여 질서를 바로 잡아야 한다. 자연이 운동하고 변화하고 있다는 사실에 대해 누가 부인할 사람은 없다. 생성활동과 변화는 자연의 본질적인 모습이다[道家]. 진화론이 종의 변이 현상을 통해 자연선택 개념을 내세운 것도 알고 보면 운동·변화 현상에 대한 일부 확인 관점이다. 하지만 살펴보면 변화현상을 일으킨 원인이 무엇인가에 대한 견해는 일치하지 않았다. 동양철학에서 "삼라만상이 무궁한 변화를 일으키는 것은 음과 양이라는 이질적인 두 기운이 지닌 것의 작용으로 인하여 모순과 대립이 나타남으로써 일어나는 현상이라고 하였다[一陰一陽之謂道]."[110] 모든 변화를 음양 양극 간의 역동적인 상호작용에 의하여 설명하였고, 이것이 생성 변화를 일으킨 에너지의 원천이라고 하였는데, 이것은 진화론이 내세운 자연선택 메커니즘과는 차이가 있다. "헤겔은 모순을 세계를 움직이는 원동력으로 보았다. 모든 사물은 그 자체로서 이미 모순적이다. 모순은 모든 자기 운동의 원리이고, 모든 운동과 생동성의 뿌리이다. 자체 내에 모순을 갖고 있는 것만이 스스로 운동하고 성장력과 활동력을 갖는다"고 하였다.[111] 모순이야말로 사물의 본질적 요소이고 운동의 원인이라고 하였는데(모든 사물의 발전 동력, 원천), 여기서 모순된 상황이란? 바로 뉴턴의 운동 제3법칙인 작용과 반작용처럼 한 물체에 대하여 동시에 작용한 반대된 두 힘을 말한다. 동양철학에서 말한 상대적인 성질을 가진 음양의 상호 작용과 구조적으로 동일하다. 따라서 모순이란 개념은 적절한 표현이 아니다. 베르그송의 경우는 "포괄하는 생명의 약동 학설, 즉 생명의 운동력이 창조적 진화 속에서 유기체의 발전을 떠밀고 나간다"고 하였

---

110) 『우주변화의 원리』, 앞의 책, p.36.

111) 「변증법에 있어서 발전개념에 관한 일 고찰」, 은우근 저, 전남대학교대학원 철학과, 석사, 1992, p.39.

는데,112) 한결같이 핵심된 작용 원동력은 초점잡지 못했다. 구구한 설일 뿐이므로 옳고 그름을 판단할 수 없다. 세계에는 보이지 않는 힘이 있는데 이 힘, 즉 작용력이 세계를 변화시키고 움직인다. 힘을 발생시키기 위해서는 원리성과 구조적인 시스템을 갖추어야 하는데 자연선택, 모순, 생명의 약동 등은 성질이 다른 개념이다. 원동력을 추적하고 규명하기 위해서는 현상계적인 조건과 현상계에 드러난 작용 요소로서는 불가능하다. 현상 이전의 본질 작용으로서 하나님의 본체가 천지 창조의 근간을 이룬 만큼, 원동력은 결국 하나님이 지녔다는 사실을 알아야 한다. 다시 강조해 현상계 안에서는 아무리 노력해도 운동·변화의 원동력을 찾을 수 없다. 아니 없다. 그 이유는 분명하다. 有에서 有의 변화는 생성일 뿐이다. 창조가 아니다. 이런 이유로 有→有 인식에 머무른 서양의 지성들은 끝내 문제를 풀지 못했다. 有 이전의 본질적인 無가 모든 운동·변화의 근원으로서 비밀을 간직하였는데, 그것이 곧 동양의 선현들이 일군 본체론이다. 앞에서 음과 양이란 두 기운의 이질적인 운동은 서양의 지성들이 내세운 요소와 차이가 있다고 하였는데, 그것은 바로 창조 이전에 이룬 본질 작용과 창조 이후에 이룬 현상 작용과의 차이이다. 본질이 창조 역사에서 이룬 작용과 역할을 알아야 이를 바탕으로 현상계의 운동·변화 원동력도 추적할 수 있다. 실질적으로 음양 오행론은 만상의 본체론답게 구하고자 한 일체 비밀을 간직하고 있다. 현상계의 분열적인 질서 체제는 본체계의 초월적인 질서 체제와 차원이 다른데 그 차이, 곧 초월적인 질서는 창조를 가능하게 한 체제이고, 분열

---

112) 『신은 존재하는가(1)』, 앞의 책, p.159.

적인 질서는 만상의 有한 본질을 유지한 체제이다. 창조된 세계는 이미 창조되었기 때문에 창조의 원동력 측면에서는 불가역적이다. 더 이상 창조할 수 없는데 세상 가운데서는 어떻게 새로운 것들이 계속 생겨나는가? 그것은 이미 창조된 것이 잠재되어 있다가 분열로 드러난 것이다.[113] 모든 운동·변화의 원인과 원동력은 창조를 낳은 본질이 지녔다. 창조는 본질이 이루었고, 세계는 운동과 변화를 본질로 할 수밖에 없다. 다시 말해 운동과 변화 작용은 창조 작용이 아니다. 동양의 장재는 "氣化(존재화된 본질)를 두 가지 형식으로 나누었는데, 하나는 변(變)이고 또 하나는 化이다."[114] 결론적으로 창조된 세계는 化하여 변한다. 그 변화의 밑뿌리는 생성함에 있다. 변화의 원인은 진화에 있는 것이 아니고 생성하기 때문이고, 생성 요인은 자연선택이란 외부 요인이 아니고 본질이 작용한 내부 요인에 있다.

모든 운동·변화는 생성에 뿌리를 두고 있고, 생성 운동은 본질 작용이 구축한 구조적인 시스템으로 인해 항구적으로 운동을 지속할 수 있는데, 이런 일련의 역할 과정을 일컬어 주자는 形而上과 形而下의 과정으로 구분하였다. 음양을 形而下의 器로, 太極을 形而上의 道로 해석한 것이 그것이다. 더 나아가 器=氣이고, 道는 理라고도 하여 太極=곧 理[太極卽理]란 성리학적 본체론을 확립했다. 여기서 形而上은 곧 창조 본체인바, 창조 이전에 마련된 太極 본체이고, 形而下는 창조 이후, 창조 결과로 마련된 존재 본체인바, 그 각각의 본질에 대해 주자는 一陰一陽은 形而下者이고, 道는 形而上者라고 하

---

113) 하나님만 창조 권능을 지녔고 세계에는 그 무엇도 창조 능력을 지니지 못했다. 그래서 세계 안에서 없었던 것이 새롭게 생겨난 것은 창조된 것이 잠재되어 있다가 생성으로 드러난 것이다. 생성만 온갖 변화를 일으킨 유일한 작용임.

114) 『송명성리학』, 앞의 책, p.104.

였다. 道는 一陰一陽 그 자체가 아니고, 一陰一陽하게 하는 所以이다. "음양은 만물을 생성하게 하는 두 가지 氣로서, 이 두 가지 氣의 상호력 관계가 존재한 만물의 변화 원리이다. 동양에도 이원론이 있다고 하는바 이 음양사상이 바로 그것이다."[115] 음양을 양의시킨 太極 본체는 창조 본체로서 一元이고, 통합성이고, 창조 이전이다. 그리고 천지 창조 역사의 첫 시작은 二元, 즉 음양 二氣로부터 시작되는데, 하나인 본체가 양극화로 나뉘어짐으로써 천지가 창조되었고, 만물이 존재하며, 생성하게 되었다. 二元은 창조된 존재의 조건을 성립시키는 생성 운동의 첫 출발이다. 하나가 양극화로 나뉜 구조적 특성 때문에 나뉜 양극이 다시 하나 되기 위해 영원히 생성한다. 곧 "일물양체(一物兩體)이라, 두 대립된 면이 서로 작용하므로 무궁한 변화가 가능하다. 이치상 반드시 대대(待對)함이 있어서 끊임없이 낳고 또 낳은 근본이 되었나니",[116] 태초의 천지 창조 역사는 太極 본체가 양의된 것 자체이다. 나뉜 구조가 만상의 운동·변화를 일으킨 생성 운동을 시스템화했다. 一元이 통합 본체라면 양의된 二元은 존재를 뒷받침한 현상적 구조이다. 만상이 운동하는 시스템을 갖추지 않을 수 없도록 한 세계 운행의 주된 원동력이다.

양의된 음양 구조가 만상이 영원히 생성할 수 있도록 구안한 지혜 시스템이라면, 그렇게 생성과 변화를 일으킨 에너지의 원천은 어디로부터 주어진 것인가? 그래서 다시 한 번 확인할진대 생성 운동과 시스템 구조 자체가 에너지를 공급하는 것은 아니다. 마치 원리대로 원동기는 제조되었더라도 가스, 전기, 기름이 없으면 동력을 발생시

---

115) 『역사철학과 역학사상』, 이상익 저, 성균관대학교출판부, 1996, p.181.
116) 『송명성리학』, 앞의 책, p.107, 154.

킬 수 없는 것처럼, 이원화 구조는 세계가 영원한 생성 운동을 할 수 있도록 구안된 시스템일 뿐, 다함없는 에너지의 원천 제공원은 아니다. 생성 운동의 본질은 창조된 결과의 결정 시스템이요, 에너지의 창조 동인이 아니란 사실을 명심해야 한다. 그렇다면? 창조 이전에 하나님이 응축시킨 통합 에너지가 그 원천이다. 하나님은 천지를 창조할 뜻을 가짐과 함께 혼신을 다한 지혜를 총합시켜 의지력을 축적시키고 규합한 사전 창조 역사 과정을 거쳤다. 이것이 태초에 일어난 우주의 대폭발과 거대한 생성 에너지의 원천인 우주의 시초에 누가 시계의 태엽을 감았는가에 대한 비밀 작업이었다. 이것을 알아야 온갖 변화와 생성 운동을 일으킨 원천 힘이 구유한 통합 에너지의 풀림에서 생겨났다는 사실을 알게 된다. 통합성 바탕을 마련하기 위한 사전 창조 과정을 동양의 본체론이 논거하였다. 음양을 양의시킨 것은 사전 창조 과정에서 응축된 통합성 에너지가 분열할 수 있도록 구조화시킨 것이다. 하나가 나뉘어졌으므로 양의된 음양 二氣는 다시 하나 되기 위해 움직이고 운동하지 않을 수 없다. 장재는 "太虛로서 형체가 없는 것이 氣의 본체이다. 그것이 모이고 그것이 흩어지는 것은 변화의 객형일 뿐이다"고 하였다.[117) 氣의 본체로서 형체가 없다고 한 것은 창조 이전에 존재한 근원 본체란 뜻이고, 太虛의 창조 결과 현상인 존재 氣가 모이고 흩어지는 것은 온갖 변화를 일으킨 보편적인 기본 바탕이라고 했다(객형). 왜 모이고 흩어지는 운동·변화가 있는가? 창조 이전의 통합 본체가 氣의 에너지를 응집한 과정의 재현이고 반복이 아닌가? 본질 바탕에서 氣의 동정취산(動靜

---

117) 「장재의 기철학적 천인관계론」, 김우주 저, 한양대학교대학원 철학과, 석사, 2010, p.9.

聚散) 운동과 현상계의 동정취산 운동은 창조 이전의 본질적 바탕 작용과 그로 인해 드러난 창조 이후 삼라만상 현상의 운동 질서를 나타낸 것이다. 이것은 비단 창조 이전의 사전 본질 바탕 마련과 창조 이후의 존재 결정 바탕 마련이란 차이성뿐만 아니고, 본체계와 현상계 모두 축적 작용은 있지만, 현상계의 축적 작용은 化적 변화를 일으키므로 유한하다. 따라서 본질의 의지력 축적은 창조적인 작용력으로서 현상계에 근본적인 변화를 일으키며, 그 변화는 불변한 본체의 이행으로서 항구적이다. 창조 이전에 이룬 사전 본질 바탕 마련이 현상계에서 운동·변화를 일으킨 원동력으로 제공되었다. 그렇게 해서 드러난 세계의 결정적 특성이 곧 생성 운동이다. 생성 운동이 세계의 분열을 낳고, 분열은 氣의 에너지를 축적시키며, 축적 작용으로 근본을 형성하여 만물 창생의 근본을 이루었다.[118] 사전 바탕 마련 과정을 이해해야 창조 이후의 결정 세계를 이해하고, 동양본체론으로 기본적인 역사 과정을 해명할 수 있다. 과연 천지는 어떻게 창조되었는가? 창조 이전에 이루어진 사전 창조 역사 과정부터 설명해야 하는데, 太極이 나뉘어 음양이 되고(양의), 이것이 다시 合하여 실현되었다. 두 기운이 교감하여 만물을 낳았다. 만물이 근본인 太極 본체의 작용으로 생겨났고 그 변화가 무궁무진하였으니, 이런 太極론이 하나님의 천지창조론을 완성하는 데 있어 기여한 지대한 역할이다. 창조 이전에 이루어진 사전 창조 역사 과정과 창조 이후에 이루어진 세계의 결과적 특성을 밝혀 연결, 연관 짓지 못하

---

118) 천지 창조의 바탕 형성→有한 본질성 구축→존재 시스템의 영구화와 에너지 생성으로 창조 역사 완성. 곧 있음의 분열→근본 형성→창조 목적 완성→통합성의 생성→삼라만상 창조.

는 한 누구도 창조론을 완성할 수 없다. 이것을 하나님이 진리의 성령으로 강림하여 계시하였다. 본질을 통한 사전 창조 역사 과정은 통합적인 체제를 완비함으로써 천지를 창조할 준비를 갖춘 상태이다. 그래서 道, 太極을 통해 만물을 창조할 수 있었다. 하지만 진화론은 이런 본질 준비 과정을 알지 못했기 때문에 비록 공통 조상을 내세우기는 했지만 사전에 마련된 통합적인 본질 바탕이 없어 추정한 공통 조상을 근거로 모든 것을 새롭게 갖추고자 하니까 이론적으로 모순점이 노출되었고, 이치적으로도 한계성이 역력하였다. 창조 이전, 본질로부터의 창조 과정을 첫 출발점으로 삼으면 세계에서는 그렇게 해서 시스템화된 생성 운동만 설명하면 되지만, 진화론은 애써 창조 과정까지 포함시켜야 하므로 종을 창조한 원리 법칙으로서 성립될 수 없었다. 현상 세계의 운동·변화는 창조된 결과 세계로서 원천 에너지는 사전 창조 과정에서 발원된 것인데, 진화론은 이런 인식이 없을 뿐 아니라 공통 조상도 종의 기원을 설명하기 위한 하나의 출발점 인식일 뿐이라, 개개 종의 창조 역할은 자연선택이란 밑도 끝도 없는 무작위성에 맡겨졌다. 도대체 종을 창조한 헤일 수 없는 정보들은 어디로부터 생성된 것인가? 담아 놓은 창조 보따리도 없는데 수많은 종들을 쏟아 내었다는 것은 마술이 아닌 기적이다. 마련된 바탕도 없이 종들이 우연히 유기성 물질의 합성으로 지구상에 나타났다는 것은 기독교의 無로부터의 창조 역사 판박이다. 그렇다면 유기물질 이전의 무기물질의 창조는? 창조 법칙은 일률적이고 동일한 것이라 운동·변화의 원동력이 어디로부터 발원된 것인지를 알면 창조된 결과 세계의 특성을 구분할 수 있고, 선천 하늘에서 난무한 제반 우주론, 창조론, 세계관을 제도하리라.

3. 창조 세계 구조

가옥의 구조, 인체 구조, 우리나라 산업과 경제의 구조 등등 구조는 일반적으로 상호관계에 의하지 않고는 존재할 수 없는 결합된 현상의 전체를 의미한다. 즉, 구조를 알면 형태를 알고 어떤 목적과 시스템을 갖춘 목적체란 사실을 판단할 수 있다. 크기와 상관없이 우리가 속한 우주 세계도 구조를 가지므로, 당연히 존재한 구조는 세계의 본질을 시사한다. 여기서 이 연구가 논거하고자 하는 것은 창조된 세계의 구조가 갖춘 특성인데, 이런 구조도 본의에 의하면 천지가 창조된 사실을 입증하는 기준 역할을 한다. 동서양의 지성들이 세계 구조에 대해 나름대로 인식한 세계관을 펼쳤는데, 플라톤(B.C. 427~347)은 "우리 눈에 보이는 가시적인 변화 세계를 현상계라 하고, 이러한 현상계와 대비되어 그 근원이 되는 세계를 이데아계"라고 부른 것이 대표적인 사례이다.[119] 이데아(Idea)는 만물의 원인이자 원형으로서 생성과 소멸을 모르는 영원히 변하지 않는 참실재로서, 말미암은 현 세계는 그림자에 불과하다고 하였지만, 이데아의 실재성을 증명하지 못한 관계로 관념설에 머물렀다. 확인하기 위해서는 무엇이 더 필요할까?[120] 차치(且置)하고 흔히 동양의 사상은 일원론적이라고 하고 서양의 사상은 이원론적이라고 하는데, 그런 이원론적인 사상의 전형을 보여준 철학자가 바로 플라톤이다. 성경에서도 보이는 것은 나타난 것으로 말미암아 된 것이 아니라고 하였듯, 세계는 단일하지 않다. 이원 내지 이분법적인 구조로서 나뉘어

---

119) 「변증법에 있어서 발전개념에 관한 일 고찰」, 앞의 논문, p.13.
120) 이데아적 창조설, 그러니까 이데아가 창조 본체란 사실을 덧붙여 논거해야 했음.

져 있는데, 플라톤은 본질적인 것과 현상적인 것, 필연적인 것과 우연적인 것, 영원불변한 것과 덧없이 사라지는 것 등을 대비시켜 각각 속한 세계를 둘로 나누어 설명하였다.[121] 하지만 엄밀히 말하면 이원론(二元論)과 이분법(二分法)은 개념이 다르다.[122] 플라톤이 세계를 이데아계와 현상계로 나눈 것은 이분법이고, 이원론은 세계나 사상(事象)을 두 개의 상호 간에 독립하는 근본 원리로 설명한 입장이다. 2개의 환원될 수 없는 이질적인 원리(때로는 갈등하고 때로는 보완적인)랄까? 인식론적 이원론의 예로서는 존재와 사고, 주관과 객관, 감각소여와 물질이 있고, 形而上學적 이원론의 예로는 神과 세계, 물질과 정신, 육체와 영혼, 선과 악을 들 수 있다. 17세기에 데카르트가 정신은 의식을 그 속성으로 하고 물질은 연장을 속성으로 한다고 규정함으로써 근세철학의 이원론을 성립시켰다고 하는데,[123] 동양에서도 理氣二元論이 있어 대립하는 두 가지, 곧 理와 氣를 현실의 기본규칙으로 삼은 것은 이원론인 것이 맞다.[124] 하지만 지적한바 理氣가 세계를 구성한 대립된 두 기본적인 요소가 아니고, 천지 창조 역사의 단계에서 이행으로 초래된 것이라면? 二元이 아니고

---

121) 『과학기술의 철학적 이해』, 앞의 책, p.16.

122) 이원적 요소와 이분법은 다르다. 요소 구분과 세계 구분 역시 다르다. 세계를 구분한 것과 하나를 나눈 것도 다르다. 나눈 것과 구분한 것은 다름. 곧 구조=구분이고 나눔= 요소이다. 그래서 "플라톤은 현실 세계와 이데아의 세계를 구분하여 이 두 가지가 우주를 형성하고 있다고 생각했다. 여기서 현실 세계는 이데아의 세계의 그림자요 일시적인 것이고, 이데아의 세계는 이상적인 세계요 영원한 세계라, 이 세계에 최종 목적을 두어야 함. 반면 데카르트는 우주의 구성 요소를 두 가지로 나누었는데, 우주적으로 말한다면 神과 세계이고, 사람은 마음과 육체이다."-『신론』, 이종성 저, 대한기독교출판사, 1992, p.168.

123) 다음 어학사전.

124) "이원론(二元論)은 우주 형성과 존립과 운영과 세계의 운행에 두 가지 운동력이나 원칙이 있다고 하는 우주관."-위의 책, p.168.

二分이다. 그렇다면 플라톤이 말한 이데아(본체)계와 현상계의 구분은? 당연히 이분론이다. 그것은 정신과 물질처럼 그 성질이 대립되거나 환원될 수 없는 원리 내지 요소가 아니다. 太極이 만물화되고 理가 氣化되었듯, 이데아계는 현상화된 이행적 바탕성이다. 이런 이분법을 통해 비로소 창조 이전의 역사와 창조 이후의 역사를 구분할 수 있다. 비교할진대 플라톤의 이원론은 차원적인 절대 구분이고, 아리스토텔레스의 이원론은 창조 내에서의 현상적 구분이다.

이처럼 세계를 구분한 것은 창조 과정에 대한 인식을 시사하며, 세계가 어떤 기본적인 요소로 구성되어 있는가에 대한 견해는 창조된 결과 세계의 구조를 시사한다. 대개의 지성들이 이원성을 극복하지 못한 것은 그 이유가 전적으로 창조 이전에 이루어진 본질 단계에서의 창조 작업 과정을 알지 못한 탓이다. 탈레스는 만물의 근원은 물이라고 하였는데, 이것은 만물을 구성한 근원적인 결정 요소 측면이지 물로서 천지 만물을 창조한 본질 바탕 역할이 아니다. 동서양이 각각 첫 출발을 어디서부터 잡았고, 어떻게 규정했는가의 여부는 처한 문명의 본질까지 규정한다. 언급한바 세계의 첫 출발이 일원론적인 동양 문명은 출발 시점을 창조 이전부터 둔 초월적인 본체 문명이고, 창조 이후의 양의된 이원론에 초점을 두어 현상적 질서 안만 맴돈 서양 문명은 지체 문명이다. 이원론은 현상에서부터 시작했다는 뜻인데, 이것은 창조 이전의 역사를 보지 못한 탓이다. 하지만 산은 산이요 물은 물이라고 했다가 다시 산은 물이고 물은 산이라고 한 것처럼, 현상적 관점이 아닌 창조적 관점에서 본다면 서양 문명이 이원을 첫 출발로 잡은 것은 다시 사전 창조 과정을 시사한다. 나아가 形而上의 세계와 形而下의 세계를 이분한 것도 창조를 전제한 것이다. 그런데도 일원론과 이원론의 숨은 비밀을 캐내지 못한 상태에서는 주장된 진의를 알 수 없었다. 창조 단계의 이행과 사전 창조 역사를 모른 상태에서 끝까지 문제를 해결하지 못하고 대립만 낳았다. 철학사를 수놓은 관념론 대 유물론 간의 투쟁이 그것이다. 창조 문제를 해결하지 못한 탓이다. 이런 세계관적 투쟁 역사를 종식시키고 세계관의 진위와 진리성을 판가름하는 것이 창조 본의이다. 현상계 안에서 주어진 질서 정보만으로 근원성을 따지다 보니 대등한 입장(동시 이원성)에서 대립 상황이 불가피하였다. 그것은 정당한 판단 기준이 아니었으니 관념론 대 유물론 간은 폭 좁은 타이틀 매치이다. 본의에 입각하면 일체를 포괄한 구분 틀이 생기나니, 곧 초월적인 실체 대 결정적인 질서 인식이 그것이다. 이런 구분 틀 안에서는 과학 대 종교, 실재론 대 유명론, 유신론 대 무신론, 본체론 대 현상론, 창조론 대 진화론 양상을 두루 포함한다. 이런 틀 안에서 보아야 얽히고설킨 논쟁 노선에 대해 교통정리를 할 수 있다.

창조 역사로 인해 절대 본체의 이행이 있었고, 化된 창조 결과가 있은 이상 지성들 역시 이런 변화 사실에 대한 기본적인 인식은 가졌다. 그래서 일원론, 이원론, 다원론 운운한 것인데, 문제는 창조가 분명하지 못해 성질이 상대적이고 차원이 다른 세계로서 양립되었고, 구분한 경계가 불확실하여 양 존재를 명확히 부각시키지 못했다. 성질이 다른 두 세계를 이원으로 구분은 하였지만, 왜 그렇게 된 것인지에 대한 메커니즘을 밝히지 못한 관계로 세계 안에서 지닌 특성과 역할을 규정할 수 없었다. 하지만 본의로 요건을 충족시킨 지금은 지난날 불가능한 이분된 세계 구조에 대한 창조관적 해석과 한계성에 대한 지적을 할 수 있게 되었다. 원불교의 창시자 박중빈은 생멸 없는 道와 인과보응되는 이치가 서로 바탕하여 한 뚜렷한 기틀을 지었다고 하였는데, 이것은 천지가 창조된 과정을 명확히 구분한 인식이다. 즉, 생멸 없는 道란 창조 이전의 본질적 바탕이고, 인과보응되는 이치는 창조된 결과 세계이다. 양자가 서로 바탕하였다고 하였으니, 그 말뜻은 창조 역사를 말하고, 한 뚜렷한 기틀이란 그렇게 하여 결정된 창조 세계 전체이다. 창조 이전의 본체 바탕, 곧 생멸 없는 道로부터 인과보응된 이치가 결성되었다. 그 사이에 무엇이 빠지고 생략되었는가? 창조란 作爲 행위와 과정과 주체 의지이다. 그럼에도 불구하고 소태산은 세계가 세계 자체만으로 창조된 것이 아니고 생멸 없는 道가 있어 인과보응되는 이치가 생겨났다고 한 形而上과 形而下적 합작품인 것을 분명히 하였다. 그리고 "理라는 말은 불교에서도 종종 사용되는데, 생멸 변화하는 개별적 현상을 의미하는 事에 대해서 理는 통상적으로 생멸 변화하지 않는 보편적이고 영원한 것을 의미한다."[125] 왜 事는 생멸 변화하는 개별적 현상인데 理는 생멸 변화 없이 영원한가? 事는 창조된 결과체이고, 理는 창조와 무관한 절대 본체인 동시에 창조 역사로 인해 개별 사물에 낱낱이 관여된 보편적 실체이기 때문이다. 이것은 다시 무위법(無爲法) 대 유위법(有爲法)으로서도 설명되는데, 생멸 변화를 초월한 상주이고 절대적인 法이 무위법이고, 원인·조건에 의해 생멸하는 사물 法이 유위법이다.[126] 존재의 두 측면인 본성[性]과 표상[相], 진제(眞諦=구극적 진리)와 속제(俗諦=방편적 진리)[127] 등등 진제란 창조 바탕

---

125) 『서양철학과 선』, 앞의 책, p.44.

126) 『용수의 삶과 사상』, 앞의 책, p.64.

127) 『인물로 본 한국의 불교사상』, 한국불교원전연구회 저, 예문서원, 2005, pp.208~209.

이고 속제는 현상적 모습인바, 나열된 이분 구조는 동일하다.

이런 일련의 구분과 나뉜 세계가 지닌 특성을 통하여 알 수 있는 것은? 세계의 주어짐, 곧 창조와 관련한 정보를 인출할 수 있는가? 도대체 무엇이 결여되었는가? 구분의 대표격인 본질과 현상 간의 관계를 밝혀야 하고, 그러기 위해서는 천지가 어떻게 창조된 것인지 알아야 한다. 모르니까 갈팡질팡, 지성들 중 누구도 세계의 궁극적 실상을 정확히 보고 초점잡거나 二分에 대한 경계선을 구분하지 못했다. 알다시피 아리스토텔레스가 사용한 形而上學이란 용어는 후인들이 그의 저술 목록을 분류한 편집 순서에서 나온 말이다. 즉, 학문 방법에서 자연학을 먼저 한 다음에 形而上學적인 문제, 그러니까 불변의 형상과 본성[神]에 관해 연구한다는 의미로 사용하였다. 창조 시점을 절대 기준으로 두고 구분한 것이 아니다. 본의에 입각할진대, 경험하고 그 근거를 판단할 수 있는 자연학에 대해 불변의 형상과 본성에 대해서도 궁금한 영역이 있었던 것은 그곳에 사실상 자연학을 있게 한 원천 비밀이 있어서이다. 창조 이전의 본질 단계에서는 사전 창조 역사를 통한 이행이 있었고, 창조 이후의 결과 단계에서는 창조된 세계를 유지하기 위한 생성 역사가 있었다. 이것이 자연학과 별도로 形而上學이 존재한 이유이다. 이행, 생성, 변증되지 않고서는 창조될 수 없고, 티끌 하나도 세상에서 존재할 수 없다. 그래서 形而上은 원형, 근원, 근본이고, 形而下[자연학]는 말미암음, 化生, 분열, 변화, 생성 소멸로 구분된다. 이 形而上學은 번역어로서『주역』에 있는 말인데, 「계사전」에서는 形而上者는 道이고 形而下者는 器(=氣)라고 하였다. 정자(程子)는 形而上者인 道를 무형으로, 形而下者인 氣를 유형으로 해석하였는데, 그 이유는 자취가 없어 감각

기관으로서는 인식할 수 없는 존재인 탓이다. 주자는 形而上者가 理, 形而下者가 사물이라고 주석을 붙였다. 또한 理는 太極으로서 形而上者이고 무형이며, 氣는 음양으로서 形而下者이고 자취가 있다고 하였다.[128) 器를 氣라고도 하고, 존재를 구성한 본질 영역인지 아니면 그것이 구체화된 사물인지, 무형에 대한 유형의 뜻이 창조의 어떤 단계를 말하는 것인지가 분명하지는 않지만, 세계 해석 관점을 이원화에 둔 것은 창조, 곧 이행 과정을 인식한 것이다. 세계는 결코 단일하지 않으니, 일련의 구분이 생긴 이유는 창조 역사도 변화를 이룬 단계적 과정을 겪었다는 뜻이다. 본체론에 입각한 동양의 지성들도 본의를 판단할 정확한 기준이 없다보니 헷갈린 형편이고, 판가름을 하지 못해 논쟁을 치른 상황인데, 현상 위주의 안목을 가진 서양의 지성들은 더 심각한 오류를 저질렀다. 통상 "본질은 사물의 존재와 발전을 규정하는 중요한 내적 측면이고, 현상은 사물의 본질을 표현하는 사물의 외적 측면"이라고 하는데,[129) 이런 규정으로 그들이 머문 시선은 창조 이후에 사물이 갖춘 본질+사물의 합작품 안이다. 그러니까 뜻이 지극히 기계적이다. 그 같은 개념 규정으로서는 창조에 관한 어떤 비밀도 엿볼 수 없다. 창조 문제를 풀 관계 도식이 성립될 수 없다. 곧 현상일원론이랄까? 창조 이전의 과정 설정이 전무하다. 현재 존재한 본질+현상(존재)은 창조가 이룬 결과물로서 반드시 창조를 매개로 했을 때만 관계 설정이 정상화된다. 혈로가 트이고 진리로서의 생명력이 살아난다. 본질은 절로 현상을 통해 나타나지 않으며, 표현되는 것도 아니다. 현상은 본질과 달리 제한성이

---

128) 『유가사상』, 이종우 저, 성균관대학교출판부, 2010, p.6, 19.

129) 「공산주의 철학비판(1)」, 이석재 저, 통일논총, 14집, 1982, p.70.

역력해 때가 이르기까지는 완전하게 드러남을 기대할 수 없다. 세계를 잘못 판단할 수 있다. 현상은 본질의 결정력 때문이라 구축한 창조 이전의 본질성 과정을 알아야 한다.

서양의 지성들이 현상적 질서에만 초점을 둔 것은 이성적 사고방식을 취한 문명 전체의 한계적 본질에 기인한다. 팔레스타인으로부터 전파된 하나님의 초월 신앙을 받아들이기는 하였지만 서양, 아니 그리스·로마인들이 가진 사고적 특성은 애초부터 현상계적 질서를 규명하는 데 국한되어 있어 이런 지적 전통을 계승한 교부 아우구스티누스는 하나님과 창조와 만물의 관계를 설정하는 데 있어 첫 단추를 잘못 끼워버렸다.

> "신성한 神이시여! 당신께서는 하늘과 땅을 당신으로부터 만든 것은 아닙니다. 왜냐하면 당신께서 하늘과 땅을 당신으로부터 만들었다면 하늘과 땅은 당신과 동일했을 것이기 때문입니다. 그러나 그곳으로부터 하늘과 땅을 만들 수 있었던 것은 당신 외에는 아무도 없었습니다. 따라서 당신께서는 하늘과 땅을 無로부터 만들었습니다."[130]

아우구스티누스는 창조 이전에 존재한 하나님만 보았고 본체가 지닌 창조 역할은 알지 못했다. 이런 안목이 결국 서양 문명 안에서는 창조 메커니즘을 세우지 못하고, 神을 증명하는 데 실패하며, 세계와 神과의 관계를 정립하지 못해 각종 무신론의 배태 온상이 되고 말았다. 無로부터의 창조는 참으로 역설적이다. 창조 이전의 역사 과정을 볼 수 있는 안목이 차단되어 기독교 신학을 온통 현상계적인

---

130) 『고백록』, 12권, 7장.

질서 안에서만 궁구하도록 몰아붙였다. 철학자로서는 아리스토텔레스가 질료 형상론과 가능태-현실태론을 통해 창조 이전의 역사 과정을 단절시켰는데, 이런 전통을 후일의 토마스 아퀴나스가 계승하였다. 그는 존재와 본질을 구분한 이분법적 안목으로 존재와 본질이 일치하는 필연적 존재인 神과 존재와 본질의 합성으로 이루어진 우연적 존재인 피조물을 구분하였는데, 이런 구분 인식을 보면 필연적 존재인 神과 피조물 간의 관계 메커니즘을 밝히고자 한 의도를 찾을 수 없다. 왜 존재에는 본질이 있는가? 본질은 피조물을 창조한 神의 그림자이자 흔적인데, 단지 우연적인 존재라니! 아퀴나스가 인지한 바 "세계 속에서 발견되는 운동, 변화, 인과 관계, 우연적인 존재들, 완전성의 단계들, 목적인의 질서와 같은 사실들로부터 출발해 제1 동자, 제1 원인, 필연적 존재, 최고 완성자, 최고 지성자 등의 개념에 도달한 神이란 무엇이고, 그것이 어떻게 존재하는지 그 존재의 조건은 무엇인가"[131]를 알기 위해서는 창조를 알아야 했다. 神의 존재 조건은 그대로 창조를 성립시킨 법칙 조건이고, 나아가서는 삼라만상 존재를 결정한 조건이자 모든 사실을 증명할 필연적인 요구 조건이다. 관계가 성립된 것은 창조가 이행으로 실현된 탓이고, 일련의 과정을 겪은 이상 모든 단계에는 필연적인 요소들이 자리 잡고 있어 창조 이전에 이루어진 창조방정식이 그대로 창조 이후의 관계방정식으로 이어진다. 그래서 관계를 성립시킨 창조를 매개로 하면 현상계 안에서 풀 수 없는 창조 문제가 없다. 하지만 서양 철학, 서양 창조론, 서양 신학은 神을 모신 문명 안인 데도 창조의 본의에 무지하

---

131) 『서양철학 이야기(1)』, 앞의 책, p.145.

여 관계 설정을 잘못하고 창조 메커니즘을 세우지 못하였다. 근대를 연 "데카르트가 심신이원론에 의해 神의 역할을 영혼의 영역에 한정하고, 물질세계에 대해서는 세계를 창조하기만 하고 그 후에는 개입하지 않는 이념을 제시"한 것이 그 예이다.[132] 神과 물질세계의 관계를 개선한 것이 아니고 영영 갈라버렸다. 그 이유는 명백히 단절된 창조 인식에 있다. 칸트도 물자체(본질)와 현상을 분리시킨 것은 사람들에게 커다란 곤혹감을 일으켰다.[133] 즉, 『순수이성비판』에서 물자체를 인식할 수 없다고 단정하고 현상의 세계만 파악할 수 있다고 하였는데, 물자체로부터 드러난 현상과의 관계를 통하여 물자체를 유추하고자 한 시도는 전혀 없었다. 그 이유는? 물자체(본체)로부터 현상이 나타나고 창조된 관계식을 세우지 못한 탓이다. 근원된 바탕 본질을 보지 못해 연결된 실마리를 찾지 못하고, 물자체와 하나님이 영원히 독립, 격리, 분리되어 버렸다. 창조로 인한 연관 관계를 보지 못한 것이 서양 문명이 지닌 본질이고 한계성이다.

이런 문제점을 인식한 쇼펜하우어는 의지와 표상과의 관계 해명을 통하여 새로운 세계 해석을 시도하였다. "세계는 나의 표상이다"란 명제는 그의 인식론적 진리이자 우리에게 주어진 세계를 이해하는 출발점이다.[134] 이것은 칸트가 세계를 현상계와 물자체로 나누고, 인식 주관이 현상계를 선험적 관념의 형식으로 인식할 수 있다고 한 주장의 계승이다. 이들의 공통점은 우리가 경험하는 표상은 세계 자체가 아니라 우리가 경험하는 방식에 의해 나타난 현상이라

132) 『서양근대 종교철학』, 앞의 책, p.339.
133) 『현대 유물론의 기본과제』, 임신성 저, 민해철 역, 거름, 1985, p.35.
134) 쇼펜하우어는 『의지와 표상으로서의 세계』에서 의지가 세계의 본질이라고 주장함.

는 데 있다. 인간은 표상만 인식할 뿐, 세계 그 자체를 직접 인식할
도구와 수단은 갖고 있지 않다. 표상의 세계도 충분근거율이란 특수
한 형식을 통해 인식되는바, 세계는 주관에 의해 제약된 표상들의
결합이다.135) 첩첩산중이라는 말이 있듯, 쇼펜하우어는 도대체 무엇
을 해결한 것인가? 현상적 질서 안에서 세계를 인간이 가진 주관에
의한 표상물로 봄으로써 충분한 근거를 지닌 표상의 이유율마저 무
색하게 해버렸다. 왜 우리는 물자체를 인식할 수단과 도구를 갖지
못했는가? 자신이 일체 바탕 본질을 간직하였고, 의식으로 본질성과
접하고 있다. 그래서 자체 존재 의지를 추구 의지로 분열시키면 존
재한 근원성에 도달할 수 있다. 의지와 표상과의 관계는 창조를 통
해 해명해야 했는데, 그도 결국 서양의 지성들이 취한 현상일원론적
한계성을 벗어나지 못했다. 곧 우리가 연구하는 어떤 학문도 표상들
의 관계를 밝힐 수 있을 뿐 세계의 본질은 알 수 없다고 한 것이 그
것이다. 세계의 본질과 표상이 가진 엄밀한 창조성에도 불구하고 본
질을 모른다면 표상과 표상 간의 관계마저도 밝힐 수 없다. 현상적
질서만으로는 어떤 경우도 창조 문제를 풀 수 없다. 창조 면에서 한
치 앞도 전진하지 못한바 칸트의 물자체 대신 의지를 내세우기는 했
지만, 그것은 개념적인 전도 이외에 아무것도 아니다.

"객관적인 세계, 즉 표상으로서의 세계는 세계의 유일한 면이
아니라 단지 한 면, 말하자면 세계의 외적인 면일 뿐이며, 세계에
는 이와는 전혀 다른 또 하나의 면이 있는데, 그것이 세계의 가장
내적인 본질이자 핵심인 물자체이다. 그리고 우리는 그것이 객관

---

135) 「쇼펜하우어의 의지 개념과 자연 연구」, 이진영 저, 제주대학교대학원 철학과, 석사,
2015, p.11.

화된 가장 직접적인 단계에 따라 의지라고 부른다."[136]

차이점이 있다면 칸트는 물자체를 유추할 수는 있되 현상계적인 질서 조건 안에서는 파악할 수 없다고 한 불가지론자였던 반면 쇼펜하우어는 물자체가 의지의 형태로 존재한다고 실인한 차이 정도이다. 현상과 물자체를 구분한 칸트에 대하여 해결했어야 한 진리적 과제는 물자체를 직접 인식하는 것인데, 불가능하다는 것을 재차 확인한 수준에 머물렀다. 왜 불가능한가? 현상 세계는 창조를 있게 한 세계가 아닌 것을 시인한 것인데 그는 의미를 알아채지 못했다. 현 안에 접근해서 궁리했을 리 만무하다. 의지와 표상과의 관계를 밝힐 수 있는 제2의 창조론을 세워야 했다. 그 이유에 대해 "쇼펜하우어는 경험의 진정한 본성에 대해 깨우쳐 준 칸트를 존경했지만, 우선 경험 세계의 바깥에 다수의 사물이 있다고 추정한 것은 잘못했다고 여겼다. 그는 시간이나 공간 속에 있을 때만 어떤 다른 것과 다를 수 있다고 생각하였다. 그래서 시간과 공간의 바깥에서 모든 것은 단일하고 차별이 없다고 하였다. 따로 구별되는 사물이 존재할 수 있는 곳은 경험 세계뿐이다. 칸트는 실재와 현상 사이에 인과관계가 있다고 생각했지만, 쇼펜하우어는 그럴 수 없다고 하였다."[137] 그는 칸트가 경험 세계의 바깥에 다수의 사물이 있다고 추정한 것은 잘못이라고 비판했는데, 당연히 창조되기 이전이므로 그 같은 사물적인 형태로서는 그 무엇도 존재할 수 없다. 그야말로 경험과 무관하고 인과율이 성립되지 않으며 어떤 물질적 대상도 시간도 공간도 없다. 알

---

136) 『의지와 표상으로서의 세계』, 쇼펜하우어 저, 홍성광 역, 을유문화사, 2009, p.85.
137) 위의 책, p.686.

수도 이해할 수도 인식할 수도 없다. 하지만 그런 특성과 달리 창조 이전에는 뭇 사물의 충분근거율을 결정한 바탕이 무형인 본질 형태로 존재했다(통합성). 그런데도 실재와 현상과의 인과성을 단절시킨 것은 창조 역할에 대해 무지하고 무시한 탓이다. 창조 이전의 본질 세계를 볼 수 있는 눈도 없이 현상계에 드러난, 혹은 요구된 조건만으로 접근하니까 창조방정식이 성립될 수 없었다. 세계관을 왜곡하였다. 영국 경험론에 무슨 문제가 있는가 하면 현상계에서 경험, 즉 분열로서 나타난 것만 가지고 인식 여부를 단정하고 지식의 원천을 추적한 데 있다. 경험이 어떻게 해서 발원된 것인지도 모른 채……. 지식의 백지상태란 엄청난 이율배반이다. 그러니까 쇼펜하우어는 "모든 표상, 모든 객관은 의지가 현상으로 나타난 것, 가시적으로 된 것, 객관화된 것"이라고 하면서도[138] 의지, 즉 본질이 심오한 창조 작용을 일으켰다는 사실에 대해서는 무지해 의지가 맹목적으로 작용하는 모든 자연력 속에 나타난다고 하였다. 의지의 맹목적 작용 규정에 본질의 창조 작용과 단절된 한계성이 있다. "사물 자체를 의지(본질)로 간주하고, 현상 형식은 의지 자체와는 아무런 관계가 없다고 했다. 왜냐하면 근거율은 현상의 형식에만 속한 탓이다."[139] 그렇다면 현상의 근거율은 어디서 발생한 것인가? 현상 자체로부터 발생되었다고 할 수밖에 없다. 창조 역사와 절대 차단된 상태에서의 판단이다. "개체는 개체화의 원리에 의해 다수성으로 나타나고, 사물 자체는 이런 개체화의 원리에서 자유롭다"고 했지만,[140] 사실은

---

138) 위의 책, p.204.
139) 「쇼펜하우어의 의지의 형이상학 연구」, 앞의 논문, p.44.
140) 위의 논문, p.57.

거꾸로 된 판단이다. 자유로운 것이 아니라 끊을 수 없는 관계를 지녔고, 개체는 개체화의 원리가 아니라 창조 원리에 따라 다수화되었다. 사물 자체는 하나이고 개체는 다수라고 함에, 다수가 발생한 메커니즘을 쇼펜하우어는 세계의 핵심 본질로서 규정한 의지를 통하여 창조에 관한 일체 보따리를 풀어헤쳐야 했다. 하지만 서양의 지적 전통 안에서는 그런 가능성이 희박하였다는 사실을 알 때, 관념론이든 신학이든 진화론이든 과학이든 그 무엇을 통해서도 현상일원론적 범주를 벗어나지 못했다. 우주의 기원, 창조의 기원, 종의 기원에 대해 답하지 못했다. 무신론이 배태될 수밖에 없었다.

4. 능동성 대 피조성

서양 철학사에서 칸트는 물자체와 현상계를 구분한 철학자인데, 그로 인해 물자체는 불가지한 영역이 되어 버렸고, 급기야 물자체[神]를 부인한 현상일원론으로 기울어 현상적 질서만을 전부로 한 세계관적 한계성과 문명적 퇴행성을 자초하였다. 이런 문제점은 창조 신학에서도 재현되어 神을 신앙한 문화권 안에 있는 지성들이 가장 기본적 인식인 창조와 피조체조차 구분하지 못하여 우연이든 자연선택이든 교배, 조합, 합성을 통해 새로운 종을 창조할 수 있다고 착각하였다. 그렇다면 기독교는 어떤 근거로 하나님이 창조주이고 천지 만물은 피조체인지 근거와 기준을 밝혔는가? 하나님은 천지를 창조한 분이므로 창조주이고, 천지 만물은 창조되었기 때문에 피조체란 선언뿐이다. 하지만 만지만능한 하나님을 실인할 수 없고, 손길을 느낄 수 없는 세계 안에서는 어떻게 해야 창조성과 피조성을 구분할 수 있는가? 우선 확인할 수 있는 것은 창조의 능동성 여부이다. 전제로서 하나님이 창조주라면 그렇게 해서 창조된 세계 안에서는 능동성이 없어야 한다. 창조 권능, 창조 요인, 창조 역사의 능동성은 하나님만 발휘하고 실현할 수 있다. 창조된 대상이 그런 권능을 가지는 것은 어떤 경우를 불문하고 불가능하다. 그래서 피조체이다. 하나님의 창조 권능 발휘는 너무 당연한 것이라 정작 신학에서는 별다른 논거가 없었지만 동양은 본체론에 입각하여 나름의 방식대로 피조성을 규정하였다.

제 눈의 안경이고 가진 사고방식과 머문 세계 인식에 따라 보는 관점이 다르지만, 불교의 삼법인(三法印) 중 제법무아(諸法無我)는 "현상계의 실재(實在-reality)는 공간적으로 아무런 실체(實體-substance)를 가지고 있지 않다는 뜻으로서"[141] 본의 관점에서 본다면 영락없이 현상계의 실재는 창조인(創造因)을 가지고 있지 않다. 창조의 능동적인 요소를 지니지 못한 피조체란 뜻이다. 나아가 대승불교에서는 무아설을 공관(空觀)과 관련하여 無我는 사물에서 나(영원불멸의 본체, 고정적 실체)가 없다(無自性)는 식으로 이해하였다. 즉, 自性이 없다고 한 것은 명백히 세계의 피조성을 인정한 것이고, 혹여 세계 자체의 창조성에 대한 유혹을 단호히 불식시켰다.[142] 창조 역사의 주체성을 지니지 못했다는 뜻이다. 선천적 인식이라 창조 역사와 연관 짓지는 못했지만, 세계의 주어진 여건만으로도 無自性, 피조성에 대해 결론을 내릴 수 있다. 피조성은 상대적인 개념인데, 창조주 의식이 없는 불교 문화권에서는 자체적인 여건 안에서 제법무아, 무자

---

141) 『세계관과 영적전쟁』, 앞의 책, p.98.
142) 無自性=창조인이 없다=피조체이다.

성으로 판단하였다. 이런 인식을 바탕으로 중관파(中觀派) 철학자들은 "어떤 것도 참으로 실재하고 있는 것이 아니며, 모든 사물은 겉모양뿐인 현상에 지나지 않는다고 주장하였다. 모든 사물의 진상은 공허이며, 그 본질을 결하고 있다."[143] 그렇다면 기독교인들은 창조와 관련하여 피조체의 본질을 규정한다면 어떤 식으로 접근할까? 하나님의 창조 운운하지 않더라도 사물 자체의 능동성 결여 조건을 내세우면 된다. 그래서 비교한다면 불교적 인식이 기독교보다 피조성에 대한 조건을 더 확실하게 휘어잡았다. 결론으로 "만물은 自性 없이 여러 조건에 따라 연기하기 때문에 有도 無도 아닌 환상이며 가유(假有)이다."[144] 창조의 본질은 불변한 본체 有로부터의 만물화생이다. 생멸 변화하는 것이라 가유이고 환상인 것이 맞다. "진여연기(眞如緣起)이다(대승 空宗). 현상계를 초월한 진여가 있어서 연에 따라 만법 환상을 生한다."[145] 진여→生→만법 환상 여정이 곧 불교식 창조론이다. 절대 불변한 진여가 존재하기 때문에 生한 만물의 본질은 만법 환상이다. 그런데 진화론은 이런 환상을 사실로 여기고 변화하는 환상을 메커니즘으로 삼아 세계관적 집을 지었는데 환상, 가유 위에 지은 집의 결말은? 와르르 허물어지리라.

불교는 연기설을 제외하고는 세상의 되어짐에 대한 별다른 논거 없이(창조설) 직설적으로 세계의 피조성을 규정한 형편인데, 유교에서는 理氣의 능동성 문제와 관련하여 보다 구체적인 언급을 하였다. 理氣의 능동성 문제는 理氣의 동정 문제와 관련하여 주돈이가 『태

---

143) 『용수의 삶과 사상』, 앞의 책, p.11.
144) 『중국철학 사상사』, 앞의 책, p.181.
145) 위의 책, p.200.

극도설』에서 밝힌 太極이 양의되고, 하나가 나뉜 음양 二氣가 움직이는 과정에서 양이 음을 낳고, 음이 양을 낳아 동정, 변화, 교합하고 오행→만물 화생한다고 한데서 비롯된다. 이에 주자가 『태극도설』을 해석하는 과정에서 太極=理라는 등식을 세우고, 理는 무정의(無情意), 무계탁(無計度), 무조작(無造作)한 것으로 표현하였다.146) 理는 뜻도 계획도 능동성도 없다는 뜻인데, 이것을 현상적인 질서 기준만으로 해석하면 안 된다. 마치 『반야심경』에서 세계의 궁극적인 바탕 실재인 제법(諸法)의 공상(空相)은 불생불멸(不生不滅), 불구부정(不垢不淨), 부증불감(不增不感)하다고 한 것처럼, 空이나 理나 창조 이전의 바탕 실재는 현 질서에 대해 역설적인 부정성으로 존재한다. 창조 이전의 본체 理인 관계로 무정의, 무계탁, 무조작한 것이지만 실은 만상을 움직이게 한 활성 인자란 사실은 理[太極]로부터 나뉜 음양 二氣가 무궁한 에너지를 창출하면서 생성하는 것을 통해 알 수 있다.147) 그런데도 본의에 대해 무지한 상태에서는 말 그대로 무위(無爲)로도 해석하고, 의지가 없고 상선벌악(賞善罰惡)을 하지 못하고 창조 능력이 없다고 했는데도 불구하고 만물을 주재한다는 것은 모순이라고도 했다.148) 본의에 대한 판단 기준을 가지지 못한 탓인데, 기준을 가진다면 선현들의 진의를 이해할 수 있다. "이이는 理를 무위라고 여긴 반면 이황은 理의 본체[本然之體]는 무정의이지만 그 작용[至神之用]은 능발능생(能發能生)이라고 하여 능동적인 것으로

---

146) 『주자어류』, 「이기상」-『유가사상』, 앞의 책, p.22.

147) 움직이는 것은 太極이 음양으로 나뉘어 생성하기 때문이지 氣가 스스로 동하는 것은 없다.

148) 위의 책, p.22. "주재란 능동적인 운용을 뜻하는데 理가 무정의, 무조작하다면 주재가 가능한 것인지 문제가 될 수밖에 없다."-위의 책, p.42.

여겼다."[149] 혹은 "理 자체는 운동을 할 수 없고, 다만 氣에 올라 타 氣의 움직임에 따라 동정할 수 있다"고도 했는데,[150] 理 자체의 운동성을 끝까지 부정한 것은 창조 이전에 존재한 절대 본체로서의 역할을 견지한 것이고, 理가 氣에 올라 타 氣의 움직임에 따라 동정할 수 있다고 한 理의 수동성 인식은 잘못되었다. 氣에 올라 탄 것이 아니고 理는 氣를 움직이게 한 에너지의 원천으로서, 氣의 일체 동정을 주재하고 결정한 의지적인 본질체이다. 어디까지나 "太極은 理이고 동정은 氣이다."[151] 이기 동정의 주관에 있어 의지력, 인격성, 존재성만 더하면 하나님의 천지창조론으로서 손색이 없다. 그만큼 다룬 理氣의 능동성은 천지 창조의 핵심 문제이고, 세계의 존재 이유를 밝히고자 한 노력 일환이다. 이런 과제를 유교가 다루었다는 것은 사실 자체가 지성사에서 중요하다. 理는 氣의 움직임에 대한 일체 소프트웨어를 제공했다. 본의를 인식하여 理氣 동정에 대한 논거를 가닥 잡을진대, "理는 氣의 도움으로 발하는 것이 아니라 스스로 발한다. 理=形而上者이다. 반면 氣는 외부의 도움 없이는 스스로 발할 수 없다. 氣는 본체 근원이 아니다. 氣는 形而下者이다."[152] 이보다 더한 창조와 피조체에 대한 구분 인식은 없다. 지적한바 기독교는 단도직입적으로 선언했고, 불교는 요인을 따져 직설적으로 규정했다면, 유교는 일일이 이치를 따져 능동성을 추적했다.

---

149) 위의 책, p.60. "이황은 理를 능동하는 존재라고 인식하였다. 그러나 理가 무형무취(無形無臭)한 것임에도 불구하고 어떻게 능동할 수 있는가가 문제가 된다. 그래서 그의 理 개념은 비논리적이라고 평할 수밖에 없다."-위의 책, p.41.

150) 『송명성리학』, 앞의 책, p.462.

151) 『주자어류』, 권 94.

152) 『성리학의 형이상학 도론』, 앞의 책, p.41.

동양 문명은 창조 역사에 있어 섭리적으로 본체(뿌리, 근원) 역할을 담당한 관계로 창조의 능동성과 피조성 문제를 논거한 역정을 거쳤지만, 서양 문명은 창조 신앙을 가진 문명인데도 지체 문명으로서 창조 이후의 질서 인식을 기준으로 하다 보니 피조적인 특성을 창조성으로 착각한 오류를 범하였다. 어디에도 진실은 항상 존재하는 법이다. 아무리 사실을 부인해도 본의에 입각해서 보면 자신들이 내세운 창조 논거가 오히려 피조성을 입증한 자가당착과 맞닥뜨린다. 그 해법 논리는 이러하다. 방안에 전에는 없었던 물건이 놓여 있다면 그것은 방을 출입한 나 아니면 그가 갖다 놓은 것이다. 그런데 확인해 보니까 그마저 그런 사실이 없다고 한다면 나와 그가 모르는 제삼자가 갖다 놓은 것이 분명하다. 우리가 지금까지 구한 창조 비밀을 풀 창조방정식 구성도 이와 같은 구조이다. 근거 추적은 아주 간단하다. 나도 너도 창조 권능이 없는데, 천지 만상이 존재한 것은 아직까지는 정체가 불분명한 제3의 누군가가 한 것이다. 그것을 절로, 우연, 맹목적이라고도 하였지만, 그것이 시사하는 조건은 오히려 역설적이다. 이치에 어긋나고 원리적이지 못하다. 세계에는 요소[氣]와 작용[道]이 있다. 여기서 所以는 온갖 요소를 변화시키는 원동력이다. 그런데 그 소이는 누가 일으킨 것이고 누가 결정한 것인가? 자연선택은 어떤 주관력, 결정력도, 법칙성도 설명할 수 없다. 왜 음양은 순환하는가? 하나인 통극이 양의되어 서로를 지향하기 때문이라고 할 수 있지만, 자연선택은 새로운 종을 창조한 어떤 원칙도 없다. 세계는 절로 구성되고 이루어지고 존재한 것이 아니다. 필수 조건, 필수 요소, 필수 작용력을 갖추어야 한다. 작용력은 결코 무작위하지 않다. 그것이 천지가 창조된 증거이다. 창조는 반드시 필수 능동성을 갖추어야 하며, 이런 요소를 구해야 창조방정식을 풀 수 있다. 그런데 자연선택은 그 특성을 무목적, 무계획, 무작위한 것이라고 했는데, 자연선택이란 말을 차용했음에도 불구하고 자연선택은 자연도 선택이라는 행위를 하기 때문에 오히려 만지만능한 하나님의 섭리 손길을 연상케 한 뉘앙스를 지녔다. 의도성, 인위성을 배제시켰는데도 자연이 선택을 한 것이라면 인간의 입장에서는 그야말로 무정의, 무계탁, 무조작한 것이지만, 자연 자체가 지닌 입장에서는 절로 선택이 가능한 시스템의 능동성과 의지성을 엿볼 수 있다. 그것이 사실이라고 할진대 선택의 힘은 우리가 神의 높고 깊은 뜻을 헤아리기 어려운 오묘한 섭리 작용에 따른 현상일 수도 있다. 자연선택(Natural Seiection)은 선택한 행위의 주체가 자연이라는 것을 뜻한다. 그런 자연을 神이 창조했는데도 神을 보지 못하고 제거하였다면? 그럼에도 불구하고 자연이 이룬 작위 행위는 파악이 가능하므로 그것을 자연선택이라고 하였다. 그만큼 神의 능동적인 창조성을 확인하지 못한 상태에서는 자연선택으로 이해되지만 사전 창조 역사 과정을 확인한다면 자연선택은 일시에 神의 오묘한 손길로 전환된다. 다윈과 함께 운명의 도마 위에 올랐던 월리스는 "선택을 하는 주체는 없으며, 환경에 대한 적응 有無가 선택으로 이어지므로, 선택이 생물을 변화시키는 주요한 요인이라고 보았다."153) 다윈은 생존경쟁을 내세운 반면 월리스는 환경에 대한 적응을 선택을 일으킨 요인으로 보았는데, 적응 체제란 더더욱 神의 사전 계획성을 시사한

---

153) "월리스는 생물을 둘러 싼 환경이 변화함에 따라 이러한 변화에 적응한 개체는 살아남지만 그렇지 못하면 절멸할 것으로 예측했다. 오늘날 이러한 과정을 자연선택이라 부른다."-『진화론은 어떻게 진화했는가』, 앞의 책, pp.23~24.

다. 종이 자연에 대한 정보와 교감할 수 있도록 완벽하게 창조되었다는 뜻이다. 그리고 선택을 하는 주체가 현상계 안에 없는 것이라면 그 주체는 현상계 밖에 있는 제3의 그 무엇이다. 神의 창조 역사를 부인한 마당에서 구할 수 있는 답은 자연밖에 없겠지만, 자연은 끝까지 그런 능동성을 갖추지 못했다. 선택을 하는 주체를 찾지 못하고 종의 다양한 창조 공적을 자연으로 돌린 이유는 단 한 가지, 사전 창조 역사를 볼 수 있는 눈을 가지지 못한 탓이다. 오늘날은 유전 단백질의 효소 생합성을 지배하는 DNA의 구조와 특성을 바탕으로 중요한 생명 현상을 설명한 분자생물학(molecular biology)이 발달하여154) 유전 현상을 상세히 들여다보게 되었는데, 유전은 복제 체제의 법칙이라고 할 정도로 시스템이 결정적이라는 사실을 확인하면서도 해석은 아전인수격이다. 지구상에 우연히 스스로를 복제할 수 있는 생명체가 등장한 이래 생존경쟁을 통한 자연선택 작용으로 진화 계통수란 가지치기식 족보를 이루었다는 것이다. 이것은 자신이 세운 논거를 스스로 허물고 드러난 모순조차 무시한 억지 추정이다. 의식이 없는 맹목적인 자기 복제자라고 한 것이 그것이다. 동양에서는 세계에서의 수동성과 피조성을 간파함으로써 존재 조건을 부여자와 수여자로 나누고 애써 부여자의 정체와 수여자의 본질을 규정하고자 하였는데, 진화론자는 부여자적 요소[神]를 전면 제거하고 단일한 존재 조건을 내세웠다. 일명 현상일원론이랄까? 일원은 초월적이므로 분열하는 현상 질서 안에서는 성립될 수 없는 존재 조건인데도 굳이 의식이 없는, 맹목적이란 수식어를 붙여가면서까지 억지

---

154) 네이버, 지식백과.

논거를 펼쳤다. 최초에 등장한 우연한 복제자란 개념 자체가 온통 모순덩어리이다. 설사 우연하게 최초의 생명이 탄생했다 하더라도 한 생명체만으로 진화의 주된 메커니즘인 생존경쟁이 일어날 수 있었겠으며, 처음부터 복제자로 태어났다는 것은 그대로 해석한다면 오히려 사전 창조 역사를 입증한다. 이유는 사전 창조 역사를 보지 못하니까 맹목적인 자기 복제자라고 한 현 질서 체제로서는 도무지 성립될 수 없는 기적 논리를 앞세웠다. 覺者가 일갈한 선문답 이상이다. 예를 들어 박쥐가 메아리를 이용한다는 것은 생물의 기관들이 훌륭한 설계에 따라 만들어진 것처럼 보인다. 동물들은 마치 이론에도 통달하고 실기에서도 천재적인 물리학자나 기술자가 설계한 것 같은 인상을 준다. 그렇게 만들어진 것처럼 보이는 것이 아니라 진실로 그렇게 창조되었다. 그런데도 애써 진실을 외면하고 "살아 있는 기계를 설계한 자는 의식이 없는 눈먼 시계공이다"고 잘라 말했다.[155] 치밀한 계획과 설계는 하나님이 창조 이전에 이룬 중요한 작업 근거이다. 그런데도 창조 이전이다 보니 논거에 있어 무리가 있었다. 의식이 없는데 설계한 근거가 분명하다면 눈먼 시계공이 한 행동일 수는 없고, 자연 안에서는 도무지 찾을 수가 없어 제3의 설계자가 있었다는 뜻이다. 이 설계자가 창조주로서 현 시공을 초월해서 역사한 하나님인데, 이 하나님이 이전과는 다른 모습으로 이 땅에 강림하였다.

선천에서는 여건상 세계의 본질이 분열을 완료하지 못했고, 하나님도 본체를 드러내지 못한 관계로 무신 사상이 활개를 쳤지만, 이

---

155) 『눈먼 시계공』, 리처드 도킨스 저, 이용철 역, 2010, p.74.

제는 핵심된 원동력을 밝혀 하나님의 살아 계신 창조 역사를 판단할 수 있는 지상 강림 역사 시대를 맞이하였다. 어둠이 깔려 있을 때는 사물을 제대로 분간할 수 없지만 여명이 트면 점차 형태가 뚜렷하여지듯, 이제 본의 밝힘과 함께 하나님이 이룬 천지 창조 역사를 증거하면 온갖 무신론적 세계관을 일소할 수 있다. 때가 되었으니, 당면한 인류의 정신적 과제를 본격적으로 풀어 나가리라.

Chapter 04

무신론적 세계관의
극복 과제

과학은 인간이 개척하고 쌓아 올린 위대한 학문이기는 하지만, 한편으로는 과학만으로 확보한 세계 이해 관점이기 때문에 한계가 있다. 세계는 과학적 인식, 방법, 진리만이 전부가 아니다. 누차 강조한바 보다 근원된 본질 작용 세계가 있다. 그런데도 과학적인 기준만으로 진상을 파악한데 과학이 쌓아 올린 현대 문명의 한계가 있다. 자연은 이미 주어진 것이고 결정된 세계이라, 이런 사실을 근대과학이 베일을 벗긴 만큼, 과학은 이 같은 발견 사실을 정확하게 인지해야 하는데, 그들은 미비된 관점으로 곡해해서 결론까지 내려버렸다. 결정 이전의 진리 세계를 탐구했던 동양인들의 본체적 진리관도 있는 만큼 총체적인 관점의 조율이 긴요하다. 이것이 과학과 유물론이 지닌 결정적 허점이다.

- 본문 중에서

제16장 개관(무신론의 확산 원인)

아니 땐 굴뚝에 연기가 날까란 속담처럼 오늘날은 가히 무신론자의 시대라고 할 만큼 세계관적으로 정점을 찍었다. 오죽하면 창조 이래 모습을 나타내지 않은 하나님이 떨어질 대로 떨어진 주재 권능을 회복하려고 이 땅에 강림하였을까만 무신론이 전방위적으로 확산된 데는 그럴만한 이유가 있다. 여기에 대한 원인 진단을 정확히 해야 이후에 보다 업그레이드된 제3의 신권 문명을 건설할 수 있다. 신앙인들은 기를 쓰고 神을 부인하는 자를 무신론자로 몰아붙이지만, 왜 그토록 神을 거부하고 종교까지 비판하는지에 대해서는 관심을 기울이지 않는다. 이유를 따진다면 크게 섭섭한 일이겠지만 빌미를 제공한 것은 神은 이런 분이고, 神은 이런 역사를 펼쳤고, 神은 이런 약속을 하였다고 한 신앙인에게 있다. 선천 세월을 다 보내고서도 神은 어떤 분이고, 神은 어떤 역사를 펼쳤고, 神은 어떤 약속을 이루었는지 만인 앞에 증거하지 못했다. 어떤 역사가도 문화사에서 하나님의 창조 역사를 시원 역사로 기록한 자는 없으며, 현대인 중 누구도 미래 역사를 하나님이 한 약속을 이루기 위해 추진한 자는 없다. 인류는 하나님이 존재하고 안 하고의 여부를 떠나 무관하게 살고 있고, 하나님의 약속을 잊어버린 지 오래전이다. 하나님의 존재가 무색하고, 하나님의 역사가 무색하고, 하나님의 약속이 무색하게 되었다면 그것은 대다수의 인류가 그런 상황 속에서 살고 있는 무신론자의 시대인 것이 맞다. 하나님의 살아 계신 생명의 숨결을 느끼지 못하고, 하나님이 역사한 주재 권능을 경험하지 못하고, 하나님의 미래 비전 프로젝트(약속)에 대해 아무도 기대를 갖고 있지 않다면 그것은 숨어 있는 神이 아니고 존재해도 보이지 않는 투명한 神이다. 하나님이 나와 함께하지 못하고 인류 역사와 함께하지 못하고 인간의 고통과 함께할 수 없다면 그것은 무익한 神이다. 누구도 神의 모상으로서의 인간 창조와 神의 손길을 거친 종의 창조와 神의 본질에 근거한 창조 역사를 규명하지 못했다. 하나님이 살아 존재하지 않은 것도 아니고, 하나님이 살아 역사하지 않은 것도 아니고, 하나님이 살아 계시지 않은 것도 아닌데 그 숨결을 감지할 수 없게 되었다면 그 원인이 어디에 있는가? 그 이유를 이 연구는 단호히 선천 하늘에서 하나님의 섭리 역할을 담당한 서양 기독교와 서양 문명이 진리적으로 한계성에 처하고, 섭리적으로 종말을 맞이한 탓이라고 감히 지적하고자 한다. 어떤 문명, 어떤 종교, 어떤 민족보다도 하나님께 의를 바치고 신앙을 지켰지만 무엇보다도 앞서 심판받을 대상이 되고 말았다니! 그 이유는 오히려 2천 년 동안, 아니 그 이상의 세월 동안 남다른 은혜를 입었고 그만큼 맡은 책임과 사명 역할이 컸기 때문이라고도 할 수 있다. 나라가 혼란에 빠지고 백성의 삶이 도탄에 빠졌다면 그 무한 책임은 국가 경영을 소홀히 한 임금이 져야 하듯, 창조 이래 불철주야 이룬 하나님의 창조 역사를 유야무야시키고 영광된 결실을 맺지 못한 책임은 전적으로 종으로 자부해 온 그들에게 있다. 무신론자들이 무신론적 기치를 높이 세운 것은 하나님을 잘못 안 이유도 있지만, 그렇게 되도록 방치한 신앙인에게도 잘못이 있다. 무신론은 서양 기독교에 대한 가치와 진리성, 교권적 제도, 배타적인 세계관에 대한 도전이지 인류를 위해 사랑을 다한 예수 그리스도와 순수 하나님에 대한 비판이 아니다. 왜 그들은 기독교 지배적인 문명사회에서 무신론이 세력을 키웠지만 저지할 대책을 마련하지 못했는가? 그 이유는 무신론을 극복할 대안을 자체 신앙과 문명 안에서는 마련하지 못한 탓이다. 1941년, 불트만은 신약성서의 세계관은 신화적이라고 하여 신학계를 깜짝 놀라게 하였다. 이것은 더 이상 기독교 신학이 기독교 신앙을 세계관적으로 뒷받침하지 못한 것을 시인한 사건이다. 종말에 처한 기독교를 새롭게 할 만한 신학적 과제 설정이 결코 아니다. 하나님이 창조 역사를 실현했다면 신학은 그렇게 해서 드러난 결과적 현상으로 창조 역사를 진리적으로 뒷받침해야 했다. 하지만 자연 현상의 원리와 법칙성에 눈뜬 근대 과학에 대해 교회는 수용을 거부하였고, 오히려 장악한 교세와 권위로 과학자를 탄압하였다. 19세기까지도 대립과 갈등을 겪었는데, 계몽시대에 이르러서는 과학이 전 분야에 걸쳐 급속도로 발달하여 전세가 역전되었다. 세계의 모든 현상을 과학으로 해명할 수 있다는 과학 예찬론이 득세해 신앙적 주장이 뒷전으로 밀려났다. 무신론자의 외침에 대해 기독교인은 속수무책으로 바라만 보았다.

에밀 뒤르껭을 비롯한 일부 과학자들은 神은 인간이 필요해서 의도적으로 만들어 낸 존재일 뿐, 인간과 세계를 창조한 절대자가 아니라고 선언하였다. 천문학자 칼 세이건은 "존재했었고 존재하고 있고 앞으로 존재할 것이라고는 우주 밖에 없으며, 창조주가 할 일은 없다"고 결론지었다. 최근의 데이빌드 밀스도 "우주에는 神이 없다"고 말했다.[1] "드디어 무한한 자연의 모든 영역에 대한 자연과학의 정복은 완성되었고, 조물주라는 것은 설 자리를 잃어버렸다."[2] 즉 "神이라고 하면 인간적으로 설명이 안 되는 것 전부에 대해서 직접적인 책임을 지는 것으로 보았던 시대가 있었다. 그런데 세계 안에서 일어나는 사건들에 대하여 그 자연적 원인에 입각하여 이 사건들에 관한 지식을 과학이 가능하게 만들어 주면서부터 사건을 설명하는 가설로서 神을 내세울 필요가 없어졌고, 그래서 神은 피상적인 존재가 되어 버렸다. 날씨와 전투의 승리, 질병과 치유, 개인과 집단과 국가의 행복과 불행 등을 현대인은 神의 직·간접 개입을 설명하지 않고 자연법칙의 테두리 안에서 작용하는 자연적 원인을 들어 설명하였다."[3] 과연 그러한가? 어떻게 세계에 가로 놓인 사물 현상을 현상적인 질서만으로 설명할 수 있는가? 혼자서 북 치고 장구 친다는 말이 있는데, 그것은 손발이 있기 때문에 숙달하면 가능하지만, 사물 현상 자체가 창조력을 가진 것이 아닌 한 절대 불가능하다. 제반 문제를 판가름할 창조 메커니즘을 신학이 제공해야 하는데, 무엇 하나 기대할 수 없게 된 것이 서양 기독교가 처한 종말 상황이다. 그나마

---

1) 「과학적 무신론에 대한 과학적 유신론의 비판 연구」, 정진우 저, 호서대학교대학원 조직신학, 박사, 2011, p.72.

2) 『마르크스·엥겔스의 종교론』, 라인홀트 니버 엮음, 김승국 역, 아침, 1988, p.146.

3) 『신은 존재하는가(1)』, 한스 큉 저, 성염 역, 분도출판사, 1994, p.457.

유일한 판단 근거는 성경인데, 고지식한 성서문자주의에 집착하여 차원이 다른 하나님의 존재 상황과 창조 사실과 주재 역사 해석을 답보시켰다. 신앙이란 미명 아래 영광된 역사를 볼 수 없도록 차단시켰다. 차원이 다른 만큼 합당한 세계관적 기준을 마련해야 하는데 현실적인 기준만 고집했다. 창조 역사는 초월적, 입체적, 본체적인데도 성서문자주의자들은 순차적, 평면적, 현상적으로 왜곡했다. 이런 기준으로서는 하나님의 위대한 주재 역사를 증거할 수 없고, 팽배된 무신론을 극복할 수 없다. 포착된 원인을 정확히 인식해야 제기된 주안점을 해결하고 제3의 신권 질서를 수립할 수 있다.

제17장 진화론 극복

1. 창조적 진화의 착각성

"무신론(無神論, atheism)은 神과 같은 초인간적이고 초자연적인 힘의 개입을 부정하거나 존재 자체를 부정하는 사상, 세계관이다. 神과 같은 절대적이고 전능한 존재의 실재를 인정하고 그것이 세상을 직접 주재하고 영향을 끼친다고 인식한 유신론(theism)과 대치된 것으로서" 개념이 매우 포괄적인데,[4] 알고 보면 진화론과 유물론도 나름대로는 합리적인 세계관적 근거를 지녔다. 무신론이 神을 부정한 직접적 행위이고 그렇게 해서 판단한 결론이라면, 진화론과 유물론은 간접적이기는 하지만 그렇게 판단할 수밖에 없는 불가피한 이

---

4) 네이버 지식백과.

론적 근거를 가졌다고나 할까? 양론은 곧 무신론적 세계관을 지탱한 두 기둥이다. 그중 진화론은 神의 핵심된 존재 이유라고 할 수 있는 창조 권능을 무력화시킨 무신론적 세계관이다. 세상 안에서 神이 설 자리를 없애버렸다. 헉슬리는 "다윈주의는 생명체의 창조자로서의 神이라는 개념을 이성적 논의에서 제거했으며, 초자연적인 설계자는 필요치 않다"고 하였다.[5] 이유 없이 神을 거부한 것이 아닌 이상, 이들 사상을 극복하지 못하면 이 땅에서 하나님의 창조 목적은 실현될 수 없다. 먹구름이 걷혀야 푸른 하늘을 볼 수 있는 것처럼, 진화론과 유물론을 극복해야 광명한 새 하늘을 맞이할 수 있다. 그 첫 극복 과제인 진화론은 이론 설정이 너무 견고하여 난공불락의 요새처럼 보이는데, 알다시피 진화론은 1859년, 영국의 박물학자 찰스 다윈이 저술한 『종의 기원』으로부터 체계화되었다. 나오자마자 당일 모두 팔렸다고 하는 이 책은 후일 칸트나 플라톤 등 저명한 철학자를 비롯해 뛰어난 물리학자인 아인슈타인보다도 세상을 바라보는 관점을 획기적으로 변화시킨 책이란 찬사를 받았다.[6] 그렇게 한 제일은 아무래도 종의 불변설을 무너뜨리고, 하나님의 창조 손길을 지워버린 데 있으리라. 진화론이 발표되기 이전에도 "神의 선택, 즉 神에 의해 결정된 자연과 인간의 삶에 대한 비판이 있었는데, 자연과 인간의 자율성은 극도로 제한된 것이고, 근본적인 선택과 목적은 神에 의한 것이라는 이해가 깊은 회의에 빠졌다. 神의 자리는 점점 축소되어 이신론적 神 이해가 만연하였고, 극단적인 유물론이 나타나 神을 세상에서 쫓아내고자 한 경향마저 나타났다. 이 같은 분위기를 등에 업

---

5) 『과학과 종교 논쟁, 최근 50년』, 래리 위덤 저, 박희주 역, 혜문서관, 2008, p.20.
6) 『진화론은 어떻게 진화했는가』, 신현철 저, 컬처북, 2016, p.5.

고 등장한 진화론은 드디어 목적론을 제거하고 점진주의적인 신조를 확립했다. 생명을 자연선택과 돌연변이에 의존한 우연론에 입각하여 생명 창조의 주도권을 神으로부터 자연과 생명체로 옮겼다.”[7] 머리부터 발끝까지 기독교의 창조론과는 반대된 입장을 견지한바, 생명이 철저하게 우연히 발생한 것이라고 한 것은 종은 神에 의해 고정된 것이 아니고 끊임없이 변화할 수 있다는 시각이다. 즉, 적자는 생존하며 이러한 경향성은 결국 종의 변화를 가져온다. 한스 요나스는 생명의 역사에서 본질을 대신한 조건들을 창조의 원리로 제시한 것은 플라톤주의의 종말을 의미한다고 하였다.[8] 종은 하나님이 창조하였고, 그렇기 때문에 완벽하고 고정불변하다고 여기는데 이런 생각을 진화론이 뒤엎었다. 이 같은 기조가 다윈의 혁명적 업적을 찬양한 학자들에 의해 계승되어 무신론적 세계관 형성의 근간을 이루었다. 떼이야르는 생명이나 인간은 초월적 존재의 개입이 아니라 우주 안에서 오랜 시간을 통하여 자연스럽게 나타난 존재란 생명관을 가져 진화론과 맥락을 같이하였다. 흔히 “전투적이라고 묘사된 무신론자는 대개 다윈주의적 시각을 취했는데(도킨스, 데닛, 해리스, 히친스 등), 이들은 인간이 전적으로 자연발생적인 생물종으로서 더 낮은 단계 동물에서 서서히 진화해 왔으며, 우주도 135억 년 동안 진화해 왔다”고 하였다.[9] 인간도 관점 전환 대상에서 예외는 없다. 인간은 특별히 하나님의 모상(模相)으로 창조되었고, 그의 독생자조차 인간적인 모습으로 내림한 것으로 굳게 믿는데, 진화론은 약 500

---

7) 「진화신학의 생명 이해」, 설왕은 저, 감리교신학대학교 신학대학원 조직신학, 석사, 2008, p.65.

8) 위의 논문, p.17.

9) 『무신론자의 시대』, 피터 왓슨 저, 정지인 역, 책과 함께, 2016, p.159.

만 년 전, 아프리카에서 털복숭이 동물인 원숭이로부터 진화하기 시작했다고 하였다.[10] 정치에서는 진보 세력과 보수 세력 간에 다툼이 빈번하고 사사건건 대립된 경우를 보는데, 그것은 서로가 추구하는 가치관이 다르기 때문이듯, 진화론도 나름대로 옳다고 확신한 관점을 확보한 탓인 이상 당위 이유를 추적해야 한다. 궁극적인 확인이 불가능한 상황에서 神이 존재하지 않고 창조 역사가 없었다면 진화적으로 설명할 수밖에 없다. 하지만 전제한 조건이 언젠가 충족될 수 있다면 진화론은 창조론과 함께 공존할 수 없다. 후자가 맞다면 진화는 커다란 착각이다. 진화론은 완벽한 이론인 것처럼 주장하지만, 실상은 창조론으로서 갖추어야 할 조건을 모르기 때문에 착각한 자기만족설이라는 데 있다. 우리는 사물과 사실을 실제와 다르게 지각하고 생각할 수 있는데, 진화론이 그러하다. 사실이 문제가 아니고 관점이 문제인데, 도대체 무엇을 잘못 본 것인지 주된 이유가 충분히 있을 수 있는 착각인 것을 지적하리라. 비가역성을 가역성으로, 결정 현상을 변화 현상으로 본 것인데, 그렇게 판단하도록 한 것은 다름 아닌 확보한 관점의 한계성에 있다. 인간의 감각 기관은 지극히 제한적이고 앎 역시 한계가 있는 법인데, 이런 상태를 무시하고 보이는 것만 전부로 여겼다. 도브잔스키는 "진화의 빛 없이는 생물학에서 그 어떠한 것도 이해할 수 없다"는 발언을 하였는데,[11] 정작 그렇게 생각한 관점이 생물 현상을 반쪽밖에 보지 못한 착각이었다면? 대니얼 데닛은 신다윈주의에 대해 논평하면서 진화의 유일한 메

---

10) 「창조에 대한 과학적 접근의 분석과 비판」, 이종용 저, 연세대학교 연합신학대학원 종교철학, 박사, 2014, p.30.

11) 『과학과 종교 논쟁, 최근 50년』, 앞의 책, p.53.

시지는 "우주에는 메시지가 없다"는 사실뿐이라고 말한바 있다.12) 장엄한 에베레스트 산이 코앞에 펼쳐져 있는데 아무 산도 보이지 않는다고 강변하는 사람이 있다면? 그런 사람은 산을 보지 못하는 장님뿐이다. 하나님은 전재(全在)하고, 우주는 온통 창조 정보 덩어리인데 메시지가 없다는 것은 창조에 대한 앎이 없다는 말과 같다. 창조 요인은 세계 안에서 찾을 수 없어 없다고 말할 수는 있겠지만, 말미암은 결과물이 세계일진대, 원인을 모른다면 결과물도 마찬가지이다. 제일 중요한 창조 요인에 대해 무지한 상태에서는 자연 현상에 대한 이해 관점도 제한적일 수밖에 없다. 그래서 다윈도 종이 변화하는 현상을 통해 그런 변화 요인이 새로운 종을 만들 수 있다고 보고 원동력을 생존경쟁을 통한 자연선택에서 찾았다.13) 동 시대의 월리스도 기본적인 입장은 마찬가지인데, 단지 그는 "동물들이 자신의 의지에 따라 새로운 기관을 만드는 것이 아니라, 생물들이 오랫동안 환경에 적응하면서 기관이 만들어진 것으로 생각했다."14) 다윈은 "자연선택으로 인해 변종 사이의 비교적 작은 차이가 종 사이의 큰 차이로 확대되는 과정을 『종의 기원』에서 유일한 그림과 함께 설명했다(생명나무 이론=진화 계통수). 즉, 생물에게 나타나는 변이는 처음에는 아주 미미하지만 다양한데, 그중 생물들이 살아가는데 유리한 변이는 자연선택되어 자손들에게도 나타난다. 이러한 과정이 오랫동안 세대를 거치면서 반복되면 원래 있던 개체들과 새롭게 만들

---

12) 『다윈 안의 신』, 존 호트 저, 김윤성 역, 지식의 숲, 2005, p.70.

13) "다윈은 당시까지 제기된 진화론의 문제점과 비글호 항해를 하면서 수집한 진화의 증거들을 가지고 생물은 환경에 적응하면서 조금씩 변화할 수 있다는 진화론을 정립하였다. 그 결과가 『종의 기원』임."- 『진화론은 어떻게 진화했는가』, 앞의 책, p.173.

14) 위의 책, p.51.

어진 개체들이 지닌 형질들은 달라질 수밖에 없다. 그 결과 새로운 종이 만들어진다"고 하였다.[15] 한 인간이 쌓아 올린 권세와 부는 자식들에게 세습될 수 있지만 솔로몬은 그가 누린 온갖 부귀와 영광이 결국은 헛되고 헛되다고 탄식했던 것처럼, 일체 존재(종)는 그것이 어떤 경험을 하였고, 무엇을 쌓아 올렸고, 괄목할 변화를 겪었든 멸함과 동시에 종결된다. 뿌리가 가지에 영향을 끼치는 것인지 가지가 뿌리에 영향을 끼치는 것인지 결정적 요인은 가지와 뿌리를 잘라보면 안다. 내면의 유전 요인이 근본인지 외부의 환경 요인이 근본인지도 마찬가지이다. 유전 요인은 이미 결정적이고 환경 요인은 지극히 가변적이다. 도대체 무엇이 무엇을 변화시킨다는 것인가? 다윈 당시의 생물학자들은 유전자의 존재를 알지 못하였고, 진화와 자연선택에 대해서도 정확하게 설명하지 못했다. 이에 멘델이 발견한 유전법칙이 진화와 자연선택의 관계성을 살피는 데 충분한 단서가 되었다고 하는데, 유전법칙이 어떻게 진화론에 대해 우호적이란 말인가? 1590년, 일본의 동향이 심상치 않자 정세를 살피기 위해 사신으로 간 통신정사 황윤길과 부사 김성일은 어떻게 같은 발걸음을 하고서도 선조에게 이른 말은 달랐던가? 인류가 유전자의 존재에 대해 아무것도 알지 못했을 당시 유전자는 이미 멘델이 밝힌바 우열, 분리, 독립의 법칙으로 존재하였다. 이런 결정 법칙이 어떻게 존재한 것인지에 대해서는 일언반구도 없이 유전자가 자연선택을 통해 축적된 변이성을 전달하는 매체로서만 수용한 것은 지극히 아전인수적이다. 법칙대로 결정된 것인데 외부의 달라진 자극 요인으로 변할

---

15) 위의 책, pp.82~83.

수 있다니! 사전 창조 역사가 유전자를 결정하였고, 그 터전 위에 객관적으로 구분된 종이 존재할 수 있었다. 명백히 창조 이전의 사전 결정성을 보지 못한 탓이다.[16] 라마르크가 주장한 획득형질이 유전되지 않는다는 것은 다양한 실험을 통하여 확인되었다. 1998년, 레나토파로의 경우는 초파리 실험을 통해 살아가면서 새롭게 획득한 형질이 자손에게 전달될 수 있다고 하였지만,[17] 그것은 돌연변이처럼 결정성을 이탈한 시스템상의 오류일 뿐이다. 무엇이 대세인가 하면, 외부로부터 주어진 획득형질은 사전 결정성인 유전 정보에 영향을 미치지 못한다. 진화론이 한때 몰락의 위기에 처했지만 멘델의 유전 법칙이 재발견되면서 유전학과 만나 진화의 종합설이 되었다고 하는데, 어떻게 유전 법칙이 진화론을 위기에서 구한 것인가? 유전의 사전 결정 법칙과 진화의 점진적 변화 메커니즘은 대립적인데 조화시킨 것은 모순이다. 필요한 부분만 취사선택하고 나머지 특성에 대해서는 눈을 감아 버렸다. 단 부분만 취하고 쓰디 쓴 종의 유전적 결정성은 버렸다. "어떤 환경에서는 유리한 변이가 보존되지만 불리한 변이는 사라지는 경향이 있어 이러한 결과로 새로운 종이 형성되었다니!"[18] 사라지고 보존된 종의 특성은 결국 동일하다. 그것

---

16) 유구한 세월을 전제로 "조류가 파충류에서 진화한 것이라면 여기에는 엄청난 변화가 필요하다. 앞다리는 날개로, 그 날개가 움직이기 위해서는 뇌도 동시에 진화해야 한다. 뼈의 구조를 변화시켜 몸도 더욱 가볍게 해야 하고, 공기의 저항을 적게 할 수 있는 체형도 변화해야 하며, 비늘은 깃털로 바꾸어야 한다. 근육신경, 조직, 순환계, 호흡계 등이 날기에 알맞도록 바꾸어야 한다. 이런 변이가 한 개체 내에서 질서정연하게 동시다발적으로 일어나야 한다(「생명의 기원과 본질에 대한 연구(2)」, 김정옥 저, 대구대학교 사회과학연구, 7집 2호, 1999, p.176)." 겉모습은 간단한 변화인 것 같지만 그 이면에는 이미 결정된 유전 정보를 바꾸어야 하는 전혀 새로운 종의 창조 시스템을 갖추어야 한다. 이것이 가능한 일인가?

17) 위의 책, p.152.

18) 위의 책, p.111.

이 무엇인가? 종이 가진 各具 太極, 곧 본질인데, 그처럼 공통되고 동일한 본질이 사라지기도 하고 보존되기도 한다? 그렇다면 자신이 태어나 지금까지 보존한 것은 무엇이고, 없던 것을 보탠 것은 무엇이며, 사라진 것은 또 무엇인가? 희어진 머리카락? 빠진 이빨? 지극히 가변적인 성향을 두고서 다윈이 충격적으로 받아들였다고 고백까지 하다니! 그는 설명하길, 종은 세대에서 세대로 이어지면서 무작위로 작은 변이가 일어나는데, 그 변이가 어떤 장점이 있으면 지속되고 그렇지 않으면 사라진다고 하였다. 그런데도 어떤 변이가 지속되고 사라진 것인지를 탐구한 연구 성과는 아직 없다. 그들은 기껏 화석적 증거들이 진화를 받아들일 수밖에 없는 이유이고 진화를 암시한다고 하는데, 그동안 확보한 어떤 화석을 통해서도 변이가 어떤 장점이 있어 지속되고 어떤 단점이 있어 사라진 것인지는 모른다. 수많은 세월에 걸쳐 무작위로 일어난 작은 변이들이란 사전 연막 단서 때문이기는 하겠지만……. 그래서 화석이 아닌 눈으로 진화 사실을 확인했다고 장담한 학자들이 나타났다. 다윈 사상의 고향인 갈라파고스에서 20년이 넘도록 핀치 새의 부리를 관찰한 피터와 로즈메리 그랜트 부부가 그 주인공이다. 그들 부부가 이끈 조사단은 다윈의 핀치들을 한 마리 한 마리 구별할 수 있을 만큼 세밀하게 관찰하고 측정했다. 심지어 새들이 먹는 씨앗까지도 측정했다.[19] 이것이 진화의 증거를 찾아서 확인하고자 한 방식이다. 환경에 따른 핀치 새의 변화 증거가 그대로 새로운 종의 창조를 보장한다는 이론 때문이기는 하지만, 알고 보면 그것은 조사하고 관찰해서 확인한 변

---

19) 『핀치의 부리』, 조너턴 와이너 저, 이한음 역, 이끌리오, 2002, 옮긴이의 말.

화의 근거일 뿐이지 창조 사실에 대한 확인이 아니다. 누가 변화가 그대로 창조로 이어지는 것을 증거하였는가? 심대한 착각이라, 핀치새가 창조된 증거는 밝힌바 전혀 다른 방식에 있다.[20] 결정성 대 변화성뿐만 아니고 법칙성 대 우연성도 비슷한 맥락인데, 진화론은 자연현상의 법칙성을 부인했다. 자연선택에서 선택은 생물 진화에 작용하는 유일한 힘으로, 선택의 과정에서는 어떤 방향이나 목적이 있을 수 없다. "환경은 시간과 장소에 따라 변하므로 진화에는 본질적인 방향성이 없다."[21] 그래서 진화는 새로운 종의 탄생과 진화의 자리에서 神의 자리를 빼앗아 버리는 것이라고 했지만(도킨스),[22] 이것은 본말을 전도시킨 관점상의 착각에서 초래된 오판이다. 종의 법칙성이 뿌리, 원칙, 기준, 출발이고, 우연은 법칙성을 몰이해한 결과이다. 진화가 무목적적이라는 것은 괴변이다. 논리 성립이 안 된다. 존재의 조건도 없이 존재한다는 말과 같다. 존재 전체가 온통 목적 덩어리이므로 무목적성을 충족시킬 수 있는 유일한 조건은 존재가 존재하지 않는 것뿐이다.[23] 배가 사람을 태우지 사람이 배를 태울 수는 없다. 우연이 본질이라면 우연은 우리가 객관적으로 확인하는 모든 세상 법칙성을 함께 허물어야 한다.

왜 변이성의 축적을 통한 새로운 종의 창조 메커니즘은 관점상의

---

20) 만물은 어떻게 하나인 본질로부터 창조되어 다양화되었는가? 하나가 무수하게 나뉘면서 氣의 제약과 목적 의지의 부여가 있었다. 창조 뜻과 확고한 목적과 사전 계획이 있었다는 뜻이다.

21) 『재미있어 밤새 읽는 진화론 이야기』, 하세가와 에이스케 저, 김정환 역, 더숲, 2016, p.192.

22) 「진화에 대한 목적론적 해석의 가능성 고찰」, 류요한 저, 대구가톨릭대학교대학원 신학, 석사, 2016, p.42.

23) 진화에는 방향성이 없다고 하지만 뭇 종들이 확고한 목적으로 존재한다(인간은 인간이 되기 위해, 새는 새가 되기 위해)는 것은 이율배반이다.

착각이고 한계 인식인가? 변이성의 축적은 설사 다음 세대로 전달된다고 해도 그것은 거인의 어깨를 딛고 선 아이 역할이 아니고, 그렇게 진화할수록 종의 특성이 허물어진다는 데 있다. 만약 종의 본질이 변한다면 새로운 종을 창조하기는커녕 존재한 종의 정체성마저 허문다. 진화에 진화를 거듭한 변이성 축적은 有한 종의 소멸 시스템이고 원본 희석 시스템이다. 새로운 창조 정보를 보탠 시스템이 아니다. 그 어디서도 새로운 정보를 보충할 공급 시스템을 갖추지 못했다. 비가 대지를 적시면 산골짝 바위 틈새에서도 샘물이 치솟지만, 유구한 세월 동안 대지를 적신 황하도 장기간 가뭄이 들면 더 이상 흐를 수 없다. 종은 아무리 진화를 거듭해도 새로운 종을 창조할 시스템을 갖추지 못했다. 진화론의 주된 체제인 적자생존과 자연선택의 진정한 뜻은 생물계에 종을 보탠다는 것이 아니고, 존재하는 것들 중에서 가장 유리한 것들이 살아남는다는 것이다. 그런데도 이같은 체제로 아메바로부터 사람까지 진화했다는 주장은(대진화) 도무지 납득할 수 없다.[24] 자연선택은 솎아내는 시스템이지 보태는 시스템이 아니다. 잡석에서 옥석을 가려내는 작업인데, 이 같은 작업으로 새로운 종을 창조한다는 것은 비가역이고, 착각에 의한 거꾸로 시스템이다. 진화론에 최고의 가치를 부여하였던 에드워드 윌슨은 "진화가 종의 다양성과 생명의 탄생뿐만 아니라 인간사회의 모든 것을 설명할 수 있는 실마리라고 하였다."[25] 진화론이 마치 모든 것을 창조하는 만능 법칙이기라도 한 것처럼……. 그만큼 자연 현상의 진상을 보는 데 눈이 멀었다는 뜻이다. "다윈이 최고의 스타인 이유는

---

24) 「생명의 기원과 본질에 대한 연구(2)」, 앞의 논문, p.176.
25) 「진화신학의 생명 이해」, 앞의 논문, p.20.

세계 최초로 이론적으로나 사실적으로나 모순이 없는 이론, 즉 생물의 다양성과 적응을 설명하는 이론을 발견했기 때문"이라고 극찬하였는데,[26] 왜 모순이 없는가? 모순투성이인데, 단지 모순을 가려낼 수 있는 판단 기준과 안목을 가지지 못해서일 뿐이다. 진화론은 DNA의 비밀을 밝혀내는 유전자학과 분자생물학이 발달하면서 좀 더 극단적인 유물론적 경향을 띠었는데, 생물의 설계도가 발견되었고, 그 설계도의 작은 변화로 인해 생물의 커다란 변화가 초래될 수 있다고 하여 생명의 신비가 완전히 베일을 벗은 것으로 믿었다.[27] 아니 전에는 볼 수 없었던 DNA의 비밀을 밝혔다면 그런 생물의 설계도를 통해 사전 창조 근거를 보아야지 진화의 증거가 웬 말인가? DNA 설계도란 말 자체가 진화론과는 모순이다. 무슨 변경된 설계도 흔적이라도 발견했단 말인가? 진화론은 모순이 없는 완벽한 이론이 아니다. 말만 하면 이치와 어긋난다. 진화는 발전이라는 엔진을 달고 단순함에서 복잡함으로 나간다고 하는데, 덜 완벽한 것으로부터 더 완벽한 것이 나온다는 것은 절대 불가능하다. 왜 이처럼 드러난 모순이 있는데도 진화론자들은 끝까지 자신이 내린 판단이 옳다고 착각하는가? 그것은 서양의 의지 철학자 쇼펜하우어의 사상을 통해 단적으로 해명할 수 있다. 그는 의지와 표상과의 관계를 통해 영원한 실체인 본질을 파고든 철학자인데도 "중세의 유명론과 실재론을 논하면서 유명론이 명백하게 옳다고 평가"한 것은[28] 이율배반이다. 말로서는 의지가 궁극적 본질이라고 하면서도 자신이 미친 인식

---

26) 『재미있어 밤새 읽는 진화론 이야기』, 앞의 책, p.30.

27) 위의 논문, p.20.

28) 「쇼펜하우어의 의지의 형이상학 연구」, 김현수 저, 제주대학교대학원 철학과, 석사, 2012, p.27.

의 경계는 존재 안에서 작용한 의지 모습이었다. 세계의 근간을 이룬 핵심 본질을 볼 수 있는 관점을 미비한 것이다. 이런 서양의 문명적 한계 본질이 진화론자들의 눈도 멀게 하였다. 전체를 보아야 바탕된 보편적 본질도 볼 수 있는데, 확인할 길이 없어 개별적인 실체만 인정하였다. 전체를 보기 위해서는 개별을 초월한 창조적 안목, 곧 알파와 오메가를 관장해야 하는데, 현상계 안에서는 불가능하다. 삶, 존재, 종, 有 안에서는 알파와 오메가가 없으며, 없으니까 찾을 수도 없다. 우연 운운한 것은 종 안에서는 창조된 비밀 실 가닥이 없다는 것을 시인한 것이고, 한편으로는 창조된 사실, 곧 알파와 오메가를 볼 수 있는 눈이 없다는 것을 말한 것이다. 창조를 부인한 것이 아니라 역설적인 진실 표현이다. 어떻게 표현했든 사실은 감추어질 수 없다. 세계에는 불변한 실체가 있다는 사실을 거부한 것이 진화론인 이상 종의 영원성은 허물 수밖에 없었고, 대안으로서 변화를 통해 사실성을 구하고자 했다. 자연 현상을 진화적으로밖에 보지 못한 이유? 본질을 볼 수 있는 눈이 없어 본질을 제외한 겉모습만 보고 착각을 일으켰다. 영원하고 불변한 실체를 무시한 것은 빙산의 일각을 전부로 안 것과 진배없다. 본질을 보지 못한 눈이 진화론 전체를 지배한 세계관적 착각의 온상이다. 본질을 보지 못한 것은 진화론의 피할 수 없는 한계성이다. 본질은 존재 밖에서도 존재하고 (초월) 존재 안에서도 존재하는데(내재), 존재 안에서 존재할 때는 반드시 본질+존재가 합일된 상태로 있다. 統體一太極인 동시에 各具一太極도 갖추었다. 분리되어서는 존재 체제를 한순간도 유지, 지속시킬 수 없다. 그런데 진화론은 이런 본질의 존재 구성 역할을 무시하고 드러난 존재만을 인정해 세계에서 차지하는 본질의 작용 역할을 제거해 버렸다. 이런 참담한 판단 관점은 온전할 리 없고 진리가 아닌데, 문제는 그것을 지적할 안목이 서양 문명 안에서는 기대할 수 없다 보니 19세기 후반의 자유주의 신학자들은 진화와 신학을 화해시키려는 시도까지 하였다. 이 얼마나 한심한 노력인가? 신학이 새로운 진리 체제를 정비해 진화론을 극복할 대안책은 세우지 않고 타협을 이루고자 하다니! 진화론을 신학적 조망의 기반으로 삼고자 하였다니! 신학에서 진화를 받아들이는 것이 어떤 변화를 일으키기는 하겠지만 기독교 정통 사상을 바꿔놓지는 못할 것이라고 믿다니! 전통 사상을 보존하는 일보다 기독교 교리를 진화론과 조화를 이루는 데 집중하다니! 떼이야르 드 샤르뎅이 곧 이런 진화 신학의 기반을 마련한 자이라, 그를 따른 수많은 신학자들이 진화론과 신학의 조화를 추구하게 되었다. 누가 그를 일컬어 진화론을 긍정적으로 받아들이고 진화론을 통해 신학의 범위를 확장하려고 시도한 대표적인 선구자라고 칭찬하는가?[29] 오죽하면이라는 말이 있지만, 일체의 가당찮음은 어떤 이유보다 기독교 신학이 지닌 한계성 때문이다. 세계관적 뒷받침이 전무했다. 진화론은 진리이기 때문에 창조론의 수정이 불가피한 것이 결코 아니다. 모든 신앙인은 하나님이 강림하여 본의를 밝힐 때까지 믿음을 견지해야 했다. 그리하여 일체 사상을 포괄해서 그 이상의 세계로 나아갈 수 있는 새로운 창조 신학을 수립해야 했나니, 그 해결 과제를 이 연구가 수행하리라.

---

29) 「진화신학의 생명 이해」, 앞의 논문, p.23, 6, 27.

2. 진화 시스템의 비가역성

진화론이 神의 자리를 찾을 수 없고 神에게 의존할 필요가 없다고 부추겨 극단적인 유물론으로 치닫게 한 핵심 근거는 생명체는 수동적인 존재가 아니고 주위 환경에 따라서 자신의 형질과 종족의 생존을 이어가는 능동적이고 자율적인 존재로 본 데 있다. 다윈은 비글호 항해를 시작했을 때만 해도 종은 태초에 하나님이 창조하였고, 神만이 능동성을 가진 것으로 생각했다. 하지만 이후 그의 진화론이 함의한 것은 神의 자리를 없앤 것뿐만 아니고 神의 자리를 각각의 생명체 안으로 들어오게 하였다. 神의 창조 권능을 빼앗아버린 것이라고 할까? 즉, 각각의 생명체는 神이 아니라 환경과의 영향 속에서 생존에 알맞은 개체로 새롭게 창조되어 간다고 한 것이다. 창조 능력은 神이 가진 것이 아니고 생명체가 가졌다. 생명에게 자율성과 창조성을 부여하였다. 곧 생명은 神적 개입 없이 생존을 위해 다른 종으로 바꿀 수 있는 능력을 가졌다. 그것이 과연 무엇인가? 자연선택이라는 환경적 요소, 생물의 돌연변이, 그리고 충분한 시간이다. 이것은 결코 깨기 힘든 이론일 것이라고 장담하였는데, 그 이유는 진화론은 과학자들의 꿈이고 또한 그들에게 일종의 환상을 제공한 탓이다. 지난날 과학자들은 설명할 수 없는 부분은 神에게 의존하였지만 진화론은 일종의 블랙박스인 부분에 대해 설명할 수 있는 방법을 제시하였다. 그래서 생명의 신비를 풀 수 있는 가능성을 열었다.[30] 과연 그러한가? 그 장담, 그 환상, 그 가설을 진화 시스템의 준

---

30) 위의 논문, p.18.

엄한 비가역성을 통해 분쇄시키고자 한다. 사고 현장을 담은 블랙박스를 확보하였다면 누가 가해자이고 누가 피해자인지 가려지리라. 생명의 신비를 풀 블랙박스가 열렸다면 창조 능력을 神이 가진 것인지 각각의 생명체가 가진 것인지도 밝혀지리라. 만약 가해자로서 잘못을 숨기려 한 자와 잘못이 없는데 증명할 방법이 없어 애태운 피해자가 있다면 블랙박스 기록에 대해 누가 더 환호할 것 같은가? 요즘은 유전학과 분자생물학의 발달로 생명 현상을 분자 수준에서 들여다 볼 수 있게 되었는데, 이런 조건 마련에 대해 왜 창조론자는 숨을 죽이고 진화론자는 천군만마를 얻은 듯 기세를 떨치는가? 해독할 창조 본의 메커니즘이 없어서이다. 그 역할을 창조의 비가역성을 통해 제공하고자 한다. 과연 神이 모든 것을 갖추고 있으면서 만물, 만상을 창조한 것이 합리적인 것인지, 처음에는 아무것도 없었는데 無에서 有를 창조하고 有[종]가 有를 다양하게 창조한 것이 합리적인 것인지? 도대체 누가 상식을 말하고 기적을 말하면서 크게 의존한 것인지? 현 상황에서는 모두 주어진 조건이 비슷하다고 할 수 있다. 전자는 증명하지 못한 神을 전제한 상황이고, 후자는 증명할 수 없는 우연을 내세운 상황이다. 하지만 이후부터가 문제인데, 전자는 창조 섭리의 완수 절차만 거치면 확인할 가능성이 있지만 후자는 영원히 불가능하다. 이런 여건의 전환점에서 생명의 신비를 풀 블랙박스를 종의 비가역성 기록을 통해 해독하고자 한다.

창조는 그 무엇도 거스를 수 없는 비가역적인 결정성이다. 생명의 기원에 대한 학설에는 자연발생설 대 생물속생설이 있거니와, 생물은 흙이나 물 같은 무생물적 요소로부터 우연히 생겨난다는 학설을 뒤집고, 19세기 후반 파스퇴르(1822~1895)가 실험을 통해(S형 백

조목 플라스크) 생물은 반드시 이미 존재하는 생물로부터만 생겨난다는 학설을 확립하였다(생물속생설).[31] 무엇이 정설인가 하면 후자인데 진화론은 막무가내였다. "우리가 아무리 잘났다고 해도 개미 한 마리, 호박씨 하나 만들지 못한다. 인류의 끝에 가도 개미와 호박을 조금 다르게 할 수는 있어도 無에서 창조할 수는 없다. 개미가 본능적으로 보여주는 질서의 위대함과 호박씨에 잠재적으로 내재된 열매 맺는 능력은 최고의 과학기술이라도 가질 수 있는 것이 아니다."[32] 과학기술로 무엇을 창조할 수 있는가? 불가능한데 가능하다고 생각한 것이 진화론이 범한 창조의 비가역성이다. 엄밀히 말한다면 진화론이 의지한 것은 자연발생설인데, 그것은 엄연한 생물속생설을 무시한 것이다. 왜 생물속생설이 정설인가? 파스퇴르가 증명한대로 생명은 유전 시스템을 갖추고 있어 종에서 종을 지속적으로 유지할 수 있었다. 눈으로 확인한바 無로부터는 아무것도 창조할 수 없다. 생명의 기원과 존재 원인은 씨에서 열매로, 알에서 성인체로의 시스템과 구조로 파악해야 하는 데 무리수를 두었다. 과학자 오파린이 지구의 생성 초기에는 생명이 없는 무기물이 존재하고 있었으며, 지구의 생명체는 자연적으로 발생했다고 한 것이다. 이에 미국의 과학자 유레이와 밀러는 원시 대기를 가상하고 실험하여 핵산의 구성 물질인 퓨린과 아미노산 등 1백여 개의 유기물을 생성시키는 데 성공하였다. 이를 토대로 생명은 무기물에서 하늘로부터 생성

---

31) 진화론을 반증하는 이론과 실험으로서 비르효(1821~1902)는 1858년 『세포병리학』에서 모든 생물의 세포는 세포에 의해서 생겨난다는 생물속생설을 발표하였다. 이후 결정적으로 반증하는 과학적 실험이 파스퇴르에 의해 수행되었다.-「과학적 무신론에 대한 비판적 고찰」, 허정윤 저, 평택대학교 피어선신학전문대학원 신학과 역사신학, 박사, 2014, p.51.

32) 『노장철학』, 정세근 저, 철학과 현실사, 2002, p.206.

된 유기물이 수프처럼 진하게 고인 바다에서 결합하여 단백질과 DNA를 우연히 만들어 최초의 생명체가 나타난 것으로 가정하였다.[33] 문제는 그렇게 주장해도 억지 가설의 잘못을 지적할 수 있는 안목을 갖추지 못한 데 있다. 본의에 입각한 창조적 세계관을 구축하지 못했다. 그들은 첫 출발점부터 최초의 생명 탄생 근거를 무기물에 두었다. 더군다나 무기물은 자체로서는 생명을 탄생시킬 조건조차 갖추지 못했고, 적극적인 의지와 목적도 없는데, 우연히 다른 외부 물질의 유입으로 결합되었다고 하였다. 당연히 무기물은 생명을 창조할 제1 조건으로서 자격 미달이다. 설사 무기물→유기물→생명체로 나갔다 하더라도 최초 무기물의 창조 문제는? 有→有 창조로 말미암음을 시인한 진화론은 창조론일 수 없다(有→有=창조가 아님. 지속 시스템임). 창조론은 무기물의 창조까지도 포괄한다.[34] 진화론은 분명 생물 종 하나하나의 독립된 창조설을 거부하고 일체 종들이 하나의 종에서 유래하였다고 하였는데, 변이의 축적이든 생존경쟁을 통한 자연선택이든 종 하나로부터(공통 조상) 다른 종이 유래하고 다양하게 되었다는 것은 창조 메커니즘으로서는 비가역적이다. 왜 그들은 생물 종 하나하나가 독립적으로 창조된 사실을 부인한 것인가? 창조 이전에 마련한 창조 본체의 통합성 바탕을 보지 못한 탓이고, 모든 역할을 종에게 떠맡긴 결과 불가역이 되어 버렸다. "다윈에 의하면 어떤 종의 자손은 점진적으로 조상과는 다른 변종이 되고, 나아가 자연선택에 의한 변이의 누적에 의해 다른 종이 될 수 있다.

---

33) 「창조에 대한 과학적 접근의 분석과 비판」, 앞의 논문, p.27.

34) 창조(無)→생물(有)→생물(有). 즉, 모든 운동은 정지 상태에서 출발하지만 운동 속에서는 온통 운동뿐이다. 그래서 종→종 시스템은 창조를 증거함.

그러므로 최초의 생명체인 원시생물 또는 어느 종의 조상 개체 외에는 모든 생물 개체가 그 종 안에서의 변종이다. 따라서 새로운 종으로 분류될 수 있는 조상 개체가 나타나면 그것은 새로운 종으로 이름이 붙여지고, 그 후손은 다시 변종이 되기 시작한다. 이런 과정의 반복으로 오늘날 수많은 종들이 존재하였고, 지금의 종들은 그렇게 진화된 생물의 역사적 결과물"이라고 하였는데,[35] 그것이 가능하다고 여긴 것은 그들의 주장대로 진화의 무목적, 무법칙, 무결정성 탓이다. 곰곰이 생각해 보라. 무엇이 잘못되고 어디에 심대한 모순이 도사렸는지? 숨은 그림 찾기는 교묘하게 사물의 형태를 은폐시킨다. 그래서 눈에 잘 띄지 않는 것처럼 종→변종→종→변종을 통한 다양화 메커니즘도 마찬가지이다. 이것은 종의 종다운 특성을 유지하도록 창조된 종의 항구성을 허문 것이다. 먼저 성립되고 결정된 창조 원칙을 뒤에 착안한 가설이 뒤집을 수는 없다. 하나님이 이룬 창조 원칙은 하나님조차도 거스를 수 없는 절대 불가역 영역이다. 그런데도 불변한 종의 항구적 결정력을 대수롭지 않게 허문 것은 창조된 본의에 대해 무지한 경우 외에는 있을 수 없다.

재차 강조하면 하나님이 창조 권능의 주체자인 한 종은 종을 창조할 수 없고, 부분은 부분을 창조할 수 없다. 이것이 종의 비가역성이다. 종은 스스로를 조직할 수 있는 능력이 없다(불가능함). 베르그송은 "진화가 생명적 약동의 지속을 통해 생명체가 스스로 조직하는 과정으로 폭발과 분리를 통해 유기화 작업을 이루어나간다"고 했는데,[36] 창조된 생명체(종)가 다시 스스로를 조직하는 과정을 거치는

---

35) 「과학적 무신론에 대한 비판적 고찰」, 앞의 논문, p.43.
36) 「진화에 대한 목적론적 해석의 가능성 고찰」, 앞의 논문, p.26.

것은 불가능하다(비가역적). 그렇다면? 사전 창조 역사와 창조 시스템을 보지 못하고, 그로 인해 발동된 생성 시스템을 곡해했다. 자발적 질서, 곧 스스로 생기는 질서는 세계 안에서 없다. 지극한 선문답이다. 인과법칙의 위배이다. 불도 피지 않았는데 연기가 났다는 말처럼……. 현상계적 조건은 불과 연기가 함께한 것인데, 결과에 해당한 연기가 불의 역할을 동시에 대신하지는 못한다. 그런데도 대신하였다면 그것은 오히려 창조를 시사한다. 불의 원인 역할은 창조가, 연기는 결과에 해당하는데, 창조 원인을 볼 수 있는 눈을 가지지 못한 상태라면 연기가 자체로서 피어 오른 것으로 인지할 수 있다. 하지만 결국 원인과 결과가 동시인 상황은 현상계 안에서 일어날 수 없다(불가역). 스스로의 조직화와 자발적 질서 생성은 일원론으로서 현상계 안에서는 조건 성립이 불가능하며, 그것은 본체계에 해당한 초월적 질서이다. 이에 진화론의 가설 설정은 창조론의 초월적 창조 권능을 거부하면서도 자신은 그런 초월적 권능을 차용한 형국이다. 진화론은 사전 준비 시스템을 인정하지 않은 상태이므로 필요한 요인은 종 자체 안에서 해결해야 했다. 그래서 종의 창조 방향에 있어서 가역성보다는 비가역성을 채택하였다. 종은 변이성보다는 결정성과 영원성에 가능성의 확률이 높은데도 그런 특성은 무시하고 부분적인 변이성과 필연성을 벗어난 우연성에 초점을 두고 종의 창조 가능성을 거론하였다. 종은 엔트로피 법칙의 지배를 벗어날 수 없다. 창조된 종은 존재한 요인이 잠재되었다가 나타날 수 있지만, 그렇지 못한 것은 다시 창조될 수 없다. 없는 것을 새롭게 창조하는 것은 지극히 비가역적이다. 세상에는 오직 창조된 것만 존재할 수 있다. 가역의 방향은 창조를 이룬 근원이 무엇인가에 달렸다. 그 영원성, 결정성, 창조성은 변이성, 우연성, 진화성을 불식시킨다. 대문이 잠겼다면 집 안에서는 열 수 있지만 집 밖에서는 열 수 없는 것처럼……. 자동차 생산 시스템을 갖춘 공장은 새로운 모델의 차도 만들고 필요한 부품은 더 생산할 수도 있지만 정비소나 판매 업체는 그렇게 할 수 없다(가져오거나 갖다 놓음). 창조된 종은 그렇게 해서 완성된 결과체일 뿐이며 생산 시스템을 갖추지 못했다. 이런 조건인데도 종이 새로운 변종을 만들어낸다는 것은 마치 10년쯤 운행된 차가 진화하여 다른 차종으로 개량될 수 있다는 말과 같다. 과연 가능한 일인가? 불가능하기 때문에 종이 종을 창조하는 것은 절대 비가역적이다. 종은 만들어진 결과 부품일 뿐 생산 시스템은 갖추지 못했다. 필요한 부품은 가져오면 되지만 생산하기 위해서는 공정 시스템이 필요하다. 세상 가운데 놓인 조건은 이미 존재한 것을 가동시킨 有적 시스템 체제이고(결정성) 고장이 나면 고치는 정비 체제이지(환경 적응), 없던 것을 있게하는 창조 체제가 아니다. 그런데도 다윈과 다윈의 선구인 라마르크조차 착안한 기본적인 기조는 존재한 종이 어떤 요인의 영향으로 새로운 종이 나타날 수 있다는 데 진리성을 두었다. 즉, "환경이 변하면 동물들은 자신들이 지닌 요구를 크게 변화시키며, 이처럼 요구가 변하면 필연적으로 동물들에게서 변화가 나타난다. 만일 새로운 요구가 변함없이 또는 매우 오랫동안 지속된다면 동물들은 새로운 습성을 만들어 낼 것이다(획득형질)."[37] 종을 종 되게 한 생명 시스템의 결과물(유전)이 종인데, 이런 시스템을 거역한 새로운 인자를 창조할 수 있다? 불가능하기 때문에 이것을 일컬어

---

37) 위의 논문, p.24.

진화 시스템의 비기역성이라고 한다. 창조 역사의 결과로 세계가 생성하는 중이기 때문에 세계가 더 이상은 창조가 필요없는 시스템으로 구축되어 있다. 진화론은 사전 창조 원동력을 구할 수 없어 종을 통해 해결하고자 한 것이므로 제반 창조론 유형은 창조 원동력을 어디서 취하였는가에 따른 차이이다.

다윈이 『종의 기원』에서 그려 놓은 진화 계통수는 정말 정확한 생명나무 그림이다. 외줄기 실 가닥 가지에서 수많은 가지를 갈라놓았는데, 그 첫 출발점을 다윈은 공통 조상이라고 하였다. 즉, "모든 생물은 공통 조상으로부터 유래되었고, 생물들의 계보가 세대에 따라 변하면서 계속 갈라져나갔기 때문에 생물계에 다양한 종류가 생겼다는 이론이다."[38] 하지만 다윈은 이 공통 조상에 대해 특별한 창조 권능을 부여하지 않았다. 단지 후일 수많은 세대에 걸쳐 다양한 종들이 갈라졌기 때문에 다양성의 원천 줄기로서 그렇게 지칭한 것뿐이다. 그것은 한마디로 아무것도 본유하지 않은 빈 깡통이다. 수많은 세대에 대해 전기를 공급하는 발전소도 아니고, 창조 이전에 마련된 통합성 본질도 아니다. 생명나무인데도 뿌리가 없다는 것, 이것은 현상계 안에서는 존재할 수 없는 비가역성 나무이다. 왜 그림을 정확히 그렸는가? 창조 이전에 마련된 통합성 본질이 진화론자의 눈에는 보이지 않으므로 외줄기 실 가닥으로 표현했다. 뿌리 없는 나무는 없는데, 진화론은 뻗어난 줄기와 가지만으로 모든 생명 현상을 설명하였기 때문에 그 이론은 불가역적이다. 뿌리도 없는데 "우주가 더 복잡한 상태, 혹은 더 높은 의식 단계를 향해 끊임없이 변화

---

38) 위의 논문, p.16.

하는 창조적 진화를 한다"는 것은[39) 보편적인 현상이 아니다. "원시
생명 수프에서 합성된 최초의 세포에서 호모 사피엔스의 놀라운 복
잡성까지 생명의 진화는 누구나 알고 있듯이 더 큰 복잡성을 향한
장거리 행진이라고 했는데",[40) 어디에도 없는 복잡성 정보를 무엇으
로부터 더할 수 있었단 말인가?[41) 한 동이의 물은 쏟아버리고 나면
바닥이 드러나는 법이다. 변이성의 축적은 복잡성을 더하는 에너지
와 정보 공급 체제가 아니다. 본질은 변하지 않는다. 그런데도 생물
이 진화하면서 더 우수해져 가는 것처럼 보이고, 진화하면서 복잡해
져 가는 것으로 인지되는 것은, 굳이 그 이유를 따진다면 통합 본질
이 생성하니까 분열 작용으로 잠재된 것이 드러나면서 더 우수하고
더 복잡해져 가는 것처럼 보였다. 도킨스는 자연선택은 충분한 시간
과 장소만 보장되면 눈, 심장과 같이 누가 보아도 우연의 산물이라
고 말할 수 없는 것을 생겨나게 할 수 있다고 했다. 즉, 자연선택은
단순한 것, 낮은 곳에서부터 시작하여 복잡하고 높은 곳인 특정 불
가능성에까지 점진적으로 나아간다(누적적 자연선택)고 자신 있게
말했다. 마치 벽돌을 쌓아 올리면 하늘의 별이라도 딸 수 있는 것처
럼······. 그러나 창조 정보에 대한 공급원이 없는 상태에서 처음 단순
한 종이 출발하여 고도로 조직화된 복잡한 종을 출현시킨다는 것은
비가역적인 진화 시스템의 대표적 인식이다. 사전에 창조된 종의 완
전함이 미처 분열을 이루지 못한 관계로 ─, 하나, 단순한 것처럼 보

---

39) 위의 논문, p.16.

40) 『풀하우스』, 스티븐 제이굴드 저, 이명희 역, 사이언스북스, 2012, p.297.

41) 떼이야르는 생명을 복잡성(Complexity)이 증가하는 과정 속에서 나타난 특별한 현상으
로 묘사했고, 세상은 복잡성이 증가하는 방향으로 발전해간다고 하였다.-「진화신학의
생명 이해」, 앞의 논문, p.58.

였다. 그 一, 하나가 일체를 갖추었는데, 그 이유는 하나님이 창조 이전에 마련한 통합 본질이기 때문이다. 공통 조상이 정말 뭇 종의 기원이라면 그 조상도 이 같은 특성을 갖추어야 한다. 하지만 진화론은 그런 조건 설정이 불가능하기 때문에 비가역적이다. 창조 이전에 하나가 모든 것을 갖추었으니, 하나가 애초에 지니지 못한 것은 가지치기로 창조할 수 없다. 조건상 전체가 존재하니까 개체도 존재할 수 있지 그 반대는 불가역이다. 곧 모든 것을 갖춘 전체만 뭇 개체를 창조할 수 있다. 그런데 진화론이 말한 단순함은 그런 시스템이 아니다. 없던 것을 만들어 가는 개별 창조 시스템이다. 전체가 개체를 창조했기 때문에 개체가 전체에 관한 창조 정보를 공유할 수 있는 것인데, 진화론은 그런 역사 없이 개체에 의해 하나하나가 생겨났다는 입장이다. 현상계에서는 성립이 불가능한 창조 시스템이다. 전체에 관한 정보를 알아야 하나니, 개체인 생명의 기관, 세포 하나하나에 이르기까지 그들은 전체에 관한 정보를 본유하였고, 인간의 지력조차 미치지 못한 실정인데도 세계와 우주를 알았다. 각자가 선택을 할 만큼 우주에 관한 정보를 각인하였다.

창조는 명백히 단순하고 간단한 개체로부터의 출발이 아니다. 전체성을 갖춘 통합성 본질로부터의 출발이고, 이런 특성을 한마디로 말한다면 본뜸 창조이다. 창조는 이미 모든 것을 갖춘 전체자가 있기 때문에 실현시킬 수 있은 본뜸의 역사이고, 본뜸이기 때문에 생명체의 최초는 복제자의 모습인 것이 맞다. 창조주가 존재하므로 창조주와 같은 존재 방식을 재현시킨 것이 천지 창조 역사이다. 생명 복제 시스템은 그런 창조 원리의 구현 실체이다. 거듭 확인하나니, 만대를 거친 생명체의 씨알인 유전자가 세상 위에 등장할 때부터 원본이 아닌 복제자로 나타났다는 것은 무엇을 시사하는가? 처음 등장자가 복제자라는 것은 창조 이전에 원본이 있었다. 곧 하나님이 창조 본으로 존재했다는 뜻이다. 하나님이 원본자로 존재하지 않고 바탕된 근원이 없다면 종이 갖춘 스스로의 조직화, 단순, 간단한 종으로부터 점진적인 복잡화 과정, 개체의 독립성을 고려할 수도 있겠지만, 그런 전제는 하나님이 창조 역사를 실현했기 때문에 더 이상 성립될 수 없다. 진화 시스템은 수많은 세월 속에 파묻혀 확인이 어려웠는데, 오늘날 본의를 밝힘과 함께 가역성 여부를 판가름할 수 있게 되었다. 창조로 인한 생성 역사를 종의 첫 기원으로 삼았지만 창조 이전에 이룬 본질로부터의 역사를 안다면 일체가 거꾸로 본 한계 인식이고 불가피한 착각이었다는 것을 알게 되리라.

3. 계속 창조설

진화론이 지구상에 존재하는 다양한 종들에 대해 어떻게 생겨나게 되었는가 한 메커니즘을 모색한 것인 한 일종의 창조론이라고 할 수 있다. 그리고 하나님의 완벽한 천지창조설을 부인한 이상 진화를 통한 새로운 종의 나타남 주장은 지속적인 창조설에 속한다. 진화론의 대부인 다윈은 이런 창조관으로 만일 우리가 종의 제조가 이루어지고 있다는 표현을 사용할 수 있다면 대체로 그 제조가 지금도 진행된다는 것을 발견해야 한다고 하였다(『종의 기원』). 생성 중인 세계 속에 안주한 우리로서는 만상의 이루어짐이 과정적인 것이 맞고, 생멸 가운데서도 끊임없이 새로움이 나타나기 때문에 계속적인 창조설을 무시할 수 없는 입장이다. 누가 이런 문제를 판가름할 수 있는가? 쉽게 확인할 수가 없으므로 본의를 알지 못한 상태에서는 정말 헷갈리는 문제이다. 분분한 창조설은 비단 진화론뿐만 아니고 기독교 신학 안에서도 제기되었다. "하나님의 창조 활동에 대해 태초의 창조, 지속(계속)적 창조, 그리고 창조의 완성(궁극적 창조) 차원으로 구분하고, 하나님이 세계 가운데 여전히 활동하는 증거로서 연속 창조를 주장했다. 즉, 하나님은 無로부터 만물을 한 번에 지었고, 그렇게 해서 창조된 다양한 생명체들은 시간이 흐르면서 창조자가 계획한 대로, 순차적으로 형태를 드러낸다고 보았다."[42] 이런 관점을 옳다고 해야 하는가, 오판이라고 해야 하는가? 본의를 모른다면 규정할 수 없는 문제이다. 사전 창조에 대한 정보가 없으니까 완전한 창조 이후의 생성 활동을 연속 창조로 곡해했다. 사례로서 진화신학은 기독교 창조론 중 지속적인 창조론을 설명한 입장인데, 몰트만 같은 정통신학자도 지속적인 창조 안에서 진화론을 적극적으로 인정하였다.[43] 진화론이든 진화 신학이든, 혹은 그 어떤 관점이라도 태초의 완전한 창조를 이탈한 계속 창조설 유는 모두 생성활동을 곡해한 오판에 속한다. 베르그송은 "생명의 약동이라는 일련의 창조가 연속적으로 부가되어 생명은 성장하고 발달해 오고 있다"고 그럴듯하게 말했지만,[44] 부가된 지속적인 생명 약동을 거꾸로 해석한, 근본을 모른 착각이다. "현대의 우주론도 빅뱅 이론을 통해 지금도 계속되고 있는 하나님의 창조에 대한 사고를 적극 지지한다"고 하였는데,[45] 관점에 따라서는 사전 창조를 증거했다고도 할 수 있다. 그래

---

42) 「아우구스티누스의 무로부터의 창조와 연속창조에 대한 과학신학적 해석」, 김태중 저, 호서대학교대학원 이론신학과 조직신학, 박사, 2014, p.4.

43) 「진화신학의 생명 이해」, 앞의 논문, p.68.

44) 「진화에 대한 목적론적 해석의 가능성 고찰」, 앞의 논문, p.13.

서 계속창조설의 오판을 지적하는 것은 창조된 본의를 밝히기 위해서 반드시 짚고 넘어가야 하는 과제이다. 혹자는(신재식) "태초의 창조 역사만으로 완료된 것이라면 하나님은 역사에서 더 이상 개입하지 않고 활동을 멈추어 버린 神으로서 기독교의 하나님이 아닌 것이 되리라"고 우려했는데,[46] 전혀 본의를 모른 판단이다. 완료된 역사는 통합성으로서 태초의 먼 과거에 완료된 역사가 아니고 아직 분열을 다하지 못한 미래의 역사이기 때문에 무엇보다도 적극적으로 개입해서 완성시킨 창조 목적을 이루어간다. 천국 건설의 프로젝트는 이미 완성되어 있기 때문에 그 목적을 이 땅에서 현재 이루어가고 있다. 이신론의 하나님이 자연을 포함한 우주를 만들어 놓고 지금은 자신의 창조물로부터 벗어나 아무런 영향을 행사하지 않고 있다고 한 것은 본의와 어긋난 신관이다. 그런데도 다윈주의자들은 과학적 사실만으로 神의 허위성을 드러내고자 안간힘을 쓰고 있다니! 유전학자 스티브 존스는 진화는 현대 생물학자들의 과학적 문법일 뿐 아니라 현대인이 세상을 보는 창이란 지지를 표했는데,[47] 본의를 통하면 오히려 진화의 문법적 오류와 창의 한계성을 낱낱이 가려낼 수 있다. 그런데 "진화론이 기독교 신앙을 배격하는 것이 아니라 신학과 신앙을 더욱 풍성하게 할 수 있다니! 이런 판단이 도대체 어떻게 해서 나왔고 세상적으로 지지를 얻으며 추종자를 배출한 것인가? 그 명백한 이유는 창조론의 본의 자각이 불명확한 데 있다. 창조 이전의 역사와 창조 역사, 그리고 창조 이후의 역사를 구분하지 못하므

---

45) 「과학과 신학의 대화를 위한 자연개념의 이해와 적용」, 서재선 저, 장로회신학대학교 신학대학원 신학과, 석사, 2006, p.76.

46) 「과학적 무신론에 대한 과학적 유신론의 비판 연구」, 앞의 논문, p.129.

47) 「진화신학의 생명 이해」, 앞의 논문, p.2.

로 절차상 혼돈이 일어나 우주는 지금도 창조를 계속한다. 혹은 수정에 수정을 거듭하여 나타난 창발적 진화론 역시 자기조직화하는 자연이라는 새로운 자연관을 수립하였다"란 비가역적 논거를 일삼았다.[48]

이에 이 연구가 헷갈린 창조 본의에 대한 판단 기준을 명확히 하고자 하나니, 하나님은 태초에 창조 역사를 완료하였기 때문에 세상 안에서는 더 이상의 창조 역사가 없다. 진화론에서는 지구상에는 거듭된 종의 멸종 흔적이 남아 있지만 진화로 다시 무수한 종이 나타나게 되었다고 하는데, 본질 안에서 이루어진 역사에 있어서는 그런 순차적 창조가 없다. 창조는 시간과 무관한 차원 안에서 이루어졌다.[49] 지극히 초월적이라, 계속적 창조는 분열하는 질서 안에서의 판단 방식이다. 순간, 완전, 한꺼번에, 동시 창조가 가능한 이유이다. 차원적인 하나님의 본질 안에서는 가역인 창조 역사이지만 세계 안에서는 이루어질 수 없는 것이 계속적인 창조이다. 불타는 참으로 위대한 覺者이니, 갖가지 존재가 생멸 변천하는 모습에 대해 모든 만들어진 것은 무상하다[諸行無常]고 설했다. 일체 존재는 멸로서 종결된다. 바로 창조된 세계 안에서는 재창조가 없다는 뜻이다. 없었던 것이 나타난 것은 이미 창조된 것이 잠재되었다가 생성의 동력에 힘입은 것이다.

---

48) 「과학과 신학의 대화를 위한 자연개념의 이해와 적용」, 앞의 논문, p.28.
49) 『창조는 과학적 사실인가』, 김종배 저, 한국창조과학회 편, 1996, p.65.

4. 자연선택의 능동성

다윈은 5년간에 걸친 비글호 항해 기간 동안 대서양을 지나 남미 해안 부분에 정밀한 수로학 탐사를 실시했으며, 타히티와 오스트레일리아를 거쳐 세계 일주를 하는 동안 다양한 자연의 생태계를 관찰하면서 기존 종의 불변설에 대해 의문을 가졌고, 항해 후에는 사육 재배를 통해 변이를 관찰할 때 임의적인 선택 사항이 축적되는 성질이 있다는 사실을 확인하였다. 그래서 이런 현상이 자연 안에서도 일어날 수 있다는 가정을 하고 주된 메커니즘을 찾던 중 맬서스의 『인구론』을 읽고 생존경쟁을 통한 자연선택 개념을 채택하게 되었다는 것은 다윈이 스스로 밝힌바 있다.

> "다른 개체에 비해 뭔가 조그만 이점이라도 가진 개체가 생존과 번식을 위한 기회를 많이 가진다고 생각할 수 없는 것일까? 이와는 반대로 조금이라도 유해한 변이는 엄격하게 파괴된다는 것도 확신할 수 있다. 이렇게 유익한 개체적 차이와 변이는 보존되고, 유해한 변이는 버려지는 것을 가리켜 나는(다윈) 자연도태(자연선택)라 부른다. …… 나쁜 것은 버리고 좋은 것은 모두 보존하고 축적한다. 기회가 있으면 언제 어디서나 각각의 생물을, 그 유기적 및 무기적 생활조건에 대해 개량하는 일을 묵묵히 눈에 띄지 않게 계속한다."[50]

이것은 다윈이 자각한 진화론을 지탱한 자연선택 메커니즘의 원형 메시지로서 핵심적인 이론이라고 할 수 있는데, 단도직입적으로 지적하고 넘어갈 것은 종의 불변성을 부인한 만큼,[51] 과연 종을 종

---

50) 「진화에 대한 목적론적 해석의 가능성 고찰」, 앞의 논문, p.33.
51) "神을 부인하고 불변한 본체가 존재한 사실을 부인하니까 불변성의 담까지 허물어져 버

답게 한 본질은 무엇이고 그 본질은 변하는 것인가 하는 것과, 변하는 것이라면 그 요인이 어디에 있는가 하는 것인데, 다윈은 직접 진술한 대로 외적인 요인, 곧 자연선택을 통해 나쁜 것은 버리고 좋은 것은 보존, 축적된다고 한 사실에 있다. 이것은 후일 유전 법칙의 재발견으로 종의 결정에 영향을 끼친 요인이 내인에 있다는 것을 확인한 상태인데도 진화론자들은 막연하게 서술한 선택의 축적 매체가 바로 유전 물질에 있었다고 하여 본질을 크게 왜곡하였다. 유전 물질, 곧 DNA는 종의 소프트웨어라, 일체 정보가 프로그램화되어 있고 결정적인데, 이런 항구적 요인이 외부 요인에 의해 변경될 수 있다니! 그렇다면 의지적이지 못한 유전 요인은 어떻게 자연 환경과 교감하면서 자신에게 유리한 요인과 불리한 요인을 취사선택할 수 있단 말인가? 자연선택은 정작 다른 목적과 요인에 의해 작동된 것일 수도 있다. 새로운 종을 창조하기 위해서가 아니라 변화무쌍한 환경에 적응하며 생존과 종의 지속적인 보존을 위하여……. 그리고 보면 노자는 인위성을 배제한 입장에서 자연의 질서 본질을 무위자연으로 규정하였듯, 자연선택도 인간의 인위적 선택 행위와 무관하고 神의 작인(作因)을 배제했기 때문이지 인정한다면 차라리 神의 섭리적 손길이라고도 볼 수 있다.[52) 곧 자연선택은 얼굴 없는 하나님의 주관 역사라, 주체성만 제외한다면 유리한 변이를 보존하고 해

리고, 그 자리에 변화가 종을 창조한 메커니즘으로서 자리잡았다. 나아가 창조력의 담이 허물어지니까 우연성이 고개를 치켜들었나니, 이에 진화론은 세계의 영원성과 질서성과 본질성을 파괴시킨 장본인이다. 그래서 불변한 본체가 증거된다면 진리계는 다시 요동치리라.

52) "변이가 어떻게 생기는가와 상관없이 유리한 변이는 자손에게 전해져 내려가는데, 이러한 과정을 인간이 품종을 개량할 때 부르는 인위 선택에 견주어 자연선택이라고 부른다."-『진화론은 어떻게 진화했는가』, 앞의 책, p.81.

로운 변이를 제거하는 것은 영락없이 목적을 가진 작용 행위가 아닌가? 자연선택을 종을 창조한 핵심 메커니즘으로 보면[53] 우연성, 무목적성, 비이치성, 수동성, 비가역성을 면할 수 없지만, 초점을 神의 주관적인 작인에 맞추면 전체성에 근거한 유기체적 상호 교감 작용과 치밀한 사전 계획과 생존에 적극 대처한 능동성을 엿볼 수 있다. 그래서 이제는 진화론적 관점을 불식시키고 섭리 작용적인 관점에서 접근하여 무엇이 타당한 관점인지를 비교해 볼 필요가 있다. 하나님이 약육강식을 통한 처절한 생존경쟁적 환경을 의도적으로 조성했는가라고 반문할 수도 있지만, 모든 것은 보다 높은 하나님의 뜻에 의한 현상이라, 생태계 전체의 조화를 위해 단행된 희생일 수도 있다. 이런 측면이라면 다윈과 동시대에 자연선택 작용을 착안했던 월리스가 더 진실에 근접했다고 할 수 있다. 그는 다윈과 달리 "한 종에 속하는 개체들에게 다양한 변이가 나타나 환경에 적응하지 못한 개체들은 죽고 적응한 개체들만 살아남는 것으로 보았다."[54] 적응을 목적으로 종이 변할 수 있다는 주장은 그나마 긍정적이다. 그런데도 월리스의 이론이 채택되지 못한 것은 당시의 탈기독교적인 정서와 산업혁명과 제국적 식민지를 건설하고자 한 사회적 이념의 요청 탓이다. 곧 자연선택은 종의 창조 원리와는 동떨어진 가설이었다고 할 수 있는데도 급기야 진화론은 神의 창조 권능을 거부한 무신론 사상의 선두 주자가 되었는데, 자연선택이 神의 역할을 대신하여 뭇 생명을 창조할 수 있다고 여긴 것은 이율배반이다. 새로운

---

53) "어떤 환경에서 유리한 변이는 보전되나 불리한 변이는 사라지는 경향이 있다는 점이 그에게(다윈) 충격이었지만, 이러한 결과 새로운 종이 형성되었을 것이라고 판단했다."- 위의 책, p.54.

54) 위의 책, p.21.

창조론을 내세운 것이지만, 밝힌바 세계 안에서는 그 무엇도 새로운 것을 창조할 수 있는 권능과 지혜와 작용이 없다.[55] 이런 이유로 자연선택은 창조에 대해서는 수동적이지만 적응에 대해서는 능동적이다. 헉슬리는 다윈 100주년 기념회에서 "자연선택은 자연세계에 존재하는 모든 생명체를 창조할 수 있는 힘을 지닌 메커니즘"이라고 장담하였는데,[56] 초점을 바꾸고 보면 반대로 神의 창조 흔적을 발견할 수 있다. 어떻게 해서 이런 현상이 가능한가? 뭇 생명체는 절로 이루어진 것이 아닌 탓이다. 생명체가 태어나 존재하고 특성을 지속하는 데 있어 神이 이룬 작용 손길을 보지 못하면 자연선택이 되고, 보면 섭리적 작인이 된다. 그들은 멘델이 유전 법칙을 발표했을 때 일찌감치 자연선택의 창조 요인 가설을 접어야 했다. 즉, "유전법칙은 부모의 유전 형질에 의해 자손의 유전형질이 결정된다는 것으로, 후천적 형질이 유전된다고 한 다윈의 주장, 즉 자연선택에 의한 변이의 축적이 자손의 종을 바꿀 수 있다는 이론을 부정하는 것이었다."[57] 다윈은 두터운 생물책에 담긴 생명 현상에 대한 법칙과 정보들이 자연선택에 의해 구축된 것이란 직접적 연관성을 설명할 수 있는가? 전혀 거리가 먼 적자생존 개념을 가지고 주먹구구식으로 끼어맞춘 누더기 이론인데, 내노라 한 지성들이 혹하였는가? 그것은 분명 神의 은총을 저버린 자들이 하나님의 창조 지혜에 대해 눈이 먼

---

55) 설사 자연선택이 지구상의 다양한 종들을 창조한 메커니즘이라고 해도 문제는 남는다. 자연선택으로 삼라만상 뭇 사물과 우주까지도 창조한 것인가? 그렇지 못하면 우주 지배적인 창조 메커니즘이 아니다. 이성적으로 숙고해 보라. 신체의 경이로운 기관들이 만들어지기 위해 필요한 조건은 생존경쟁이 유발시킨 자연선택적 조건이 아니고 창조를 위해 요구된 조건이다.

56) 『과학과 종교 논쟁, 최근 50년』, 앞의 책, p.38.

57) 「과학적 무신론에 대한 과학적 유신론의 비판 연구」, 앞의 논문, p.52.

탓이다. 누가 누구를 보고 과대망상증에 걸린 자라고 하는 것인지 (도키스) 판가름해야 한다. "자연선택은 생명 전체를 설명할 뿐 아니라, 과학이 그 어떤 계획의 인도도 받지 않은 채 단순한 것에서 출발하여 고도로 조직화된 복잡한 것이 출현하는 과정을 설명할 힘을 지니고 있다"고 하는데,[58] 이런 단언이 더 이상 횡행해선 안 된다. 입만 벙긋하면 거짓말이라는 말이 있듯, 자연선택 메커니즘의 본질을 정확하게 파악해야 무엇이 잘못된 것인지 확인할 수 있다. 자연선택의 진리성을 입증하기 위해서는 神의 창조 권능을 대신할 초월적인 능동성을 갖추어야 했는데, 동일한 차원에서의 有→有 변화는 소진화는 가능할지 몰라도 대진화는 한계성을 지녔다.[59] 원리는 존재 사물에 곧바로 적용되고 확인되는 것이지 상대적으로 작용하여 갑론을박한 논쟁 상황 속에 머물러서는 안 된다. 앞서 소개한 그랜트 부부는 "진화를 눈앞에서 볼 수 있다"고 했는데,[60] 그들의 생각으로는 종의 변화=진화=창조로 직결시킨 탓이다. 무조건적인 비판이 아니다. 이 연구는 본질로부터의 창조를 통해 종의 창조는 차원이 다른 본질에 근거해 설명되어야 한다고 했거니와, 종이 창조되고 다양화된 것은 太極 본질→氣적 본질로의 이행과 사전 결정성, 존재화된 氣의 제약 결과라는 것을 명시한바 있다. 여기서 자연선택은 현상적인 요인이고 창조 요인은 본질이 지녔다. 오직 적응 체제라는 측면에서만 자연선택은 神의 섭리를 대신한 긍정성을 인정할 수 있다.

---

58) 위의 논문, p.63.

59) "다윈의 진화론은 종내(種內)에서 일어나는 다양성의 발현이라는 품종의 변화를 귀납적으로 종합하여 상위 분류 단계인 종에까지 확대 적용하려고 했던 추론의 오류임."-「과학적 무신론에 대한 비판적 고찰」, 앞의 논문, p.65.

60) 『핀치의 부리』, 앞의 책, 머리말.

5. 종의 사전 창조 역사 증거

다윈은 『종의 기원』이란 책을 통해 인류 사회에 진화론이란 화두를 던졌지만 정작 관심을 가진 것은 발생 메커니즘이지 기원 문제에 대해서는 체계적 다룸이 부족했다. 그 부족한 몫은 후세의 과학자들에게 넘겨졌는데, 기본적인 생각 틀은 역시 진화적 관점에 근거한 것이다. 즉, 생명의 기원을 추적할진대 "생명은 우주에서 자연적으로 생겨난 현상이고, 지구의 탄생과 여건을 고려한다면 지각이 충분히 식어서 액체 형태의 물이 존재할 수 있게 된 약 38억 년 전에 생명이 자발적으로 생겨난 것이 거의 분명하다"고 하였다.[61] 현재의 상태로 볼 때 생명이라는 것이 분명히 생기기는 하였는데, 다윈이란 무신론적 세계관의 교주(?)가 神의 손길 없이 문제를 자체적으로 해결했다고 하니까 그 업적을 찬양하여 무조건 믿고 따른 것이라고 할까? 생명이 우주에서 자연적으로 생겨난 현상이고 자발적인 것이 분명하다고 확신한다면 더 이상의 이론적인 첨가와 설명은 필요가 없다. 사실 생명의 발생 근원은 세상 안에 없는 것이 맞다. 없는 것이 분명하다면 자발적인 발생론을 주장할 만도 하다. 그렇다면 이후에 꼬리를 물고 일어나는 의문에 대해서도 답할 수 있어야 하는데, 단언한 것 이외의 이유에 대해서는 어떤 설명도 할 수 없다는 데 문제가 있다. 하지만 이 연구는 일련의 주장에 대해 답할 수 있다. 창조 이전에 있었기 때문이고, 발생 원인인 질료인, 형상인, 운동인, 목적인의 결정 본질은 사전에 창조 역사를 준비한 하나님이 지녔다. 더

---

61) 『다시 만들어진 신』, 스튜어트 카우프만 저, 김명남 역, 사이언스북스, 2012, p.90.

군다나 "최초 생명체가 수십억 년에 걸쳐 우연적인 과정을 통해 탄생했다"는 주장이[62] 왜 문제인가 하면, 세상 안에서는 생명이 자발적으로 발생하는 경우가 없고, 자연적으로 생겨난 현상이 전무한 탓이다. 나는 어떻게 태어났는가? 다윈은 어떻게 부모도 없이 종의 기원을 추론했는가? 곰곰이 생각해 보라. 아무런 근거도 없이 생명의 탄생을 거론하였다니! 우리가 어떻게 부모도 없이 세상에 존재할 수 있는가? 공장도 없는데 물건을 만들 수 있다니! 그런데 진화론자는 이런 문제에 대해서는 안중에도 없다. 기독교가 채택한 無로부터의 창조 교리와 다를바 없다. 생명 탄생의 기적을 말한 것인데도 무조건 믿고 추종하길 주저하지 않았다. 어떻게 사실과 동떨어진 가설을 설정한 것인가? 조건 설정이 잘못된 상태인데 종의 기원 문제를 풀 수 있겠는가? 초점이 틀리니까 문제가 어렵고 억지 논거라도 도를 지나쳤다. 확인된 사실과 현실적인 메커니즘 구조 안에서 최초 생명 탄생의 문제를 풀어야 한다.

사실 구조에 초점을 맞추지 못한 것은 창조론자들도 마찬가지이다. 하늘의 별을 보라. 숲의 나무를 보라. 황야의 동물을 보라. 모두 질서정연한 방식으로 행동한다. 이 질서는 어디서 오는가? 어떤 지적인 설계자가 만들어낸 것이 아닐 수 없다(목적론적 神 존재 증명). 당연히 설계자가 神이란 사실을 말하기 위해 사전 조건을 내건 것이지만, 세상 질서=설계자=神이란 등식을 확증할 수 있는 근거는 세상 어디에도 없다. 흄이 지적했듯, 뭔가가 설계된 것처럼 보인다는 것이 곧 설계되었다는 뜻은 아니다. 다윈의 경우 자연에 있는 질서는

---

62) 『과학과 종교 논쟁, 최근 50년』, 앞의 책, p.167.

이와 다르게 설명될 수도 있으며, 자연선택에 따른 적응 결과일 수도 있다고 했다.[63] 이런 조건상에서는 정말 어디서도 설계한 자가 神이란 사실을 확정지을 수 있는 연결고리가 없다. 그 이유는 창조 작인과 목적은 하나님이 지녔고 결과는 세상이 지닌 것인데, 구체적인 구조 대비 조건 설정을 이루지 못하고 개념적인 추론에 그쳐 다양한 경우의 수를 허용하고 말았다. 진화론은 전제한 점진적인 진화 가설을 입증하기 위해 화석적 증거를 내세웠듯, 목적 논증도 설계자가 神이란 사실을 증거할 수 있는 합당한 조건과 방법을 제시해야 했는데, 부족한 점이 있었다. 진화론도 점진적인 가설 설정이 사실이라면 화석적 증거를 통해 일치된 면모를 확인할 수 있으리라. 하지만 화석적 증거가 진화를 암시한다고 한 것을 통해서도 알 수 있듯, 확실하게 입증하지 못한 것은 화석적 증거물이 부실해서가 아니라 가설 설정이 잘못된 탓에 일치성을 확인할 수 없었다. 생물체가 점진적으로 진화한 것이 아니란 뜻이다. 현안에 있어서도 문제점은 곧바로 발견된다. 아니 진화 사실을 입증하고자 하는데 살아서 흔하고 생동감이 넘치는 생물 종들을 보고 판단하지 않고 굳이 썩어서 대부분의 정보를 상실한 화석의 흔적을 통해 진화 운운하다니! 이런 전철을 밟지 않기 위해서라도 이 연구는 하나님이 태초에 창조한 확실한 전제 조건과 증명 방법을 제시해야 한다. "인체라는 놀라운 장치가 우연한 변이에 의해 만들어졌다는 것은 불가능하다. 눈을 통해서 보면 생물이 설계되었다는 가설 외에 다른 대안을 못 찾겠다"고 한[64] 어느 물리학자의 토로처럼, 그냥 설계되었다고 해서는 아무런

---

63) 『무신예찬』, 피터 싱어·마이클 셔머 저, 그렉 이건 외 저, 김병화 역, 현암사, 2012, pp.64~65.

설득력이 없다. 그렇다면? 종의 사전 창조 역사 근거를 찾는 것이 확실한 방법이다.

창조는 창조에 필요한 모든 것을 완비하여 빠짐이 없을 때 실현된 역사이다. 그런데 "진화론이 제시하는 가장 파괴적이고 혁신적인 주장은 이른바 목적론적 요인이 없다는 것이고, 자연에서 목적론의 추방을 완성시킨 것이 진화론"이라고 하는데,[65] 진화론이 그토록 자신한 것은 목적인이 없어서도, 제거하고 추방해서도 아닌, 정말 목적인은 세상 가운데서 실인할 수 없기 때문이다. 그래서 무목적적이다. 그런데 누가 스스로 가정하고 스스로 결론내린 것인가? 누가 목적인을 제거할 수 있다고 여기는가? 하나님이 부여한 목적을 인간이 어찌할 수는 없다. 눈썹을 보아도 목적이 있고 손톱을 보아도 목적이 있고 심장을 보면 더욱 그러하다. 세계의 존재 목적은 세계의 창조 목적이고, 세계의 창조 목적은 하나님의 창조 목적이다. 그것이 무엇인가? 하나님이 자신과 닮은 제2의 자식을 얻고자 한 뜻이고 사랑이며 의지이다. 하나님이 가진 뜻인 이상 하나님을 부인하면 모든 작인도 함께 단절된다. 엄청난 오판이 저질러지므로 반드시 창조 이전에 이룬 사전 창조 역사를 알아야 하고, 이를 근거로 창조 이후의 결과 세계까지 판단해야 한다. 진화론처럼 선천의 세계관, 진리관이 굴절되고 지성들이 하나님이 이룬 창조 역사를 이해하지 못한 것은 창조 이전에 이룬 사전 작업을 모르고 제외한 데 있다. 모든 것이 미리 준비되었는데 모르니까 하는 말마다 이치가 맞을 리 없다. 창조

---

64) 『리처드 도킨스의 진화론 강의』, 리처드 도킨스 저, 김정은 역, 옥당, 2016, p.114.

65) 철저한 우연에 근거=유기체적 자연 안의 질서와 설계를 오직 기계론적인 수단으로 설명=神의 자리 제거=神의 역할 불필요.-「재미있어 밤새 읽는 진화론 이야기」, 앞의 책, p.16.

론은 초월적인 존재가 목적을 가지고 의도적으로 처음부터 완전한 형태로 만들었다고 하는 유신론적 견해인바, 사전 창조 역사를 모르면 이해할 수도 확인할 수도 없다. 처음부터 완전한 형태로 창조되었다는 사실을 증거하는 방법은 창조 이전부터 존재한 하나님이 이룬 사전 작업 역사를 밝히는 방법뿐이다. 창조 역사는 선재한 하나님이 선재된 사전 작업을 통해 모든 것을 구족한 상태에서 실현하였다. 이런 이유로 만물의 제1 출발점인 알파도 처음부터 완전한 상태로 창조될 수 있었다. 그래서 창조 역사를 증거하는 것은 세상의 어떤 창조물을 통해서도 아닌 창조 이전에 이룬 사전 창조 역사 과정을 밝힘으로써 해결된다. 법칙, 원리, 특성을 결정했다. 말만의 공언이 아니다. 지난날 설명하지 못한 제 현상(불가지론)을 창조 이전에 이룬 사전 작업을 통하면 해명할 수 있다. 무엇을 통하면 사전에 역사한 사실을 확인할 수 있는가? 현상계의 알파와 오메가, 시작과 끝, 첫 출발점의 구조를 대비시켜 보면 된다. 창조 이전과 창조 이후는 볼트와 너트처럼 각각 독립된 존재이고 차원이 다른 것 같지만, 결합시키고 보면 구조적으로 일치된다. 1의 다음은 2이고, 깨어진 그릇도 조각을 맞추면 일치되어 형태를 복원할 수 있는 것처럼, 창조 이전과 창조 이후는 연장선상에 있어 연결시키면 합치된다. 본질적 특성이 그대로 현상적 특성으로 이어졌고, 본질적 구조가 그대로 현상적 구조와 일치된다. 무시무종은 창조된 결과 세계의 특성이고, 필시필원은 창조를 이룬 본체 세계의 특성이다. 왜 有無는 돌고 도는가? 본체 세계가 창조와 상관없이 영원하다면 현상 세계는 생성으로 영원하다. 없던 것이 있게 된 것은 창조된 것이 생성으로 나타난 것이다. 결국은 현상적 변화일 뿐이라 無는 없다. 無도 존재하니까 있다. 창조 세계는 有한 본질 자체로서 하나님의 불변한 본질이다. 창조를 이룬 것은 창조 이전이고, 창조는 그 결과로서 나타난 역사이다. 이런 관점이라면 1953년, 왓슨과 크릭이 유전자의 실체인 유전물질, 즉 DNA(deoxyribo nucleic acid)의 구조를 발견한 것은 시사하는 바가 크다. 현대 유전학에 의하면 자손에게 나타나는 형질은 부모의 DNA 조합에 의해서만 발현된다.[66] 상식과 원리와 창조 법칙은 그대로 일치한다. 부모가 없는데 어떻게 자손이 있겠는가? 그런데도 진화론은 이런 원칙을 무시하고 어렵게 이론적으로 구색을 맞추었다. 흔히 닭이 먼저냐, 달걀이 먼저냐? 닭이면 닭은 달걀이 부화한 것이고, 달걀은 닭이 낳아서이다. 영원히 돌고 돈 순환 논리를 벗어날 수 없는데, 그 이유는 현상계의 분열질서 안인 탓이라 차원이 다른 본체계에서는 조건이 다르다. 일체 생식 능력을 완비한 닭은 자연스럽게 달걀을 낳을 수 있지만, 닭이 없는 달걀은 생길 수 없다. 가능할진대 부모도 없이 태어났다는 말과 같다. 그런데도 진화론자들은 후자를 상식으로 알고 닭이 먼저 생긴 것은 납득하지 못한다. 그 이유가 곧 하나님의 사전 창조 역사를 알지 못해서이다. 사전 작업 역사의 결과 닭으로부터의 첫 창조가 가능하게 되었다. 이것이 하나님이 이룬 완전한 형태로서의 창조 역사이다.

그리고 또 한 가지 DNA가 시사하는 특성은 유전물질의 사전 결정성이다. 혹자는 거리낌 없이 진화론도 진화한다고 진리의 유연성을 자랑하는데, 그것은 정말 무지를 자랑하는 것과 같다. 달리 말해 진화론은 법칙이 아니란 사실을 시인한 것이다. 진화가 사실이라면

---

66) 「과학적 무신론에 대한 비판적 고찰」, 앞의 논문, p.45.

천지만물을 이룬 진화 역시 법칙적이어야 한다. 그렇다면 다시 한 번 묻노니, 우주의 법칙도 진화해서 형성된 것인가? 법칙은 진화할 수 없다. 법칙은 항구불변한 결정성이다. 그렇다면 DNA가 말하는 유전 법칙, 나아가 자연 법칙은 왜 처음부터 결정적인가? 어떻게 법칙화되었는가? 사전 창조 역사가 아니면 설명할 수 없다. 종과 우주는 창조되었기 때문에 결정된 것이고, 결정되었기 때문에 생성으로 풀리고 있다. 그래서 한 치도 어긋날 수 없다. 이런 시사점으로 다시 한 번 지적한다면, "20세기에 들어와서 진화론이 비약적으로 발전하게 된 것은 DNA의 발견을 통해서라고 하는데, 이유인즉 다윈은 변이가 왜 일어나는지 정확하게 이해하지 못한 상태에서 지극히 우연이라고 추정했을 뿐인데, DNA가 그 우연적인 요소가 개입된 생물의 설계도 역할을 한다는 사실을 알게 됨으로써, 변이가 바로 생식의 과정 속에서 일어나는 것으로 파악한 것이다."[67] 아니 우연적인 요소를 말하면서 생물의 설계도 운운은 또 무슨 말이며(모순의 경계도 모름), DNA가 새로운 종을 있게 한 창조의 요인이라도 된다는 말인가? 전혀 기대 밖이다. 변이가 생식 과정 속에서 일어나는 것을 발견한 것이 문제가 아니고, 말 그대로 자연선택이 어떻게 DNA에 영향을 끼쳐 생명의 결정 법칙을 수정할 수 있은 것인지를 밝혀야 했다. 유전의 본질이 결정성에 있다는 것을 확인하면서도 그런 결정성을 허물 변이가 유전자의 결합 과정에서 발생하길 기대하였다니! DNA의 발견은 진화론을 발전시킨 것이 아니고 때가 되면 일시에 허물 시한폭탄을 안긴 것이다. DNA는 바로 하나님이 이룬 사전 창

---

67) 「진화신학의 생명 이해」, 앞의 논문, p.19.

조 역사의 확고한 결과물이다. 진화론의 맹신자 도킨스가 명명한 DNA의 또 다른 이름과 최초 등장에 대한 전제 스토리는 모순투성이 자체인데, 최초 복제자의 우연한 등장이 그것이다.

> "정확히 무슨 일이 있었는지를 아는 사람은 아무도 없다. 그러나 물리학과 화학 법칙에 위배되지 않는 뭔가에 의해 자기 복제를 할 수 있는 분자, 즉 복제자가 우연히 나타났다. 이는 아마 엄청난 행운이었을 것이다. 나는 이 행운에 관해 몇 가지 이야기를 하고 싶다. 이 행운은 단 한 번뿐이었을 것이다."[68]

DNA(복제자)가 세상에 등장하기 위해 요구된 필수 조건은 모두 교묘하게 앞 가름 장치를 했다. 정확히 무슨 일이 있었는지……. 우연한 등장, 엄청난 행운, 단 한 번뿐 등등 그럼에도 불구하고 피할 수 없는 핵심 요건은 정말 최초 복제자의 우연한 등장 사실이다. 왜 최초에 등장한 DNA의 모습이 복제자란 모습을 갖춘 것인가? 온갖 수사를 갖다 붙여서 복제자란 사실을 강조했는데, 모순을 지적한다면 원본도 없이 처음부터의 출발이 복제자란 뜻이고, 긍정한다면 처음 등장이 복제자란 것은 원본이 따로 있다는 사실을 시인한 상황이다. 이것은 스스로 부인한 일체를 갖춘 닭의 형태로 창조되었다는 말과 같다. 복제 역시 그냥 이루어질 수 있는 기능이 아니다. 종이는 스스로 그 안에 쓰인 정보를 복사할 수 없다. 복사기가 없을 때는 일일이 필사해야 했다. 그런데도 진화론자는 직접 해결해야 할 문제는 간과하고 어려운 문제는 너무 쉽게 넘겨버렸다. "원시 지구에서 초기 화학 물질이 응결되어서 최초의 DNA가 탄생했고, 이어 자기 복

---

68) 『리처드 도킨스의 진화론 강의』, 앞의 책, p.395.

제가 가능한 최초의 세포가 탄생했다. 이렇게 하여 어떤 초월적인 존재가 자연에 개입하여 최초 생명체를 탄생시켰다는 주장을 배제시켰다"고 자랑하였지만,[69] 그것은 결코 이치적인 근거에 따라 배제시킨 것이 아니다. 사전 창조 역사를 보지 못한 자들에 의해 강제로 배제되었다. 창조는 지극히 초월적인데 정반대로 판단하였다. 어떻게 자기 복제가 가능한 것인지 온 우주의 이치를 동원한다 해도 설명이 불가능하다. 타당한 이치가 필요한데, 정작 정답은 복제자 자체가 지녔다. 원본의 주체는 하나님이 지닌 관계로 창조 역사의 결과체는 그 첫 등장 모습이 복제자인 것이 맞다. 차원적인 본체계와 현상계의 구조가 이로써 일치된다.

동양의 선현들이 현상의 질서 논리를 초월한 본체 세계를 아무리 설해도 세상 인식이 그것을 이해할 수 있는 세계관을 갖추지 못한 바에는 질서 차원이 다른 세계를 이해할 수 없다. 세계에는 발달설과 즉각창조설이 양분된 상태인데, 발달설(진화론)은 즉각 창조를 이해하고 용인할 수 없는 자들이 취한 어쩔 수 없는 한계성 인식이다. 그렇다고 창조론자도 왜 즉각 창조가 가능한 것인지를 설명할 수 있는 자는 없다. 그러니까 만생이 어디서 와서 어디로 가는지 알리 없다. 현상계 안에서는 처음부터의 즉각 창조, 순간 창조, 완전한 창조를 이해할 수 없다. 어디서 온 것인지 보지 못하는데 어디로 가는지 알 수 있겠는가? 하지만 사전 창조 과정을 통하면 즉각 창조 이면에는 사전 준비 과정이 있었다는 것을 알 수 있다. 그래서 지속 창조는 생성을 이룬 창조 사실을 증거하고, 즉각 창조는 창조 역사

---

69) 『과학과 종교 논쟁, 최근 50년』, 앞의 책, p.187.

의 사전 완비 체제를 증거한다. 한꺼번의 창조도 가능 조건은 동일하다. 우주가 어떤 특이점에서부터 큰 폭발로 시작되었다고 함에, 이런 우주적 역사가 그러하다. 無로부터의 창조는 창조 이전에 이루어진 역사란 의미 안에서 지칭된 역사이다. 대폭발을 발생시킨 특이점은 사전 창조 역사의 결정물이다. 이전에는 神이 우주를 한순간에 창조했을 것이라고 가정한 상황이라면 이제는 타당한 이유로 설명할 수 있다. 파스칼은 인간 사고의 위대함을 돋보이기 위해 가장 크게 대비된 우주를 희생양으로 삼아 우주는 아무것도 모르지만 인간은 알 수 있기 때문에 생각하는 갈대라고 하였는데, 그것은 전적으로 인간을 중심에 둔 편견이다. 인간이 모르는 헤일 수 없는 우주적 정보를 만물이 이미 본유하였다. 그 이유는 오직 한 가지, 일체가 예외 없이 창조를 경험하였고, 원리대로 존재한 창조의 대비밀을 간직한 것이기 때문이다. "모든 생명은 자신의 환경을 느끼고 감지된 신호에 반응하는 것이 생존의 본질이다."[70] 생존 본질은 곧 창조에 대한 지각이다. 그것은 본래 앎이고 지님이며 타고남이다. 현상계만으로는 성립될 수 없는 본성이다. 이것을 동양의 맹자는 공자가 말한 생이지지(生而知之)에 기초하여[71] 배우지 않고도 할 수 있고, 생각하지 않아도 안다고 한 양지양능(良知良能)설로 제기하였다.[72] 서양은 창조 사실에 대한 접근으로 만물의 설계성을 보았다면, 동양은 인간의 본성을 보았다. 선험적인 정보 함유와 타고난 본성의 갖춤을 통해 사전 창조 역사 사실을 나름대로 각인한 것이니, 이런 공유 인

---

70) 『신을 보여주는 21세기 과학』, 레오 김 저, 김광우 역, 지와 사랑, 2009, p.84.

71) 생이지지: 태어나면서부터 아는 사람이 있음.

72) 『유가사상과 중국식 사회주의 철학』, 이철승 저, 심산, 2002, p.101.

식을 이 연구가 창조된 본의에 입각하여 사전 창조 역사로 해명할 수 있게 되었다. 보혜사 하나님이 진리의 성령으로 강림하여 밝힌 초월적 지혜가 아닐 수 없다.

6. 환원불가능한 지적 설계

영국의 성공회 신부이자 자연신학자인 윌리엄 페일리(1743~1805)는 『자연신학-Natural Theology(1802)』에서 神의 존재에 대한 목적론적 논쟁을 해설한 지적설계론을 펼쳤다. 당연히 하나님이 창조주란 사실을 증거하기 위한 논거인데, 다윈도 그의 자서전에서 지적설계론의 긴 추론에 매혹되고 설득당했다고 밝힌바 있다. 페일리는 시계 제작을 예를 들어 생물에도 확대 적용하였다. 즉, 시계를 모르는 사람도 시계를 보면 그것이 저절로 만들어진 것이 아니라 지적인 존재가 의도적으로 만들었다는 것을 알 수 있다. 그렇다면 그보다 더 복잡한 구조와 기능을 가진 인간의 눈도 지적인 존재에 의해 설계된 것이다. 神이 창조한 우주는 아주 복잡한 원리와 법칙에 따라 움직이고, 우주의 모든 현상은 시계바늘이 움직이는 것처럼 정교하게 일어난다. 그렇기 때문에 우주는 저절로 만들어진 것이 아니라 누군가 지적인 존재가 창조한 것, 즉 神이 만든 것이라고 하였다. 훗날 다윈이 진화론을 발표했을 때 반대자들은 지적설계론을 통해 창조론을 두둔하고 진화론을 반박하였다.[73] 그렇다면 다윈과 그의 추종자들이 페일리가 의도한 바를 충분히 인식하였으면서도 정면으로

---

73) 『진화론은 어떻게 진화했는가』, 앞의 책, p.108.

거부하고 전혀 새로운 이론을 제기한 이유는 기발한 착안에도 불구하고 설계 사실과 창조주를 직결시킨 요소를 갖추지 못한 탓이다. 먼저 돌과 시계를 비교하면서 예를 들었는데, 이것은 큰 잘못이다. 시계는 인간이 제작했지만 돌은 하나님이 창조했다. 돌의 창조는 차원적이고 시계의 제작은 인공적인데도 돌의 창조를 오히려 자연적인 상태로 돌렸다. 시계든 돌이든 그냥 존재할 수 없는 것은 마찬가지이다. 그런 대상 비교보다는 차라리 어린아이가 만든 공작품과 전문가가 만든 물건을 작품의 우수성 여부로 비교했다면 더 좋았으리라. 그렇다면 대자연은 누가 제작하였는가? "우리는 과연 자연선택이 한편으로는 파리채 기능을 하는 기린의 꼬리같이 그다지 중요하지 않은 신체 기관을 만들고, 다른 한편으로는 눈 같은 경이로운 기관을 만들 수 있다고 믿을 수 있을까?"[74] 믿을 수 없다거나 하나님의 작품이라고 판정했다 해도 문제는 남아 있다. 어떻게 창조했는가이다. 그러니까 이런 전제 요소로서는 영원히 확증할 수 없는 문제가 생긴다. 페일리는 강조하길, "기계적 속성을 보여주는 시계는 돌과 달리 정교한 장치들이 모여 특정 기능을 수행하는 복잡한 기계란 전제를 세우고, 이처럼 복잡한 기계는 저절로 생겨날 수 없으며, 지적 설계자가 만든 고안물로 이해해야 한다. 그리고 자연 안에서 발견되는 자연물들 역시 복잡함과 미묘함의 속성을 더욱 탁월한 방식으로 보여준다. 따라서 자연도 지적설계자에 의해 만들어졌다고 했다."[75] 이런 논거를 일명 유비추론이라고 하는데,[76] 왜 추론 범주를

---

74) 『핀치의 부리』, 앞의 책, p.183.

75) 「진화에 대한 목적론적 해석의 가능성 고찰」, 앞의 논문, p.6.

76) 사물과 생물의 기계적 속성과 복잡함+미묘함=지적설계자?=神. 이런 유비추론에는 좀 더 구체적인 근거가 필요하다. 확실한 증거=사전 창조 역사 작업.

벗어날 수 없는가 하면, 세계 안에서 주어진 현상적 요소만으로는 창조로 인한 복잡성 문제를 풀 수 없기 때문이다. 창조방정식이 성립될 수 없다. 전제는 전제의 꼬리를 물고 계속 맴돌 뿐이다. 이런 문제 때문에 "흄은 『자연종교에 관한 대화』에서 지적설계론을 비판하였고, 칸트(1724~1804)는 학문과 지식의 영역에서 神과 영혼의 문제를 추방했다."[77]

이런 진화론의 거센 도전 앞에서 창조론의 1차 방어벽은 허물어져 버렸다. 저항한 논거들이 무력화된 이상 진화론이 세력을 넓히는 데 거리낄 것은 없었다. 그런데 과학이 발달함과 함께 "최근에는 '복잡성 이론'이라고 부른 새로운 과학 학파에 속한 사람들이 등장하여 화학, 열역학, 심지어 수학의 기본 법칙들이 생명과 의식의 탄생을 고무하는 식으로 만들어져 있다는 증거를 내놓기 시작했다."[78] 이전에는 겉모습만 보고 판단했는데 속을 들여다보니 "인간의 몸은 엄청난 양의 세포로 구성되어 있고, 하나의 세포 속에 저장된 정보를 인쇄할 때는 1천 쪽의 1천 권 정도가 된다. 하지만 이 정보는 약 2m 정도인 DNA에 모두 저장되어 있고, 46개의 염색체로 나누어 있으며, 실패처럼 감겨서 아주 작은 세포에 저장되어 있다. 만일 우리 몸에 있는 전체 세포 안의 DNA를 한 줄로 연결하면, 약 1천5백억km에 달하고, 이것은 지구를 3천5백만 번을 돌 수 있는 엄청난 길이라는 것이다."[79] 이런 정보의 소유자인 인간이 우연히 진화되었다는 것은 도무지 상상하기 어렵다.

---

77) 『진화론은 어떻게 진화했는가』, 앞의 책, p.15.
78) 『21세기의 신과 과학 그리고 인간』, 러셀 스태나드 엮음, 이창희 역, 두레 2002, p.65.
79) 『창세기의 과학창조의 자연법칙』, 윤실 저, 전파과학사, 2013, pp.119~124.

이런 근거로 지적설계론자들은 진화론의 성세에 대해 재반격을 시도했는데, "이 운동의 대표적 이론가로서는 윌리엄 뎀스키, 필립 존슨, 마이클 베히, 스티븐 메이어 등이 있다. 이들은 지적설계론을 가지고 다윈주의를 비판하고 과학 이론으로 세우려고 시도했다(진화론은 과학적으로 증거가 불충분함). 특히 베히는 '환원불가능한 복잡성'이란 개념을 통해 지적설계론을 주장했는데, 진화를 통해서는 환원불가능한 복잡성을 지닌 생명 현상을 설명할 수 없다고 보았다."[80][81] 자연선택의 과학 이론을 비판한 베히는 생화학적 수준에서 점진적 진화론으로 설명하는 환원불가능한 복잡성(Irreducible complexity)을 지닌 사례들이 엄청나게 많다고 주장했다. 환원불가능한 복잡성을 지닌 생물학적 시스템은 진화론에 대한 강력한 도전이다. 그가 자칭 과학적 이론으로 무장한 진화론에 대해 도전장을 내밀 수 있었던 핵심 근거는 "생물학적 시스템이 점진적으로 생성될 수 없는 것은 단 한 번에 하나의 통합적인 개체로 생겨나야 하며, 이런 이유로 지적설계의 산물"이란 결론이다.[82] "생명체가 생명적 기능을 정상적으로 발휘하기 위해서는 생명체의 복잡한 기관들의 기능이 동시에 작동해야 하는 것이지 진화론에서 주장하듯이 기관들이 점진적으로 진화하면서 기능이 부분적으로 작동하는 방법으로는 생명 현상이 나타날 수 없다는 것이다. 그래서 복잡한 구조와 기능을 필요로 하는 생명은 결코 자연에서 저절로 만들어질 수 없다. 결국 지적설계자에

---

80) 위의 논문, p.9.

81) 지적설계론: 어떤 대상의 특정 행위, 기능 혹은 구조의 생성 원인을 인격적인 존재의 창조적이고 지적인 능력에서 찾는 이론. 생물학에서는 유기체의 기원을 선재하는 지능체에서 찾는 이론을 말함.-『과학과 종교 논쟁, 최근 50년』, 앞의 책, p.194.

82) 「과학적 무신론에 대한 과학적 유신론의 비판 연구」, 앞의 논문, p.46.

의한 유형론적 창조의 산물임을 인정하지 않을 수 없다."83)84) 단지 아쉬운 점은 핵심된 근거를 확보하고도 환원불가능성으로 생명을 창조한 지적설계자가 반드시 기독교에서 말하는 하나님을 가리키는 것은 아니라고 얼버무린 데 있다. 이것은 환원불가능한 복잡성과 지적설계자를 연결시킬 고리를 찾지 못했다는 뜻이고, 연결시키기 위해서는 또 다른 논거 틀과 이론을 세워야 한다. 앞선 페일리의 시계 논증보다는 훨씬 진일보하였지만, 베히 역시 지적설계자를 상정했다는 점에서 비판자들은 과학을 정지시키는 행위라고도 하였다.85)

사실을 확인하고 진화론을 향해 회심에 찬 도전장을 내었는데, 이마저도 신통찮은 결과를 초래한 것이라면 하나님의 창조 역사는 영원히 증거되지 못하는 것인가? 설마 그럴 리야? 파고들 때까지 파고들었지만 마지막 경계선을 넘어서지 못한 상태라고 할까? 그 선은 무엇인가? 바로 창조란 경계선이다. 페일리 이래 베히까지에 이른 지적설계론자들은 창조주 하나님의 지적설계 행위가 창조된 현상계 안에서 이루어진 것으로 생각해 설계의 주체자를 찾지 못했다. 동일한 차원에서 창조된 실마리를 구한다면 백 번이라도 실패할 수밖에 없었다. 만상 가운데 흔적을 남긴 치밀한 지적설계 결과는 사실 창조 이전에 마련된 것이다. 세상 안에는 없는데 설계자를 세상 가운데서 찾으니까 모습을 볼 수 없었다. 이런 설계논증의 문제점과 상

---

83) 위의 논문, p.12.

84) "마이클 베히는 『다윈의 블랙박스』를 통하여 환원불가능한 복잡성으로서 불완전한 시스템은 제 기능을 하지 못하므로 원형으로부터 변화된 것이 아니라 어떤 지적인 존재에 의하여 창조되어야만 한다는 지적 설계에 대한 기준을 주장했다. 즉, 지적설계자에 의한 설계로 이 세계가 창조되었다는 것이다."-「창조에 대한 과학적 접근의 분석과 비판」, 앞의 논문, p.24.

85) 『과학과 종교 논쟁, 최근 50년』, 앞의 책, p.214.

황 설정의 미비성에 대해 다시 한 번 정리한다면, 설계 논증으로 하나님의 창조 역사와 존재한 사실을 입증하기 위해서는 차원을 달리해야 하는데, 시공간 설정 조건이 동일한 차원 안에 머물러 입증이 불가능했다. 설계 사실을 확인하지 못한 보다 정확한 이유, 곧 창조 이전에 이루어진 역사적 작업 과정을 입증해야 했다. 동일한 시공간 안에서는 사전 설계와 지적 존재를 한꺼번에 입증하고 추적할 수 없다. 다시 보면 정말 간단한 문제인데, 창조를 위한 지적설계는 창조 이전에 이루어진 것이다. 그러니까 해명할 수 있는 것이 무엇 하나 최초에 관여되지 않은 것 같은 데도 생물계에 환원불가능한 복잡성이 존재하는 것은 창조 이전에 구축된 통합성 본질이 현상계, 존재계, 인과계, 진리계, 법칙계, 생물체, 피조체, 인간 본성에 절대적인 영향을 미친 탓이다. 뭇 종은 태초의 창조 시 이미 전체를 안 상태에서 계획되고 설계되고 디자인되었다는 것, 이것이 창조의 비밀이고, 존재의 비밀이며, 환원불가능한 복잡성의 대비밀이다. 이런 통찰은 과연 어떻게 확인할 수 있는가? 선천에서는 선언으로 추론하는데 그쳤지만 이제는 사전 역사성의 부각과 판단 기준을 마련한 관계로 일체 근거를 창조된 결과물을 통해 입증할 수 있다. 과학자는 신념을 가지고 가설을 설정하여 무수한 실험 과정을 거쳐 원하는 결과를 얻어낼 수도 있지만 태초에는 이런 지적 개입 행위가 전혀 없었다. 그런데도 뭇 생명체가 갖춘 구조 시스템은 너무 지적인데 그렇다고 자연적, 절로, 우연히 개입될 수 없는 조건 속에서 하나님의 사전 창조 역사, 곧 사전 계획 수립 과정이 있었던 것이다. 이것이 지적설계론 자들이 현상계에 드러난 특성을 정확하게 지적하였는데도 불구하고 근원된 이유를 알지 못한 존재 조건의 동시 창조 문제이다. "환원불가능한 복잡 체계가 말하는 바는 그에 앞선 체계에서 조금씩 지속되는 수정에 의해서 직접적으로 생성될 수 없다. 왜냐하면 어떤 환원 불가능한 복잡계의 바로 앞선 체계란 한 부품이 상실된 상태에서는 정의에 따라 기능이 불가능해지기 때문이다. 곧 생물의 각각의 구조나 부품들이 완벽하게 갖추어져 있을 때만 작동하지, 각각의 부품들이 따로 분리되면 더 이상 기능할 수 없게 된다는 뜻이다."86) "『생명의 기원』을 저술한 레스리 오겔은 1994년, 핵산(DNA, RNA)과 단백질이 동시에 동일 장소에서 만들어져야 하는데, 도저히 그럴 가능성이 없으므로 생명 현상은 결코 화학적으로 발생할 수 없다는 견해를 표명했다."87) 이런 측면이라면 "생물계 내에서 변이가 일어날 가능성은 정말 희박한데, 현존하는 지극히 복잡한 기관과 구조들이 온전히 완성되지 않고는 제대로 작용을 할 수 없다는 점이다. 그것들은 완전한 상태가 아니라면 완전히 무용지물이다."88) 그냥 들으면 별다른 의문점이 없는 것 같은데 이치를 따지고 보면 어떻게 최초의 창조 모습이 그런 조건을 갖추고 나타날 수 있는가인데, 이런 의문을 사전 창조 역사가 해결했다. "인간의 귀는 상상할 수 없을 정도로 복잡하다. 코르티 기관(the organ of Corte) 하나만 보더라도 소리의 음정과 방향을 파악하는데 결정적 역할을 하는 내이(內耳) 속에 위치한 직경 3mm의 나선형 세포돌기는 자그마치 2만 개의 막대와 3만 개 이상의 신경말단들을 포함하고 있다. 만약 각각의 구분된 부분들이 수백만 년에 걸쳐 우연히 함께 결합되기에 이르렀다면 도대

86) 「과학적 무신론에 대한 과학적 유신론의 비판 연구」, 앞의 논문, p.52.

87) 위의 책, p.168.

88) 『성경적 창조론』, 존 휘트콤 저, 최치남 역, 생명의 말씀사, 1993, p.122.

체 어떻게 귀가 작용할 수 있었겠는가? 더군다나 눈의 경우는? 눈은 총체적으로 작용하든지 아니면 전혀 작용하지 않는다."[89] 동시 작용이 가능한 것은 동시 창조되었기 때문인데, 우리가 동시 창조를 도무지 이해하지 못한 것은 바로 창조된 결과를 세계 안에서 현상적인 분열 질서로 이해한 탓이다. 각 기관을 낱낱이 개별적으로 구분해서 생각할 수밖에 없는데, 이들을 낳은 본체계는 통체, 통합성과 함께 존재한다. 전체가 하나로 존재하는데 생명 기관은 창조로 인해 분열하다 보니까 일일이 구분되지만, 그래도 유기체적인 연관성을 지녔다. 귀는 어떻게 해서 외부의 소리에 대한 작용 정보를 알고 있는가? 눈은 어떻게 해서 빛에 관한 정보를 알고 빛을 통하여 사물을 볼 수 있는 작동 기관이 되었는가? 빛과 소리와 인체 기관의 귀, 눈은 모두 하나라고 할 수 있다. 하나이고 함께한 관계로 창조와 함께 동시에 출현하고 작동할 수 있었다. 본래 하나인 이상 동시 작동을 어렵게 생각해서는 안 된다. 개체는 개체로 존재할 수 없고 낱개 기관은 필요에 의해 독립적으로 생겨날 수 없다. 그야말로 통체로 존재하고 이미 완비한 상태이다. 부분의 변화와 필요성은 전체가 결정한다. 창조 이전에 이미 모든 것을 갖추었고 함께하였다. 원인과 결과가 함께하고, 씨와 열매가 함께하고, 닭과 달걀이 함께했다. 앞서 닭이 먼저냐 달걀이 먼저냐 하는 문제는 현상계 안에서의 구분이고, 창조 이전의 통합 본체 상태에서는 생성 이전이므로 하나일 뿐이다. 원인과 결과, 알파와 오메가가 일원상 상태이다. 초월적인 상태인데, 분열하는 현상계 안에서는 그런 일원상으로서는 존재할 수 없어 양의

---

89) 위의 책, pp.112~123.

되었다. 하나님이 태초에 모든 생물을 종류대로 창조함에 그 원리적인 뒷받침을 동시 창조 역사가 한다. 또 한 가지 문제는 현상계 안에서는 음이면 음, 양이면 양 하나로서는 존재 성립이 불가능하므로 닭, 어버이가 음양을 완비한 상태로 출현하였다. 곧, 동시에 창조되었다. 창조 역사는 완성되고 완비되었기 때문에 실현되었다. 생명 탄생의 최초 존재가 생식(복제) 능력을 갖추지 못하고 닭이 음양 체제를 갖추지 못했다면 어떻게 생명의 역사가 지속 가능했겠는가? 씨와 열매가 동시에 창조되어야 씨 속에 열매가 있고 열매 속에 씨가 있는 영원한 생성 시스템을 완성한다. 본래 하나인 것이 현상계 안에서는 닭과 달걀로 나뉘었지만, 구분되었으면서도 분열된 생성 과정을 제하고 나면 닭은 달걀 속에 있고 달걀은 닭 속에 있다. 부모 속에 정자, 난자가 있고 정자, 난자의 결합 속에 제2의 부모 씨알이 있다. 불변한 본체가 시스템적으로 영원하도록 창조되었다. 동시 창조는 창조의 有한 본질로서 구현한 지혜 시스템이다. 사전 창조 역사 과정이 인준되고 뒷받침되어야 지적설계론자들이 왜 환원불가능한 복잡성 특성을 주목하고 나선 것인지 이해할 수 있다. "어떤 생체기관이나 화학적 과정이 제대로 작동하기 위해서는 많은 부분적 요소가 필요하며, 기관이나 화학적 과정이 여러 세대에 걸친 작은 연속적인 변화들로 이루어졌다고 볼 수 없다. 그중 하나라도 없으면 그 기관이나 과정은 작동하지 않는다. 그 이유는 모든 부분이 갖추어져서 특정 기능을 가진 기관이나 과정이 형성되기 전에는 그것들은 쓸모없는 것이며, 오히려 無로부터 일시에 만들어진 것처럼 보이기 때문이다. 조직된 DNA가 작동하거나 수많은 변이는 가장 좋을 때 가장 좋은 지점에서 갑자기 발생한 것이기 때문이다(뉴먼)."[90] 자동차는 엔진만으로 움직일 수 없다. 바퀴도 있어야 하고 핸들도 필요하다. 그렇게 해서 다 갖추어야 운행된다. 이 연구가 끊임없이 던진 의문, 생물계의 복잡성이 생물계가 존재하기 이전부터 구축될 수는 없는가? 씨와 열매는 현상계 속으로 한꺼번에 던져질 수 없는가? 진화론이 단순한 것에서 복잡한 것으로 진화하여 생명을 만들어 나갔다는 주장에 대해 완전한 존재, 그런 지적 능력을 가진 그 무엇으로부터 생명체가 탄생할 수는 없는가? 이것을 가능하게 한 것이 바로 창조 이전에 이룬 하나님의 사전 창조 역사 과정이다. 하나님의 천지 창조 역사 사실을 확실하게 증거한다. 진화론과 지적설계론 간의 종의 기원 문제에 대한 운명적 관점 차이 발생 근거가 여기에 있다. 진화론은 "삼라만상이 설계된 것으로 보이는 것은 자연의 눈먼 힘에 의한 것이므로 허상"이라고 했지만,[91] 진실은 그들이 하나님의 사전 창조 역사에 눈이 멀어서이다. 도킨스는 말하길, "다윈이 발견했고 현재 우리가 알고 있는 맹목적이고 무의식적이며 자동적인 과정인 자연선택은 확실히 어떤 용도를 위해 만들어진 모든 생물의 형태와 그들의 존재에 대한 설명이며, 거기에는 미리 계획된 의도 따위는 들어 있지 않다. 자연선택은 마음도, 마음의 눈도 갖고 있지 않으며, 미래를 내다보며 계획하지 않는다. 전망을 갖고 있지 않으며 통찰력도 없고 전혀 앞을 보지 못한다. 만약 자연선택이 자연의 시계공 노릇을 한다면 그것은 '눈먼 시계공'이다"라고 하였다.[92] 정말 누가 눈먼 시계공인지 이제 온 세상의 내노라 한 지성들은 판단할

---

90) 「창조에 대한 과학적 접근의 분석과 비판」, 앞의 논문, p.76.

91) 위의 논문, p.18.

92) 『눈먼 시계공』, 리처드 도킨스 저, 이용철 저, 사이언스북스, 2010, p.27.

수 있어야 한다. 하나님이 이룬 사전 창조 역사에 대해 눈이 먼 결과라는 것! 사전 창조 역사는 하나님이 태초에 이룬 천지 창조 역사를 확인할 수 있는 제일의 증거 요인이다. 이것을 보아야 진화론을 극복하고, 진화론을 극복해야 유물론을 극복하고, 유물론을 극복해야 무신론을 극복할 수 있나니, 그리하면 이 땅에 하나님의 창조 목적을 완성한 지상 천국을 건설할 수 있으리라.

제18장 유물론 극복

1. 유물론의 판단 관점 기반

물질은 세계를 구성한 기본적인 요소로서 눈으로 보고 몸으로 감지해서 확인할 수 있는 실체이다. 반면 정신은 볼 수도 없고 작용 실태를 감지하기 어려워 예로부터 만물의 궁극적 근원성과 기원성을 추적하는 데 있어 물질을 정신보다 우선성에 둔 판단 관점이 생겨났다. 그럼에도 불구하고 정신을 우선 시한 주장도 만만찮아 이것을 "유물론과 관념론 사이의 절대적·이원론적 대립이라고 한다."[93] 두루 해당되는 말이지만 "궁극의 존재가 물질적이냐 관념적이냐, 혹은 세계의 근원과 원리를 물질적인 것으로 보느냐 정신적인 관념으로

---

93) 『현대유물론의 기본 과제』, 임신성 저, 민해철 역, 1985, 거름, p.52.

보느냐에 따라 유물론의 입장과 관념론의 입장으로 나뉘었다."94)95)
항상 반대되는 입장이 있다는 것을 염두에 두면서, 그렇다면 물질을
근원으로 본 유물론은 세계를 어떻게 이해하고 판단하였는가? 세계
는 물질로 이루어졌기 때문에 의식까지도 정신의 자발적인 창조로
보지 않고 물질적인 두뇌에 의한 객관적 실재의 반영이고 산물로 본
것이다. 이런 유물론은 일반적으로 자연과학의 방법론을 철저하게
신뢰하고 일체의 실재를 물질로 본 결과 인간조차 존엄성 있는 생명
체로 본 것이 아니고 하나의 기계로 본 현상이 나타났다.96) 양론이
견지한바 기본적인 입장은 서로의 존재성은 인정하지만 단지 무엇
이 선차적이고 근원적인가 하는 문제인데, 유물론은 물질이 선차적
이고 정신은 물질에서 파생된 것에 지나지 않는다고 하여 격하시켰
다. 따라서 유물론이든 관념론이든 그들이 지향한 궁극적 도달점은
창조적 세계관 역할을 수행하고자 한 데 있다. 물질이 선차하여 정
신을 파생시킨 것이라면 합당한 물질창조론을 거론해야 했는데, 간
주하고 단언만 하였을 뿐 공히 창조 원리와 법칙을 구체화시킨 것은
없다. 관념론자인 헤겔은 "사고와 존재는 서로 관련되어 있으며 사
고와 존재가 일치할 때에 한해서 이 관계 자체가 성립할 수 있다"고
했지만,97) 사고와 존재가 어떻게 관계되고 일치된 것인지 밝히지 못
했다. 즉, 창조성을 밝히지 못한 것이 관념론의 한계이고, 이런 허점

---

94) 「유물론과 생명 윤리」, 김필균 저, 총신대학교 일반대학원 신학과 조직신학, 석사, 2006,
    pp.2~3.
95) "정신, 의식, 사고, 감각을 근원적이라고 생각하는 철학은 관념론의 진영으로 물질, 자
    연, 존재를 근원적이라고 인정하는 철학은 유물론의 진영으로 분류하기도 한다."-「과학
    적 무신론에 대한 비판적 고찰」, 앞의 논문, p.15.
96) 「유물론과 생명 윤리」, 앞의 논문, p.3.
97) 『마르크스주의의 철학적 기초』, 루이 뒤프레 저, 홍윤기 역, 미래사, 1986, p.54.

을 근대 유물론이 파고들었다. 유물론자인 마르크스도 상황은 비슷한데, 물질에 온갖 가치를 부여하고서도 정작 그가 한 지적 작업은 "의식에 대한 물질 존재의 선재[先在]성을 승인한 정도이다."98) 왜 이런 한계성에 머물렀는가 하면 그들이 붙든 정신과 물질은 한마디로 만물을 파생시킨 궁극적인 창조 본체가 아닌 탓이다. 명백한 근거는 철학사에서 보인 풀 수 없는 대립과 투쟁 역사를 통해서 알 수 있다. 창조된 2차적 피조물을 통해서는 초월적인 창조 논리 인출이 불가능하다. 동일한 현상 차원에서는 물질과 정신의 우선성을 따질 수 없을 뿐 아니라 태생의 비밀을 밝힐 창조방정식을 세울 수 없다. 정신도 물질도 아닌 제3의 그 무엇, 곧 본질성을 결여하였다. 무신론적 세계관의 두 번째 극복 과제인 유물론은 세계가 온통 물질로 구성되어 있는 관계로 하나님이 본의를 밝히고 본체를 드러내지 못한 선천에서는 전반적으로 착상되고 추구되지 않을 수 없었던 미완성 세계관이다. 과거로부터 수많은 지성들이 추종하였고 확신한 세계관인데, 이 연구가 지금 한계성을 지적하기 위해서는 지성들이 사고 흔적을 남긴 고대로부터의 추구 내력을 살펴볼 필요가 있다.

"철학사에 나타난 유물론의 기원은 물을 만물의 기원으로 본 고대 그리스의 자연철학자 탈레스로부터 시작된다. 세계의 원리를 자연적인 물질로 규정한 점에서 자연주의적 유물론이라고도 하며, 이는 후에 데모크리토스의 원자론에 이르러 기계적 유물론으로 체계화된다. 기계적 유물론은 분자, 원자, 원소와 같은 불변적인 물질적 실체를 인정하고, 역학적 운동에 의해서 자연현상을 설명한 것이다.

---

98) 『현대 유물론의 기본 과제』, 앞의 책, p.86.

19세기까지의 유물론은 대체로 자연주의적 유물론이었다."[99] 근대에 서양 문명은 과학문명을 일으킨 전신 역할을 한 사고 방식적 특성을 지녔는데, 문제는 현상계 안에서 현상계에 던져진 궁극적 실마리를 풀려고 했다는 데 있다. 플라톤은 차원이 다른 이데아를 상정하기는 했지만 그것은 만물의 근간인 본체가 아니고 관념적인 상정인 탓에 하나도 다를바 없었다. 로마시대에 기독교가 공인되고 이후 신권 질서가 지배적이었던 중세 유럽에서는 유물론적인 사상이 거의 모습을 감추었지만 근대의 자연과학과 기술이 발달함에 따라 다시 모습을 나타내었다. 여기서 중세의 스콜라 철학 속에 생긴 실재론과 유명론(唯名論)의 대립은 근대의 관념론과 유물론과의 대립을 그대로 예시하였다. 실재론은 비(非)물질적·보편적인 것, 이데아(형상)를 실재라고 인정한데 반해 유명론은 그와 같은 것은 단순히 이름에 불과하다고 보고, 감각적으로 알 수 있는 개체만이 실재라고 하였다.[100] 근대 유물론은 形而上學에 가까운 기계론적 유물론의 영향을 강하게 받았는데, "17세기 대표적인 기계론적 철학자로 빼놓을 수 없는 인물이 르네 데카르트(1596~1650)이다. 그는 인간을 제외한 모든 것을 일종의 기계로 보았다. 자연 속에서 내면성의 장소를 가질 수 있는 유일한 존재를 인간으로 축소하였다. 그에 따르면 동물들은 단지 사물에 불과한 것이라, 이런 태도는 인간을 제외한 모든 자연에 대해서 기계론적인 분석이 가능하도록 하였다. 결국 인간을 제외한 생물권은 신비를 벗게 되었고, 이는 나중에 근대 유물론이 발생할 수 있는 토양을 제공하였다."[101] 한편 베이컨(1561~1626)은

---

99) 「마르크스 유물론에 대하여」, 이성자 저, p.84.

100) 유물론, 다음백과.

영국 유물론과 모든 경험과학을 실제로 창시한 철학자이자 정치가이다. 그는 "자연과학을 진정한 학문으로 여겼고 지각(perceptlon)에 기초한 물리학을 가장 뛰어난 자연과학이라고 하였다. 그는 이런 주장의 근거로서 아낙사고라스의 동형동질설과 데모크리토스의 원자설을 끌어들였다. 곧 감각은 전혀 오류가 없으며 모든 지식의 원천이다. 과학이란 실험적인 것이며 합리적인 방법을 감각에 의해 얻은 자료에 적용하는 것이다. 귀납, 분석, 비교, 관찰, 실험 등이 합리적인 방법의 중요한 요건이다. 물질의 고유한 특성 중에서 우선적이고 중요한 것은 운동이다. 이 운동은 기계적이고 수학적인 운동일 뿐아니라 충격과 활력, 탄력의 운동이기도 하다."[102] 이런 사상이 자연현상을 탐구하는 방법적 기틀을 제공한 것은 사실이지만, 결국은 현상계 안에 속한 자연 세계를 탐구하는 데 적합한 방법론의 제기이라, 본질 세계와는 무관한 반쪽짜리 관점이었다는 것을 염두에 둘 필요가 있다. 또 한 사람의 간과할 수 없는 유물론자로서는 라메트리(1909~1751)를 들 수 있다. 프랑스 계몽기의 의사인 그는 데카르트의 기계론을 이으면서도 로크의 경험론을 받아들여 데카르트가 갇혀 있던 이원론적 틀을 벗어나 중세 이후 단절된 유물론을 부활시켰다. 그는 혼(魂)도 육체의 소산이라고 하고, 뇌도 '생각하는 근육'으로 정의하였다. 저서로 『인간기계론』, 『영혼의 박물지』가 있는데,[103] 이런 저술 영향이 디드로, 엘베시우스, 돌바크까지 이어져 18세기 프랑스 사상의 중요한 축으로 성장했다.[104] 라메트리는 "전적

---

101) 「진화신학의 생명 이해」, 앞의 논문, p.9.
102) 『마르크스·엥겔스의 종교론』, 앞의 책, p.47.
103) 라메트리, 다음 어학사전.

으로 말하는 무신론적 유물론으로 도달하는 논리적 귀결을 낳고, 무신론적 유물론을 고백하는 도정을 마련했다."105) 아무리 잘못된 관점이고 세계관일지라도 사실을 지적할 근거가 태동되지 못한 지난날에는 나름대로 현대 유물론을 구축하기까지 기여한 사상적 공신자가 있기 마련이다.

"19세기에 접어들면 유물론은 변증법적 유물론의 출현을 맞는다. 변증법적 유물론의 완성은 마르크스와 엥겔스에 의해서이지만, 그 시작은 포이어바흐의 인간학적 유물론에서 비롯된다. 그는 『기독교의 본질』에서 종교의 본질을 神이 아닌 인간에서 출발시킴으로써 종교의 성립과 계보를 인간의 제 요소로 환원시켰으며, 인간의 감성적 요소에 의거함으로써 神의 초경험적 존재를 부정하였다."106) "육체와 정신의 통일체인 인간을 철학의 기본 대상으로 간주하였으며, 세계에는 오직 자연과 인간밖에는 아무것도 없다는 유물론적 견해를 표방하였다."107) 관념론자인 "헤겔은 보편적 존재, 즉 이념, 정신을 전면에 내세웠지만, 포이어바흐는 참된 실재성은 개별적 존재이고 자연으로 보아 대립시키고, 결론으로서 감각적인 개별적 존재만이 현실이요, 반면 보편적 존재는 개별적 존재의 환상에 불과하다"고 하였다.108) 후일의 유물론자들은 자평하길, "헤겔변증법에서는 그 천재성에도 불구하고 모든 것이 발이 아니라 머리로 서고, 세계

---

104) 「라메트리의 인간기계와 유물론 부활」, 김보영 저, 한국교원대학교대학원 역사교육, 석사, 2017, p.8.
105) 『신은 존재하는가(1)』, 앞의 책, p.141.
106) 『마르크스 유물론에 대하여』, 앞의 논문, p.84.
107) 『독일 고전철학 비판』, 김인철 저, 나라사랑, 1989, p.17.
108) 「변증법적 유물론을 극복하는 대안」, 김팔곤 저, p.112.

의 현실적 연관이 무리하고 인위적이며 허구적인 것으로 왜곡되었다. 따라서 헤겔에게 거꾸로 세워진 세계를 바로 세우는 데에는 관념론에서 유물론으로의 전환이 필요하다"고 하였다.[109] 과연 그러한가? 진상이 밝혀진 마당에서는 유물론이 취한 세계관적 관점이 더욱 적나라하게 노출될 뿐이다. 본말전도 관점이고 근본 말살 획책이다. 이것이 곧 서양 문명이 도달한 종말성의 처절한 단면이다. 유물론이 지닌 한계성이자 극복 이유이다. 관념론이 유물론에 의해 허물어진 것도 이유가 있지만, 그렇게 해서 세운 유물론적 세계관은 애초에 바로 서 있은 것을 거꾸로 세운 것이다. 이것을 바로 세웠다고 했지만 이 연구가 정말 일격에 다시 바로잡아야 한다. 그것이 무엇인가? 유물론자들이 보편적 존재를 부인하고 객관적 존재란 환상에 불과하다고 한 것은 그 자체가 전적으로 보편자, 전체자, 초월자, 본체자인 하나님을 볼 수 있는 눈을 상실했다는 자인 고백이다. 보지 못한 보편자를 볼 수 있게 된다면 유물론의 극복 과제는 즉각 해결된다. 유물론이 딛고 선 물질이라는 기반의 근원적 허구성에 대하여 처한 관점의 한계성을 보아야 한다. 마르크스는 스스로 "헤겔의 철학은 하늘로부터 땅으로 내려오는 데 반해서 그의 철학은 땅에서 출발해서 하늘로 올라간다고 했다. 인간의 환상이나 공상에서 출발하지 않고 현실적으로 생동하는 인간, 곧 현실적인 삶의 과정에서 출발해서 그의 발전을 파악한다"고 그럴듯하게 포장했지만,[110] 하늘로부터 곧바로 땅으로 내려온 것도 문제이나 땅에서 출발해서 하늘로 올라가는 데 있어서의 제한성까지 무시해 버렸다. 하늘에 도달하기까지는

---

109) 『공상에서 과학으로』, 엥겔스 저, 나상민 역, 새날, p.43.
110) 위의 논문, p.121.

전체를 파악할 수 없다는 뜻이다. 산의 정상에 도달하기까지는 산 너머의 세계를 볼 수 없는 것처럼……. 그리하여 마르크스주의는 "변증법을 관념론 체계로부터 해방시켜 현실 세계의 사물, 현상의 변화 발전에 관한 학설로 발전시켰고, 유물론을 변증법과 결합시켜 새로운 과학 변증법적 유물론을 창시하였다."111) 이것은 지난날 개인 본위인 形而上學적 입장에서 탈피하여 인간의 사회적, 역사적 제조건과 연결함으로써 현대적 세계관에 절대적 영향을 끼친 무신론 확산의 주축 기둥이자 온상이다. 神의 잔재를 일소하고자 한 무신론적 신념에 눈이 어두워 정작 해결해야 한 관념론의 진리성은 추출하지 못하였다. 비판한 논거와 명제들을 오히려 차용함으로써 지적한 관념론의 한계성을 넘어선 것이 아니라 계승해 놓고도 배은망덕하게 적자 행세를 하였다. 유물론이 세계를 구축한 정당한 원리성 추출과 메커니즘에 대한 검증 없이 인류 역사의 추진 방향과 목적을 왜곡하였고, 진리와 사회 제도를 마음대로 재단하였다. 인류의 참된 구원 목적과 가치와 희망을 빼앗아 버렸다. 새 하늘을 보아야 함에, 그것이 곧 강림한 하나님이 개창할 창조 진리로 충만한 세계관 하늘이다.

2. 유물론의 세계관 형성 근거

유물론이란 명칭은 18세기에 성립된 만큼, 그 이전에는 단초를 이룬 개인적인 신념이나 관심과 추구 성향과 연관된 것이다. 유물론적

---

111) 『독일 고전철학 비판』, 앞의 책, p.19.

인 사고방식은 이미 고대인들의 생각 속에서도 나타나는데, 물활론 (hylozoism)이 그것이다. 모든 물질은 자체 속에 생명(활력, 혼 또는 마음)을 갖고 있어서 생동한다고 본 철학상의 학설인데, 사상사에서 자연을 물활론적으로 해석한 것은 흔한 일이다. 고대 그리스 사상가들은 다양한 물질적 실체를 만물의 시초로 보았다(탈레스-물, 아낙시메네스-공기, 헤라클레이토스-불 등).112) 이런 "유물론은 소크라테스, 플라톤 이후 중세에 이르러 쇠퇴하였지만, 근세에 이르자 F. 베이컨, P. 가생디를 선구자로 18세기의 영국과 프랑스에서 각각 독자적으로 발전하였다."113) 독일의 포이어바흐, 마르크스·엥겔스로 이어지는 계보는 다시 언급하겠지만, 유물론이 인류역사에서 본격적으로 세계관적 신문명을 형성하고 사상적으로도 체계를 갖춘 것은 중세 신권 질서의 붕괴와 발견된 과학적 지식을 수용하지 못한 기독교 신학의 한계와, 교회의 탄압에도 불구하고 놀라운 발전을 이룬 과학과도 무관하지 않다. 유물론은 신념적으로나 원리적으로나 神을 거부하고 자연 속에서 神의 역할을 배제시킨 무신론의 그림자를 짙게 드리운 만큼, 물질과 자연을 탐구 대상으로 삼은 과학과 쉽게 동조되었다. 그리고 과학도 교회와 사사건건 진리적으로 충돌되었기 때문에 무신론이란 공통분모를 갖게 되었다. 교회와 기독교 세계관이 과학적 진리를 포용하지 못한 바에는 대 독립을 선언할 수밖에 없다. 이에 유물론 사상은 신권 질서가 지배적이었던 중세시대에는 모습을 감추었지만 근대의 자연과학과 기술이 발달함에 따라 모습을 다시 나타내었다. 그리하여 오늘날 유물론은 반대 입장에 있는 유심

---

112) 물활론, 네이버 지식백과.
113) 유물론의 역사, 네이버 학생백과, Basic 고교생을 위한 윤리 용어사전.

론, 유신론, 관념론, 각종 종교적 교권들과 어깨를 나란히 할 정도로 세계관적으로 구색을 갖추고 근대 사회에 지대한 영향을 끼쳤다. 유물론의 사상적 근거를 파헤치고 본질을 밝히지 않고서는 창조 목적 구현이 어렵기 때문에 이 연구가 불가피하게 사상적인 극복을 시도하지 않을 수 없다. 아무리 거대한 건축물이라도 떠받친 기둥이 있는 것처럼 유물론도 진리성을 떠받치고 있는 것은 근대적인 과학의 발달이므로 과학이 지닌 진리로서의 한계성을 밝히면 유물론이 가진 기세등등한 세계관도 동반해서 꺾을 수 있다. 만인이 인정하다시피 과학이 발견한 원리와 법칙은 객관적 사실인데, 이런 진리성의 태동과 자연 탐구 요구에 대해 기독교 신학은 수용할 세계관적 보따리를 준비하지 못했다. 이런 추세는 아직까지도 달라진 것이 없다. 기독교가 거두지 못한 이상 과학은 학문적인 발달을 거듭할수록 유신적 세계관과는 배치된 방향으로 나갔다. 과학이란 학문은 대개 신앙인보다는 무신론자를 배출하는 토양이 되었고, 유물론자도 대개 그 시대의 자연과학이 이룬 성과를 철학적 입장의 근본으로 한 과학주의적 태도를 취했다.[114] 프랑스의 데카르트가 합리적인 정신을 개창하고 영국의 베이컨이 실험과학을 창시한 이래 실질적인 "근대는 17세기 과학혁명과 더불어 시작되었다. 코페르니쿠스(1473~1543), 케플러(1571~1630), 갈릴레오(1563~1642), 뉴턴(1643~1727) 등이 이룩한 위대한 발견들은 전통적 우주관은 물론이고 사유방식 자체를 근본적으로 변화시켰다. 이중 중세적 세계관을 탈피할 수 있는 중요한 계기를 마련한 사람은 코페르니쿠스였다. 그는 중세의 천동

---

114) 위의 용어사전.

설에 반대하여 지동설을 주장하였고, 뒤이어 뉴턴은 이 이론을 증명하였다. 천체들의 운동이 중력의 법칙에 의존하고 있음을 밝혔다. 그래서 자연을 거대한 유기체로 간주한 중세의 자연관은 뉴턴의 기계적 자연관으로 대체되었다. 즉, 뉴턴은 『프린키피아: 자연철학의 수학적 원리(1687)』에서 우주는 수학적 자연법칙에 의해 운행하는 기계와 같다고 하였다. 창조한 우주를 연구하고자 한 의도와 달리 그의 과학적 견해는 기계적 유물론에 길을 열어주었다."[115] 이처럼 과학적 발견들이 세계관에 끼친 영향은 유물론의 입지를 넓히고 일상사에 개입하는 인격적 神의 역할을 축소시켰다.

이에 마르크스와 함께 변증법적 유물론의 주역자인 엥겔스도 시인하길, "유물론은 역사적으로 일련의 발전 과정을 거쳐 왔는데, 그러한 발전은 각 시대의 자연과학의 성과에 합치되는 형태로 이루어졌다고 하였다. 자연과학의 성과를 바탕으로 물질(자연)의 운동을 변증법적으로 파악함으로써 유물변증법적 자연관을 확립하였다. 엥겔스는 당시 자연과학의 성과 곧 세포의 발견, 에너지 전환의 법칙, 진화론 등을 검토하고 자연과학 변증법의 시금석으로서 지극히 풍부하고 많은 자료를 제공하였으며, 이를 통해 자연에서 사물의 과정은 결국 변증법적 역사를 지닌다고 역설하였다. 그의 『반듀링론』 2판 서문을 보면, 일원론적이고 유물론적인 세계관을 확립하기 위해 놀랄 만큼 많은 시간을 자연과학의 이론을 연구하는 데 바쳤다는 사실을 읽을 수 있다. 그래서 이제는 유물론이 개인의 감성적, 形而上學적 요구이거나 단순한 사회 이론이 아니라, 자연과 우주 전체를 포괄하는 전일

---

115) 「과학적 무신론에 대한 과학적 유신론의 비판 연구」, 앞의 논문, p.15, 22.

적 세계관임을 보이고자 하였다."[116] 그것을 가능하게 한 것은 과학의 발달과 부합되었고 진리적인 기반이 뒷받침되었기 때문에 인류사회와 영혼들에까지 영향을 끼친 세계관으로 정착된 것이다.[117] 다시 말해 유물론적 세계관이 근대에 이르러 활성화된 것은 자연과학의 발달과 더불어 그들이 쌓아 올린 물리학 분야에서의 위대한 법칙 발견과 무관하지 않다. 그 물리, 물질적인 힘이 유물론적 세계관을 질적으로 뒷받침했다고 할까? 즉, 근대에 이르러 유물론적 세계관이 형성된 이면에는 지성들의 자연에 대한 법칙들의 발견이 주효했다.

이에 쌍발로서 세계적인 지식과 신념의 영역을 확장시킨 유물론과 과학주의는 서로가 서로의 힘을 북돋우면서 유신론에 대항한 무신론의 공동 전선을 이루어 안하무인격인 권세를 휘둘렀다. 유물론과 함께 과학도 과학지상주의를 부상시켰다. 과학은 분명 우리에게 엄청난 문화적 혜택을 준 학문인 것이 틀림없다. 인간이 발전시킨 가장 눈부신 문화유산이다. 그래서 인류는 과학에 대해 무한한 신뢰를 바쳐 과학만능주의와 통하게 되었고, 이제 과학은 하나의 거대한 권력이 되었다. 권력을 거머쥔 과학자, 유물론자, 무신론자들이 일제히 포문을 열고 호언하길 서슴지 않았다. 스티븐 호킹은 『시간의 역사』에서, "그러면 우리들, 즉 철학자들, 과학자들, 그리고 보통 사람들 모두는 인간과 우주의 존재 이유에 대한 토론에 참여할 수 있게

---

116) 「유물변증법적 자연관」, 우기동 저, 성균관대학교대학원 철학과, 서양철학전공, 박사, 1993, pp.47~48, 45, 13.

117) "마르크스주의 창시자들은 자연과학의 제 문제 및 그 훌륭한 성과에 언제나 깊은 관심을 두고 있었다. 1840년대에 변증법적 유물론의 세계관을 만들어 내고, 또한 1850~1860년대에 그것을 발전시키는데 있어서 그들은 자연과학의 성과를 주의 깊게 연구하여 자연의 제 과정과 현상들의 변증법적 성격을 분명히 드러내는 위대한 발견들에 입각하였다."-『세계철학사(6)』, 러시아과학아카데미 철학연구소 편자, 중원문화, 2010, p.245.

될 것이다. 만일 우리가 그 대답을 발견한다면 그것은 인간 이성의 궁극적 승리가 되리라. 이로써 우리는 神의 마음을 알게 될 것이기 때문이다. 곧 과학과 神의 영역까지 탐구할 수 있다"고 장담했다.[118] 드디어 神에 대한 앎의 영역을 인간이 넘어서 비가역 경계를 허물었다. "무신론자인 도킨스가 하나님의 존재를 부정한 것은 과학적 실증주의 내지 근본주의에 근거한 것인데, 세계의 모든 문제는 원칙상 과학을 통해 설명될 수 있고, 또 설명되어야 한다. 과학이 해결할 수 없는 어떤 신비의 영역도 허용될 수 없다는데 대해 확신을 가졌다. 자연적이고 물리적인 세계 너머에는 아무것도 없다. 관찰 가능한 우주의 배후에 숨어 있는 초자연적인 창조적 지성은 없다. 뇌를 분석해도 인간의 사상이나 감정을 찾아낼 수 없듯이, 神은 영혼의 일종이기 때문에 망원경이나 현미경으로는 발견할 수 없다. 자연계 너머에 아직 보이지 않고 이해되지 않은 어떤 현상이 있다 할지라도 우리는 과학의 힘으로 결국 그것을 파악하고 자연계 내에 포함시킬 수 있을 것이라고 하였다."[119] 철저히 현상계적 질서를 기준으로 한 이해방식이라, 그토록 부정한 것은 낱낱이 자체가 지닌 안목의 한계성을 시인한 것이다. "과학적 유물주의의 배후에는 첫째, 과학적 방법이 앎(지식)에 이르는 가장 믿을 만한 방법이고 둘째, 물질이 우주의 가장 기본적인 실재란 신념을 깔고 있는데, 이런 태도를 가진 사회생물학자 에드워드 윌슨은 모든 것에 대한 인식은 과학적 방법을 통해야 한다는 인식론적 환원주의와, 실재는 물질에 의하여 이루어졌다는 물질적 환원주의를 동시에 내포시켜 과학만이 객관적이고, 개

---

118) 「과학적 무신론에 대한 과학적 유신론의 비판 연구」, 앞의 논문, pp.31~32.
119) 위의 논문, p.54.

방적이고, 보편적이고, 개혁적이라고 주장하였다."120) "과학을 기반
으로 우리의 궁극적 의문에 답을 줄 수 있는 사람들이 과학자들이라
고 함에"121) 우리의 궁극적 의문에 답을 줄 수 있는 그 무엇이 세계
와 현상계 안에는 없다고 하는 이 연구의 입장과 달리 그들은 어떻
게 환한 대낮에 두 눈을 크게 뜨고 과학만을 예찬하고 맹신한다는
것인가? 그런 안목 쟁취는 이미 앞서 발자취를 남긴 그들의 선조들
이 눈을 멀게 만들었다. "18세기 독일의 철학자 칸트가 形而上學이
이론적 학문으로서 가능한가 하는 회의적 태도를 취한 이래 진로가
불투명하더니 1930년대에는 논리학이 부상하면서 철학 내에서 설
자리마저 잃었다. 形而上學의 대부분 명제들이 논리학자들에 의해
무의미한 것으로 치부되면서 한낱 조소거리가 되고 말았다."122) 그
形而上學이 곧 본질적인 영역인바, 이것은 지리상의 발견 이전 유럽
인들이 자신들의 발자취가 닿는 곳까지를 세계로 인정한 것과 같다.
곧 지금까지 호언한 과학자, 유물론자들의 오판을 한순간에 파헤치
고 남김없이 허물 폭탄과도 같은 요인이 숨어 있으니, 그것은 다름
아닌 과학은 세계를 설명할 수 있는 유일한 창구가 아니란 사실을
확인하는 데 있다. 과학은 인간이 개척하고 쌓아 올린 위대한 학문
이기는 하지만, 한편으로는 과학만으로 확보한 세계 이해 관점이기
때문에 한계가 있다. 세계는 과학적 인식, 방법, 진리만이 전부가 아
니다. 누차 강조한바 보다 근원된 본질 작용 세계가 있다. 그런데도
과학적인 기준만으로 진상을 파악한 데 과학이 쌓아 올린 현대 문명

---

120) 위의 논문, p.12.
121) 『지성인을 위한 무신론』, 다니엘 하버 저, 유원기 역, 이제이북스, 2002, p.272.
122) 위의 책, 역자 후기.

의 한계가 있다. 자연은 이미 주어진 것이고 결정된 세계이라, 이런 사실을 근대과학이 베일을 벗긴 만큼, 과학은 이 같은 발견 사실을 정확하게 인지해야 하는데, 그들은 미비된 관점으로 곡해해서 결론까지 내려버렸다. 결정 이전의 진리 세계를 탐구했던 동양인들의 본체적 진리관도 있는 만큼 총체적인 관점의 조율이 긴요하다. 이것이 과학과 유물론이 지닌 결정적 허점이다. 그래서 이 연구는 과학적인 이해 발판이 세계를 이해할 수 있는 절대 기준이 아니란 사실을 통해 유물론을 극복하리라. 아울러 유물론이 세계관으로서 부상한 것은 과학의 발달이 절대적인 지지기반인 만큼, 이 연구는 오히려 과학을 주된 비판 대상으로 삼으리라. 다리를 쓰러뜨리면 몸통은 절로 무너진다.

이에 짚고 넘어갈 것은 근대에 유물론적 세계관를 확립했다고 장담한 자들은 사실 과학이 발흥되어 이룬 놀라운 성과들만 보았지, 오늘날의 인류 사회에 끼친 폐해와 종말성, 곧 한계성과 성쇠는 보지 못했다. 마르크스·엥겔스가 유물론적 세계관을 구축할 때는 자연과학이 괄목할 모습을 보여주었지만, 전모를 드러낸 상태는 아니었다. 끝을 보지 못했다면 본질을 알지 못한 것이고, 본질을 몰랐다면 이룬 판단은 신뢰할 수 없다. 더군다나 마르크스·엥겔스가 펼친 변증법적 유물론은 어떤 현상적 법칙을 발견한 것이거나 깨달은 것이 아니고, 당시 자연과 사회에 대한 이해, 그리고 나름대로 확보한 가치관적 인식에 근거한 것이다. 지극히 관념적인 이해이고 인식 틀이다. 확인되지 않은 과학적 가설들을 사실로서 단정해 구축한 세계관이다. "마르크스가 의존했던 자연과학의 물질개념은 현대물리학의 새로운 발달에 의하여 크게 수정되었다."[123) 강도 높은 지진이 발생하면 지상에 세워진 온갖 것들이 흔들리고 파괴되듯, 유물론도 동일한 상황이다. 그 유동성을 당사자들은 자각해야 한다.

그리하여 유물론자들이 그토록 맹신한 21세기 과학은 인류 사회에 보일 것을 거의 다 보인 채 드디어 한계점에 도달했다. 그래서 이제부터 중요한 것은 무엇을 더 많이 발견하고 알아내는 것이 아니라 드러난 진상을 바르게 해석할 관점을 확립하는 것이다. 그렇지 못하면 더 이상의 발견들이 무의미하고, 아무런 소용이 없으며, 그어진 차원 문명의 경계선을 끝내 넘어설 수 없다. 자연 현상을 본질적인 관점에서 바라볼 수 있는 관점을 확보하지 못하니까 과학 영역이 이룬 제반 원리 법칙의 발견에도 불구하고 정보를 잘못 해석하고 그릇되게 결론 내렸다. "자연계만을 인정하고, 그것을 넘어서는 어떤 다른 삶의 영역도 인정하지 않았다. 과학을 통해 설명할 수 있는 자연계에 속하지 않은 모든 현상들은 환상이요 거짓된 것으로 간주했다. 神의 존재도 거짓된 것이라고 정의했다. 존재가 과학을 통해 증명되지 않는다면 하나님의 존재는 없는 것이다. 과학을 통해 증명되지 않는 하나님은 망상에 불과하다(도킨스)."124) 그런데 그렇게 판단하였고 믿은 모든 것이 신기루요 허상에 불과하였다면? 그것도 보아야 할 것을 자신들이 지닌 눈먼 장애로 인해 보지 못한 자업자득 현상이었다면? 그 원인은 유물론자, 무신론자들만 알아야 할 것이 아니고, 만 인류가 함께 알고 보아야 한다. 그리해야 온 인류가 빠짐없이 구원의 대열에 동참할 수 있으리라.

---

123) 「변증법적 유물론을 극복하는 대안」, 앞의 논문, p.111.

124) 「과학적 무신론에 대한 과학적 유신론의 비판 연구」, 앞의 논문, p.55.

3. 물질 창조의 비가역성

무엇이든지 세계관이 전일적인 우주론을 구축하기 위해서는 이 땅에 존재한 삼라만상에 대한 근원성 문제부터 풀어야 하는데, 유물론 역시 세계관으로서 진리성을 확신한 것은 물질의 창조성을 확신한 데 있다. 유물론은 근대 과학의 괄목할 성과에 힘입어 세계관으로서 구색을 갖추었는데, 특히 진화론적 인식의 사회적 확산이 큰 영향을 미쳤다. 마르크스는 다윈이 저술한 『종의 기원』 출판을 크게 반겼다고 한 만큼, 변증법적 유물론을 세우는 데 있어 천군만마를 얻은 격이었으리라. 헤겔의 正・反・合 변증법을 물질 창조의 메커니즘으로 도용한 것이고, 기본적인 골격은 종은 불변한 것이 아니라 변하는 것이며, 변이성이 쌓여 후세대에 전달되어 어느덧 처음 조상 종과는 다른 새로운 종을 창조할 수 있다는 인식에 있다. 그래서 유물론은 진화론의 변화 메커니즘 판박이다. 종이 변화하여 새로운 종을 창조하고 다양함을 이루듯, 물질도 전화하여 다양한 만물을 낳고 생명까지도 창조할 수 있다고 본 것이 핵심 관건이다. 다윈의 견해를 수용한 엥겔스는 "지구상에는 각양각색의 생물 종이 살고 있는데, 이러한 종의 다양성은 장구한 생물진화의 결과이다. 생물은 생식을 통해 조상으로부터 유전자를 이어 받아 종의 특성을 유지하지만, 이러한 다양한 생물 종이 서로 완전히 다른 조상을 가졌다고는 생각할 수 없다. 오랜 시간이 지나는 동안 지구의 역사와 더불어 자연법칙의 영역 내에서 이미 있었던 종으로부터 새로운 종이 형성되었다고 보는 것이 타당한 것으로 이해하였다."[125] 종과 물질은 동일한 창조물인 만큼, 종을 통한 새로운 창조가 가역적이라면 물질을 통한 새로운 창조 역시 가역적이다. 하지만 진화론이 비가역적이라면 유물론도 비가역성으로 이어진다. 과연 어떻게 판가름 나고 판가름할 수 있는가? 이것을 선천에서는 구분하지 못하고 불가역 영역을 넘나든 관계로 진화론과 유물론적 세계관이 득세하였다. 아울러 무신론적 세계관을 극복할 수 있는 핵심 관점이다. 진화론도 동일한 여건이지만 유물론의 진리성도 바로 물질이 천지를 창조할 수 있는가의 여부로 판가름할 수 있다. 이런 요건을 기준으로 삼아 확인 절차를 밟을진대, 유물론은 오히려 진화 메커니즘에 편승한 측면이 있다. 종이 변하여 새로운 종을 창조하였으므로 물질도 당연히 전화하여 새로운 그 무엇을 창조할 수 있다고 여겼는데, 물질이 어떻게 천지만물을 창조할 수 있는 것인지에 대한 논거 과정은 거두절미되었다. 물질이 자연과 존재를 이룬 근원이라면 유물론은 당연히 이에 대한 물질창조론을 구체화시켜야 했다. 진화론이 예외일 수 없듯 유물론도 만상이 존재한 근원에 대해 언급해야 했다. 요구에 해당한 착안이 없었던 것은 아니지만, 알고 보면 그것은 진화론처럼 창조된 결과 세계의 무쌍한 변화 현상이 발전하고 전화하여 무언가 새로운 것을 창조한 것으로 착각한 것이다. 심각한 오판이 세계관적 가능성을 심어준 핵심 동력이다. 창조의 원동력을 물질의 진화를 통해 찾았다. 사실과 부합하지는 않더라도 진화론은 종의 다양화에 대한 메커니즘을 자연선택을 통해 밝혔듯, 유물론도 물질이 어떻게 정신을 파생시킨 것인지, 나아가 천지 창조의 근원이 된 것인지 물질을 창조한 원동력을 밝혀야 했다. 이런 미비점 지적을 통해 이 연구는 하

---

125) 「유물변증법적 자연관」, 앞의 논문, p.74.

나님이 이룬 창조 역사가 과연 무엇을 가능하게 한 것이고, 한편으로는 불가능하게 한 것인지에 대한 경계선을 확실히 하고, 그 이유가 무엇 때문인지를 밝혀 유물론이 이 땅에 뿌려 놓은 세계관적 허세를 발본색원해야 한다.

토마스 쿤은 1962년, 『과학혁명의 구조』를 통해 "제도권 과학이 어떻게 작동하는지를 설명했다. 즉, 정상과학이라고 불린 제도권 과학은 주어진 시기에서는 가장 성공적이고 대부분 동의할 수 있는 이론을 가지고 작동한다. 하지만 이 이론으로 설명할 수 없는 이상 현상이 발생하고 그 발생 빈도가 점차 높아지면 제도권 과학은 점차 방어적으로 변한다. 곧 패러다임의 전환이 일어난다고 하였다."126) 천지일월의 운행 질서는 천 년이 지나고 만 년이 지나도 어김이 없지만, 그럼에도 불구하고 세상은 어제와 오늘이 다르고, 변하고 변하여 지금의 문명적 하늘을 맞이하였다. 이런 문제를 두고 세계의 철학사는 동서양을 막론하고 장구한 대립 과정을 거쳤다. 세계와 존재가 부단히 운동, 변화, 발전하는 것인가, 아니면 운동과 변화, 발전은 불가능한 것인가, 누가 확실하게 판가름하였는가? 서로가 처한 관점이 달랐기 때문에 대립 구도를 헤어나지 못했다. 어느 한쪽만의 관점으로선 문제 해결이 어려웠고, 한편으로는 진리성을 내포했지만 그렇다고 전적으로 옳다고 할 수도 없었다. 정확하게 판단할 수 없었는데 본의에 입각하면 알 수 있다. 현상계적 입장에서 보면 당연히 세계와 존재는 부단히 운동, 변화, 발전한다. 하지만 본체적 입장에서는 불가능하다. 불변해야 만상의 바탕 본체로서 세계를 영원히

---

126) 『과학과 종교 논쟁, 최근 50년』, 앞의 책, p.60.

지속시킬 수 있고, 현상계 안에서는 정지, 정체되면 멸하기 때문에 부단히 움직여야 한다. 세계와 존재가 끊임없이 운동, 변화, 발전하는 것은 천지가 창조됨에 따른 결과 시스템이다. 그런데 유물론자들은 이런 본질을 제거하고 운동, 변화, 발전 현상만 본 관계로, 제반 현상이 새로운 물질을 창조하는 원동력인 것으로 오판하였다. 만약 변화와 발전이 없다면 자연과 인간의 역사는 설명될 수 없으며, 모든 존재가 영원히 동일한 것이라면 인간의 주체적 능동성은 불가능할 것이라고 하였지만,[127] 그런 우려는 할 필요가 없다. 세계는 한 번의 창조로 영속할 에너지를 부여받아 생성하고, 생성하기 때문에 항상 새로운 에너지를 공급받을 수 있는데, 유물론은 그런 생성 에너지원이 단절되어 있어 진화를 통한 계속 창조를 강조해야 했다. "헤겔은 철학사상 최초로 자연적, 역사적, 정신적 세계 전체를 하나의 과정으로, 즉 끊임없는 운동, 변화, 발전으로 파악했고, 운동과 발전의 내적 연관을 해명한 변증법칙을 세웠는데",[128][129] 현상적인 모습은 正·反·合으로 대립된 것 같지만, 본질은 변한 것이 없다. 겉모습은 正과 反으로 변한 것 같지만 본질의 생성으로 이전과 달라진 것이기 때문에 결국은 통합될 수 있다. 하지만 유물론은 변해도 달라진 것이 아닌데 달라졌다고 결론내리고 운동, 변화, 발전이 결국 새로운 창조를 낳는다고 판단하였다. "마르크스주의는 변증법을 관

---

127) 「변증법에 있어서 발전개념에 관한 일 고찰」, 은우근 저, 전남대학교대학원 철학과, 석사, 1992, p.1.

128) 위의 논문, p.2.

129) "헤겔 변증법의 골자는 존재(정립), 모순(반정립), 통일(종합)의 단계를 거치면서 절대정신이 세계의 과정을 실현시킨다는 것이다. 그러나 이것은 이념 내지는 개념으로서의 정신에 의해 파악되는 것이지 결코 물질에 의해서가 아니다. 이것은 관념론적 변증법이므로 이에 반기를 든 마르크스·엥겔스는 실재 변증법, 다른 말로 유물론적 변증법이라고 한다."-「유물론과 생명 윤리」, 앞의 논문, p.5.

념론 체계로부터 해방하여 현실 세계의 사물, 현상의 변화 발전에 관한 학설로 발전시켰고, 유물론을 변증법과 결합시켜 새로운 과학 변증법적 유물론을 창시하였다"고 평가했지만,[130] 생성을 통한 변화, 발전을 창조로 착각한 결정적 결함을 지녔다. 이런 사실을 확인할 수 있는 것은 엥겔스가 정식화한 변증법의 3대 법칙, 곧 양의 질로의 전화와 그 역의 법칙, 대립물의 상호 침투의 법칙(대립물의 투쟁과 통일), 그리고 부정의 부정의 법칙을 통해서이다.[131] 이것은 유물론이 구축한 우주론적 세계원리화의 핵심 메커니즘으로서, 이 법칙의 본질을 알고 온전히 비판할 근거를 확보한다면 주력 원리를 분쇄할 수 있다. 그 판단 기준을 이 연구는 지적한바 창조의 가역성 여부에 초점을 맞추고자 하는데, 결론은 결국 본질의 이행 창조를 간과한 현상적 변화일 뿐이란 사실이다.

엥겔스가 유물론자로서 지닌 사물 판단에 대한 시각은 운동과 물질을 세계를 구성한 근원적 요소로 본 데 있다. 그는 운동은 물질의 존재방식이라고 했는데, 이것은 운동을 전격 만물을 창조한 원동력으로 본 것과 같다. "운동이 없는 물질은 일찍이 있은 일이 없으며, 있을 수도 없다고 한 것이다."[132] 변증법에 따른 이해도 동일한데 그가 이룬 규정에 따르면 "변증법은 자연, 역사, 인간사고의 운동 및 발전의 가장 일반적인 법칙에 관한 과학이고, 운동의 보편적 연관과 법칙에 관한 과학이다. 변증법은 사물과 이 사물의 개념적 모사를 본질적으로 그 연관에서, 그 연쇄에서, 그 운동에서, 그 생성과 소멸

---

130) 『독일 고전철학 비판』, 앞의 책, p.19.

131) 『세계철학사(6)』, 앞의 책, p.332.

132) 「변증법적 유물론을 극복하는 대안」, 앞의 논문, p.116.

속에서 파악한다고 하였다."[133] 물질이 일으킨 운동이 전부이고, 그것은 곧 판단한 근거가 현상적인 요소뿐이란 뜻이다. 물질 운동이 왜 일어나는 것인지에 대한 원인 추적, 곧 알파와 오메가를 제거하였다. 이것이 유물론이 세계관으로서 지닌 한계이다. 보다 근원적인 본질 작용 세계를 보지 못하고 현상적 요소만으로 세계를 마음대로 재단해버린 것, 그래서 인류가 나아갈 미래 역사를 망가뜨려 버렸다. 그 첫 주축 법칙인 양의 질로의 전화와 그 역의 법칙은 무수한 현상적 변화를 창조적 전환인 것으로 착각한 심대한 오판이다. 단적으로 물질세계의 질적 다양성은 양적 변화가 질적으로 전환된 결과라고 하는데(사물의 양적 관계가 일정한 한도를 넘으면 그 사물은 다른 사물로 넘어 감), 그것도 창조가 아닌 전환이다. 정말 무엇이 전환되었다는 것인가? 양질전화의 법칙으로서 예를 든 것이 흔히 보는 얼음-물-수증기의 관계이다. 이것은 물의 외부 조건에 따른 형태상의 변화일 뿐, 물이 물된 본질이 변하지 않았다는 것은 상식이다. 수증기는 증발되었다가도 응결되면 다시 물이 되고, 얼음 역시 녹으면 다시 물이 된다. 그렇게 전화하여 전혀 다른 물질이 된 적은 없다. 그런데도 그들은 유물론의 특색이 이런 양에서 질로, 질에서 양으로 부단히 전환된 영원한 변증법적 운동 과정 속에서 물질성을 이해해야 한다고 하였다. 이어서 다윈의 진화론을 양질전화의 법칙으로서 설명하기도 하였는데, "자연선택 과정에서 서로 다른 종들은 공통의 조상으로부터 분화하여 발달한 것이고, 이 과정은 환경과의 관계 속에서 축적된 양적 변화가 질적 변화를 야기하는 예로서 간주된다고

---

133) 『반듀링론』, F. 엥겔스 저, MEW, Bd., 20, S. 22(한글판, p.20).

하였다."[134] 사실적인 진술은 그 의도와 무관하게 사실적인 진실을 나타낸다. 그들은 애써 유물론의 창조적 법칙을 말했지만 진실은 현상적 법칙을 말하였고, 현상적 변화를 창조로 착각한 잘못을 드러낸 것뿐이다. 두 번째인 "대립물의 상호 침투의 법칙은 레닌에 의해 대립물의 투쟁과 통일의 법칙으로 정리되면서 변증법의 기본 법칙 가운데서도 특별한 위치를 차지하였다. 레닌은 이 법칙을 발전의 동력과 추진력으로 파악하여 변증법의 본질이자 변증법의 핵이라고 하였다. 그래서 물질 간에 무엇이 대립적인가 하고 살펴보니, 지구의 공전에서 중력과 원심력, 원자와 자기의 인력과 척력 등이 이 법칙을 예증한다고 했다."[135] 한결같이 물리력의 상호 작용 외에 아무것도 아니다. 본질 차원에서 양의된 음양은 동정 운동을 통해 시스템적으로 영원한 생성 에너지를 창출하지만, 대립물의 상호 침투와 투쟁 양상은 이후 주어질 통일이란 결과와 아무런 연결도 이루지 못한다. 인식적으로 한계가 있었다는 뜻이다. 현상계 안의 변화 모습만으로 설명하니까 생성이 일으킨 변화 결과를 모순인 것으로 이해하였다. 세 번째인 부정의 부정의 법칙은 더욱 가당찮은 주장을 펼쳤는데, 발전은 변증법적 부정의 연속이란 인식이 그것이다. 각각의 부정은 그 이상의 발전에 필요한 내외적 조건을 보존하면서도 초기 질서로 복귀하는 속에서 그때까지의 발전 과정의 양적, 질적 부분의 성과들을 보존하는 더 높은 새로운 질을 발생시킨다는 것인데, 그같은 현상 안에서의 대표적 사례로 든 것이 바로 보리알을 통한 비유이다. 우리가 봄에 보리알을 뿌리면 보리알은 부정되고 싹이 터

---

134) 「유물변증법적 자연관」, 앞의 논문, p.42.
135) 위의 논문, p.42.

점차 자란다. 그래서 가을에 맺은 열매는 양적인 측면에서나 질적인 측면에서나 봄에 심은 보리알과는 다르다.[136] 하지만 그처럼 달라졌다고 해서 보리알을 부정한 열매가 무슨 다른 품종을 맺기라도 했단 말인가? 결국 현상계 안을 맴돈 반복적 부정이 아닌가? 이것은 헤겔의 正·反·合 변증법칙을 도용한 인식인데, 변증법은 본질을 보지 못한 표면적 변화 논리일 뿐이다. 왜 첫 출발이 正으로부터 시작되었는가? 창조 역사의 완비 체제로 본질성을 갖춘 탓이 아닌가? 이런 이해 없이 변화 모습만 보니까 극단으로 치달은 正과 反이 결국 合이 된다고 한 현실 질서와 동떨어진 원칙을 세웠다. 그래서 正·反·合은 선문답이다. 통합성인데, 이런 正의 이행을 反으로 본 것은 뿌리의 생성 과정을 보지 못한 탓이다. 正과 反은 사실상 생성 본질을 공유하였고 함께하였다. 無極而太極이듯, 正과 反은 반대 특성을 지닌 대립물이 아니다. 생성도상에서의 변화일 뿐이고, 분열을 완료하면 결국 하나, 통일, 합일된다. 부정의 부정은 낡은 것을 소멸시키고 새 것을 발생시키는 창조 작용이 아니다. 창조된 요인을 만물로서 꽃피운 化生 작용이다.

이처럼 유물론자들이 내세운 물질 운동에 근거한 제반 법칙의 본질을 알았을진대, 그들이 획책한 전일적인 세계관 구축 영역인 물질의 근원성, 창조성, 통일성을 허물고 결코 이루어질 수 없는 유물론의 비창조성, 비가역성을 입증하여 생명 창조의 환상을 깨우쳐야 한다. 유물론자들은 "세계가 그 어떤 창조자, 주재자의 개입 없이 있는 그대로 설명되어야 한다고 하면서 세계를 창조하거나 움직이는 다

---

136) 위의 논문, p.43.

른 주체, 신비로운 힘을 인정하지 말아야 하며, 세계가 운동 발전하는 변증법적 과정이 옳게 해명되어야 한다고 역설한다."[137] 하지만 변증법적 과정을 옳게 해명했다고 해서 기대한 만큼 운동, 발전한 추진력이 창조력을 갖추었는가? 하나님이 창조자일진대 세상에는 그 어디에도 그런 원동력이 없다. 원동력이라고 생각한 것은 지적한바 심대한 착각이다. 이것을 확인하는 것이 유물론을 극복하는 과제이다. 그들은 "神이 다이아몬드를 산출한 것이 아니라 탄소가 다이아몬드를 산출했고, 소금은 단지 일정한 산(酸)과 일정한 염기의 결합에 그 근원을 두고 있는 것이지 神에 있는 것이 아니라고 하는데",[138] 최초 탄소는 어떻게 창조되었고, 산과 염기의 결합 시스템은 무엇이 구축한 것인가? 창조된 피조물은 그 무엇도 그 무엇을 창조할 수 있는 시스템을 갖추지 못했다. 차는 운행은 되어도 새로운 차를 생산할 시스템은 갖추지 못했다. 종은 동일한 종을 유지시킬 복제 시스템은 갖추었지만 새로운 종을 탄생시킬 창조 시스템은 갖추지 못했다. 찾고자 하는 물건을 손 안에 쥐었다면 그 물건은 세상 어디서도 찾을 수 없다. 창조 권능은 하나님이 지녔기 때문에 피조체는 가질 수 없다. 아울러 하나님이 창조하지 않은 것은 세상에 존재할 수 없다. 그런데 유물론은 창조된 물질이 스스로 생명을 만들 수 있고(창발적) 생명이 자연적으로 발생할 수 있다고 하였다. 그런데도 그것이 가능하다고 여긴 것은 창조 역사의 초월적 본질을 역설적으로 시인한 것이다. 천지 만물이 창조된 결과적 특성은 확고하다. 지적한 조건들을 모두 충족시킨다. 물질은 모든 공간, 모든 시간 안에서 항

---

137) 『독일 고전철학 비판』, 앞의 책, p.18.
138) 『기독교의 본질』, 포이어바흐 저, 김쾌상 저, 까치, 1993, p.340.

상 존재하는 것이 아니라 창조된 것이고, 물질은 또 다른 물질을 만들어 내는 것이 아니라 창조된 것이 생성으로 드러났다. 세상 안에서는 무엇 하나 더하거나 감할 것이 없다. 창조 에너지, 원동력, 추진력, 시스템이 없다. 알파와 오메가를 찾을 수 없어 생사의 본질도 알 길 없다. 무시무종이다. 물리법칙에서 관성의 원리는 "모든 물체는 그것에 가해진 힘에 의해 강제로 그 상태가 변하지 않는 한 정지 상태나 직선 등속 운동을 유지한다."[139] 즉, 관성은 그야말로 무엇 하나 더 보탤 것이 없는 운동 체제이다. 자체적인 양산 운동력이 없다. 창조(결정)된 상태를 더도 덜도 없이 유지시킨 체제이다. 창조된 有는 증감이 없다. 존재, 운동, 법칙도 마찬가지이다. 법칙이 결정적인데 그 위에 더 무엇을 창조할 수 있겠는가? 물질이 자체로서 창조력을 가진다는 것은 절대 불가능하다. 에너지 보존의 법칙(열역학 제1법칙)에 의하면 에너지는 자연적으로 생성될 수도 없고 소멸될 수도 없으며, 에너지의 형태는 변환될 수 있지만 그 총량은 항상 불변하다. 열역학 제2법칙인 엔트로피 법칙에 의하면, 자연적인 반응은 항상 그 물질을 구성하는 요소들의 배열이 시간이 흐름에 따라서 점점 무질서해지는 쪽으로 진행된다. 자연계에 존재하는 에너지와 물질은 점차적으로 소모되거나 노후하여서 결국은 사라져 버린다.[140] 이 법칙은 물질창조의 비가역성을 결정적으로 확인시킨다. 우주는 창조된 결과 세계이며, 세상 안에서는 어디서도 창조가 없다는 말이다. 에너지의 총량은 일정하듯, 생명은 그 종을 유전시킴을 통해 종에 대한 총량 정보를 유지한다. 세상 안에서는 그 무엇도 창

---

139) 위의 논문, p.6.
140) 「생명의 기원과 본질에 대한 연구(2)」, 앞의 논문, p.12.

조 메커니즘을 갖추지 못했으며, 새로운 에너지 공급 체제가 없다. 처음 생성의 방향이 질서에서 무질서로 향한 상태인데 이런 비가역적 방향 속에서 새로운 질서 창조는 대역행이다. 그래서 진화가 진행됨에 따라 질서도가 높아진다는 것은 창조 법칙과 어긋났다. 비가역으로 가는 방향 안에서 물질이 생명을, 종이 다시 새로운 종을 창조한다는 것은 있을 수 없다. 창조된 세계 안에서는 오직 有함 체제만 존재할 뿐이다.

그러므로 만인은 유물론이 물질로부터 생명체를 창조하고 진화론이 자연선택 메커니즘을 적용하여 새로운 종을 창조할 수 있다고 함에, 그것이 왜 불가능하고 비가역적인 방향인지를 알 수 있는 판단 기준을 제공받아야 한다. 사물의 발전에 있어서 양적 변화가 질적 변화를 초래하고 낡은 질이 새로운 질로 변화하는 것은 오직 비약을 통해서 가능하다. 유인원이 인간으로 된 것도 이런 비약을 통해서라고 하는데(유물변증법), 질이 낡으면 쇠퇴하고 소멸하는 것이지 가역적인 혁명을 일으킨다는 것은 비가역이다. 어떻게 보다 높은 현상들이 저절로 보다 낮은 것에서 나올 수 있는가? 현상계 안에서는 불가능한 일이다. 복잡하게 생각할 것도 없이 상식적으로 판단해도 유물론이 내세운 논거 법칙의 억지를 판가름할 수 있다. 오파린은 물질이 생명으로 진화한다는 이론을 채용했고, 엥겔스는 "생명은 단백질의 존재양식이라고 하면서 최초의 생명은 단백질 덩어리에서 태어났다고 했는데",[141] 이들이 설정한 비가역성의 방향 조건은 모두 동일하다. 조건 성립과 실현이 불가능한 방향 설정이다. 단백질과

---

141) 「과학적 무신론에 대한 비판적 고찰」, 앞의 논문, p.101.

물질이 생명 탄생의 바탕이 되기 위해서는 생명체가 가진 일체 정보와 소프트웨어와 창조 시스템을 사전에 갖추어야 한다. 그야말로 우주 가운데서의 한낱 물질일 뿐이고 생명 가운데서의 한낱 구성 요소가 단백질인데, 부분이 전체를 창조한다? 이것이 비가역성의 전형적 사례이다. 그런데도 일체 현상을 거꾸로 해석한 것은 본질의 사전 창조 과정을 보지 못한 것이 결정적인 이유이다. "정신은 물질적 생명 현상의 전사에 불과하다. 생명은 물질에서 자연적으로 발생했고, 의식은 생명체 안에서 일어나는 물질의 질적 변화를 반영하는 것에 지나지 않는다. 의식이 생활을 규정하는 것이 아니라 생활이 의식을 규정한다. 완벽한 동물들은 무수하게 실패한 물질 조합의 마지막 산물이다(라메트리)" 등등[142] 가능한 것과 불가능한 것을 구분하지 못하고 경계선을 넘나든 오판이다. 뿌리에서 줄기가 나는 것이 아니고 줄기에서 뿌리가 난다고 한 주장과도 같다. 뿌리를 볼 수 없으니까 줄기부터를 뿌리부터인 것으로 착각했다. 본말을 전도시킨 유물론적 세계관은 결국 종말을 맞이하리라.

4. 유물론의 세계관 지향 비판

서양 문명은 현대 문명을 주도한 문명으로서 완전한 문명인 것 같지만 지난날의 역사 과정을 통해서도 확인된 것처럼 神을 보지 못해 神의 역사를 부정한 문명이고, 본질을 보지 못해 창조 역사를 증명하지 못한 문명이다. 이런 사실을 확인할 수 있는 것은 서양의 철인

---

142) 위의 논문, p.109.

들이 최선을 다해 규정한 神의 본성에 대한 정의를 보면 알 수 있다. 神은 전지전능하고 절대적이며 제1 원인, 창조주, 완전자, 초월자, 스스로 존재하는 자, 무한자라고 하였지만, 그것은 어디까지나 개념적 정의일 뿐이고, 살아 존재한 실체를 실감할 수 없다. 무엇이 어떻게란 존재 방식을 구체화시키지 못했다. 실감하기 위해서는 일일이 본체 메커니즘을 뒷받침해야 했다. 창조 역사도 마찬가지이다. 창조 권능은 인간이 가질 수 없는 神의 절대적 능력인데도 단지 믿음의 대상일 뿐이다. 우리가 알 수 있는 것은 있으라고 命한 하나님의 말씀뿐인데, 이 한마디가 천지 만물을 창조한 원리일 수는 없다.143) 서양의 철인들이 形而上學을 궁구하고 궁극적 실재를 찾아 나선 것은 하나님에게 근접하고자 한 나름대로의 문화 양식적 방법이었고, 최선을 다한 지혜 동원이며, 도달한 최고의 인식이었다. 하지만 원래 하나님의 신앙을 수용한 서양 문명은 이성적인 사고로 진리 세계를 통찰한 문명으로서(헬레니즘) 문명적 격이 달랐다(헤브라이즘). 이것은 원문명이 아니고 수용한 문명에 문제가 있었다는 뜻이다. 그래서 하나님을 옹위했어야 한 기독교 신학도 하나님이 존재한 사실과 하나님이 이룬 창조 역사를 진리적으로 증명하지 못했다. 증명했더라면 초월적인 본체 논리를 구축했을 것이기 때문에 神을 초월적, 본체적, 4차원적으로 볼 수 있는 세계관을 가졌을 것이며, 단선적이고 지극히 현상적 안목인 유물론적 세계관은 싹트지 못했을 것이다. 하지만 기대와 달리 어떤 성과도 내지 못한 관계로 자연과학이 발달함과 함께 유물론적 신념이 확산되었을 때 기독교 신학은 전혀 진리적

---

143) 「변증법적 유물론의 인식론적 의문점」, 이현모 저, 통일문제연구 7집, 1990, p.77.

으로 반박하지 못했다. 신학이 무기력한 것이 유물론자들에게는 큰 힘이 되어 초월적인 神 같은 것은 존재하지 않는다고 확신하였다. 그렇다면 남아 있을 가능성 있는 세계관적 지향은? 유물론이 대안책으로 등장하였다. 하지만 원래 이유를 따지고 본다면 비단 기독교 신학뿐만 아니고 서양 문명 전체가 지닌 문제점이므로, 신학 역시 서양 문명의 본색을 드러내는 데 있어 역사적 시험대에 올랐던 것이며, 유물론은 그 결과를 보고 아전인수격으로 판단하였다. 이런 제반 세계관 형성에 절대적 영향을 끼친 서양 문명을 이 연구가 한마디로 지적한다면 서양 문명은 전일적, 초월적, 본체적인 본질을 보지 못한 문명이라고 규정할 수 있다. 근대의 진화론, 유물론, 무신론, 과학주의 등은 모두 이런 전통 맥을 이은 진리관이다. 본질을 보지 못하고 창조 이전의 작용 세계를 제거한 상태이므로 유물론적이게 되었고, 유물이 본질이 지닌 창조의 근원 작용 역할을 대신하였다. 여기에 유물론적 세계관의 단적인 한계가 있다. 본질과 본의를 모른 상태이므로 결국은 완성되지 못한 선천의 창조관이다. 억측만 난무하였다. 진리였다면 물질로서 모든 것을 설명한 창조론으로서 완성되어야 했다. 하지만 결국 불가능한 것은 본질을 볼 수 있는 인식 수단이 차단되어 있어 불가피하게 도달한 세계 판단 결과이다. 이런 장애 때문에 유물론은 본질을 결여한 대표적 세계관이 되어 버렸다. 엥겔스는 "모든 철학은 사유와 존재의 관계에 관한 문제라고 했듯",[144] 존재에 관한 문제도 있지만 존재를 어떻게 인식하는가도 중요한데, 유물론적 세계관은 세계가 지닌 자체보다는 그것을 바라본 인식 수

---

144) 「라메트리의 인간기계와 유물론 부활」, 앞의 논문, p.36.

단의 제한이 세계관을 결정했다. "라메트리는 본유관념을 부정한 로크의 사상을 받아들여 인간의 인식은 감각적 경험을 통해 형성된다고 보았다. 그도 시인하였듯 본유관념을 부정한 것은 본질의 작용 실체를 제거한 탓이고, 근본 원인은 인식 수단을 감각적 경험에 둔 탓이다. 감각을 통해서는 본질이 이룬 작용 정보를 제공받을 수 없기 때문에 인간의 영혼은 육체와 마찬가지로 물질에 불과하다고 결론내릴 것은 당연하다."[145] 유물론자들이 우주와 인생을 맹목적인 움직임으로 보고 인간을 물질의 상태로 환원시킨 것은 전적으로 본질이란 존재와 인식적으로 차단된 탓이고, 물질 외에는 어떤 근거도 찾을 수 없어서이다. 이 같은 인식 수단의 제공자인 로크는 "크기, 모양, 운동, 정지 등은 사물 현상의 제1질, 즉 객관적 질이고 빛, 소리, 냄새 등은 제2질, 즉 주관적인 감각이라고 하여"[146] 사물 현상의 엄밀한 본질을 밝히기 위해 감각적 경험을 동원하였다. 서양 문명은 이런 인식 수단을 통해 외부의 자연 현상을 탐구하는데 적합한 체제이고, 동양은 내면의 본질 세계를 파고든 의식 도야(수행) 방법을 수단으로 삼았다. 이에 감각적 경험을 수단으로 삼은 흄은 모든 지식의 원천을 경험으로 보았는데, 이것은 경험에서 모든 지식이 비롯되어서가 아니고 경험을 인식 수단으로 삼은 한계성, 즉 본질을 보지 못한 탓이다. 보아야 할 것을 보지 못한 인식 수단의 제한성이 "세계의 본질과 합법칙성에 대한 인식은 불가능하다는 회의론 내지 불가지론으로 떨어지게 하였다."[147] 급기야 세계와 역사를 거꾸로 해

---

145) 위의 논문, p.42.
146) 『독일 고전철학 비판』, 앞의 책, p.11.
147) 위의 책, p.11.

석하고 비가역적인 법칙을 가역적인 법칙으로 바꾸는데 박차를 가했다. 언급한바 "마르크스는 헤겔로부터 변증법을 배웠지만 그 법이 거꾸로 서 있기 때문에 합리적인 알맹이를 찾아내기 위해서는 그것을 바로 세워야 한다"고 했다.[148] 정신은 물질적인 현상이 인간 두뇌에 반영된 것에 지나지 않는다는 자신의 유물론적 주장을 내세운 것이다.[149] 변증법이 거꾸로 선 것이 아니고 그것을 바라본 자체 눈이 거꾸로 된 것이고, 그 분명한 근거들이 바로 제 유물론적 정신이 물질 현상의 반영이란 명제 속에 있다. 본질을 제거하고 사전 창조 역사를 볼 수 있는 안목을 가지지 못한 결과이다. "데카르트의 눈에는 동물이 하나의 기계였던 것 같이 18세기 유물론자들의 눈에는 인간이 하나의 기계였다."[150] 사실이 그런 것이 아니고 그렇게 판단한 자들의 세계관이 문제였다. 그들은 세계를 어떻게 잘못보고 잘못 판단한 것인가? 유물론은 본질을 보지 못한 한계 인식의 바로미터이다. 엥겔스는 유물론을 바탕으로 생명 현상은 단백질의 화학작용이라고 했는데, 이것은 유물적 관점이 생명 현상을 그렇게 재단한 것이다. 사실성을 논할 가치가 없다. "베르그송은 생명 현상의 특징을 비(非)질료적인 것에서 점차 질료화하는 과정으로 이해했는데",[151] 무언가 차원을 넘나든 것 같지만 알고 보면 진화적 인식과 같다. 동일한 현상계 안에서는 비질료적인 근원성을 찾는 것이 불가능한데, 동일한 현상계 안에서 불가역을 가역하다고 한 것은 서양 문명 전체가 지닌

148) 『자본론(1)』, 칼 마르크스 저, 김수행 역, 제2판 후기, p.19.
149) 「과학적 무신론에 대한 비판적 고찰」, 앞의 논문, p.121.
150) 『포이어바흐와 독일 고전철학의 종말』, 엥겔스 저, 양재혁 역, 돌베개, 1987, p.38.
151) 「진화에 대한 목적론적 해석의 가능성 고찰」, 앞의 논문, p.15.

인식의 한계 관점이다. 유물론자들이 진화론을 받아들여 물질로부터 생명 창조의 가능성을 말한 것도 동일한 조건이다. 오파린은 처음으로 생명의 기원 문제를 과학적으로 설명하였다고 하는데, 이론의 대략은 "자연에서 무기물이 무기화합물이 되고, 이것이 다시 유기화합물로 변화되고, 이것들 가운데서 단백질 덩어리가 어느 순간에 원시 생명체로 변증법적 비약을 했으며, 이후 단계적으로 진화를 해서 오늘날과 같은 생물계를 이루었다는 설이다."[152] 본질의 창조 작용을 보지 못하고 물질에 모든 역할을 부여한 불가역의 가역성 착각이다. 유물론은 확인되지 않은 과학 이론을 사실로 믿고 끌어들인 가설 위의 가설이다. 이 모든 오판은 본질을 무시하고 물질적인 현상만으로 세계를 이해한 데 있다. 그런데 다른 사물의 창조에 대해서는 기를 쓰고 이론화했지만 정작 중요한 물질의 창조에 대해서는 "우주의 모든 것은 운동하고 있고, 운동은 물질의 본질로부터 필연적으로 나오는 존재방식이다. 그렇다면 물질은 어디에서 왔는가 하면, 물질은 항상 존재해 왔다고 답할 것이다. 운동은 물질 내의 어디서 있는가 라고 질문하면, 물질은 영원히 스스로 운동하고 있었다고 답할 것(돌바하)"이라고 하여[153] 언급을 회피했다. 회피한 이유를 모르겠는가? 회피 영역을 그들이 제거한 본질 영역이 담당하였다. 차원이 단일하다 보니 스스로 북 치고 장구 친 자화 창조론 인식의 한계성에 머물렀다. "물질은 법칙에 따라 영원한 순환 주기를 가지고 운동해 가며, 순환 주기가 어느 특정 단계에 이르면 법칙에 의해 사고능력이 있는 유기체적 생명체가 출현하게 된다는 사실을 확실하게 받아

---

152) 「과학적 무신론에 대한 비판적 고찰」, 앞의 논문, p.150.
153) 「변증법에 있어서 발전개념에 관한 일 고찰」, 앞의 논문, pp.23~24.

들였다고 하지만",154) 물질로부터 유기적 생명체로의 전환과 비약은 영원한 순환 주기로 운동하는 물질의 법칙 자체를 어긴 불가역의 경계를 넘어선 억지이다. 경계가 무너진 이상 유물론자들은 현상계 안에서 일체를 뜻대로 할 수 있는 창조의 대 요리사 자격을 가지게 되었다. 즉, "자연환경이 변함에 따라 유기체의 구조는 내용의 발달과 보조를 맞추지 못하고 모순에 빠지는데, 이런 모순은 바로 유기체의 구조가 변함을 통해 해결된다. 그 결과 기존의 기관들이 변형되거나 아니면 새로운 기관들이 생긴다. 예를 들어 유기체들이 수중환경에서 양서류의 생활로 옮아가면 이 유기체들에서는 점차 아가미 대신 허파, 지느러미 대신 팔, 다리 등이 발달한다."155) 상상으로서는 얼마든지 비약이 가능한데, 이런 창조 요리설을 소설로 받아들여야 하는가, 현실로 받아들여야 하는가? 직접 경험하고 확인은 하지 못하더라도 소설이란 장르 속에서는 일체의 표현이 허용된다. 그것은 말 그대로 소설인 때문이다. 이런 소설에 인류가 혹하여 미래 역사까지 의탁했다면 인류의 영혼은 한시바삐 깊은 꿈속에서 깨어나야 한다.

유물론적 세계관이 지닌 본질적 한계성을 직시하고 세계관적 지향 의지를 저지시켜야 한다. 그것은 근대 유물론적 세계관 구축의 주동자인 마르크스와 엥겔스의 사상적 본색과 지향 목적을 통해 알 수 있다. 먼저 유물론은 서양의 유구한 관념론적 세계 지향 목적에 반대한 만큼, 그 본질은 새로운 세계관을 창조한 것이 아니고 반대를 위한 확고한 투쟁 목표를 가지고 일어섰던 것이다. 즉, 보편적인

---

154) 『마르크스·엥겔스의 종교론』, 앞의 책, p.145.

155) 『변증법적 유물론』, V. G. Afanasyev, p.143.-「과학적 무신론에 대한 비판적 고찰」, 앞의 논문, p.125.

도덕법칙에의 순종을 설교한(?) 칸트의 견해를 가차 없이 인민 대중의 자주성을 거세하는 해독스러운 주장이라고 규정하고, 보편적인 도덕법칙은 다름 아닌 반동적 지배계급의 계급적 의사로 재단하여 버렸다. 반동통치 계급을 神의 뜻을 따르는 자들로 묶어버렸다. 마르크스주의는 독일의 고전철학, 영국의 고전정치경제학, 프랑스의 공상적 사회주의의 학설을 원천으로 하거니와,156) 이들을 결합한 주된 목적은 神의 그림자를 품고 있는 관념론을 타파하는 데 있었다. 자신들이 재단한 현대 부르죠아철학을 제국주의자들의 반동 철학으로 규정한 것도 같은 맥락이다. 제사에는 관심이 없고 젯밥에만 눈을 두고 있다고 하였듯, 마르크스와 엥겔스는 유물론자로서 유물론의 창조성을 입증할 순수 진리성을 일구는 데 매진하지 않고 필요에 따라 온갖 자연과학적 성과물을 끌어들여 자신들이 본래 가진 정치적 목적을 달성하는 데로 투자했다. 그들은 유물론적 세계관을 구축한 장본인이기는 하지만, 그렇게 한 주된 목적은 다름 아닌 "프롤레타리아 혁명으로 정권을 획득하는 것을 꿈꾸던 정치 사상가였다. 이런 목적으로 인간의 기원에서부터 유토피아적 공산주의 사회에 이르기까지 총체적인 역사를 유물론에 입각한 과학적 무신론의 토대 위에 세우려고 했다. 프롤레타리아 혁명에 의한 유토피아적 공산주의 사회 건설이 궁극적인 목표인바, 이것은 자체가 정한 변증법적 필연성에 의하여 반드시 실현될 것이라고 하였다."157)158) 이처럼 유

---

156) 『독일 고전철학 비판』, 앞의 책, p.91, 9.

157) 위의 논문, p.243.

158) "마르크스는 인간 역사의 주요시기를 원시공산주의→노예→봉건제→자본주의→공산주의로 구분하고, 끝 단계인 공산주의 사회는 재산을 공동으로, 공적으로 소유하는 계급 없는 사회이다. 그래서 자본주의는 그의 내면적 부정성 때문에 공산주의로 발전될 수밖에 없고, 역사는 공산주의 사회에서 완성된다. 인류 역사의 목표는 공산주의 사회의

물론자들이 물질적 세계관에 몰입할 수 있었던 것은 크게는 神이 존재하지 않는다는 신념에 근거한 것이지만, 그들이 진리적으로 확신을 가진 것은 불변한 본질이 존재하지 않는다는 사실에 더 의존한 것이다. 세계의 근본을 본질로부터 물질로 이행시킨 바에는 세계관 역시 관념론과 유신론으로부터 유물론과 물질에 근거한 새로운 이상 사회 지향인 계급 없는 공산주의 사회 건설로의 전환이 불가피하였다. 하지만 이것은 서양 문명이 기독교 신앙을 수용한 이래 하나님의 존재 증명에 실패하고 창조 역사를 신학적으로 뒷받침하지 못한 기독교 종말 이후에 기도된 유토피아 지향 세계관일 뿐이다. 그것은 유물론의 허상 위에 세워진 결코 달성될 수 없는 환상적 사회 건설로서 제도권 안의 공산주의는 서양 문명이 전통적으로 계승한 본질 제거의 한계성 탓에 도달한 실패된 세계관이다.[159] 하나님의 창조 목적을 이탈함으로써 도달한 서양 문명의 종말적 끝자락이다. 서양 문명의 토대 위에서는 그 무엇도 하나님이 약속한 시온의 영광 맞이와 하나님과 인류가 함께한 지상 천국 건설 희망을 기대할 수 없다. 새로운 세계관 건설 요구와 제3의 신권 질서 수립이 불가피한데, 이런 시대적 필연성을 이 연구가 동양본체론에 입각한 유물론의 세계관 극복으로 이루고자 한다. 유구한 인류 문명을 샅샅이 살피고 분석한 토인비는 "문명 역사의 물리적 시간과 공간 패턴이 전환되어 하나로 이어진 오늘날은 전 인류의 정신적 시공을 하나로 연결할 수

건설에 있다"고 주장하였다.-『신학의 주제로서의 마르크스주의』, 배영호 저, 가톨릭대학교출판부, 2000, p.71.

159) 기독교가 종말을 맞이함에 있어 그들은 새로운 돌파구를 찾아야 했는데, 그것이 곧 유물적 세계관에 바탕한 교조적 공산주의 사회 건설이다. 새로운 문명 건설에 있어 실패된 유토피아이다. 시도는 했지만 서구 문명은 더 이상 재기할 가능성을 상실하였다.

있는 새로운 구심점이 절실히 요청된다고 하였다. 그런 새로운 구심점을 제시하기 위해서는 기존의 고등종교들이 새로워지거나 새로운 고등종교가 출현하지 않으면 안 된다. 그 어느 쪽이든 인류의 번영과 발전을 위해서 서로 이해하고 협력할 수 있는 만남(회통)의 원리를 간직해야 한다고 했는데",160) 기독교는 지극히 배타적이고 공산주의 사회 건설 이념은 지극히 투쟁적이라, 서양 문명의 종말적 한계성을 단적으로 드러내었다. 그래서 "인류의 오랜 염원인 평화 안락한 낙원 세계를 건설하기 위해서는 고도로 발달한 과학문명으로 인해서 날로 융성하는 물질의 세력을 강복(降服)받을 수 있는 정신의 세력을 가꾸어야 할 것이요, 그러기 위해서는 과학문명에 못지않은 도덕 문명을 이룩해야 할 것이며, 도덕 문명을 고도로 발전시키기 위해서는 인류 정신이 새로운 구심점이 될 수 있는 새로운 세계 종교가 절실히 요청된다고 하였다."161) 그것이 과연 무엇인가? 서양 문명이 잉태시킨 세계관은 자체 지닌 한계성으로 인하여 자격 상실 상태라고 할진대, 가능성은 오직 동양의 선현들이 일구고 지켜온 본체 문명을 통해서이고, 향후 모습을 드러낼 일명 동양식 기독교를 통해서이다. 이 종교가 하나님의 지상 강림 본체와 천지 창조 역사를 진리적으로 뒷받침하고, 모든 인류를 빠짐없이 구원할 통합 문명, 구원 문명, 조화 문명, 하나님의 창조 목적과 인류가 염원한 이상적인 사회 건설을 지향한 제3의 신권 질서, 신문명 세계관을 건설하리라.

---

160) 「변증법적 유물론을 극복하는 대안」, 앞의 논문, p.31.

161) 위의 논문, p.35.

제19장 무신론 극복

1. 무신론 태동의 3대 이유

무신론자들은 누가 아무리 떠들어도 神과 자신과는 아무런 상관 없이 살아 왔고, 그런 의미에서 神은 존재하지 않는다고 말할 수 있지만, 그렇게 앞세운 전제 조건부터가 실재한 神과 거리가 먼 자신만의 생각이었다고 한다면 그렇게 내린 판단은 정당한가? 동양인은 하늘[天]을 믿고 불교인은 부처님을 믿고 지식인은 진리를 믿는데, 이런 믿음과 신념의 형태마저 神과 연관된 것이라면 그래도 자신이 神과 무관하게 살고 있다고 단언할 수 있는가? 神이라고하면 당장 기독교의 유일신(인격신, 삼위일체神) 개념을 떠올려 그런 신앙이 없는 자신은 무신론자라고 말할 수 있겠지만, 무신론은 그 같은 인격신만을 거부하는 것이 아니라 보다 폭넓은 개념을 포괄한다. 사실 무신론을 정의한다는 것이 표면적으로는 유일신 내지 제신(諸神)들이 존재하지 않는다는 믿음을 말하지만, 이면에는 그런 神이 가진 존재자로서의 본성, 곧 초자연적, 초월적인 실재성에 대한 광범위한 거부를 수반한다. 예를 들면 통상적으로 무신론자들은 영혼 불멸, 죽음 이후의 삶, 유령, 혹은 초자연적인 세력 등이 존재하지 않는다고 생각한다.[162] 이것은 지극히 단선적인 세계관에 근거한 인식인데, 한마디로 현재 존재하는 것, 눈으로 확인할 수 있는 것만을 인식한 결과로서 무신론자들이 주장한 논거들은 대개 편협함을 노출시킨다. 그것은 기독교를 수용한 서양 문명 전체가 차원을 달리해서 존재한 神의 존재성과 불멸성과 초월성을 볼 수 있는 세계관적 안목을 제공하지 못해서이다. 이처럼 神을 제대로 볼 수 있는 신관 문제를 해결하지 못한 것이 인류 역사에서 무신론을 태동시킨 첫 번째 이유이다. 그 근거는 서양철학사에서 들이 댄 神 이해를 위한 세계관적 잣대와 결론을 보면 알 수 있는데, "근대 철학의 아버지로 칭송되는 데카르트는 결국 세계의 일반적 지식들을 명석 판명한 진리로 수용하기 위해 神을 필요로 했지만, 불과 500년이 되기도 전에 神이란 단어는 더 이상 새롭지 않고, 구식의 고리타분한 울림으로 비춰지고 말았다. 그것은 인간 인식에 대한 진리의 기초를 神이 아닌 인간으로 다져 넣은 탓이고, 그렇게 해서 다져진 현대는 굳이 神이 없다는 외침을 수고스럽게 하지 않더라도 대중들은 인간 이성의 발견으로 점철된 과학적 세계관에서 神이란 원리를 필요로 하지 않

---

162) 『무신론이란 무엇인가』, 줄리안 바기니 저, 강혜원 역, 동문선, 2007, pp.16~17.

게 되었다. 그래서 현대는 가히 神이 없는 시대라고 해도 크게 반대할 자가 없게 되었다."163) 세계를 인식한 것이 온통 이성에 기준을 둔 과학적인 잣대뿐이라, 도대체 神을 인식할 초월적인 세계관 기준은 어디서도 찾지 못했다. 독일 관념 철학의 꽃을 피웠다는 헤겔조차 그가 노력한 것은 "종교적 진리, 즉 계시의 신앙 내용을 완전히 그의 이성적인 영역으로 이끌어 넣고 인간 이성만이 최고의 진리를 판단하고 받아들일 수 있는 유일한 기준으로 삼았다. 그렇게 해서 세운 종교 이론은 초자연적인 계시 종교의 진리를 이성화하여 현실에만 바탕을 둔 철학적 종교 이론" 이상을 벗어나지 못했다.164) 신관을 바르게 정립하고 神을 바르게 드러내었을 리 만무하다. 예나 지금이나 믿음 말고는 답보 상태를 면하지 못했다. 이런 상황이다 보니까 온갖 신관이 남발되었고, 기독교는 하나님이 유일신이라고 주장은 하였지만 왜 유일한 것인지에 대한 세계관적 근거를 제시하지 못했다. 무신론자들이 세계의 多神 현상을 주관적인 관념의 산물로 비웃고, 철학자마다 신관에 있어 개념적인 차이가 빈번한 이유가 여기에 있다. "대충 얼기설기 계산한 근사치로만 추산해도 인류는 1만 년이 넘은 지난 역사에서 1만 개의 상이한 종교와 神 천명을 창조해냈다. 야훼가 하나의 진정한 神이고 아몬 라·아프로디테·아폴로·바알·브라마·가네샤·이시스·미트라·오시리스·시바·토르·비슈누·보탄·제우스 및 986개의 다른 神이 가짜 神일 확률이 어느 정도인가?"165) 무엇을 어떻게 답해야 할까? 무슨 옳은 답을 내

---

163) 「무신론자들의 신」, 김응래 저, p.192.
164) 「현대무신론의 의미와 그에 대한 윤리적 평가 연구」, 곽연수 저, 가톨릭대학교대학원 신학과, 종교철학, 석사, 1982, p.21.
165) 『무신예찬』, 앞의 책, p.255.

놓으라는 것인가? 神에 대한 이해 자체가 잘못되었다는 뜻이다. "실제 많은 민족이 있는 한 다신교가 실재하며, 어떤 민족의 실제의 神은 그 민족성의 명예에 관련되어 있기도 하다."[166] 그래서 "밸은 다수의 동의가 神의 존재의 증거라면 유일신이 아니라 다신교가 맞을 것이라고 했다."[167] 힌두교인과 기독교인은 동일한 神에게 예배하지 않는데, 이처럼 예배하는 神이 다르다고 해서 종교가 전적으로 모순된 것은 아니다.[168] 그만한 이유가 있는데, 이것을 기독교 신학이 해결하지 못했다. 유일신관은 세계의 다신 현상을 설명할 만한 세계관을 가지지 못했다. 그러니까 선천의 신관은 사실상 각자 처한 다양한 세계관의 표현이고 반영에 불과했다는 아이러니가 있다. 관점에 한계가 있으니까 神의 모습을 부분적으로 바라보았고, 각인이 각색으로 神을 말한 결과 다신관을 남발시켰다. 이것은 결코 해결될 수 없는 문제인가? 통합 신관의 정립이 불가피하였고, 정립하기 위해서는 선행 조건으로서 완성된 관점을 확보할 하나님의 본체 강림 역사가 필수적이었다. 무신론의 태동 근거가 미비된 신관 문제에 있은 만큼 신관을 하나로 통합할 세계관을 확보하면 난립된 신관들을 바탕으로 오히려 하나님의 모습을 완성시킬 수 있다.

"전통적으로 무신론과 유신론 간의 논쟁은 입증과 반증의 문제이기도 한데, 神의 존재를 입증하고자 한 시도로서는 제1 원인으로부터의 논변과 설계로부터의 논변 등이 있지만, 神의 존재를 부정하려는 시도로서 대표적인 것은 고통으로부터의 논변이 있다."[169] 인류

---

166) 『기독교의 본질』, 앞의 책, p.297.
167) 「근대 무신론의 철학적 기원」, 김응종 저, p.9.
168) 『무신론이란 무엇인가』, 앞의 책, p.53.

구원을 자처한 하나님과 십자가의 보혈을 흘리면서까지 인류악의 문제를 해결하고자 했던 예수 그리스도의 희생을 보면서도 나와 현실 사회에는 여전히 번민이 있고 고통과 사회악이 존재한다는 것은 해석이 난감하다. 답변하기 어려운 아킬레스건이고, 神의 뜻을 깊이 있게 통찰해야 하는 문제이다. 무신론자들의 강변에 대해 귀를 기울이고 충분히 이해시켜야 하는 이유이다. 이 세상에 고통이 존재하고 죄악이 도사린 것은 과연 누구의 잘못 때문인가? 마냥 하나님의 뜻을 모른 어리석음 때문이라고 책임을 떠맡기면 구원받을 인류가 소수에 불과하리라. "神의 존재를 거부하는 무신론자들이 세계 도처에서 속출한 이유는 유한한 우주 세계로부터 이들을 존재케 한 절대자의 존재를 추론하는 것이 불가능해서가 아니다. 세계를 창조하였을 절대자가 세상에 만연한 고통과 악을 그대로 방치하고 있다는 사실을 용납할 수 없기 때문이다."[170] 神이 창조한 세계는 완전해야 하는데 죄와 악이 상존한 것은 이해할 수 없다는 입장이다. 칸트도 지적하였듯 세계 안에서 神적인 조화와 질서가 있다는 것은 객관적으로 증명될 수 없다. "죄와 악으로 가득한 인간의 세계 속에서 무슨 하나님을 인식할 수 있고 증명할 수 있겠느냐? 따라서 이 세계는 하나의 神적인 세계가 아니고 죄와 악의 세계이다. 조화와 질서의 세계가 아니라 인간의 자기중심적인 욕망으로 인한 혼돈과 무질서의 세계이다. 이런 혼돈과 무질서, 죄와 악의 세계를 기독교는 神적인 세계라고 기만했다. 세계를 더욱 경직시키고 이 속에서 억압과 고통을 당하는 사람들을 비인간화시키는 일을 방조한다. 이런 비인간화

---

169) 『지성인을 위한 무신론』, 앞의 책, p.19.
170) 『그리스도와 구원』, 심상태 저, p.59.

된 인간을 인간화시키고 인간의 자유를 회복하며 경직된 세계를 역사화시키기 위해서, 인간의 모든 소망과 욕구를 현실화하기 위해서는 오히려 하나님의 존재가 없어져야 하고, 기독교는 폐지되어야 한다."171) 하지만 하나님은 창조 이래 한순간도 인류의 고통스런 숨결을 놓친 적이 없고, 결정적인 죄악의 순간들과 함께하지 않은 적이 없다. 인류의 첫 조상 아담이 사탄의 꼬임에 빠져 금기를 어기고 숨었을 때도 그 저지른 행위를 몰랐을 리 만무하다. 알면서도 부르고 또 불러 아담이 스스로 나와 대답하길 원했다. 성경은 이처럼 오직 자나 깨나 인류에 대해서만 초점을 맞춘 하나님의 관심과 일깨움과 기다림과 떼려야 뗄 수 없는 관계성을 기록한 구원과 사랑의 대서사시이다. 아담이 하나님이 마련한 에덴동산을 버리고 하와의 유혹에 빠진 것은 누구의 잘못인가? 나의 몸과 마음을 움직이게 하는 것은 누구의 의지이고 뜻인가? 하나님의 의지이고 뜻 때문인가? 다리에 혈관이 막히면 썩는데 트지 못하면 절단을 해야 하고, 뇌에 혈관이 막히면 말문이 막히고 불수도 된다. 인류가 지난날 참혹한 죄악을 저지르고 고통받은 것은 하나님께 기도하지 않고 불신하고 뜻에 어긋난 탓이다. 하나님과 교통하고 하나님께 의뢰하고 하나님께 구원을 호소하는 한 하늘에 계신 하나님이 그 소리를 듣지 않고, 내민 손길을 놓친 경우는 없다. 하나님은 전지전능하고 어디에도 계신 전재한 권능자이다. 이 말은 곧 사랑하는 자식의 고통 소리에, 위급의 순간에, 간절한 소망의 바람에 귀를 기울이고 함께하여 어떤 절박한 상황에서도 구원할 수 있다는 뜻인데, 그 길을 가로 막고 무시하고

---

171) 「기독교의 유신론과 근대 무신론」, 김균진 저, 연세대학교 연합신학대학원, 현대와 신학, 권 10, 1호, 1985, p.5.

천륜을 끊어버린 책임이 누구에게 있는가? 하나님이 인류의 구원자이고 권능자이고 만생명의 주권자란 사실을 믿지 않아서이다. 무신론의 두 번째 태동 근거인 상존한 인류의 죄악과 떠나지 않은 고통이 하나님의 창조 뜻에 위배되었기 때문에, 하나님과 단절되어 썩어버린 인간의 불신 때문이라는 것을 알 때, 인류의 악과 고통은 무신론자의 논변 근거가 아니라 원인만 깨닫는다면 구원될 수 있는 제2의 논변 근거이다. 그 극복 과제를 무신론자들이 가진 잘못된 신관을 바로 잡음으로써 해결하고자 한다.

무신론 태동의 세 번째 이유인 창조 문제의 미해결은 무신론의 태동이 어떤 개개인의 책임 문제를 벗어나 세계의 본질상 선천 세계관 전체가 지닌 불가피한 한계성 때문이기도 하다. 그것이 무엇인가 하면, 하나님은 태초에 창조 역사를 완성하였지만 그렇게 해서 이룬 창조 목적과 본의가 드러나기까지는 본질이 분열을 완료해야 했다. 그래서 선천에서는 神의 본성에 대한 확보 관점이 부분적일 수밖에 없었고, 창조 본의가 바탕되지 못한 상태에서는 세계와 神을 판단할 관점을 완전하게 제공할 수 없었다. 그러니까 시대적인 관점과 요구와 필요성에 따라 신론을 달리 구성하였다. 1798년「神의 세계 통치에 대한 우리 신앙의 근거에 관하여」란 논문을 쓴 독일의 철학자 피히테는 "사물들의 살아 있고 능동적인 도덕질서가 곧 神이다. 우리에게는 다른 神이 또 필요치 않으며, 우리는 다른 神을 더 파악하지 못한다"고 하였다.[172] 하나님의 가장 중요한 창조 권능을 칸막이로 막아버리면서까지 당면한 시대가 요구한 도덕질서만을 부각시켜 그

---

172) 『신은 존재하는가(1)』, 앞의 책, p.201.

같은 질서를 지지할 얼굴 마담으로서 神을 내세웠다. 천지 창조의 메커니즘 본의를 밝힌다는 것을 서양 신학을 통해서는 기대할 수 없었고, 서양 문명 전체를 통해서도 착안이나 시도 의지는 찾아볼 수 없다. 그만큼 그들은 서양 문명이 지닌 어쩔 수 없는 한계 본질의 깊숙한 곳에서 차원적인 세계를 내다볼 수 없었고, 성경과 제도권 교회의 경직된 교리관에 짓눌려 神과 세계를 하염없이 바라만 보았다. 고고학에서는 아는 것만큼 과거 역사를 볼 수 있고 유물의 가치를 인식하며 발견할 수 있다고 하는데, 서양 문명이 수립한 신론도 마찬가지이다. 미완의 창조관에 근거했다.

17세기 서구인들이 이룬 놀라운 과학 업적을 총괄해서 흔히 과학 혁명이라고 한다. 자연과학의 업적 가운데에서도 가장 뚜렷한 것은 뉴턴에 의하여 체계화된 기계론적 우주관의 정립이었다.[173] 이런 시대적 상황 속에서 17세기 유럽철학의 중요한 합리주의자 스피노자 (1632~1677)는 '모든 것이 神이고 神과 세계는 하나다'란 명제를 앞세운 범신론의 대표적 사상가이다.[174] 그가 피력한 신관의 핵심은 곧 세계는 神의 변형(變形)으로서 神을 형체가 있는 모든 것의 전체로 본 데 있다. 즉, 세계란 神의 유한한 양태(樣態)의 총합(總合)에 지나지 않는다고 보아 세계를 오직 神에게 몰입시켰다.[175] "神은 만물의 원인이며, 만물은 神 안에 존재한다. 그래서 神은 만물을 창조했다고 말할 수는 있지만 기독교에서 말한 창조론과는 거리가 있다.

---

173) 근대의 과학 혁명, 다음백과.
174) "범신론은 이미 고대에서부터 발견되고 그 나름의 긴 역사를 가지고 있으며, 계몽주의 시대에는 스피노자에 의해 특징적으로 드러난다."-「19세기 무신론과 20세기 사신론의 신관 비교 연구」, 양윤희 저, 이화여자대학교대학원 기독교학과, 석사, 1994, p.10.
175) 스피노자, 다음백과.

그 이유는 만물은 神으로부터 발현하지만 神은 만물의 외부에 별도로 존재하지 않는다. 그래서 神은 만물 안에 들어 있고, 만물은 神 안에 들어 있다. 神은 자연과 별도로 존재하지 않고 결국은 자연과 동일하다. 곧 신즉자연이다."176) 이런 스피노자의 신관을 일컬어 후인들은 데카르트의 이원론이 지닌 문제점을 극복하고 일원론적인 실체론을 세웠다고 평가하지만, 그것은 본체에 근거한 초월적 일원론이 아니고 뒷걸음친 현상적 일원론이기 때문에, 창조주인 神의 존재를 추론한 것일 뿐 세상 가운데서는 어디서도 존재할 거처가 없게 되었다. 이미 만물화로 만물과 일체되어 버린 상황이라 창조주란 존재는 옛 전설이 되어 버렸다. 무엇이 문제인가 하면 창조 이전에 존재한 절대 독립성과 창조 이후의 지속적인 내재성을 가능하게 한 창조 역사 과정을 간과했다. 이것은 창조 이전의 사전 역사를 보지 못한 서양 문명의 전형적인 장애 현상이다. 하나님의 절대 독립성과 불변성을 보지 못한 것은 스피노자뿐만 아니고 선천 신관 전체가 벗어나지 못한 한계 관점이다. 그리하여 스피노자는 범신론적 신관으로 인해 유대교로부터 파문을 당하고 神을 모독한 대표적인 유대인이자 완전한 무신론자, 저주받을 직관으로 꽉 차 있는 사람, 천부적으로 커다란 재앙을 가진 타고난 사기꾼으로 낙인 찍혔다.

"천사들의 결의와 성인의 판결에 따라 스피노자를 저주하고 제명하여 추방하노라. 잠잘 때도 일어날 때도 저주받으라. 나갈 때도 저주받을 것이며, 들어올 때도 저주받을 것이다. 주께서는 그를 결코 용서하지 마옵시고, 주의 분노가 이 사람을 향해 불타게 하소서! 어느 누구도 말이나 글로서 그와 교제하지 말 것이며, 그에게

---

176) 「근대 무신론의 철학적 기원」, 앞의 논문, pp.6~7.

호의를 보여서도 안 되며, 그와 한 지붕 아래 머물러서도 안 되며, 그의 가까이에 가서도 안 되며, 그가 저술한 책을 읽어서도 안 되느니라."177)

이런 박해에도 불구하고 스피노자는 내일 지구의 종말이 올지라도 한 그루의 사과나무를 심겠다고 한 의연함을 보였는데, 그의 신관이 비록 전통적인 기독교 신관과 배치된다고는 하나, 미래지향적인 관점에서 본다면 하나님은 결국 난립된 미완의 범신적인 신념과 진리 관점들을 포괄하고 통합해야 함에, 큰 디딤돌을 낳은 과도기적 신관이라고 할 수 있다. 범신론을 극복하지 못하면 무신론도 극복할 수 없는 조건선상에서 창조 문제의 해결 요구가 도사렸다.

18세기 계몽주의시대에 영국의 폰 체르버리로부터 출발된 이신론(理神論, deism)은 기계론과 맞물려서 사뭇 범신론과는 또 다른 신관을 제기했는데, 세상의 근원으로서의 神은 창조한 이후에 더 이상 세상에 개입하지 않는다고 주장한 철학이고 종교관이다. 세상에 스스로 작동하는 거대한 기계라는 생각은 당연히 그 기계의 제작자를 가정하게 되었고, 神이 그 제작자의 위치를 차지하게 되었다. 그래서 神은 세상을 창조한 이후로 한 번도 세상에 간섭한 적이 없는 시계공이 되어 버렸다. 부동의 동자에서 제1 동자로 변신한 것뿐이다. 첫 임무를 완수한 神은 더 이상 세상에 대해 아무런 영향력을 줄 수 없는 神이 되어 버렸다.178) 이것은 과연 神을 향한 신관인가, 무신론을 향한 신관인가, 어느 편이 더 선호될 것 같은가, 무엇을 크게 결여하였는가? 神과 세계를 연결시킬 창조 메커니즘이 빠졌다. 기계론

---

177) 스피노자, 다음백과.
178) 「진화신학의 생명 이해」, 앞의 논문, p.11.

자들은 시계 같은 우주의 질서 체제를 자동시스템으로 인식하여 사전 창조 역사를 차단시켰듯, 이신론자들은 시계는 추호의 의심 없이 시계공이 제작한 것으로 간주한 것과 같게 창조에 대해서도 당연히 神이 이룬 것으로 여겼다. 세상에 있어 정말 중요한 것은 시계를 제작한 과정처럼 천지가 창조된 과정을 밝히는 것인데, 생략되어 창조자의 권능 역사가 세계로부터 멀어져 버렸다. 그러니까 우주 질서가 기계처럼 엄밀한 근거가 차단되고 神의 주관 섭리도 단절되었다. 근대의 조직적이고도 세계관적인 무신론이 태동할 수 있는 디딤돌이 이처럼 긍정적인 요소가 아닌 부정적인 요소, 풀어야 할 문제를 해결하지 못하고 미비된 관점과 잘못된 판단에서 비롯된 것이라는 것을 알 때, 해결하지 못한 문제는 풀고 미비된 관점은 채우고 잘못된 판단은 타당한 근거를 밝힐진대, 무신론이 이 땅에서 존속할 이유는 사라지게 된다. 이 땅에 강림한 보혜사 하나님이 인류를 빠짐없이 구원할 수 있는 구원 계획의 단계적 일환이다.

2. 무신론 정신의 역사

나와 우주는 지금 존재하고, 그렇게 존재한 나와 우주는 유래된 기원이 있을 텐데, 이 기원이 神과 연관되어 있다면 神의 존재 여부는 모든 학문과 진리와 종교와 가치를 막론하고 반드시 궁구해서 밝혀내어야 할 그 무엇이다. 神의 존재에 관한 문제는 오늘날 해묵은 종파들과 무신론적 사상 유형은 물론이고, 새로운 이데올로기들을 모조리 관통한다.179) 무신론은 神이 존재하지 않고, 존재하지 않는다면 나와 우주도 神에 근거하지 않는다는 사상으로서 현재까지 아무도 神을 증명하지 못한 상황에서는 합리적인 판단으로 보이는 동시에 어쩌면 정말 옳은 관점일 수도 있다.[180] 무신적 생각(정신)은 인간이 존재하는 한 항시 제기된 것으로 역사적인 상황에 직면하여 인간의 존재양식을 이해하려는 부단한 역사적 질문에 대한 양태의 일종이라고 할 수 있다.[181] 이런 "무신론의 여러 양상을 구별하면 첫째, 실천적 무신론은 神의 존재를 확신하고 있으나 자신의 삶의 과정을 통하여 부정한다. 둘째, 이론적 무신론은 자신의 판단에서 神의 존재를 부정한다. 셋째, 극단적 무신론은 모든 정신적이고 초감각적인 존재를 부정하는 물질주의와 실증주의이다. 넷째, 범신론은 세계를 초월하는 인격적 神을 믿지 않는다."[182]

이런 무신론의 시작은 언제부터인가? 서양 문명의 여명기인 고대 그리스로부터 시작되었고, 계몽주의 후반까지는 명백히 공언된 믿음의 체계로 출현하지 않았는데 18세기에 이르러서야 완전히 출현했다는 것이 대체적인 정설이다. 먼저 "무신론의 기원을 알기 위해서는 자연주의의 기원을 알아야 하는데, 자연주의는 기원전 6세기 소크라테스 이전 밀레투스학파 철학자인 탈레스, 아낙시만드로스, 아낙시메네스에서 시작한다. 이 철학자들은 처음으로 신화적 설명을 거부하고 자연주의적 설명을 지지한 사람들이다. 이전에 세상의 기원과 기능이 모두 신화에 의해 설명되었다면, 밀레투스학파 철학자들은 자연을 인간의 이성이 이해할 수 있는 법칙에 따라 운용되는

---

179) 『신은 존재하는가(1)』, 앞의 책, p.15.
180) 『지성인을 위한 무신론』, 앞의 책, p.11.
181) 「현대무신론의 의미와 그에 대한 윤리적 평가 연구」, 앞의 논문, p.100.
182) 「신과 무신론」, 박종대 저, 서강인문논총 4집, p.26.

하나의 자기 충족적 체계로 볼 수 있다고 한 당시로서는 혁명적인 개념을 연구했다. 자연 자체 안에서 모든 해답이 발견되기 때문에 자연의 작용을 이해하기 위해 자연 이외의 것을 전제할 필요가 없어졌다."183) 이런 정신은 무신론을 배태한 단초로서 오늘날의 무신론에서도 변함없이 적용된 인식 틀이다. 고대 신화나 神은 그 근거 형태가 불분명하기는 하지만 나와 우주의 기원에 대해 존재한 차원이 다른 근원을 설정한 것인데 비해, 자연주의자들과 무신론자들은 존재한 자연 안에서 모든 것을 해결하고자 한 입장이다. 그래서 무신론자들의 정신적 신념은 누가 뭐라고 해도 보이지 않는 것을 믿는 "미신을 합리적인 설명으로 대체하고, 초자연 세계에 대한 환상을 버리고 자연 세계 안에서 사는 방법을 배우고자 노력한 인류 문화 진보사의 일부"라고 굳게 믿었다.184) 무엇이 옳은 것인가는 때가 되면 밝혀지겠지만 규명하기 전까지는 대립이 불가피했기 때문에, "서양의 사상사를 한 마디로 말한다면 유신론 대 무신론 간의 대결이라고 할 수 있다. 이런 서양 3천 년 정신사는 다음과 같은 단계로 나누어 볼 수 있는데, 첫 단계는 기원전으로서 헤브라이즘과 헬레니즘의 사상 체계가 나타난 것이고, 둘째 단계는 중세에 기독교가 천 년을 다스리면서 유신론이 압도적인 승리를 거둔 때를 말한다. 근대에 접어들면서 기독교 세력이 사회 여러 영역에서 후퇴하고 무신론이 강하게 대두되어 유신론과 무신론의 이원적 구도가 지속되다가 현대에 와서는 니체의 神의 죽음 선언, 맑시즘의 도전과 과학에서의 무신론의 대두가 겹쳐 드디어 무신론의 지배가 강하게 되었다."185)

---

183) 『무신론이란 무엇인가』, 앞의 책, pp.118∼119.
184) 위의 책, p.140.

이런 단계 중에서도 특별히 주목해야 할 부분은 중세시대에, 그것도 천 년 동안 절대 지배적이었던 유신론적 정신이 대단원에 걸친 섭리적 완결을 짓지 못하고 허물어진 이유와, 무신론적 정신이 어떻게 시대를 전환시킬 만큼 강력한 지배력을 발휘했는가 하는 점이다. 전자의 이유로서는 세속 권력까지 장악한 교회 권력의 부패와도 연관되고, 핵심적인 이유는 시대적인 변화와 인간성의 발현에 대한 요구를 외면한 신앙관의 배타성과 교리관의 경직성에 있다. 이런 이유로 프랑스에서는 수학자, 철학자이자 근대 철학의 아버지로 알려진 한 상징적인 인물이 등장하는데, 그가 곧 근대 합리주의 철학의 창시자로 일컬어진 르네 데카르트(1596~1650년)이다. 왜 그렇게 칭하는가 하면, "서구인의 인식은 데카르트와 함께 일대 획기적인 전환을 이루었기 때문이다. 중세시대의 한복판에서 당연하게 여긴 확실성의 원천을 神에게서가 아니라 인간 자아에서 찾도록 한 것이다."186) "그에 의해 근대적 주체로 정립된, 사유하는 실체로서의 나의 정신(이성)은 곧 진리의 주체이고 과학의 주체였다. 이로써 근대적 주체성을 확립한 근대인들은 비로소 神으로부터 해방될 수 있었고, 나아가 전통을 비롯한 모든 권위로부터의 해방이 이론적으로 가능하게 되었다. 이런 성취는 인간의 이성이 진리를 인식하는 자연의 빛이라는 믿음에 근거한 것으로, 근대에 이르러 이성적 인간, 즉 과학기술적 인간으로 탄생하였다."187) "데카르트 이후로 근대 철학은 기독교적인 神을 부정하게 되었고",188) 무신론적 정신의 자양분을

---

185) 「19세기 무신론과 20세기 사신론의 신관 비교 연구」, 앞의 논문, p.8.

186) 『신학의 주제로서의 마르크스주의』, 앞의 책, p.35.

187) 『과학기술의 철학적 이해』, 과학철학교육위원회 편, 한양대학교출판부, 2003, p.117.

공급받은 비정상적인 곁가지들이 우후죽순처럼 돋아났다. "근대의 자율적 인식론과 계몽주의, 합리주의와 관념론, 경험론과 감각론, 유물론과 무신론" 등등[189] 무신론이 없는 시대는 없었다고 할 수 있지만, 데카르트가 이룬 인간에 근거한 자아의 확실성 인식 이후로 "근대인들은 철학이나 과학과 같은 심성적 도구를 구비하여 무신론을 체계화하기 시작했고, 18세기 계몽주의 시대에 이르면 스스로 무신론자임을 당당하게 인정하는 사람들이 등장했다."[190] "19세기에 들어 철학적 무신론에서 과학적 무신론으로 건너가는 과정에서 독일의 철학자 헤겔(1770~1831)과 포이어바흐(1804~1872)가 징검다리를 놓았다."[191] "근세의 무신론은 영국의 경험론과 18세기의 프랑스 계몽주의에 근원을 두었고, 19세기의 실증주의, 물질주의에서 지속되면서 마르크스, 니체에 이르러 절정에 도달했다."[192] 즉, "무신론이 본격적으로 퍼진 것은 계몽주의, 프랑스 혁명에서부터이고, 무신론이 하나님에 대한 신앙과 기독교를 뿌리에서부터 위협한 하나의 세계관이 된 것은 19세기에 와서 포이어바흐, 마르크스에 의해서이며, 그 뒤로 니체, 프로이트, 그리고 실존적 무신론 등이 가세하였다. 나아가 자연과학의 발달은 세계에 내재된 법칙을 발견할 수 있게 했고, 인간 중심적 사고방식이 더욱 견고히 서도록 도왔다."[193]

하지만 오늘날 그들이 그렇게 해서 건설한 현대 문명의 총체적인

---

188) 『근대 형이상학에 있어서 철학자의 신』, 발트 슐처 저, 이정복 역, 사랑의 학교, 1995, p.84.
189) 『신학의 주제로서의 마르크스주의』, 앞의 책, p.36.
190) 「근대 무신론의 철학적 기원」, 앞의 논문, p.2.
191) 「과학적 무신론에 대한 비판적 고찰」, 앞의 논문, p.24.
192) 「신과 무신론」, 앞의 논문, p.48.
193) 「19세기 무신론과 20세기 사신론의 신관 비교 연구」, 앞의 논문, p.9.

결과를 두고 보면 이들은 한결같이 세계관적으로 올바른 영양분을 공급받지 못하여 편협성에 그친 장애를 지녔다. 인간은 오직 神만을 바라보던 시대에도 한계가 있었지만, 시야를 돌려 인간이 인간만을 바라보는 시대에도 한계는 있다. 그런데도 인간은 직접 도달하기까지는 진실을 모른다. 한계성을 극복하는 방법은 오직 한 가지, 깨어 일어서 神의 계시를 받들 때 비로소 神의 모습을 볼 수 있고, 자아의 참된 내면도 볼 수 있다. 데카르트는 이성이 진리를 인식하는 자연의 빛이라고 했지만, 이 연구는 오직 인간의 굳센 믿음만이 초월적인 하나님을 인식하는 계시의 빛이고, 차원의 강을 건너 하나님의 존안을 뵙는 교통의 나룻배란 사실을 재차 강조하는 바이다.

3. 포이어바흐의 인간학 비판

루트비히 포이어바흐는 현대의 적극적 무신론의 투철한 창시자로서 헤겔과 마르크스 사이의 중요한 중재자이다.[194] 아니 그것보다는 "근세 무신론의 원조라고 해도 과언이 아닌 독일의 철학자이자 인류학자로서 그의 사상은 마르크스와 니체의 그것처럼 철저한 세계성(Weltlichkeit)의 정신을 구현했다. 그에게는 저승보다는 이승의 삶이 중요했다고 할 수 있다."[195] 그는 "확고한 발걸음으로 사변적, 종교적인 꿈의 나라로부터 현실성의 땅으로, 인간의 추상적인 본질로부터 인간의 현실적인 전본질로 향하고 있다."[196] 가치를 인식하는 것

---

194) 「현대무신론의 의미와 그에 대한 윤리적 평가 연구」, 앞의 논문, p.16.
195) 「신과 무신론」, 앞의 논문, p.27.
196) 『기독교의 본질』, 앞의 책, p.544.

은 지극히 주관적이지만, 그런 가치 판단이 세계관에 근거했다면 그 진위성 여부를 검증받아야 한다. 왜냐하면 이승적 삶을 중요시 한 이유가 이승적 삶이 없기 때문이라고 여긴 것이라면 그것은 섣부른 가치 판단이다. 추상적 본질은 존재하는 것이 아니라고 여기고 현실적인 전 본질로 향한 것일진대, 그것은 지극히 위험한 오판일 수 있다. 스스로는 확신과 신념에 차 있겠지만, 그의 인간학은 결국 유럽 문명 전체가 벗어나지 못한 본질 거부, 불멸성 거부, 神 거부란 한계성 열차를 타고 만 것이다. 하지만 그 방향성은 미처 인지되지 못한 상황이라, 표면의 "역사적 공적은 헤겔이나 여타 다른 철학자들의 관념론, 그리고 종교와 결정적으로 투쟁하여 17세기와 18세기의 유물론 학설을 부흥시키고 계승했다는 데 있다. 헤겔의 관념까지 포함한 모든 관념론이 궁극적으로는 세계에 대한 종교적, 공상적 관념을 이론적으로 설명하고 정당화한다는 점을 증명했다. 관념론과 종교를 부정하고, 자연이 유일한 현실이며, 자연 위에도 자연 아래에도, 그리고 자연 앞에도 자연 뒤에도, 요컨대 자연 외에는 어느 것도 존재하지 않는다고 주장했다. 헤겔이 사물의 시원이요 본질로 묘사한 사고는 특수한 방식으로 조직된 본질 밖에 존재한다. 사고는 감성적 지각에 의해 외적인 것, 즉 사고와는 독립된 물질적 세계로부터 자신의 내용을 이해한다. 따라서 외적 세계에 대한 지식의 원천은 감각이며, 이 감각으로부터 사고가 생겨난다. 세계는 충분히 인식 가능하다. 설령 인간이 다섯 가지 감각이 아니고 그 이상의 감각이 있다고 하더라도, 인간의 외적 세계에 대한 지식은 원칙적인 변화를 받지 않을 것"이라고 확신하였다.[197] 인간의 의식 속에 베인 관념성을 철저히 제거하고자 한 지적 작업이라, 그의 정신적 사고는 지극히 단순하다고 할 수 있다. 매몰차게 세계관을 편가름한 작업이다. 즉, "헤겔은 유한의식과 무한의식을 동일시하고 인간과 神을 동일시하였는데, 포이어바흐는 그 이론 속에 숨어 있는 神 신앙과 기독교에 끼칠 가공할 위험을 밖으로 드러냈다. 그래서 만약 입장만 바꾼다면 만사를 뒤집어서 거꾸로 볼 수도 있다. 그럴 경우 유한의식이 무한의식으로, 인간정신이 절대정신으로 승화되지 않고, 그 반대로 무한의식이 유한의식으로, 절대정신이 인간정신으로 해소되어 버린다. 다시 말해 神의 의식은 인간의 자기의식이며, 神의 지식은 인간의 자기지식이다. 관념론적 범신론을 유물론적 무신론으로 전도시켜 버렸다."[198] 어떻게 처한 관점 하나로 세계관의 전도가 가능한가 하면, 무시한 본질로 천지가 창조된 결정성과 가역의 방향을 허문 탓이다. 가역과 비가역의 경계를 모르니까 관념상으로는 마음대로 뒤집을 수 있을지 몰라도 세계 자체는 원리 그대로 여여하다.[199] 그럼에도 불구하고 포이어바흐는 "자기 철학 전체를 '인간학' 또는 '현실적 인간학'이라고 불렀다. 뿐만 아니라 자기 철학의 대상에 대하여 나의 학설 또는 견해는 자연과 인간이란 두 마디 말로 요약된다(『종교의 본질』)고 하였다. 하지만 그는 인간에 관해 독자적인 이론 체계나 학설을 따로 서술한 것은 없고, 기독교와 헤겔 관념론을 비판하는 논의 속에서 그것을 반대하기 위하여 인간의 본질에 대해 논거하였다. 그는 자기 철학을 기독교와 그 철학적 재현인 헤겔의 관념

---

197) 『세계철학사(6)』, 앞의 책, p.26.

198) 『신은 존재하는가(1)』, 앞의 책, p.284.

199) 전통적으로 칸트는 자연의 입법자는 바로 인간이다(코페르니쿠스적 전회)고 한 인식적 터전을 마련했기 때문에 후일 진화론자들은 법칙도 진화한다는 생각을 거리낌 없이 할 수 있었고, 유물론자들은 물질과 생명의 경계선까지 허물었다. 창조 이전에 이룬 창조 법칙의 결정성을 보지 못해서임.

론을 비판하는 것으로부터 시작하였으며, 일생동안 철학 활동의 거의 전부를 종교 비판에 바쳤다. 神과 절대이념을 내세우면서도 현실적 인간을 보잘 것 없는 것으로 취급한 종교와 관념론을 반대하여 투쟁하였다. 그는 종교의 神은 인간 본질의 소외된 표현이므로, 神의 비밀을 폭로하자면 인간의 본질을 밝혀야 한다. 그래서 神이 모든 것이라면 인간은 아무것도 아니다. 神이 전부이기 위해서는 인간은 가능한 대로 아무것도 아니어야 한다"는 생각을 가졌다.[200] 다만 인간의 자유, 발전을 반대한 神은 인간을 속박하였고, 인간의 존엄성과 가치를 빼앗고 인간의 소외를 가져왔다는 생각은 지나친 피해의식의 발로이다. 神과 인간과의 관계 설정을 잘못하였는데, 부정보다는 긍정적인 관점에서의 판단도 얼마든지 가능하다. 사람은 밉다가도 예쁘게 보이기도 하는 것은 지극히 감정적인 것이다. 하나님은 나와 무관한 이방 神이 아니고, 천지 만물을 창조하고 너와 나를 있게 한 직계 어버이일진대, 인류는 하나님과의 무한한 사랑과 존경과 신뢰를 회복할 수 있으리라. 하지만 당시로서는 앞만 보고 내달린 무신행 종말 열차를 저지할 방도가 없었기 때문에 이후부터는 어떤 형태의 무신론이든 그의 논법에 의지하지 않는 무신론이 없게 되었다. 진화론과 유물론, 과학주의 등이 간접적인 무신론의 이론적 지원 센터 역할을 했다면, 포이어바흐는 직접 神과 그를 옹위한 종교 세력, 곧 기독교 교리의 성역을 유물론적 관점에서 누구라도 혹할 인간학이란 논법 무기를 가지고 공략했기 때문에 그의 착상은 특별한 것처럼 보였고, 후인들은 그의 무신적 사상을 재고하지 않을 수

---

200) 『독일 고전철학 비판』, 앞의 책, p.190.

없었다.

　인간이면 누구라도 느끼는 감정에 호소하여 참으로 교묘한 논법을 구사했는데, "神이란 인간이 가진 욕구와 이상들의 상상적 투사이다."201) "神과 모든 종교적 표상은 현세에서 인간의 고뇌, 바람, 이상의 관념적 반영이며, 인간의 자기소외의 형상 이외의 그 무엇도 아니다. 인간이 이 소외된 자신을 다시 취함을 통해 현세의 행복을 취하려 한다"는 논지이다.202) 그래서 神적 본질이란 인간적 본질 이외의 아무것도 아니나니, 神은 인간의 또 하나의 자아요 인간의 또 하나의 잃어버린 반신(半身)이다. "神은 진정 누구이며 또 무엇인가? 이미 매우 간결한 공식으로 지적한바 있으니 인간과 인간, 나와 너의 통일성이 神이다. 神은 나의 숨겨진, 나의 가장 확실한 실존이다."203) 이런 주장이 맞다면 우리는 그의 종교 비판에 귀 기울일 필요가 있다. "자연을 대할 때 인간은 공포심과 불안감을 느끼는데, 이 때 의존하고 싶은 마음이 神을 만들어낸다. 의존감은 기쁨과 감사의 정을 만들어내는 원천으로서, 공포심과 불안감에서 해방되므로 이런 의존감이 결국 神을 만들어낸다. 그래서 神이란 인간의 이상과 소원을 객관 세계에 투사하여 그것을 마치 독립한 실제와 같이 상상한 것에 불과하다."204) 거침없는 자기도취적 명제들을 쏟아내었다. 神은 인간의 창조물이고 상상의 산물이다. "인간은 자신의 무한한 본성에 대한 의식을 종교라는 허구적 세계에 투사시켰다. 종교가 오류

---

201) 『마르크스 사상의 구조』, Melvin Rader 저, 이용필 역, 교육과학사, 1983, p.107.
202) 『기독교의 본질』, 앞의 책, p.549.
203) 위의 책, pp.22～23.
204) 「현대무신론의 의미와 그에 대한 윤리적 평가 연구」, 앞의 논문, p.29, 26.

를 범한 이유는 종교가 이 본성을 인간 자신의 것이라고 깨닫지 못한 데 있다" 등등205) 이로써 "포이어바흐는 종교의 내용과 대상이 철두철미하게 인간적이라는 것을 증명하였고, 신학의 비밀은 곧 인간학이며, 神의 본질은 인간 본질의 비밀이라는 것을 논증하였다."206) 신학을 인간학으로 환원시켰다고 자처하였다. 이런 외침에 대해 신학자 퀑(Hans Kung)은 포이어바흐의 비판을 받아들여야 할 점을 지적하기도 했다. "곧, 기독교인은 하나님을 자기충족적인 도구 정도로 생각한 경향이 있다는 것이다. 기독교인은 역사를 통하여 종종 하나님을 그들 자신의 필요, 소원, 목적에 맞추고 하나님을 평범한 현실의 요구들로 환원시킴으로써 정말 神을 인간 욕망의 투사물로 만든 경우가 있다. 주장이 엄밀한 성서 해석을 결여했고, 교회사에 대한 해석도 지극히 주관적이기는 하지만, 사실상 그의 주장대로 교회와 신학은 종종 인간을 희생하면서 하나님을 변호했고, 인간의 현실과 역사에의 책임을 무시하면서까지 내세를 변호하지 않았는가 묻는다. 기독교회가 하나님, 영성, 경건을 높이기 위하여 인간, 인간성, 인간의 사귐, 자연, 현재의 세계, 몸, 인간적인 것을 격하시킨 것이 아닌가 하는 점들이다."207)

어디라도 잘못은 있을 수 있기 때문에 정당한 비판은 수용되어야 하겠지만, 포이어바흐가 비판한 것은 기독교의 본질을 밝힌다고 공언한 자가 오직 주관적인 신념에 근거해 기독교의 본질을 전도시켜 버린 데 있다. 그런 주장을 이 연구가 다시 전도시킨다면, 포이어바

---

205) 『마르크스주의의 철학적 기초』, 앞의 책, pp.94~95.

206) 위의 논문, p.30.

207) 「19세기 무신론과 20세기 사신론의 신관 비교 연구」, 앞의 논문, p.26.

흐가 神은 인간 본성의 투영이고 인간 자신이 잠재된 본질을 대상화 시킨 것이라고 한 것은 지극히 역설적이다. 만사의 진실이 그런 것이 아니라 오직 포이어바흐 자신이 그의 생애를 통하여 가치를 축적 시키고 신념으로 굳힌 무신적인 사상에 근거한 주관적 신관의 투영물이다. 그가 세운 깎아내리기식 명제, 즉 "神은 인간이 자기 자신인 줄 모르고 착각하여 따로 존재하는 것처럼 본, 인간 자신의 가장 소중한 내면적 가치 이외의 아무것도 아니었다는 것은"208) 사탄의 의지를 따른 자기신격화의 변형일 수 있다. 神을 끌어내려 인간화시킨 점은 있지만, 인간의 본질이 神이라고 한 것은 인간이 결국 神이라는 말이 아닌가? 여기서 神을 자신의 투사물이고 사실상 착각된 허상이라고 하였지만, 오직 인간만 존재하는 세계 안에서는 神의 역할까지 도맡아야 한다. 그것이 가능할 것 같은가? 神과 인간이 분리되어야 하는 것이 맞다면 神은 자체 본질을 근거로 했기 때문에 인간화가 가능하지만(성육신), 허상이든 투사물이든 인간이 신격화를 지향한 것은 불가역이다. 神은 神이기 때문에 인격화도 신격화도 가능하지만, 인간은 하나님의 본질에 근거한 관계로 하나되고 일치되며 함께하는 것이다. 누가 길거리에서 느닷없이 자신은 神이라고 외쳤다면 정상적인 사람으로 취급하지 않으리라. 기독교인은 미혹한 영에 이끌렸다고 한다. 신학을 인간학으로 환원시켰다고 한 논거 본질도 다를바 없다. 포이어바흐는 神의 실존은 확실히 자연에 기초하지만 神의 본질은 오로지 인간에 기초한다고 하였다. 神의 실존이 자연에 기초한다는 것은 그렇게 자연을 창조하였다는 측면에서는 이

---

208) 위의 논문, p.24.

해할 수 있지만, 神의 본질이 인간에 기초한다고 한 말의 의도는 인간이 神을 창조했다는 뜻이기 때문에 백보를 물러서 그렇다 치더라도 神까지 창조한 인간 자신은 그렇다면 누가 창조한 것인가? 神이 인간의 투영물이라면 정작 인간 자신은 사면초가에 직면한다. 그런 부분은 이웃 친구인 진화론에게 설명을 전격 위탁할 수도 있겠지만, 인간은 인간 자신조차도 어찌할 수 없는 실정에서 神을 창조한다는 것은 불가역이다. 창조 권능을 완전히 무시하였다. 본래 지시된 이 정표가 맞는데 포이어바흐가 혼자 판단으로 그 방향을 바꾸어 버렸다. 세상에서 인간이 이룬 것은 무엇이고 神이 이룬 것은 무엇인가? 이것을 확인하고 가려내어야 했다. 인간은 피조체로서 어떤 능동성도 갖추지 못했다. 그런데도 이런 본성을 곡해하고 창조의 경계벽을 허문 것이 무신론으로 빠진 중요 원인이다. 인간이 모든 것을 창조할 수 있다고 생각함에, 급기야 자신과 神까지도 창조할 수 있다고 착각하였다. 신학은 인간학이고 神의 본질은 인간의 본질 이외의 아무것도 아니라고 했지만, 살펴보면 神의 본질도 인간의 본질도 그 무엇 하나 제대로 드러내지 못했다. 그는 기독교의 본질을 논했지만 다른 주제를 보면 신학적인 문제를 해결한 것이 아니고 반대로 흩어버렸다. 주제 다룸에 있어 한계성이 역력하다. 과연 오늘날 전환기를 맞이한 현대 신학은 어떤 문제를 탐구하고 해결해야 하는가? 이런 문제의식을 포착하지 못했다. 『기독교의 본질』에서 그는 기독교 교리에 대해 다양한 주제를 설정하고 나름대로 날카로운 비판을 가했다. 즉, "神이 사람됨은 어떻게 설명할까(육화의 신비)? 육화한 神은 神이 된 인간의 발로에 불과하다. 고난 받는 神의 신비는 어떻게 설명할까(수난의 신비)? 이것은 인간 동정심의 신비이다. 삼위일체의 신비는 어떻게 설명되는가? 그것은 사회생활의 신비이다. 신성한 삼위일체 속에는 나와 너의 공동체, 정신의 일치가 반영되어 있다. 로고스의 신비는? 그것은 구제하고 화해시키고 기쁘게 하고 해방시키는 인간 언어가 갖고 있는 신성함의 신비에 불과하다. 그리스도 부활의 신비는? 인간이 일신의 불사불멸성에 대하여 즉각적인 확실성을 바라는 동경을 충족시켜 주는 것 이외의 다른 것이 아니다" 등등[209] 자신이 세운 인간학적 인식 틀에 끼워 맞추어 구미에 맞는 맞춤형 신학을 탄생시켰다. 이것을 보면 인간의 사고력은 참으로 놀라운 측면이 있다. 하지만 그 실상을 보면 허탈감을 감출 수 없다. 도대체 이것이 學인지 감상적인 에세이인지 분간하기 어렵다. 교리적인 측면에서는 오해만 증폭시켰을 뿐, 신학적인 측면에서 진일보된 견해는 전무하다. 유치한 비판적 발상 이외의 아무것도 아니다. 성경에서는 "인간은 누구나 다 하나님의 모상에 따라 창조되었고, 세상 만물의 주인공으로 설정되었다고 하였는데",[210] 여기에 대한 원칙적인 해명도 없이 자기 논리만 앞세웠다. 그가 무신론자인 것은 다른 이유 때문이 아니고 창조된 본의를 깨닫지 못한 탓이다. 하나님의 모상에 근거한 창조 원리를 깨달을진대, 성육화의 신비는 신비가 아니며 철저한 원리적 기반 위에서 더 나은 신학적 입장을 개진할 수 있다. 神이 인간화되고 다시 신격화될 수 있는 바탕 원리가 하나님의 본체에 근거한 천지 창조 역사에 있다. 그런데도 그는 "성육신이란 神의 인간적인 성질이 극히 명백한 사실로서 감성적으로 드

---

209) 『신은 존재하는가(1)』, 앞의 책, pp.287~288.
210) 창세기 1장 26절, 사헌장 12장.-「현대무신론의 의미와 그에 대한 윤리적 평가 연구」, 앞의 논문, p.96.

러난 것 이외의 어떤 것도 아니라고 하다니!"[211] 이것은 신학도 인간학도 아무것도 아닌, 단지 자기 자신의 감상적 판단일 뿐이다. 삼위일체 논거도 펼친 패턴은 비슷하다. 적어도 삼위일체란 현상적인 질서 안에서는 아무리 궁구하고 아무리 설명해도 이해하기 어려운 교리이다. 그 해결책은 본체 논리란 사실을 깨달아야 하는데 피상적인 아버지와 아들과 성령과의 관계 추적에 머물렀다. 그것은 오히려 그들 문화의 선조들이 이룬 삼위일체론 정립보다 후퇴한 인식이다. 三位는 역사 위에 드러난 하나님의 모습일 뿐이고, 절대적인 하나님은 그야말로 형상 없는 본질적 모습으로 존재한다. 여기서 우리는 성경에 기록된 여호와 하나님을 三位 하나님의 절대적인 기준으로 삼는데, 그런 하나님조차 세상 위에서 역사한 하나님으로서 화현한 하나님이다. 본체 하나님이 아니다. 이처럼 차원을 달리한 신학적 과제를 포이어바흐는 꿈에선들 생각했겠는가? 부활의 신비는 하나님 본체의 불멸성과 영혼의 영원성, 그리고 창조 세계의 항구성과 관련된 심오한 우주론적 문제이다. 그런데 깃털을 훅 부는 것보다도 손쉽게 불사불멸을 바라는 인간 욕구의 충족 이외의 아무것도 아니라니! 이런 주장은 눈에 끼인 콩깍지만 떼어내면 한순간에 잘못이 쏟아져 내릴 모순 보따리 논거일 따름이다. 그의 명제대로 정말 神이 인간의 투영에 불과하다면 그렇게 존재한 인간은? 어떤 대답도 할 수 없다. 그야말로 본말이 전도된 현상인데, 이런 현상이 서양 문명의 끝자락에서 일어났다는 것은 간과할 일이 아니다. 진리, 학문, 가치, 문화, 신앙, 제도를 막론하고 종말 가도를 가속화시킨 촉매 역

---

211) 『기독교의 본질』, 앞의 책, p.136.

할을 한 것으로서, 이것은 바로 말세 사상의 단적인 표현이다. 나무 뿌리와 나무 꼭대기를 뒤집어 놓은 채 내버려 두면 얼마 안 되어 고사하고 말 것이듯, 본말전도(本末顚倒)란 곧 종말을 의미한다. 이렇게 서양 문명이 종말을 맞이한 이유는 근본을 볼 수 있는 눈이 없어서이고, 처음에는 있었지만 가능한 요인들을 의도적으로 거부하고 말살하여 이제는 아예 상실해 버렸다. 서양 문명은 세계를 반만 보고 구축한 반쪽짜리 문명인데, 그럼에도 불구하고 반쪽이 전부라고 착각하는 한, 처한 진상을 자각하지 못할진대 현대 문명 역시 고사할 것이 시간문제이다. 이런 인류 문명의 고사화를 가속화시키는 데 포이어바흐가 기여한 공헌자로서 이름을 올리게 되었다.

4. 무신론자의 종교 사상 비판

영국의 생물학자인 T. H.헉슬리(1825~1895)는 스스로에게 "나는 무신론자인가, 유신론자인가, 그렇지 않으면 범신론자인가? 또는 유물론자인가, 관념론자인가, 기독교인인가, 자유주의자인가?라고 물어보았지만, 더 배우고 더 생각하면 할수록 대답이 선뜻 나오지 않았다. 결국 열거한 모든 범주에 들어가지 않고 자신은 불가지론(不可知論-Agnosticism)자에 속한다"라고 고백하였다.[212] 선천에서는 사물이든 사상이든 우주이든 창조된 세계는 부단한 분열을 통해 자체의 개성과 형체와 특성(본성)을 나타내는 데 주력하였다. 그러니까 각자의 주장이 난립하였다. 하지만 하나님의 본체가 드러나지 못

---

212) 『신론』, 이종성 저, 대한기독교출판사, 1992, p.138.

하고 본의가 밝혀지지 못한 선천에서는 아무도 각자 확보한 진리성을 판가름할 기준이 없어 무엇이 옳고 그른 것인지 알 수 없었다. 선천의 진리적 상황을 정확하게 가늠한다면 헉슬리의 판단처럼 불가지한 것이 맞다. 어느 편도 완전한 진리와 완전한 결과와 완전한 神의 모습을 보지 못했다. 이런 상황에서는 일부분 진리성은 확보한 상태에도 불구하고 한계성에 직면한다. 대개는 이런 상황을 자각하지 못하고 본 것만을 전부로 여기기 때문에 팽팽한 대립 상황이 지속되었다. 대결은 있는데 심판관이 동석하지 못한 상황이므로 최종적인 판가름을 이루지 못했다.

이에 이 연구가 무신론자들이 행한 종교 비판을 다시 비판하고자 하는 것은 본의를 자각한 입장에서 진리성 여부를 판가름할 정당한 조건을 갖춘 때문이므로 이전까지는 보아도 볼 수 없었던 잘못된 판단들을 지적할 수 있게 되었다. 선천에서는 비판자들도 사상의 대결자 입장이지 심판자의 입장에 있지 못했다. 당연히 편중된 관점을 가질 수밖에 없다. 그들은 과연 무엇을 잘못 보고 그런데도 그것을 진리로 확신한 것인가? 그들은 이성의 목소리를 드높여 "종교적 광신주의자들(?)을 향해 포문을 열었고, 인문적 이데올로기 및 그와 대립하는 종교적 이데올로기 각각의 장단점에 대한 논의를 막는데 어느 때보다도 성공한 것으로 장담하지만",213) 그것은 결코 절대적인 기준에 의한 만끽이 아니다. 대결의 과정에서 일시적으로 거둔 성과일 뿐이다. 19세기로부터 20세기에 걸쳐 종교에 대해 무차별 공격을 가한 무신론자들 곧 니체, 포이어바흐, 마르크스, 프로이트, 『만들어

---

213) 『무신예찬』, 앞의 책, p.19.

진 신』의 저자인 리처드 도킨스, 『神은 위대하지 않다』를 쓴 크리스토퍼 히친스 등등[214] 그들이 종교를 비판한 것은 과연 무엇인가? 적이 목표물을 향해 공습을 했는데 그것이 잘못된 정보에 의한 오습이었다면? 먼저 神에 대한 심대한 곡해에서 불행이 시작되었다는 것을 지적한다. 한 소련 우주인이 우주여행을 하고 귀환해서 말하길, 아무리 우주 공간을 살펴보아도 하나님은 볼 수 없었다고 하였는데, 그의 확인대로 우리는 정말 神이 존재하지 않는다고 단정해도 되는가? 神을 우주 공간 속에서 찾다니! 그것은 우주인이 神을 잘못 알고 있었다는 사실을 확증할 뿐이다. 무신론자는 무신론에 대한 신념이 굳을수록 神에 대해 얼마나 무지하고 본성과 권능과 존재 목적을 곡해한 것인지 알 수 있다. 무신은 神에 대한 무지와 정비례한다. 神이 존재하지 않는다고 생각한 만큼의 조건과 수준에서 神을 판단하고 종교를 비판했다.

神을 바라본 관점이 심하게 뒤틀려 있는데, 이런 곡해를 초래한 이유와 근거라고 할까? 무신론자들을 양성시킨 틀은 다름 아닌 서구 문명이 향한 무신론의 거대한 역사 흐름과 연관이 있다. 그들은 중세의 신권 질서를 거부하고 르네상스기를 거쳐 근대 세계로 나선 만큼, 세계관적 인식에 있어서도 神 위주에서 인간 위주로 큰 인식의 전환을 거쳤다. 본인은 부인했다지만 무신론적 실존주의자 하이데거(1889~1976)는 『존재와 시간』을 통해 고대로부터 인류의 지성들이 관심을 가진 존재에 대해 거대한 形而上學의 탑을 쌓아 올렸다. 그러나 정작 관심을 집중한 것은 세계-내-존재로서의 인간의 실존에

---

214) 「무신론자들의 신」, 앞의 논문, p.216.

관한 것이지 神의 존재에 대해서는 괄호 밖에 있었다. "근대 形而上學은 神 대신 절대 정신을, 그리고 후에는 인간을 내세웠다."[215] 거부할 수 없는 서양 문명의 흐름을 타고 神의 실체성은 희박해졌고, 神의 본성은 희석되어 서양 기독교의 종말 맞이에 있어서도 일조하였다. 이런 말미에 종교 비판의 입김이 거세어진 것이다. 그래서 종교 비판은 비판 자체가 문제가 아니고, 기독교 문명을 주축으로 한 서양 문명 전체의 심상찮은 조짐을 나타낸 것이며, 그 틈새에 어깨를 치켜 든 무거운 무신의 그림자, 그릇된 신념에 근거한 관점과 입장이 문제이다. 정말 그들은 도대체 무엇을 잘못 보고 잘못 판단하였는가? 순수한 하나님을 본 것이 아니고 제도 교회의 세속화된 기독교를 본 것이며, 변화된 시대 상황에 대처하지 못하고 진리적 충족을 주지 못한 기독교 신학의 한계를 본 것이다. 아울러 동반 몰락의 길에 들어선 서양 문명 전체의 종말성과 부화뇌동(附和雷同)하였다. 그들이 눈으로 보고 날을 세워 비판한 것은 서양 기독교와 서양 문명에 문제가 있은 탓이다. 그러니까 그들은 공정한 비판 관점을 결여하여 한결같이 이미 무신론자로서 경험적, 현실적, 실존적, 개별적, 자연적, 물질적, 사회적, 합리적, 유물적, 진화적, 과학적, 실천적, 기계적, 인간중심적, 이성적인 것들을 대변한 자들이다. 이런 요소를 가역한 것으로 여기는 한, 그것은 비가역적인 역도 현상으로서 근본을 잃은 관점이고, 본질 바탕을 보지 못한 장애 관점이다. 불미한 세계관에 근거하여 총체적인 공격의 목표로 삼은 것이 바로 종교이고 神이었다.

---

215) 『근대 형이상학에 있어서 철학자의 신』, 앞의 책, p.81.

앞에서는 포이어바흐의 인간학에 근거한 신관을 비판하였지만, 이런 유의 뒤틀린 신관을 가지도록 원인을 제공한 자는 사실 독일 관념론의 꽃을 피운 헤겔이었다. 헤겔을 통하면 포이어바흐의 그림자를 엿볼 수 있는데, 그는 진정한 종교란 초월하려는 인간의 열망이라고 하였다. 이것은 인간 고유의 본성 안에 있는 神적인 생명의 확장이라, 神 인식의 도정을 투사(projection)라고 주장하였다. 이런 투사 이론이 포이어바흐에게서 神이란 인간의 무한한 이상과 소원을 객관 세계에 투사한 상상물로 변하였다. 神은 이제 뒤안으로 밀려나고 인간 위주의 감정을 앞세웠다. 그가 말한 절대 정신은 인류 역사를 주관한 잠재된 의지체이지만, 반인반신으로서 모호하게 덮어씌운 신관으로 변질된 神의 모습을 과감하게 제거하고 그 빈자리를 유물론자들이 물질로 메웠다. "절대적 이념이 세계 이전에 존재하였다는 것은 피안의 창조자에 대한 신앙상의 환상일 뿐이라, 물질은 정신의 산물이 아니고 정신이 물질의 최고 산물이라고 규정한 포이어바흐는 헤겔 철학과 결별하고 神을 제거한 신관, 곧 인간으로부터 근거지어진 자신만의 무신 사상을 전개하였다."216) 神은 차원이 다른 존재자인데 헤겔은 절대 정신, 절대 이념을 말하면서 인식한 근거는 이성과 현실과 그 위의 주인인 인간에 두니까 난해해졌고, 그것보다는 아예 현실적인 유물론적 관점을 더 합리적인 것처럼 여겼다. 인간이 종교를 가진 것은 초월하려는 인간의 욕망이 아니라 죽음 앞에 선 인간이 차원이 다른 하나님께 의탁함을 통해 영생하고자 한 구원에로의 의지이다. 그런데도 차원이 다른 神과 실존과 세계가

---

216) 「무신론자들의 신」, 앞의 논문, p.195.

있다는 것을 보지 못하여 현실적인 관점에서만 종교 행위를 바라보므로 판단할 근거라고는 유물적인 질서 밖에 없어 관점이 뒤틀렸다. 포이어바흐는 "「죽음의 불멸성에 관한 고찰」을 통해 개인의 영혼이 사후에도 존재한다는 기독교적 신앙을 반박하고, 육체가 죽은 후에도 영혼이 존속한다면 거기에는 필연적으로 시간과 공간이 필요하다. 하지만 영원한 삶이 시간과 공간 안에서 지속될 수는 없는데, 왜냐하면 시간과 공간이 있는 곳은 현세뿐이기 때문이다. 그래서 현세의 삶 이후의 영혼 역시 사멸한다"고 하였다.[217] 인식의 경계를 명확히 했다. 시간과 공간 개념이 무의미한 창조 이전의 본체 세계를 보지 못한 것인데, 하루살이 곤충에게 삼세 간을 설명한다는 것은 무익한 일이다.

헤겔의 혜택을 입은 또 한명의 극심한 종교 비판가는 공산주의의 창시자로서 프리드리히 엥겔스와 함께 『공산당선언(1848)』·『자본론(1867, 1885, 1894)』 등을 집필한 칼 마르크스(1818~1883)이다.[218] 헤겔은 포이어바흐에게 神이란 다름 아닌 인간의 창조물이란 명제 선물을 안겼고, 마르크스에게는 "사유재산 제도와 분업 제도에 의해 파생되어 분열된 인간 본질에 소외감(alienation)을 일으켜 神이란 인간의 비참한 현실의 위로물에 불과한 환상이란 관점을 선물로 안겼다."[219] 나아가 "마르크스는 자기 무신론을 변호할 결정적 논거를 포이어바흐에게서 채택하였다. 그는 포이어바흐와 더불어 종교비판은 완결되었다고 확신하였으며, 무신론이 견고하게 수립되었다고

---

217) 「기독교의 본질」, 앞의 책, p.19.
218) 마르크스, 다음백과.
219) 「현대무신론의 의미와 그에 대한 윤리적 평가 연구」, 앞의 논문, p.22.

믿었다."220) 종교 비판자로서의 마르크스는 포이어바흐와 함께 무신론을 실체화하는 작업을 구체화했다. 그 패턴은 역시 인간의 神에 대한 추구 의식을 인간 자신의 요구 관점에 맞춘 것이고, 의식을 물질적 기초 위에 세워 일체 관념론적인 실체를 허물었다. 근원에 대한 가역의 방향이 뒤틀려버려 전통적인 가치 인식을 전도시켰다. 마르크스는 "독일에서의 종교비판은 모든 비판의 전제라고 단언하였다. 사람들은 종교 안에서 절대적 진리라는 궁극적 목적을 요청하고 있는데, 이런 사람들의 종교적 요청을 현실적인 차원, 곧 절대자에 대한 요구가 역사적으로 규정되는 개개인의 대립적 이해관계를 차폐시켰다고 한 부정적 측면을 취했다."221) 색안경을 낀 이상 진실을 볼 가능성은 사라졌다. "종교란 사람들의 일상생활을 지배하는 외적 힘들이 인간의 두뇌 속에서 환상적으로 반영된 것이다."222) "종교가 인간을 만드는 것이 아니라 인간이 종교를 만든다"는 시각이다.223) 그래서 현대인들에게 회자된 마르크스의 유명한 종교 비판이 곧 "종교는 민중의 아편이다"는 명제이다.

> "종교상의 불행은 한편으로는 현실의 불행의 표현이자, 현실의 불행에 대한 항의이다. 종교는 곤궁한 피조물들의 한숨이며 무정한 세계의 감정이고 정신을 상실해 버린 현실의 정신이다. 종교는 민중의 아편이다."224)

---

220) 『신은 존재하는가(1)』, 앞의 책, p.343.
221) 『마르크스 · 엥겔스의 종교론』, 앞의 책, p.7.
222) 위의 책, p.107.
223) 『마르크스주의의 철학적 기초』, 앞의 책, p.120.
224) 『헤겔 법철학 비판 서설』, K. 마르크스 저, MEW, Bd, 1, S. p.378(한글판, 188).

정말 서양 기독교는 민중의 불행과 한숨과 상실한 정신을 근본적으로 해소할 수 있는 역할을 상실하였고, 현실적(지상적)인 문제는 외면(초연)한 채 천상적인 것에 대해서만 깊이 몰두하여 환상을 제공하므로 현실의 고통을 잊게 하였다. "종교는 인간의 시선을 현세와 그 변혁으로부터 따돌리고, 후세의 약속을 갖고서 의욕을 꺾어 놓았다. 그래서 결국 기만적이거나 환각제 같은 효과를 내는데 그치고, 현실적 행복 대신 행복에 대한 환각성만을 제공하므로"225) 종교는 민중의 아편이란 결론을 내렸다. 이것은 마르크스의 눈에 비친 서양 기독교의 진솔한 모습이다. 기독교는 순수하게 인간의 구원을 위해 열정을 쏟지 않고 너무 세속의 깊숙한 곳까지 관여한 폐습을 낳았다. 그것은 정말 창조 이래 하나님이 이룬 역사의 진면목도 아니고 이루고자 한 뜻도 아니다. 어린아이가 철없이 행동하면 어른이 바로 잡아주어야지 그 아이의 본성이기 때문이라고 나무라서는 안 된다. 마르크스도 마찬가지이다. 그는 현세의 고통어린 모순을 어떤 방식으로 개혁하고자 했던가? 종교 자체를 개혁하고자 한 시도는 추호도 없이 자신의 본래 정치적 의도 목표인 프롤레타리아의 혁명을 위해 종교 비판을 수단화하였다. 하나님의 참된 뜻을 살핀 것이 아니고, 이 땅에서 민중들의 하나님을 향한 믿음의 싹, 관념의 싹, 제도의 싹을 모조리 짓밟고자 하였다. 그것이 그가 필연적으로 도래하리라고 예언한 무신의 나라, 곧 인류 역사의 최종 건설 목표인 공산주의란 유토피아 세계의 건설이다.

지그문트 프로이트(1856~1939)는 마르크스에 이어 다시 한 번

---

225) 『신은 존재하는가(1)』, 앞의 책, p.325.

종교를 날카롭게 비판한 오스트리아의 신경학자이다. 그는 자신이 창시한 정신분석학에 근거하여 "모든 종교 교리는 착각이다. 입증이 불가능하므로 아무도 굳이 믿을 필요가 없다"고 하였는데,[226] 이런 비판을 가할 수 있었던 근본적인 발상 근거는 그가 학문적으로 이룬 당대 최고의 지적 영향력을 발휘한 사람이란 찬사에도 불구하고 단지 가진 신념이 무신론자인 때문이다. 어쩌면 그토록 자신의 학문 영역에서 독특한 창의력과 지적인 성과를 거둔 지성인이 쟁취한 인생의 축복을 하나님의 은혜로 승화시키지 못하고 무신론이란 어둠과 절망의 그림자를 드리웠는가 하겠지만, 단단한 콘크리트 벽은 물이 스며들 수 없듯, 이미 그의 인생 가치관이 무신론적인 신념으로 방어벽을 쳐 버린 바에는 하나님의 간절한 구원의 손길도 미칠 방도가 없다. 이런 상황에서는 단지 인간의 교활한 간지(奸智)만 세상의 무대 위에서 춤출 뿐이라, 혹하여 떠드는 자의 말을 누가 어찌할 수는 없다. 그는 자신의 전문성을 살려 "종교는 정신병의 한 형태이고 정서적으로는 정신병과 맞먹는다"고 하였다.[227] 여기에 대해 융은 "19세기 말에 풍미한 과학적 세계관의 합리주의적 유물론에 근거하였다"고 지적했다.[228] 비판의 진위성 이전에 그렇게 판단할 수 있게 한 관점이 문제이다. 종교란 억압된 본능과 폭력성을 神이란 거룩한 이름으로 발현하는 것이다. 사회적으로 부정하고 해로운 본능을 神에게 전이한다고 했을 때, 이에 동조한 자들은 인류의 역사를 보고 문명사회에서는 용인되지 않는 폭력성을 神들에게 돌림으로써 종교

---

226) 위의 책, p.395.
227) 『무신론자의 시대』, 앞의 책, p.159.
228) 『신은 존재하는가(1)』, 앞의 책, p.407.

를 교묘히 이용한 역사적 사례가 적지 않다고 인정했다. 神의 이름으로 행해진 죄악과 전쟁, 나치의 유대인 학살을 비롯해 최근의 이라크 전쟁 발발 등등229) 이런 긍정적 인식은 神을 정말 자신의 투사체요 가상이라고 생각했을 때만 가능한 판단이다. 하나님을 마음으로 능멸(凌蔑)할 수는 있지만, 그것이 얼마나 큰 죄악인가 하는 것은 때가 되어 하나님의 권능이 대낮처럼 밝혀지면 자각하리라. 그러지 못한 선천에서는 인간의 자기기만적 도취 상태를 깨어나게 할 수 없다.

존재가 본질에 선행한다는 명제를 앞세운 사르트르(1905~1980)는 창조 역사의 비가역성을 허문 실존주의의 대표적 사상가이다. "그는 사물의 존재를 논함에 있어 존재보다는 본질에 치중하고, 그 본질의 근거를 神의 이데아에서 설명하는 따위의 形而上學은 그에게 아무런 가치도 없으며, 그런 식의 본질을 논한 것을 무의미하게 여겼다. 당연히 절대자로서의 神에 대해 논하는 것도 동일하게 생각했다. 이것은 인간 의식을 높인 관념론적 形而上學의 계열로서 神이 되려는 인간 의식의 근본적인 투기(投企-project)로 해석했다. 神의 모상을 허문 것을 넘어 神과 인간을 대치시켜 인간은 神을 거부함을 통해 본연의 자유를 획득할 수 있다고 하였다. 만일 神이 존재한다면 인간은 자유롭지 못하다"고 하였는데,230) 그 이유는 선뜻 이해하기 어렵다. 굳이 따진다면 인간이 완전히 자율적이고 가치를 창조하는 존재란 뜻이리라. 인간 본성의 곡해이고 창조 본의에 대한 무지이다. 神을 무시하고 인간이 모든 것을 할 수 있다는 생각이 곧 무신

---

229) 「프로이트의 심리분석적 무신론에 대한 신학적 고찰」, 김균진 저, 신학논단, 47집, 2007, pp.96~97.

230) 「현대 무신론의 의미와 그에 대한 윤리적 평가 연구」, 앞의 논문, p.67.

론으로 빠진 중요한 요인이다. 무신론자는 "인간의 절대적인 자유와 관련하여 神의 비존재를 논증하지 않고 무조건 단정하였다."231) 따라서 神과 인간의 차이, 그리고 존재 여부를 가리는 가장 중요한 기준선은 창조의 능동성 여부에 있다. 그것이 운동이든 의지이든, 창조, 목적, 구원, 진리성이든, 예외가 없다. 이런 요건이 神의 존재 여부와 세계의 본질성 여부를 판단, 규정, 결정한다. 세계에 神이 존재하는가의 여부는 능동적인 창조력으로서 가늠할 수 있는데, 사르트르는 이런 검증 과정도 거치지 않고 무신론적인 신념을 굳혀 인간 구속의 근거를 神의 탓으로 돌리고 가치를 전도시켰다. "인간의 자유를 절대화하여 神의 존재를 배척했다."232) 만일 그렇게 배척한 神이 존재한다면? 죽었다고 생각한 자가 다시 돌아 왔다면? 아예 배수진을 친 지극히 위험한 단정이 아닐 수 없다. "인간만이 자기 자신과 세계의 창조자라니!"233) "인간 자신의 자유야말로 유일한 모든 가치의 근거이며 바탕으로서 인간은 자유로운 실존이라니!"234) 도대체 神과 창조를 모르고 한 단언이다. 인간만으로서는 아무것도 창조할 수 없다. 그것은 길이 아니다. 인간은 자신을 낳은 근원을 찾고 회복하고 조화를 이루었을 때 가장 행복하고 궁극적인 가치를 획득할 수 있다. 神의 뜻을 자각하고 은혜와 감동이 충만할 때 최고의 존재 가치를 달성할 수 있다. 이런 관계성을 모르는 자, 참된 자유가 무엇인지도 모르는 불행한 자이다. 그래서 무신론자는 인생의 밝은

---

231) 위의 논문, p.72.
232) 위의 논문, p.74.
233) 위의 논문, p.75.
234) 위의 논문, p.76.

빛을 거부한 어둠의 사도이다.

이렇듯 무신론자들이 종교와 神을 신랄하게 비판한 것은 대개 神을 잘못 판단하고 제도권 교회가 저지른 잘못을 과장되게 확대 해석해서 공격의 빌미로 삼은 데 있다. 神의 살아 역사한 권능과 진의를 살폈을 리 만무하다. 사사건건 神에 대한 관점이 뒤틀려 창조 목적과 뜻과 계획에 어긋났다. 神에 대한 개념과 이해가 폐어화될수록 神이란 존재도 조장된 무신론자들에 의해 폐어화되고 말았다. 자신이 이해한 神에 대한 관점과 자신이 쌓은 神에 대한 부정적인 가치관이 神의 본성과 권능을 착각하게 만들고, 자신이 만들어 쓴 무신적 색안경이 神의 거룩한 본성을 덧씌워 버렸다. 그래서 자기 가치관과 무신적 관점의 반영과 투영이 무신론적인 사상을 구축하여 푸른 창조 하늘을 시커먼 먹구름으로 뒤덮었다. 하나님의 살아 역사한 창조 역사를 경험했을 리 만무하다. 하지만 이제는 정확한 진단을 통하여 무신론자들이 神을 보지 못한 이유와 무신론 사상이 발생한 이유를 알았으므로 무신론을 뒷받침한 일체 사상, 신념, 원리, 명제는 창조 사실에 역행한 비가역성이란 지적을 통해 곡해된 관점을 바로 잡으리라. 창조주 하나님과의 조화로운 관계성 회복을 통하여 온 인류가 강림한 하나님을 뵈올 수 있는 차원적, 본체적, 영적인 안목을 회복하리라.

5. 과학적 무신론 비판

성경의 구약시대에는 선지자들이 나타나 위정자와 시대의 부패상을 비판하고 하나님의 뜻을 대언하며 장차 닥칠 심판과 재앙을 경고, 예언하였다면, 지금은 무신자들이 등장하여 그런 선지자적 예언 역할을 대신하고 있다. 근대에 내노라 한 본색을 드러낸 무신론자들 중에서도 첨단 이론으로 무장한 과학적 무신론자들이 바로 그 장본인들이다. 이들은 무신론 전선의 선두에 서서 열렬한 투쟁 의지를 불태우고 있다. 과학이란 전신갑주로 무장한 전투적 무신론자들은 "주로 과학적 입장에서 종교의 비합리성을 지적하고, 종교나 神이라는 것 자체가 세계를 과학적으로 이해하지 못한 인간의 무지에서 비롯되었다고 주장하였다. 그리고 종교의 해악성을 부각시켜 노골적으로 종교와 神에 대해 반감을 나타내었다."235) 그러면서 단정하길, "종교는 악이다. 종교가 지구상에서 추방될 때 우리는 평화 속에서 살 수 있다. 종교는 유아적이라, 인간이 성숙함에 도달하면 사라져야만 하는 유치한 망상이다. 그리하여 우리들의 자녀 세대에 이르면 神이란 망상이 영원히 뒤에 남겨져 결국은 잊혀지고 새로운 세대의 여명을 보게 될 것이다. 지금도 종교는 사라지고 있고, 미래에는 비종교적인 세상이 종교적 세상을 대치할 것이라고 예언하기에 이르렀다."236) 현대사회에 만연된 이 같은 무신론적인 신념과 과학주의를 진리적으로 제압하지 못한 상황에서 하나님이 이루고자 한 이 땅에서의 지상 천국 건설은 요원하다. 무신론을 극복하지 않을 수 없는 당위성과 필연성을 충족시키기 위해서는 신학적 과제로서 중요한 神과 창조와 자연과의 긴밀한 관계성을 밝힐 비장의 본의를 개진시켜야 하는데, 그것이 곧 이 연구가 보혜사 성령의 역사에 힘입어 밝힌 창조의 대원동력을 통해서이다. 지금까지도 확고한 기준으로

---

235) 「무신론자들의 신」, 앞의 논문, p.206.
236) 『도킨스의 망상』, 알리스터 맥그라스 저, 전성민 역, 살림출판사, 2008, p.125, 32, 15.

적용되고 있거니와, 세계의 유신성과 무신성을 판가름할 수 있는 핵심 요소는 창조의 원동력 有無이다. 유신성을 증명하기 위해서는 하나님이 가진 원동력을 밝힘으로써, 무신성을 입증하기 위해서는 그들이 내세운 우상적 대상, 그것이 물질이든 자연선택이든, 우연·自化·과학이든, 원동력을 추적해서 입증해야 한다. 그런데 선천에서는 이런 기준이 세워지지 못한 관계로 무신론 사상의 양성이 사실상 방기되었다고 할 수 있다. 그 책임은 무엇보다도 유신론을 내세운 기독교가 떠맡게 되었는데, 과학적인 진리를 수용할 수 있는 세계관적 틀을 여태껏 제공하지 못했다. 오히려 배치되기까지 하였다. "성서에서는 지구가 창조된 것이 불과 수천 년 전의 일이며, 그때 神이 모든 생물을 만들었다고 한 기록을 들어 경건한 기독교인이라면 성서의 내용을 의심하는 것이 곧 神을 의심하는 것과 같다고 여겼다."237) 눈으로 보면 곧바로 확인할 수 있는 사실에 대해서도 신앙인은 상식과 다른 눈을 가진 고지식함이 대개의 과학자들로 하여금 神으로부터 등을 돌리게 한 빌미를 제공했다. 신앙을 대변한 창조 과학은 성서의 계시가 과학과 역사에도 적용되어야 한다고 주장하였는데 이유인즉, 성서가 지구의 역사에 대해 과학적으로 검증 가능한 가정들을 제공하며, 모든 과학 자료와 성서에 기록된 사건은 완전히 일치한다는 생각에 대해 추호도 양보가 없었다. 이것은 러셀이 과학이 우리에게 말해 줄 수 없는 것을 인류는 알 수 없다는 견해와 팽팽하게 대치된다.238) 대립이 불가피한 이유는 양자가 처한 관점 자체가 지극히 단일한데 있다. 그것 밖에 없다는 것이 서양 문명이 지닌 한계

---

237) 『재미있어 밤새 읽는 진화론 이야기』, 앞의 책, p.19.
238) 「과학적 무신론에 대한 과학적 유신론의 비판 연구」, 앞의 논문, pp.38~39.

이다. 성서 이해가 제공한 눈도 한계가 있었고, 과학이 바라본 세계 판단 관점에도 한계가 있었다. 신앙인이든 과학자든 그들이 가진 성서관과 과학관은 神과 창조와 세계의 진상을 꿰뚫을 수 있는 객관적인 기준이 아니다. 그렇다면? 성서와 하나님과 자연 세계를 바라볼 수 있는 신학적, 창조적, 초월적인 관점을 제시해야 했는데, 이런 성업을 이루는 것이 전투적인 과학적 무신론을 극복할 수 있는 길이다.

지금으로부터 2천 년 전, 예수 그리스도의 십자가 희생으로부터 출발한 기독교가 313년, 콘스탄티누스 황제의 밀라노 칙령으로 공인되기까지, 그리고 로마가 멸망하고 나서도 교권은 계승되어 천 년의 중세세계를 지배하였다. 하지만 현재 기독교인들이 사회에 미치는 힘은 미미하다. 그 이유는 무엇일까? 세상 사람들이 생각할 때 기독교인은 그들만의 세상 속에서 살아가는 것으로 여겨지는데, 그렇게 몰아넣은 것이 바로 진화와 창조에 관한 의견 대립이 큰 역할을 했다. 지금도 논란은 계속되고 있지만, 진화론을 믿지 않은 사람들은 진화적인 지식을 토대로 기독교를 공격하거나 아예 무시하는 경향을 가졌다. 전 세기에 걸쳐 이제는 전세가 완전히 역전된 상황이다. 이런 결과에 대해 결정적으로 공헌한 것은 진화론과 유물론을 앞세운 과학자들의 투쟁 때문이다. "1859년, 다윈이 『종의 기원』으로 생물학적 진화론을 잉태시킨 것이 창조주의 존재를 부인하는 과학적 무신론의 단초를 만들었다. 그리고 직접 창시한 것은 마르크스와 엥겔스이다. 이들은 1948년, 『공산당 선언』에서 영원한 진리들, 모든 종교와 다른 도덕들은 새로운 토대 위에 구축할 것이 아니라 폐기해야 한다고 선언했다. 후기 저작물에서는 다윈의 이론을 무신론적으로 수용하고 자신들의 유물론에 과학의 옷을 입혀 과학적 무신론의 원형으로 발전시켰다. 레닌은 러시아에서 공산주의 혁명에 성공하여 과학적 무신론에 실질적인 생명력을 불어 넣었고, 스탈린은 과학적 무신론의 성장에 필요한 에너지를 계속 공급하였다. 오파린은 이러한 조건에서 『생명이 기원』이라는 화학적 진화론을 만들어 과학적 무신론을 완성했다. 이렇게 하여 과학적 무신론의 국제적 혈통이 구축되었다."239)240) 김균진은 『기독교 신학』에서 과학적 무신론에 대해 정의하길, "모든 종교적 전제와 간섭에서 자유로우며, 또한 자유롭고 객관적 연구를 가능케 하기 위해 하나님의 존재는 배제되어야 하는 정확한 방법으로서 수학의 방법에 기초한 과학이라고 하였다."241) "진화론은 기계론적 생명철학과 이신론으로 인해 神의 자리가 축소되고, 그 축소된 자리마저도 위협받게 된 환원주의적 경향이 18세기와 19세기에 걸쳐 나타난 때 수립된 철저한 시대적 산물이었듯",242) 과학적 무신론도 과학이 발전함에 따라 세력을 얻게 된 시대사상의 산물이다. "『종의 기원』 이래로 진화론이 사회에 주는 영향력은 점차 커져갔다. 진화론의 대두는 종교의 영역 안에서 인류 기원의 문제를 다루고 있던 창조론을 거부하는 경향을 나타내었다. 나아가 자연선택설은 여러 학자들의 곡해로 神의 자리를 부정하는 무신론의 선두에 있는 것처럼 여겨졌다. 특히 다윈의 사상을 계승한 신다윈주의는 진화를 목적론적으로 사유하는 것을 거부하고, 진화 안에서 목적론적인 행위나 목표는 있을 수 없다고 여겼다. 모

---

239) 「과학적 무신론에 대한 비판적 고찰」, 앞의 논문, p.5.
240) "과학적 무신론은 마르크스·엥겔스의 유물론과 다윈의 진화론이 결합한 결과에서 생겨났다."-위의 논문, p.66.
241) 위의 논문, p.9.
242) 「진화신학의 생명 이해」, 앞의 논문, p.15.

든 것은 자연선택에 따른 우연의 산물이며, 인과적인 법칙에 따라 생존을 위한 개인의 처절한 투쟁에 불과하다고 하였다. 이런 입장, 곧 목적이 없는 곳에 神이 들어설 자리는 없었다. 그래서 神은 오늘날의 사람들에게 있어서 잊혀져 가는 존재에 불과하였다."[243] 이런 추세는 비단 진화론의 공로 때문만은 아니다. 과학은 "태양계 전체가 기계적으로 고정된 세계요, 우주는 무한한 시간으로부터 스스로 존재하는 거대한 자율적 기계로 판단할 수 있는 충분한 정보를 제공했다. 그러니까 기독교 측의 온갖 반대에도 불구하고 자연과학은 하나님 없이도 당당하게 성립할 수 있었다."[244] "뉴턴의 역학적 세계관의 출현과 코페르니쿠스 이후의 우주적 세계관의 변화 속에서 하나님이 세상 안에서 자리를 유지하는 것이 어려워졌고, 하나님의 보좌는 점차 자연법칙이 잠식해 들어갔다. 신관에도 변화가 일어나 하나님은 태초에만 우주를 창조한 분으로 국한되었고, 역사가 끝난 후에는 은퇴한 분으로 간주되었다(이신론). 기독교 변증론도 틈새를 노리기는 하였지만 점차 자연과학적인 설명들이 논리적인 빈틈들마저 채워나가게 되어 이제는 자연이라는 성채로부터 완전히 밀려나고 말았다. 이제 창조를 포함한 초월자의 개입은 박물관에나 보관되어 있고, 그 城을 유지하고 관리하는 신분은 자연적인 규칙들뿐이다."[245] 그래서 "자연과학은 본질적으로 종교 일체로부터 해방을 쟁취해 나간 것처럼 보였다."[246] "막스 베버(1864~1920)는 神의 죽음

---

243) 「진화론에 대한 목적론적 해석의 가능성 고찰」, 앞의 논문, p.1.
244) 『신은 존재하는가(1)』, 앞의 책, p.143.
245) 「과학과 신학의 대화를 위한 자연개념의 이해와 적용」, 앞의 논문, p.52.
246) 『마르크스·엥겔스의 종교론』, 앞의 책, p.143.

이 과학과 기술이 창조한 세계에서 일어난 일이라는 점을 털끝만큼도 의심하지 않았다."247) 과학자 칼 세이건은 스티븐 호킹의『시간의 역사』에 붙인 서문에서, "창조주가 할 일은 아무것도 없다"라고 하여248) 神의 부재함을 대담하게 선언했다. "神은 하나의 망상이다. 神은 미치고 착각에 빠진 사람들에 의해 발명된 정신병적 비행을 저지르는 존재다(도킨스)"란 망발을249) 서슴지 않게 되었다. 창조 이전에 이룬 하나님의 역사를 모른 말이고, 神과 창조와 세계를 연결시킬 메커니즘에 대해 무지한 神 관점 척도의 바로미터이다. 진화를 가져오는 유전의 수수께끼를 풀었다니! 정말 무엇을 어떻게 풀었다는 것인가?250) 생명의 궁극적 비밀을 과학이 풀 수 있다고 생각하는가? 가능하다고 여겼기 때문에 그들은 결코 결단해서는 안 될 神이란 카드까지 버렸다. "생명체의 모든 활동은 유전자 결정론적으로 설명할 수 있다고 하여 최소한의 종교적 영역마저 없애버렸다. 神이란 제작자 없이도 충분히 자연선택을 통해 모든 것을 설명할 수 있다고 하였는데, 진화론이 내세운 진화의 무작위성과 진화 과정의 투쟁, 그리고 맹목적인 자연선택은 모두 神의 존재를 배제하는데 그보다 더 좋을 수 없는 이론적 틀을 제공했고, 이런 성과로 19세기 이후부터 대부분의 무신론적 사상가들은 종교적 회의론에 있어서 다윈의 사상이 최종적 승리를 이루었다고 환영했다."251) 그들은 정말

---

247)『무신론자의 시대』, 앞의 책, p.308.

248) 위의 논문, p.11.

249)『도킨스의 망상』, 앞의 책, p.29.

250) "20세기 분자생물학·유전학이 발달하여 변이의 발생이 일어나는 유전자의 DNA 구조가 밝혀지면서 진화론은 더욱더 견고해졌다. 다시 말해 神의 섭리에서 자연선택으로 권력의 이동이 있었다. 극단적 다윈주의자들은 자연선택 이론을 절대적으로 신뢰하였다.-「진화신학의 생명 이해」, 앞의 논문, p.54.

어떤 잘못을 저지른 것인가? 신앙인은 인간이 神의 형상에 의해 지음 받은 것으로 믿었는데, 진화론이 인간과 동물사이의 경계를 허문 것은 물론이고, 더 나아가 무생물과 생물의 경계까지도 허물었다. 생명의 경계를 짓는 것이 거의 불가능하다고 하였는데,[252] 이것은 애써 하나님이 쌓은 창조 탑을 허문 것과 같다. 최초의 조상 아담이 선악과를 따먹은 죄악과도 비교가 안 된다. 창조를 매개로 한 神과 인간과 자연과의 그 끊을 수 없는 관계를 모색하지 않고 회복하지 못해 무지로 일관했다.

무식하기 때문에 용감하고 전투적일 수 있었던 교주 다윈의 광신적 숭배자가 영국의 동물 행동학자이자 진화 생물학자인 리처드 도킨스(1941~)이다. 그는 3세기 초 기독교 저자인 터툴리안이 神은 불합리하기 때문에 반드시 믿어야 한다고 한 말을 전형적인 종교적 바보 짓이라고 무시하고, 그런 식의 광기가 사람들을 현혹한다고 혹평하였는데,[253] 그를 통해 위대한 선각자의 심오한 神意에 대한 통찰을 손톱만큼이라도 이해할 희망은 없다. 그는 현대의 과학적 무신론자들 중에서도 철저하게 진화 이론으로 무장한 골수 사상의 선두 주자이다. 터툴리안은 왜 불합리하기 때문에 믿음을 저버리지 말고 하나님에 대해 거룩한 믿음을 견지해야 한다고 역설했는가? 그 이유는 현재까지의 상황으로서는 하나님의 참모습을 뵈올 진리적 여건이 조성되지 못한 탓이다. 하지만 그런 상황이 영원히 지속될 리는 없다. 하나님은 지금도 살아 역사하고 때가 되면 본의를 밝힐 것이기

---

251) 위의 논문, pp.77~78.
252) 위의 논문, p.63.
253) 『도킨스의 망상』, 앞의 책, p.37.

때문이다. 하지만 믿음이 부족한 자 전투적인 메시지로 하나님의 거룩한 성전을 무차별 공격하고 허물려고 하였다. 하나님이 사랑한 인류를 단지 유전자를 담고 있는 생존기계로 격하시켰는가 하면, 자연선택과 돌연변이는 생물의 탄생을 설명할 수 있는 가장 강력한 도구이기 때문에 창조 손길을 대신하고, 진화론의 신빙성 있는 자연과학적 증거들로 인해 무신론의 필연적 당위성을 확증하였다고 단언했다.254) 이런 도킨스의 생물학적 무신 사상은 고대로부터 본질주의를 거부했던 그리스의 유물론, 이데아를 부정한 아리스토텔레스의 현실주의 사상, 중세의 유명론, 근세의 과학주의 등의 맥을 이은 서양 무신론의 최근세 표층 단면이다. 이것은 그들의 전통적인 선조들이 그러했듯, 누구하나 神을 제대로 보지도 이해하지도 증명하지도 못하고, 실패한 이유도 모른 채 증명할 수 없다고 하면서 무신론의 싹을 키운 자들이다. 그래서 살펴보면 진화론은 종의 변화 메커니즘을 통해 神의 창조 역사를 간접적으로 부정한 것일 뿐, 神의 실체를 직접 부정한 논거는 세우지 못했다. 진화론자들은 자연선택을 통해 神의 존재 본성을 어떻게 부정하였는가? 종의 불변성 문제에 대해서만 공격의 목표물로 삼았지 정작 그 본성의 주인공인 하나님까지는 화살이 미치지 못했다. 누가 진화론의 완전한 승리를 선언하였는가? 거룩한 성전 안에 계신 하나님은 찾지도 못한 상태인데……. 너와 나의 영혼 위에 엄존해 계신 데 말이다. 그렇다면 도킨스와 같은 진화생물학자, 혹은 과학적 무신론자들과 그들의 메시지를 접한 무신론자들이 본 것은 도대체 무엇인가? 선천 하늘을 수놓았던 기독교가

---

254) 「창조에 대한 과학적 접근의 분석과 비판」, 앞의 논문, p.50, 123.

도달한 한계성의 끝자락을 본 것이고, 너나할 것 없이 동조하여 서양 문명의 몰락을 자초한 것이다. 하지만 구한 말 대한제국을 일제에 넘긴 매국노 이완용도 스스로는 그런 행위를 애국적이었다고 생각하였으리라. 현대의 전투적 무신론자들도 자신은 진리의 대변자로서 인류 문명의 공신자이고 사명자라고 자처하리라. 그들은 어쩌면 정말 그런 사명을 자각한 선지자들인지도 모른다. 격렬한 투쟁의 결과로 이제 정말 지난 세기까지의 종교, 교회, 교권, 신학, 제도, 神, 신앙 체제는 종말을 고하고, 제3의 신권 질서, 차원이 다른 후천의 새 문명 하늘이 개창될 것이기 때문이다. 그들이 반목하고 신념을 가지고 투쟁한 모든 진리는 결국 하나로 통한다. 이런 진실을 보이고 가능하게 하는 것이 살아 계신 하나님의 권능이고 역사이며, 하나님이 이 땅에 강림하여 진리의 성령으로서 이루고자 한 성업 달성 목표이다. 그것이 불가능할 것 같은가? 불신과 반목과 커다란 곡해를 해소하고 바로 잡아 강림한 하나님의 모습이 참으로 빛나게 하리라. 하나님의 성스러운 모습을 똑바로 직시하리라. 제2의 창조 권능, 곧 인류 사회를 하나 되게 할 통합 권능을 발휘하리라.

6. 현대 무신론 극복

"현대까지 이른 무신론의 양상은 역사적으로 고대에는 이단, 중세에는 자연과학, 근세에는 계몽사상과 유물론, 그리고 현대에는 광의의 실증주의와 공산주의로서 기독교에 비판적으로 대결하여 나타났다."[255] 인간의 장을 부르짖은 현대인들은 그동안 하나님이 인류를 위해 노심초사, 죄악으로부터 구원하고자 한 진정성을 부담스럽게 여기고 심각하게 곡해한 것을 어떻게 설명해야 할까? 일일이 물어볼 수는 없지만 인간과 우주를 무한하고 또 전지전능한 절대자의 세계에 귀속시킨다는 것은 인간의 자유, 창의성, 역사성, 우연성, 그리고 책임감 한 마디로 인간의 위대성을 억압하는 것과 동일하다고 생각하였다. 오죽했으면 만약에 神이 있다면 완성은 이제 세계의 밖에서 이루어졌고, 결국 인간이 해야 할 아무것도 없다고 했을까······.[256] 현대무신론의 정확한 의미는 인간의 땅을 위해서는 이념의 하늘을 버려야 전제 조건이 이루어진다고 생각했다. 인간을 해방하고 인간의 완전한 회복을 위해서는 대다수의 현대인들이 그동안 어려웠던 神과의 관계를 끊어야 한다고 여긴 데 문제가 있다.[257] 이런 현상이 현대에 와서는 대중 현상이 되다시피 하였다. 神이 우리의 삶 속에서 더 이상 생생하게 현존하지 않으며, 신앙의 진술들이 인간의 실제 문제와 체험과 더는 부합하지 못함을 의미한다.[258] "오늘날 神은 열렬한 찬미의 대상이 되지 못한다. 또 神이 우리로 하여금 무엇을 하도록 명령할 수도 없다. 말라비틀어진 빵과 같이 딱딱한 교회의 교리문답은 더 이상 누구에게도 먹혀들지 않는다."[259] 어떤 이유, 어떤 형태로든 현대인들이 그들의 삶 가운데서 神의 실존성과 은혜로움을 체감하지 못하게 되었다는 것은 문제이다. 체감할 수 없다면 그것은 神이 부재된 것이고, 이전에는 살아 역사하였다고 하는데 정말 神이 죽었는지 살았는지를 의심해 볼 수도 있다. 바로 이런 전후

255) 「현대 무신론의 의미와 그에 대한 윤리적 평가 연구」, 앞의 논문, p.5.

256) 위의 논문, p.94.

257) 위의 논문, p.92.

258) 「19세기 무신론과 20세기 사신론의 신관 비교 연구」, 앞의 논문, p.3.

259) 『현대의 신』, N. 쿠치키 편, 진철승 역, 범우사, 1996, p.13.

시대의 도래를 예감하고 "神은 죽었다"고 세기적 통찰을 이룬 자가 독일 태생 실존철학의 선구자인 프리드리히 빌헬름 니체(1844∼1900)이다. 그가 선언한 사신 사상은 현대 무신론에 있어 결정적인 역할을 하였다. "1882년에 한 이 선언이 그렇게 큰 파급력과 영향력을 미칠 수 있었던 것은 이미 세속화가 누구도 부정할 수 없을 만큼 거대한 흐름으로 자리 잡았기 때문이다. 神에 의지하여 살던 세계와 더는 의지할 神이 없어진 세계 사이에는 분명히 근본적인 차이가 존재할 것이다."260) 그는 부르짖었다. "기독교의 神 개념은 지상에서 도달한 가장 부패된 神 개념의 하나이다. 그리하여 神은 유일자, 충만자, 부동자, 자존자, 그리고 불멸자라는 神에 대한 학설은 창랑병이며, 이것은 악이며, 인간혐오라고 부르게 되었다."261) 하지만 "니체는 결코 종교와 기독교의 태생(胎生)에 대한 비판자는 아니었다. 따라서 그의 종교 비판은 직접적으로 당시의 기독교가 주축인 서구 유럽 문화를 염두에 두고 이해해야 한다. 神에 대한 사망 선고는 기독교 비판에 기여한 것이고, 기독교 神 개념에 대한 비판은 기독교 신앙의 체계를 겨냥한 것이다."262) 니체는 현대 사신신학(死神神學)과 현대 무신론을 자극시킨 선구자답게 神의 인간 구속 역사를 달갑지 않게 생각하였다. "니체는 기독교의 도덕을 노예도덕으로 규정하였는데, 왜냐하면 기독교는 피안의 세계를 가르침으로서 차안의 모든 고통을 참을 수 있도록 해 준다. 그것은 이 땅의 세계가 허무하고 가치 없는 것이라고 가르침으로서 땅의 세계를 경멸하도록 하며, 피안

260) 『무신론자의 시대』, 앞의 책, p.770.
261) 「현대 무신론의 의미와 그에 대한 윤리적 평가 연구」, 앞의 논문, p.58.
262) 「신과 무신론」, 앞의 논문, p.51.

의 세계, 인간 자신이 만들어 낸 환상의 세계를 동경하게 한다. 그리하여 인간과 삶의 세계의 가치를 저락시키고, 인간을 노예화시키는 차안의 현실을 유지시키기 때문에 기독교의 도덕을 노예도덕이라고 한 것이다. 그러므로 인간이 그의 노예 상대로부터 해방되어 인간적 가치를 회복하고 역사의 주인공이 되기 위해서는 노예도덕의 장본인인 하나님이 죽어야 한다. 그리고 하나님을 예배하고 하나님이 계시다고 믿는 교회는 바로 하나님의 무덤들이라고 하였다."263)

니체가 이처럼 서구 유럽의 기독교 문명에 대해 극도의 반감을 가지게 된 것은 기독교 교회가 신앙을 빌미로 인류 역사를 통해 저지른 전횡(專橫)과도 무관하지 않다. 무신론자들이 神을 거부하고 종교를 비판하고 神의 죽음을 선언한 데는 그만한 이유가 있는데, 그 중에서도 서구의 무신론자들은 거의 모두 기독교를 염두에 두었다. 그것은 이성을 가진 자로서 적어도 하나님을 믿는 신앙을 가진 종교라면 저지를 수 없는 역사적 죄악 때문이다. 명령을 받든 모세가 미디안 족을(남녀노소, 또 나이 어린 소녀들까지 가리지 않고) 학살한 것을 비롯해(민수기 31장) 십자군 원정, 종교재판, 이단 박멸, 마녀에 대한 강박 관념, 이탈자들에 대한 불관용과 잔혹함을 드러낸 교회권력의 오만방자함, 현대에 이르기까지 자행된 신학적 연구를 저지하려는 노력과 탄압 등등 기독교는 자기네가 역사를 장악했고, 그 역사에 자기네 자취를 현저히 남겼으면서도 아낌없이 주는 神의 존재에 대한 신념을 역사의 도정에 어떻게 실천할 것인가를 깨닫지 못했다. 신성한 창조주요 기초자의 뜻을 따라 행동하지 않았고, 잔혹

---

263) 「기독교의 유신론과 근대 무신론」, 앞의 논문, p.5.

하고 역겨운 짓들을 걸핏하면 자행하면서 종교라는 것을 사악한 인간 본능이 마음대로 부릴 무엇으로 전락시켰다는 비판을 면할 수 없게 되었다.[264] 2001년 미국에서 일어난 9·11 테러 사건으로 종교에 대한 반감은 극에 달했다. 샘 해리스는 9·11 직후에 쓴 『종교의 종말』에서, 테러를 없애는 유일한 길은 종교를 없애는 것이라고 주장했다. 증거 없는 믿음을 강요한 신앙은 모든 악의 근원이라고 하였다.[265] 이런 혹평 대상에서 서양 기독교는 결코 자유로울 수 없다. 도도한 역사의 흐름 속에서 연약한 인간 영혼들은 거대한 종교 세력, 교회 권력의 전횡에 대해 저항하고 고통과 억울함을 호소하면서 神을 거부한 혁명을 일으켰고(르네상스) 그 수장인 神까지 단죄하므로(사신신학), 겉으로는 神을 버리고 신권 권력으로부터의 대자유를 선언한 것처럼 보였지만, 사실은 인류 역사의 심중까지 꿰뚫어 보는 하나님이 먼저 나서서 모든 교회 권력의 전횡을 알고 심판하였다. 구약에서 선지자 사무엘은 하나님의 뜻을 어긴 사울 왕에게 이르되, "왕이 여호와의 말씀을 버렸으므로 여호와께서도 왕을 버려 왕이 되지 못하게 하셨나이다(삼상 15:23)"라고 단호히 일렀던 것처럼, 하나님이 먼저 주체적인 결단으로 그들을 단죄하고 버렸다. 이런 하나님의 섭리 역사를 알 길 없는 무신론자들의 아류적 해석이 종교비판 형태로 나타났고, 니체는 그런 본의를 감지해 자신의 가치 판단으로 표현했다. 니체는 인간적인 입장에서 神을 죽인 것은 사실상 우리 자신이라고 했는데, 그렇기 때문에 다시 그 역할을 대신할 초인을 내세웠지만 결과는 깊은 허무주의에 빠졌다.[266] 神을 살해한 죄책감

---

264) 『신은 존재하는가(1)』, 앞의 책, p.430, 450.
265) 「무신론자들의 신」, 앞의 논문, p.210.

과 공포에서 벗어나지 못했는데, 그런 살해 대상이 사실은 죽음을 맞이한 것이 아니라 하나님이 서구 사회에서 더 이상 은혜로운 역사를 펼치지 않았기 때문에 죽은 것처럼 착각을 일으킨 것이라면 하나님이 일으킬 새로운 희망의 역사도 엿볼 수 있으리라. 하지만 니체는 그런 빛을 보지 못하고 광신자로서 생을 마감하였다. 현대 무신론은 이런 神 살해의 주범이란 DNA 전통을 이었기 때문에 하나님의 인류 역사에 대한 참된 뜻을 깨닫지 못하고 배치된 한계성을 지녔다. 서양 기독교의 전횡을 폭로하는 데만 그쳐 서양 문명 전체에 드리운 어두운 그림자를 걷어내지 못했다. 아무리 초인을 갈망해도, 게르만 민족의 우수성을 내세워도, 하나님의 뜻이 떠나버린 문명체는 더 이상 반응하지 않았다. 그렇기 때문에 니체도 세속적 권력으로 둘러싼 제도권 교회와 관념적 허구로 무장된 神을 죽이려 했던 것이지 기독교란 종교 자체의 본성에 대해서는 거리를 두었다. 니체는 서슴없이 神이 죽은 까닭은 바로 제도권 기독교 때문이라고 했다. 즉, "예수 그리스도 이후의 기독교가 신앙적인 이론 및 교리로서 形而上學적이며 도덕주의적인 요소를 서양 사상에 주입시켰다는 것이다. 니체는 복음적인 예수를 교회설립자인 바울과 대조시켰다. 기독교는 예수의 소산이 아니라 바울의 소산이다. 니체가 비난한 것은 사랑을 실천한 예수가 아니고 사후 부활의 예약 판매자로 만들어 놓은 교회 교리의 창시자 바울의 피안주의였다."[267] "니체는 예수를 존경했고 기독교가 육성시킨 성실성과 실천성에 대해서는 깊은 경

---

266) "神은 죽었다는 의식과 함께 초감각적인 절대선의 감각이 무너지자 주체적인 나만이 스스로 가치를 창조하게 되었다(초인 지향)."-「현대 무신론의 의미와 그에 대한 윤리적 평가 연구」, 앞의 논문, p.89.

267) 「니체의 철학과 사상」, 공등수부 저, 김문두 역, 문초사, 1987, p.172.

의를 올렸지만, 기독교가 쌓아올린 도그마에 대해서는 반발하였다. 기독교가 실천한 사랑의 복음을 부인한 것이 아니고, 교역자들에 의해 위장된 감정적인 교리로 타락한 교회 종교에 대해 격렬히 저항했다. 니체 시대의 기독교, 곧 形而上學적 틀 속에서 저 세상에 대한 동경으로 유지되고, 이 땅에 대한 책임을 망각한 잘못된 기독교와 이런 기독교를 중심으로 한 모든 形而上學적, 이원론적 세계상에 대해 죽음을 선언했다. 그는 결코 성서의 神의 죽음을 선언한 것이 아니라 헬라철학으로 무장된 유신론의 죽음을 선언했다. 이런 오늘날의 신학적 상황을 전통적인 언어가 무의미하고 진부해져서 전통적인 근거를 잃은 시대, 실로 하나님이 죽은 시대, 곧 기독교가 지나간 시대로 보았다."268)

"神은 죽었다고 한 니체의 말은 근대인에게 단지 친숙감을 주게 할 정도가 아니라 근대인의 진정한 절규라고 하지 않을 수 없다."269) 마르크스가 "종교는 민중의 아편"이라고 비판했던 것은 마르크스의 눈에 비친 서양 기독교의 진솔한 모습일 뿐이다. 기독교는 순수한 인간 구원을 위해 열정을 쏟지 않고 사회 깊숙한 곳까지 파고들어 너무 많은 것을 소유해 버렸다. 마치 주인이 떠난 폐가처럼 神과 처절한 싸움을 했던 자가 느낀 신령한 생명의 섭리력이 마감된 문명적 공허를 통곡어린 절규로 대신했다. 서구사회의 근간을 이룬 神에 대해 죽음을 선포한 것은 서구 문화를 근본적으로 파괴한 엄청난 사건인데, 그 의미를 간파하지 못해서는 안 된다. 하지만 당대인들은 그

---

268) 「19세기 무신론과 20세기 사신론의 신관 비교 연구」, 앞의 논문, p.39, 51.
269) 『무신론과 유신론』, 히사마쯔 신이찌·야기 세이이찌 저, 정병조·김승철 역, 대원정사, 1994, p.31.

뜻을 파악하지 못하였고, 한 세기가 지난 지금까지도 대안책이 없는 것을 보면 아직 서양 기독교와 서양 문명의 종말성을 간파하지 못한 것이 틀림없다. 독일의 문화 철학자인 오스발트 슈펭글러(1880~1936)가 『서구의 몰락(2권, 1918~22)』을 통해 예언하지 않은 것은 아니지만, 끝까지 자체 문명의 종말 요인을 감지하지 못했다. 그렇게 보지도 않았고 인정하지도 않았다. 단지 현대 사신론 사상을 대표한 알타이저와 해밀턴을 통하면 神 죽음 선언 이후의 기독교와 서양 문명의 진로에 대한 조심스런 기대가 있다. 즉, "오늘날의 기독교의 이 위기, 하나님이 죽은 시대에 기독교가 타당하기 위해서는 이 옛 형태를 계속 주장한다는 것이 무의미하고, 새로운 형태의 신학을 기대할 수밖에 없다고 알타이저는 판단했다. 하지만 神의 죽음을 전제로 죽음의 신학적 의의를 평가하는 신학을 세우고자 했다는 것은"[270] 당도한 서양 문명의 종말성을 심각하게 깨닫지 못했다는 증거이다. 지극히 감상적이기는 하지만, 그는 "오늘날 神이 죽은 상황에서 이런 역사의 어두움을 유대인의 바빌론 유수시절의 암흑시대에 비유하면서 유대주의가 그 위기 상황에서 새로운 믿음 형태를 생기게 한 것처럼 우리 시대에 새로운 기독교가 기독교계의 죽음에서 태어나야 한다고 생각했다."[271] 해밀턴도 이에 동조하여 "神의 죽음을 하나의 메타포로 사용하는데, 그런 의미에서의 神이 죽었다는 것은 지나간 시대의 신학에 대한 하나의 부정적이고 또 새로운 신학이 탄생하려는 몸부림이라고 하였다."[272] 하지만 사신론이 기대한 새로

270) 「19세기 무신론과 20세기 사신론의 신관 비교 연구」, 앞의 논문, p.51.
271) 위의 논문, p.58.
272) 위의 논문, p.68.

운 신학은 神을 포기하는 대신 구원자로서의 예수를 붙든 새로운 그리스도론을 전개한 것이다. 神 없는 그리스도를 뒷받침하고자 한 참으로 해괴한 신학 형태였다.[273] 신학자 본회퍼도 그의 전 생애를 통해 앞으로 맞이할 새로운 시대를 예견하면서 새로운 기독교의 형태를 요구했지만, 그가 구상한 것은 비종교적 기독교였다.[274] "神은 고대에는 神적 제 존재로서, 중세에는 形而上學적 실체로서, 근세에는 관념적 절대자로서 필요하고 유용했지만, 현대의 세속적 인간에게는 神이라는 말이 폐어가 되고 그 뜻은 공허하게 되었으며 세속 문화에 있어서의 神 관심은 희박해졌고, 세속 사회에 대한 神의 심방(尋訪)은 번지수가 틀린 이야기이다."[275] 수천 년 동안 운명처럼 받아들인 神에 대해 神을 버리고 神을 죽였다고 선언했지만, 그들이 날 때부터 몸에 베인 관습과 뇌리로부터 본질화된 神에 대한 관념은 떠나지 않았다. 그것은 결코 인간의 의지대로 컨트롤되는 것이 아니다. "아아 님은 갔지만 나는 님을 보내지 아니하였습니다. 제 곡조를 못 이기는 사랑의 노래는 님의 침묵을 휩싸고 돕니다(한용운)." 죽은 자의 시신을 붙들고 땅에 묻지도 못한 상태인데 어떻게 지난 과거를 정리하고 새로운 삶을 개척할 수 있겠는가? 죽음을 선언한 神과 함께 神을 뒷받침하고 옹위한 교리적, 제도적, 신앙적 부장품들까지도 남김없이 파묻어야 그로부터 정말 죽어도 다시 살아날 영원한 하나님의 부활을 확인할 수 있고 새로운 신학, 새로운 종교, 새로운 기독교, 곧 거룩한 성 새 예루살렘을 건설할 수 있다. 한여름 무더위에 그 뜨

---

273) 위의 논문, p.91.
274) 위의 논문, p.98.
275) 위의 논문, p.98.

거운 햇살을 한 몸에 받은 화초가 말라버렸다. 관심의 부족을 후회했는데 무더위가 사그라지고 아침저녁으로 선선한 바람이 일기 시작한 어느 날 문득 보니 더더욱 푸른 잎이 돋아났고 분홍빛 꽃까지 몇 송이 피어 있었다. 끈질긴 생명력, 그리고 뿌리의 건재를 확인할 수 있었다. 이왕 죽음을 선언한 바인데 무엇을 더 기대하는가? 서양 문명, 서양 기독교는 이미 한계성에 도달했기 때문에 저지른 잘못을 개선하고 새로운 기독교를 부활시키며 선천 문명을 전환시킬 문명적 동력이 더 이상 없고 자양분이 고갈되었다. 서양 문명 전체가 총체적으로 종말을 맞이하였는데 사태의 심각성은 모른 채 땜질식 수정만으로 새로운 시대, 새로운 기독교의 형태를 구상했다는 것은 자체가 너무 깊숙하게 종말 상황에 파묻혀 있다는 증거이다. 완전히 버리고 때를 기다려야 하나니, 그리해야 서양 문명이 사망시킨 神이 동양의 하늘 아래서 부활한 지상 강림 역사와 살아 역사한 성령의 역사를 두 눈으로 확인할 수 있다. 선천에서는 본체가 드러나지 못한 제약성 때문에 창조주 하나님이 철학의 神, 개념의 神, 신앙의 神에 머물렀지만, 오늘날은 직접 강림하여 본체적인 모습을 나타낸 바이므로, 이 땅에서 직접 역사하는 神, 함께하는 神, 교통하는 神, 인식하는 神, 살아 계신 神으로서 다가서리라. 현대 무신론과 사신론을 극복하기 위해서는 그들이 사상적, 세계관적 가치관과 정체성을 부정만 하기 이전에 보혜사 진리의 성령이 강림하여 이룬 살아 역사한 성업을 확인해야 한다. 영원한 실체의 존재성과 영원한 삶의 현실적인 가능성을 증거해야 한다. 오늘날 맞이한 神 죽음 사태의 역사성을 바르게 자각해야 인류가 부활한 하나님을 맞이하고 이상적인 문명 역사를 창달하리라.

Chapter 05

결론

누구라도 神을 버리고 거부할 수는 있겠지만 그렇게 단행했을 때에 주어
질 결과의 참담함은 고려하지 못했다. 무지하니까 神을 버릴 용기도 가질
수 있었다. 神을 버리고 나면 그 즉시 눈에 보이지 않았던 천 길 허무의
낭떠러지가 펼쳐져 있다는 사실도 모른 채……. 神을 버린 무신론자들이
감수해야 할 인간성의 삭막함과 목적 없는 방황과 종국에 도달하고야 말
영혼의 허무를……. 神을 영접함으로써 부여받을 인생의 무궁함과 풍성
함과 은혜로움과 버림으로써 떠안을 인생의 고통과 불행이 엇갈린다는
사실을…….

- 본문 중에서

제20장 개관(신을 버린 결과 의미)

서양 문명이 神을 버린 것인지 하나님이 서양 문명을 버린 것인지는 누가, 무엇이 인류 역사를 주관하는지의 여부로 판가름 나겠지만, 객관적인 역사로 보나 당사자들이 표명한 선언으로 보나 세속화된 세태로 보나 서양 문명과 神은 정말 멀어져 버린 것이 사실이다. 서로를 아끼고 사랑하고 소중하게 여기는 부부는 백년까지라도 해로할 수 있지만, 서로가 미워하고 필요를 느끼지 못하고 애정이 메말라버린 부부는 헤어지길 서슴지 않는다. 소중함을 모르고 귀한 가치를 모르는 데 미련인들 남아 있겠는가? 서양인들이 역사적으로 神을 버린 발자취를 남긴 것은 그만큼 神의 절대적인 존재 가치를 일구고 체득하고 자각하지 못했기 때문에 헌신짝처럼 내팽개칠 수 있었다. 알면 결단코 버릴 수 없는데 버린 것은 神의 존재 가치를 몰랐다고 결론내릴 수밖에 없다. 어린아이는 부모가 돌아가셔도 큰 슬픔을 모른다. 그만큼 부모의 죽음에 대한 의미를 몰랐다고 봄이 옳다. 사리를 분별할 줄 아는 자가 황금이 든 가방을 물속에 던져 버렸다면 그 행위는 분명 가방 속에 황금이 든 사실을 알지 못한 탓이다. 서양 문명이 神을 버린 것도 동일한 상황이다. 누가 神을 믿건 神을 버렸건 자신과는 아무런 상관이 없다는 태도와 무관하지 않다. 한 무신론 연사가 "믿지 않는 사람은 어떤 것도 반증할 필요가 없습니다. 神의 존재를 증명하는 것은 유신론자들의 임무입니다"라고 말하니까 청중석에서 큰 박수가 터져 나왔다고 한다.[1] 유신론자가 神의 존재를 증명하는 것도 임무이긴 하지만 믿지 않는 자가 반증하지 않는 데는 필연적인 책임이 따른다. 만약 당신의 아들이 길을 잃어 버렸다면 찾을 의무는 누구에게 있는가? 아들에게 잘못을 떠안길 것인가? 神을 버린 책임과 고통과 죄악은 모두 자신이 고스란히 떠안을 것인데, 그렇게 엄습할 두려움을 알지 못했다. 세계무신론 연맹의 의장직을 봉직했다는 혹자는 "세계가 어떻게 존재했는지를 알고 싶으면 성서에 묻지 마라. 지질학, 진화학, 물리학, 화학, 생물학 책을 읽어 보라. 도덕과 윤리에 대해 더 알고 싶으면 성서에 묻지 마라. 사회학, 심리학, 법학, 역사책을 읽어보라" 등등[2] 神의 존재를 버리고 神의 계시를 무시하는 한 이 우주와 세계와 사물과 현상, 너와 나, 뭇 생명체, 정신, 영혼이 존재한 실마리는 영원히 찾을 수 없다. 산적된 고뇌를 풀 수 없다. 사건을 저질렀으면 대책을 세워야 하듯, 神을 버렸다면 그렇게 했을 때 뒤따를 문제도 예상해야 하는데, 버린 행위 그것으로 끝이었다. 神이 존재하지 않는다고 단언했다면 연이어 제

---

1) 『무신예찬』, 피터 싱어·마이클 셔머 저, 그렉 이건 외 저, 김병화 역, 현암사, 2012, p.96.
2) 위의 책, p.444.

기되는 세상에 있는 삼라만상의 존재 이유를 설명해야 했다. 神이 떠맡고 있은 세계의 원인, 기원, 가치, 목적을 대신 설명해야 했다. 그것이 무신론자가 神을 버리고 거부한 대가로서 해결해야 한 지적 과제이고 존재한 삶의 책임이다. 과연 해결할 수 있을까? 언제쯤 성과를 보일 것인가? 누구라도 神을 버리고 거부할 수는 있겠지만 그렇게 단행했을 때 주어질 결과의 참담함은 고려하지 못했다. 무지하니까 神을 버릴 용기도 가질 수 있었다. 神을 버리고 나면 즉시 눈에 보이지 않았던 천길 허무의 낭떠러지가 펼쳐져 있다는 사실도 모른 채……. 神을 버린 무신론자가 감수해야 할 인간성의 삭막함과 목적 없는 방황과 종국에 도달하고야 말 영혼의 허무를……. 神을 영접함으로써 부여받을 인생의 무궁함과 풍성함과 은혜로움과 버림으로서 떠안을 인생의 고통과 불행이 엇갈린다는 사실을…….

이에 하나님의 본의를 대언한 자로서 단언하나니, 神을 잃어버리면 인류는 인류가 가진 모든 것을 잃어버린다. 그런데도 서양 문명의 문제는 저질러 놓고 아무런 대안도 없고 세우지도 못했다는 것이다. 서양 문명은 神이 죽었다고 선언하고 神을 버렸지만 아직도 그 버림에 대한 세계사적 의미를 깨닫지 못하고 있다. 버릴 수밖에 없어 버리게 된 자체 문명의 한계성을 알아야 하고, 결과로서 얼마나 소중한 가치를 잃어버린 것인지에 대해서 한탄하고 뼈저린 아픔을 겪어야 한다. 그런데도 그 감각이 무뎌 오만한 지성들이 앞을 다투어 무신 사상을 선전하고 있다. 神을 버림과 함께 그들은 그 안에 담긴 하나님의 인류 구원에 대한 약속과, 인류가 미래 역사를 향해 정진해야 할 당위 이유와, 하나님과 함께 할 꿈의 파라다이스도 함께 잃어버렸다. 꿈을 머금은 삶과 백성과 역사는 행복하지만 꿈을 잃고 희망이 없는 자들의 인생 목적은 헛되고도 헛되다. 하지만 그런 종말적 심판 결과를 정작 당사자들은 모르고 있다. 神을 버리고 神을 떠나 버린 문명이 어떤 참담한 심판 국면에 접어들리라는 것은 불보듯 하다. 원인 행위가 확실하므로 도래할 결과도 충분히 예측할 수 있다. 본질을 보지 못하고 神을 버린 서양 문명은 볼 것을 제대로 보지 못한 한계성으로 인하여, 그런 문명적 토양 위에서 일구어진 진리도 한결같이 장애를 지닌 비정상적인 세계관을 남발했다. 이런 진리적 환경 속에서 진화론이 배태되었고, 신권 문명은 끝내 이상적인 신앙의 열매를 맺지 못하여 실패했다.

서양 철학, 서양 신학, 서양 창조론의 편협성이 그대로 진화론, 유물론, 무신론, 과학주의적 세계관에도 영향을 미쳐 서양 문명 전체의 동반 몰락을 자초하였다. 무엇을 논해도 形而上學, 진리관, 세계관에는 한계성이 역력했다. 미래 사회에서 아무것도 쓸모가 없어 버려야 할 가치들뿐이다. 기독교란 종교인들 예외가 있겠는가? 기독교의 초기 부흥 역사는 세계사적으로 유례가 없을 정도로 놀라운 것이었지만, "4세기에 로마의 국교로 공인된 이후 기독교의 神은 대개 세상을 지배하는 권력자와 부자들의 神으로 군림했다. 이스라엘 민족이 차지했던 자리를 기독교 체제가 대신했을 뿐이다. 지난 오랜 세월 동안, 그리고 오늘 우리가 살아가는 세상에서 수많은 불의와 참혹이 神의 이름으로 자행되었다."[3] 서양 기독교는 사랑과 진리로 인류를 구원한 것이 아니라 교회 권력과 권위로 세속 사회를 지배하고 다스렸다. 그러니까 피해의식을 자각한 백성들은 기독교를 버렸

---

3) 『신을 옹호하다』, 테리 이글턴 저, 강주헌 역, 모멘토, 2010, p.224.

고, 하나님도 더 이상 서양 기독교를 통해서는 시온의 영광 도모 기대를 버렸다.

　神을 버린 문명적 심판의 참담함은 어쩌면 당장 피부로 느끼기는 어려운 감이 있지만, 개개인이 느끼는 참담함은 자신의 구원 문제와 직결되어 있기 때문에 매우 중요하다. 인간이 神을 버린 참담함은 바로 나를 준 아버지 하나님에 대한 은혜의 배덕에 있다. 천륜을 어긴 불효자식이 여기에 있다. 자신이 태어난 근본을 모르고 근원을 말살하고 말았다면? 그런 배은망덕이 神을 버리고 부인한 데 있다. 인류가 자신의 피와 살과 생명과 영혼을 있게 한 하나님을 모르다니! 사랑한 인류를 위해 해와 달과 별과 땅과 물과 바람과 사물과 생명을 있게 하였는데, 그런 하나님을 모르다니! 창조 이래 한순간도 놓침 없이 인류 역사를 주관하였는데 임마누엘 하나님을 모르다니! 이 연구가 지금 神을 버린 결과 의미를 지적하는 것은 참담함을 경고하고 질책하기 위해서가 아니다. 일깨워 한 영혼도 빠짐없이 구원 역사에 동참시키기 위해서이다. 아직도 하나님은 기다리고 계시며, 참담한 결과를 낳을 심판 역사를 단행하지 않았다. 심판보다는 구원이 우선이나니, 최대한 구원 역사에 주력하되 역사의 막바지에서 구원할 자를 구원하기 위해서 심판 역사를 단행하지 않을 수 없는 불가피한 경우가 되면 그때 최후 심판 역사를 작동하리라.

제21장 신과 인간과의 질적 차이 극복

산은 산이고 물은 물이듯, 神은 神이고 인간은 인간이다. 두 존재
가 질적으로 차이가 있다는 것은 상식적인 판단이다. 어떻게 차이가
있는가? 神은 인간을 있게 한 창조주이고, 인간은 말미암은 피조체
이다. 그래도 손에 잡힐 만한 구체적인 특성을 들라고 한다면 하나
님은 창조 역사에 대해 능동성을 가졌지만 인간은 그런 능력을 가지
지 못했다. 그래서 지난날에는 아예 이런 차이를 극복하고자 한 노
력이 없었고, 차원적인 거리감이 있은 것도 사실이다. 각자의 존재
특성을 확인하고 밝히는 데 급급하였다. 여기에 대한 일반적인 견해
로서는 단일론과 이원론이 전해지는데, "단일론(Monism-신플라톤주
의, 범신론 등)은 피조물을 하나님에게 흡수시키거나 하나님을 피조
물에 흡수시켜서 하나님과 피조물의 차이를 무시했다. 반면 이원론
은 하나님과 피조물 모두가 영원하다고 하거나 정신과 물질 모두를

그렇게 여겨, 피조물 내에서 충분한 자유를 가지고 활동하는 하나님이 모든 것을 만든 전능한 분인 것을 부인하여 하나님과 피조물과의 관계를 혼동하였다."4) 어떤 생각이든 지난날은 구체적인 이유에 대한 메커니즘이 따르지 못해 확인될 수 없는 한계가 있었다. 왜 하나님과 피조물 간에 차이가 없는지, 혹은 영원히 독립적인지에 대한 설명이 빠져 있다. 이런 경향은 선천 우주론이 창조론으로서 완성될 수 없었던 이유이기도 하다. 기독교 신학의 기초를 다진 교부 아우구스티누스도 기독교의 창조론 구축에 중요한 영향을 끼친 견해를 피력했는데, 직접적인 이유는 "플로티노스의 일원론적인 유출설을 반대하는 입장에 선 탓이다. 즉, 피조물은 어떠한 의미에 있어서도 神과 동질이라고 생각할 수 없고, 따라서 神 이외의 존재에게 신성을 부여할 수 없다는 것이다. 그리하여 이끌어 낸 창조에 대한 결론이 곧 無로부터의 창조 견해이다. 아우구스티누스는 유출설의 많은 영향을 입기는 하였지만 아주 중요한 개념인 초월한 하나님과 피조물은 질적으로 다르다고 하여 정면으로 반대한 것이다."5) 아우구스티누스는 많은 논거를 끌어들였는데, 하나님은 초월적인 창조주이자 전능한 권능자로서 자유로운 창조 활동을 보장하기 위해서는 하나님과 피조물이 질적으로 다르다는 사실을 입증할 필요가 있었다. 하지만 그런 생각은 그가 가진 하나님에 대한 신관 때문일 뿐, 창조 역사와는 무관했다. 창조 권능에 대한 변호사 역할이지 탐구자 역할이 아니었다. 그러니까 신관에 대한 신념의 피력인 감상적 논거들뿐이

---

4) 『기독교 세계관』, 아더 홈즈 저, 이승구 역, 엠마오, 1987, p.88.
5) 「아우구스티누스의 무로부터의 창조와 연속창조에 대한 과학신학적 해석」, 김태중 저, 호서대학교대학원 이론신학과 조직신학, 박사, 2014, p.38.

다. 이것은 아우구스티누스가 벗어나지 못한 창조 인식과 선천 창조론이 극복하지 못한 한계성이다. 이런 오판이 기독교 창조론에도 영향을 끼쳐 창조주를 절대성이란 성 안에 가두고, 피조 세계와도 단절시켰다. 이런 견해는 구약에서 활동한 선지자들의 神 체험 기록들과도 무관하지 않은데, 모세가 경험한 神은 원재(遠在)성의 神이었다. 미디안 광야에서 그는 가까이할 수 없는 神을 발견했다. "하나님이 가라사대, 이리로 가까이 하지 말라. 너의 선 곳은 거룩한 땅이니 네 발에서 신을 벗어라(출 3:5)." 이사야가 본 神도 그러하였다. 그는 야훼 神의 위엄에 완전히 압도되어 "거룩하다 거룩하다 만군의 여호와여, 그 영광이 온 땅에 충만하도다(사 6:3)."[6] 이런 전통적 견해들로 인해 "키에르케고르는 神과 인간의 차이를 강조하는 말로 시간과 영원의 질적 차이를 부각시켰고, 그 사상의 영향을 받은 신학자 바르트도 『로마서 강해』 초판에서 神과 인간의 질적 차이를 강조하였다."[7]

그렇다면 神은 정말 어떤 본성을 가졌기에 존재 자체가 가진 권능을 두려워하였는가? 데카르트는 궁극적인 실체를 추적하는 과정을 통해 객관적인 神의 본성을 추출하였는데, 그의 규정에 따르면 "실체는 그것이 존립하기 위해 다른 것을 필요로 하지 않고 독립적으로 존재하는 것이다. 이런 실체는 우리가 주변에서 볼 수 있는 상식적 조건을 갖춘 실체가 아니다. 그래서 이에 걸맞은 조건을 갖춘 실체는 神밖에 없다고 하였다."[8] 당연히 神은 절대자로서 존립하기 위해 다른 원인이 필요 없고, 자존이 가능하다. 의존할 수밖에 없는 인간

---

6) 『신론』, 이종성 저, 대한기독교출판사, 1992, p.37.

7) 위의 책, p.167.

8) 『서양철학 이야기(3)』, 연효숙 저, 최남진 그림, 책세상, 2006, p.58.

과는 비교할 수 없다. 하지만 그런 神의 본성을 곧이곧대로 神과 인간과의 질적 차이 논거에 들이댄 것이 곧 선천 인식의 한계였다. 이 것은 전체적인 몸은 생각하지 않고 인간의 정신과 육체는 아무 관계 없이 따로 떨어져 있다고 말하는 것과 같다. 그래서 이런 차이를 극복하기 위해서 해결해야 한 과제가 바로 창조의 대원동력을 밝히는 데 있었다. 그러니까 이 연구가 과제를 완수한 과정에 이르기 전까지는 해결이 불가능한 정신적 고뇌 해소에 관한 문제였다. 그렇게 해결해야 한 핵심 요체란 무엇인가? 바로 데카르트가 규정한 실체적 조건으로 존재한 神이 그렇게 홀로 독자적으로 존재한 것이 아니라 천지를 창조한 역사를 펼쳤고, 그것도 자체 본체를 근거로 자신의 형상대로 인간을 창조하였다는 데 있다. 창조로 인해 본체의 이행과 경과 과정이 있었다는 뜻이다. 그런데도 일체 과정을 무시하고 神과 인간을 원형 그대로 대조하니까 질적인 차이가 날 수밖에 없다. 그래서 반드시 제공되어야 한 것이 창조 메커니즘에 근거한 본의 관점 확보이다. 천지가 창조된 바탕이 무엇으로부터 제공되었는가 하는 사실을 모르면 질적 차이는 극복될 수 없다. 판단 기준이 없고 초점이 안 맞아 선천의 창조론 유는 대개 횡설수설이다. "창조에 관한 더 깊은 이해가 창조는 진화에 상반된 것이 아니고 진화를 가능하게 만드는 그 무엇으로 이해해야 한다. 인간의 특수한 위치를 더 깊이 이해하기 위해서는 인간이 동물로부터, 인간의 역사로부터, 자기 행위로부터 독립된 존재가 아니요 神과의 유일무이한 관계 속에서 신체와 정신으로 이루어진 존재로 이해해야 한다" 등등[9] 깊이 있게

---

[9] 「과학과 신학의 대화를 위한 자연개념의 이해와 적용」, 서재선 저, 장로회신학대학교 신학대학원 신학과, 석사, 2006, pp.83~84.

알 수 있는 조건을 내세운다고 하면서 인간과 삼라만상이 神에 근거한 메커니즘은 밝히지 못했다. 고장 난 기계를 고치기 위해서는 도구가 있어야 하듯, 神과 인간과의 질적 차이 해소는 하나님과 그분이 이룬 창조 역사를 알아야 풀 수 있는 문제이다. 창조방정식은 요건을 갖추어야 함에 이 연구도 결론에 도달해서야 논거할 수 있게 되었다. 그것이 무엇인가? 천지 만물이 하나님의 존재 본체에 근거한 본질로부터의 창조에 있다. 당연히 인간도 바탕이 하나님의 본체에 근거했기 때문에 질적 차이 극복이 가능한 일체 논거를 이끌어낼 수 있다. 이런 문제뿐 만이겠는가? 절대적인 차이에도 불구하고 하나님에 근거한 창조 역사로 인해 본질성을 공유했기 때문에 하나님도 인간이 될 수 있고 인간화된 하나님이 다시 신격화될 수 있는 역사가 자유자재로 가능하다. 일명 예수 그리스도의 성육화 사건이 그것이다. 교리적으로는 "말씀이 육신이 되어 우리 가운데 거하시매 우리가 그의 영광을 보니 아버지의 독생자의 영광이요(요 1:14)." 맨 눈으로는 神이 사람의 몸을 입었다는 말을 이해할 수 없지만, 나와 만물과 세계가 하나님의 본체에 근거한 神적 본질이라 하나님과 함께 할 수 있고, 하나님도 인간과 함께하고 교감하고 통할 수 있다. 神이 홀로 초월만 해서는 불가능하다. 여기서 말씀이 육신이 되었다는 것은 예수 그리스도가 하나님의 본체에 근거했다는 말과 다름이 아니라, 본질로부터의 창조 사실을 입증한다. 예수 그리스도뿐만이겠는가? 티끌 하나도 이런 창조 원칙을 벗어난 것은 없다. 그래서 성육화 사건은 또 다른 의미에서 하나님의 본체에 근거한 창조 역사를 재확인하는 창조의 완성 역사이다. 이런 바탕 위에서 성령이 임하매 인간화된 예수 그리스도가 다시 고귀한 하나님의 아들로서 신격화될 수 있었다. 神 자체가 창조 역사를 통해 이행되고 변증되고 化된 과정을 알아야 성육화의 창조적 의미를 깨닫고 질적 차이를 극복하는 것은 물론 그 이상의 가치, 곧 이런 원리적 바탕 위에서 재림의 역사성도 기대할 수 있으리라. 하나님이 육신을 입은 것은 그렇게 바탕된 세계의 神적 본질에 근거한 것이라, 인간은 곧 하나님에게 근거했기 때문에 하나님과 하나 되고 일치되며 영원히 함께할 수 있다. 한 영혼이 세상에 태어나 하나님과의 동질 혈통 맥을 자각하고 장애와 이질감을 걷어 합일할 수 있을 때 인생 최대의 가치를 획득할 수 있다. 예나 지금이나 놓여진 어려움 가운데서도 하나님을 향해 믿음을 지키고 하나 되고자 한 것이 인류가 혼신을 바쳐 추구한 목표이고, 함께하고자 한 것이 역사의 달성 목표였다. 이 고귀한 추구 가치와 지향 목적을 회복할진대 인류는 반드시 그렇게 해서 이룬 구원의 지상 천국을 맞이할 수 있으리라.

제22장 창조 뜻의 위대성

내 인생의 최초는 이 세상에 태어난 순간이지만 세상에 태어난 사실상의 근원을 따진다면 어머니 아버지가 사랑하는 마음을 가지고 나를 얻고자 한 뜻을 가진 순간이리라. 태초의 순간에 이루어진 천지 창조 역사도 마찬가지이다. 단계적인 이행과 수많은 절차를 거쳤지만, 전 과정을 통틀어 창조 역사의 최초 출발을 초점 잡으라고 한다면 절대적인 하나님이 천지를 창조하고자 뜻을 발의한 순간이다. 요즘은 가치관의 급변으로 자식 없이 살아가려는 부부들도 있는 것처럼, 아버지 어머니가 원하지 않았다면 내가 세상에 태어나지 않을 수도 있듯, 하나님도 뜻을 발원하지 않았다면 천지 만물이 존재하지 않았으리라. 그런데도 우리는 하나님이 발원한 창조 뜻이 얼마나 은혜롭고 고귀한 사랑이며 위대한지를 깨닫지 못하고 있다. 그것은 창조 역사 자체가 진리적, 원리적, 객관적으로 규명되지 못한 이유 때문일 수도 있겠지만, 이 연구가 오늘날 창조의 원동력을 밝혔다는 것은 미비된 조건을 해소한 것이므로 이제는 창조 뜻, 곧 하나님이 가진 창조의 대본의를 깊이 있게 헤아려 자각만 하면 된다. 어린아이가 어찌 부모 마음을 다 알겠는가? 하지만 성장해서 철이 들면 은혜를 자각하듯, 하나님의 창조 뜻도 마찬가지이다. 사실 창조 뜻은 천의(天意)이자 신의(神意)라 선각들이 진리를 탐구하고 세계를 궁구한 것도 이 뜻을 구하고 일구고 깨닫기 위해서였다. 창조 뜻은 우주 공간과 삼라만상 일체를 있게 한 가장 근원되고도 근본된 최초의 원인체이고 발의체이며 의지체이기 때문에, 이 뜻만 알면 모든 것과 통하고 모든 것을 파악하고 모든 것을 해석할 수 있다. 보이지 않는 것은 볼 수 있게 하고, 건널 수 없는 곳은 다리를 놓아 이어 주고, 막힌 곳은 뚫어서 세계관을 완성시킨다. 뜻이기 때문에 내외간에 걸쳐 미치지 않는 곳이 없다. 뜻(창조 본의)을 몰랐을 때는 지성의 개오와 취한 해석 관점에 따라 인간 가치가 추락할 대로 추락하였다. 하지만 창조 뜻을 알고 나면 그 가치는 변하지 않는 황금처럼 영원히 우리의 가슴을 뜨겁게 하고, 자존감이 넘치게 한다. 그런데 "코페르니쿠스, 갈릴레오, 뉴턴 등은 바로 인간 가치를 추락시킨 장본인들이다. 그들은 지구가 변두리 항성에 딸린 작은 행성에 지나지 않는다는 사실을 밝혀냄으로써 인간이 유한한 우주의 중심에 있다는 믿음을 붕괴시켰다. 나아가 다윈의 등장은 인간을 동물의 후손으로까지 격하시켰다."[10] 하지만 지성들이 이룬 어떤 발견과 주장과 외부 변화에도 불구하고 하나님이 인류를 위해 발의한 뜻은 변함이

10) 『풀하우스』, 스티븐 제이굴드 저, 이명희 역, 2012, p.33.

없다. 하나님의 사랑은 영원하나니, 그래서 발의된 창조 뜻도 위대하다. 단지 이것을 자각하고 못하고가 문제인데, 인간의 가치 추락은 후자에 원인이 있다. 神과 창조를 부정한 사상들은 모두 하나님의 창조 뜻을 자각하지 못한 부류이다. 왜 그들은 부정적인 어법을 택할 수밖에 없었는가? 새로운 가치 창조는 긍정적인 마인드와 추구하고자 한 목적 방향이 희망적일 때 이루어지는 법인데, 그들이 부정적인 어법을 취한 것은 神과 창조가 근본인 탓이다. 삽으로 흙을 파면 줄어들고 담으면 쌓인다. 창조 뜻을 부정하면 남는 것은 무목적적이고 무가치적이고 무창조적이다. "스티브 스튜어트 윌리엄스는 『다윈, 神, 삶의 의미』에서, 神은 존재하지 않으며, 우주는 전적으로 자연적이고 또 그런 의미에서 우연적이므로 삶에는 어떠한 목적도 있을 수 없고, 각 개인이 스스로 만들어내는 의미를 제외하고 다른 어떤 궁극적 의미도 존재하지 않는다"고 하였다.[11] "현 세계에 존재하는 모든 것에 대해 다소 복잡한 형태를 띤 물질로밖에 보지 못하는 유물론적 견해를 따른다면 사람은 우연히 형성된 보다 복잡한 물질일 뿐, 독특한 존재는 아니다."[12] 참된 가치, 최상의 가치가 무엇인지 알 수 없다. 추구할 길이 막혀 있기 때문이다. 그들에게 있어 더 이상의 가치 창조는 불가능하다. 인간성은 더욱더 기계화, 로봇화되어 갈 뿐이다. 이상적 本이 사라져 버려 더 이상 향상될 근거가 없다. 미래에 대한 플랜이 없는 삭막한 세계, 곧 종말적 세계를 향할 뿐이다. 인간성에 기반을 둔 이상적 지향의 세계관을 설정할 수 없

---

11) 『무신론자의 시대』, 피터 왓슨 저, 정지인 역, 책과 함께, 2016, p.20.
12) 「유물론과 생명 윤리」, 김필균 저, 총신대학교 일반대학원 신학과 조직신학, 석사, 2006, p.11.

다. 창조의 근원을 물질에 두고 인간의 조상을 원숭이로부터의 진화로 본 그런 서양 문명 전통 속에서 타락한 인류의 본성을 회복하고 천국 세계로 입성할 고귀한 가치관의 고무는 기대할 수 없다. 가치를 공급하는 곳에 코드를 꽂아야 하는데, 뽑아 버린 상태에서는 더 이상 원동력 공급이 안 된다.

그러므로 인류는 다시 한 번 일어서 선현들이 얼마나 고뇌하고 추구하여 天의 뜻을 구하고 깨닫기 위해 노력했는가 하는 것을 살펴야 한다. 天의 뜻을 두려워하고 순종하면서 天의 뜻을 구한 그 한순간을 최고의 정신 도달 경지로 여겼는데, 말없는 세계로부터 뜻을 얻는다는 것은 그대로 만상과 통했다는 것이고, 제3의 살아 있는 실존성을 체감한 상황이다. 그래서 天의 뜻, 곧 본의를 자각하는 것은 인간 최고의 정신적 열락으로서 궁극적 도달 경지인 인생 구원으로까지 연결된다. 그것은 하나님의 붙듦이고 계시이다. 창조 뜻을 자각하는 것은 인생 최고의 구원 약속이고 축복이다. 영혼뿐만 아니라 지혜 면에서도 창조를 이룬 이치에 통달하게 되어 진리 세계를 완성하고, 막혔던 이치를 터 해석이 가능하고, 미래 질서까지 예측할 수 있게 된다. 창조 본의는 창조 이전과 창조 이후의 전 과정을 관장하는 만큼, 필름이 끊어져 해석이 불가능한 부분에 대해서도 정보를 제공해 준다. 예를 들면 "플라톤은 이데아설을 통해 경험적 현실 세계를 비본래적이고 비본질적인 존재라 하고, 그 배후에 본래적인 본질적 존재가 숨어 있다고 하였는데",[13] 이 말뜻을 선천에서는 이해할 방도가 없었다. 왜 눈으로 보는 현실 세계가 비본래, 비본질적인

---

13) 『의지와 표상으로서의 세계』, 쇼펜하우어 저, 홍성광 역, 2011, p.685.

존재인가? 이것은 창조된 본의를 배경으로 두어야만 해석될 수 있다. 왜 그런가? 세계는 창조된 결과 세계이므로 본래의 원판이 아니다. 그래서 비본래, 비본질적이다. 그 배후에 본래적, 본질적인 존재가 숨어 있다고 하였는데, 그것이 곧 차원을 달리해서 존재한 창조 본체이다. "한 조사에 따르면 응답자들이 神에 대해 믿음을 갖게 된 가장 큰 이유는 자연에서 놀라운 설계, 아름다움, 완전성, 복잡성을 목도하기 때문"이라고 하였는데,14) 하나님과 직접 교감하고 조우했다는 응답은 없어 아쉬움이 있다. 그러나 세상이 가진 존재 조건을 통해서도 충분히 믿음은 가질 수 있으며, 그런 믿음에 확신을 더하는 것이 바로 본의 해석 자각이다. 본의는 이유에 대해 답할 수 있다. 세상이 그렇게 보이는 것은 치밀한 계획과 작업과 역사가 창조 이전에 이루어져서이다. 그것을 이전에는 볼 수 없었기 때문에 사라진 인류 역사, 잃어버린 창조 역사로 남아 있었다. 쇼펜하우어는 말하길, "칸트의 말이 맞았다. 우리가 아는 것은 표상, 현상일 뿐이며 물자체는 결코 알지 못한다. 그러니까 절대자, 더군다나 神은 전혀 알 길이 없다"라고 낙담했다.15) 하지만 본의를 깨달은 지금은 알 수 있다. 창조 뜻은 차원을 달리하여 창조 이전의 하나님과 창조 이후의 결과 세계를 관장한다는 주장이 빈말이 아니다. 그렇다면 우리는 어떻게 해서 神을 알 수 있는가? "우리는 오직 예수 그리스도를 통해서만 神을 안다. 이 중보자 없이는 神과의 모든 교제가 끊어진다. 예수 그리스도에 의해서 우리는 神을 안다. 예수 그리스도 없이 神을 알고 神을 증명한다고 주장하는 사람들은 무력한 증거만 가질 뿐

---

14) 『과학과 종교 논쟁, 최근 50년』, 래리 위덤 저, 박희주 역, 혜문서관, 2008, p.5.
15) 『신은 존재하는가(1)』, 한스 큉 저, 성염 역, 분도출판사, 1994, p.492.

이다."16) 이것은 신념인데 본의에 근거해서 다시 수정한다면, 하나님은 절대자이기 때문에 창조된 세계 안에서 모습을 드러낼 수 있는 유일한 길은 예수 그리스도를 통해서이다. 예수 그리스도를 통해 역사하였기 때문이다. 그래서 예수 그리스도의 神적 본질은 화육된 하나님 자체이다. "어떤 초인간적이고 초자연적인 대상의 존재를 믿고, 그의 능력을 절대시하는 것을 종교"라고 했을 때,17) 여기서 초월성이란 곧 자연의 질서와 구분된 것이다. 초자연적이란 세상 질서와 구분된 것, 곧 그러한 바탕 본질과 권능으로 천지가 창조되었다는 뜻이다. 그 같은 초월성을 믿는 것이 종교가 아니고, 그 같은 神이 세상과는 다르다는 것을 깨우쳐 그 같은 세계로 인도하고자 한 것이 종교이다. "일체 법은 空이다(불교). 왜냐하면 제법은 다른 法에 조건 지어져 성립하기 때문"이라고 했는데,18) 일체 법이 조건적으로 성립하는 것은 일체 법이 그냥 이루어지지 않았기 때문이다. 곧 조건 성립을 위한 因을 창조가 마련했다는 뜻이다. 因을 결정한 근본 바탕이 창조 이전에 마련된 본질적 空이다. 空은 곧 창조 본체이라, 통합성인 空으로부터 천지 만물이 生하였다. 중세시대 최대의 문제인 보편논쟁은 실재론 대 유명론과의 대결인데, 여기서 보편자는 곧 본질이다. 이 본질이 개물 속에 공통된 요소로 존재한 것인데, 안목이 좁은 유명론자는 이것을 볼 수 없으니까 보편은 개념일 뿐이고, 개물만 존재한다고 하였다. 보편논쟁은 창조 문제와 깊이 연관되어 있어 때가 되면 밝혀질 본의가 결정적인 열쇠를 지녔다. 지성들이

---

16) 위의 책, p.101.

17) 『오파린이 들려주는 생명의 기원이야기』, 차희영 저, 자음과 모음, 2012, p.36.

18) 『용수의 삶과 사상』, 중촌 원 저, 이재호 역, 불교시대사, 1993, p.40.

아무리 노력해도 현상론, 단일론, 일원론만으로는 만상을 이룬 창조 기원을 설명할 길이 없었지만, 본의를 알면 창조를 통해 一과 多, 神과 만물과의 관계를 필연적으로 결속시킨다. 범신론 역시 일원론적이라 "神이 세계 안에 있고 세계는 神 안에 있다고 보아, 자연은 神이 존재한 특수한 방식이요 인간 의식은 神이 스스로 사유하는 특수한 방식"이라고 했는데,[19] 사실상 세계와 神의 바탕은 불변이고 동질이되 창조로 인해 세계는 神의 化된 존재 방식이 되었다. 그래서 化는 생멸이 있고 멸하면 근본으로 돌아가지만, 神은 化의 근본 뿌리요 본체로서 영원 절대적이다. 익히 피력한 바이지만 하나님의 창조 뜻이 얼마나 위대한 권능을 지녔는가 하는 것을 확인하기 위해 재차 해석력을 발휘하였다.

창조 뜻은 하나님만 가진 것이 아니고 창조를 통해 발현되었고 구체화되었기 때문에 만상과 인간이 본성 속에 본래적으로 갖추었다. 이것은 이 연구의 자각이 아니고 "하나님의 뜻과 이법이 인간의 품성 속에 본래적으로 갖추어져 있다는 생각은 동서고금의 성현들이 공통적으로 보여주었다."[20] 그래서 잠재된 본성을 깨우쳐 천인합일의 경지에 이르면 누구도 성불할 수 있고 성인이 될 수 있다고 하였다. 부처와 성인은 곧 하나님의 마음과 통하여 알고 일치된 경지에 도달한 분이 아닌가? 그 본의란 과연 무엇인가? 그것은 나와 삼라만상이 존재하게 된 이유를 아는 것이다. 이유는 우리가 존재하는 최고의 가치이고, 온 우주를 충만시키고도 남을 최고의 믿음을 부여받는 것이나니, 그 심중 깊은 뜻은 바로 나와 "세상은 하나님이 원하

---

19) 『신은 존재하는가(1)』, 앞의 책, p.195.
20) 『이름 없는 하나님』, 김경재 저, 삼인, 2003, p.110.

였기 때문에 존재했다.”21) 사랑했기 때문에 거룩한 당신의 곁에 두고자 하였다. 하나님이 세상을 이처럼 사랑하사 독생자까지 주었고, 그를 믿는 자마다 멸망하지 않고 영생을 얻게 하려 하였으니(요 3:16), 이보다 더 소중하고 가치 있고 위대한 창조 뜻은 없다. 천하를 얻는 것보다 하나님이 아버지로서 밝힌 사랑의 뜻을 확인하는 것에 비할 것이 없다. 그냥 있게 한 것이 아니라 믿으면 아버지처럼 영생까지 보장하겠다고 약속하였으니, 하나님과 영원토록 복락을 함께할 영광과 맞바꿀 가치는 다시없다. 아우구스티누스도 하나님이 품은 사랑에 대한 결정 의지와 창조를 발의한 자유 의지에 대해 직시하길, “왜 하나님이 하늘과 땅을 창조하시기로 작정하였는가라고 묻는 사람은 하나님의 의지보다 더 위대한 어떤 것을 찾고 있는 것인데, 그러나 어떤 보다 위대한 것도 찾을 수 없을 뿐이라고 하였다.”22) 곧 하나님의 창조 뜻과 비교할 위대한 가치는 없다는 말이다. 그 뜻과 사랑이 지적한바 성육화 실현으로 하나님의 사랑을 확인하고 천지 창조 역사를 완성한 실질적인 성과를 거두었다. 이것은 이 연구가 증거한 창조의 대원동력 작용의 결정판이고, 억겁에 걸친 창조 역사 과정의 도식적 축소판이다. 절대 본체의 성육화 실현은 창조 역사의 원리적 완성판이다. 하나님의 본체에 근거한 창조화가 세계화→만물화→인간화를 완성시킴으로써 창조의 하드웨어적 목적을 달성했고, 더하여 예수 그리스도의 성육화 실현은 하나님이 뜻한 창조 목적의 섭리 의지적 가치를 완성함으로써 창조의 소프트웨어적 목적을 달성했다. 이 같은 역사 실현과 목적 달성을 本으로 해서 하

21) 『창조론』, 호세 모랄레스 저, 윤주현 역, 가톨릭출판사, 2015, p.212.
22) 「플로티노스와 어거스틴의 창조론에 대한 고찰」, 이상성 저, 신학논단, p.124.

나님은 앞으로 이룰 미래의 역사에서 인류와 하나님이 함께할 지상 천국의 걸림 없는 섭리적 토대를 마련하였다. 하지만 정작 중요한 것은 하나님이 발의하고 관장한 창조 뜻과 목적을 온 인류가 자각하고 받들어 위대한 가치를 고무시키는 데 있다. 그리하면 온갖 죄악이 정화되고 은혜로 충만하여 하나님과 함께할 수 있는 동질성을 회복하리라.

제23장 새 문명 건설 동력

神의 권위가 땅에 떨어지고 神의 질서가 무효화되고 神의 구원 동력이 상실되어 神의 미래에 대한 보랏빛 약속을 거들떠보지도 않게 되어 굴욕적인 神 죽음의 시대라고까지 불리게 된 이때, 역사상 이 연구가 하나님이 이룬 창조의 대원동력을 밝히고 증거할 수 있게 되었다는 것은 대단원에 걸친 결론의 말미에서 그 의미를 확인하지 않을 수 없다. "神 죽음의 시대란 神이 더 이상 존재하지 않는 시대를 의미하는 것이 아니라, 神에 대한 신앙이 사람들의 삶에 대한 규정력을 잃어버린 시대, 곧 기독교 이후 시대를 의미한다."[23] 神이 현실 삶에서 보이지 않으니까 죽었다고 추정한 것일 뿐, 누구도 神의 시신(屍身)을 보았다거나 무덤을 확인했다는 사람은 없다. 이에 삶에

---

23) 『신의 죽음』, 가브리엘 바하니안 저, 김기석 역, 청하, 1980, 옮긴이의 글.

대한 지배력이 극도로 상실된 시점에서 하나님이 실현한 창조 역사의 핵심된 원동력을 밝혔다는 것은 하나님이 종적을 감춘 것도, 노쇠하여 활동이 불가능해진 것도, 정말 죽었는데 측근들이 시체를 붙들고 인공호흡을 하면서 죽음을 선언하지 않는 것도 아니다. 하나님은 항상 살아 계시고 건재하며 미래 역사를 위해 역사하고 있다는 것을 확인시킨 것이다. 대원동력은 천지를 창조한 핵심 동력이기 때문에 태초에 이룬 역사이기 이전에 지금까지 인류 역사를 주관해 온 동력이고, 나아가서는 미래 역사까지도 추진시킬 동력이다. 삼세 간을 관장했고 또 관장할 것이라, 문명 역사를 심판하고 결실을 맺어 완성시킬 것은 물론이고, 종말에 처한 인류를 구원할 새 문명 창조의 동력을 공급하게 되리라. 이 연구는 일찍이 진리의 길을 추구하는 과정에서 이 길이 지닌 운명적 가능성을 직시하고 신념을 피력하길, "하나님이 세워준 이 새로운 진리의 창과 은혜의 검이 세상의 모든 사상과 종파와 제도와 이념과 주의를 타파하고 다시 오실 주님의 영광을 예비하리라"고 하였는데,[24] 선천 문명이 저문 이때 새로운 아침을 맞이할 문명을 건설하기 위해 터전을 마련하였다. 이 연구가 일찍이 이룬 본질 세계의 작용 특성 규명과 개념 정립 성과는 비단 본질 세계의 존재성을 증거한 것을 넘어 하나님의 존재 본성까지 증거하였고, 더 나아가서는 하나님이 이룬 창조 역사를 증거할 진리적, 원리적, 논리적 기반을 구축하였다. 창조 문제를 해결함으로써 진실로 세계의 진리성을 주체적으로 다스릴 수 있는 조화력과 통합 권능을 휘어잡았다. 이것이 곧 하나님이 세워 부여한 제3의 신권

---

24) 『길을 위하여(1)』, 졸저, 아가페, 1985, 뒤 표지글.

문명을 일으킬 진리의 창과 은혜의 검이다. 하나님이 부여한 지혜의 창이고 능력의 보검이라, 때가 되어 언덕 위에 나타나니 누구도 그 앞을 막을 수 없고 휘두르는 황금의 칼날은 결코 무디어지지 않으리라.[25] 창조의 원동력은 창조 역사의 원동력을 밝힘과 동시에 미래의 인류를 구원할 제3의 신권 문명을 건설할 원동력이기도 한데, 그 권능적 실체는 과연 무엇인가? 밝혀진 창조의 원동력은 오늘날 만연된 무신론적 세계관을 일소하고 이 땅에 새로운 하나님의 나라를 건설할 수 있는 기반을 마련하리라. 일체를 타파할 칼날과 불붙을 창이란 다름 아닌 하나님이 천지를 창조하므로 갈린 가역성과 불가역성을 구분하는 것이고, 창조 권능의 주체적인 능동성 여부를 밝히는 것이며, 창조의 원동력과 수동성(피조성)을 판가름하는 것이다. 이제 모든 준비는 갖추었으므로, 주어진 창과 검이 창조의 원동력인가 아닌가 하는 것은 일체의 무신 사상을 극복하고 진리 세계를 제도하여 하나님이 뜻한 새로운 역사, 새로운 문명, 새로운 나라를 건설할 수 있는가 없는가에 달렸다.

인류 문명이 하나님이 만세 전부터 예비한 새로운 문명 체제로 전환되지 않을 수 없는 필연적인 조건은 이미 내외적으로 갖추어졌다. 새 술은 새 부대에 담아야 하고 낡아 헤진 신발은 버려야 한다는 입장에서 볼 때, 서양 문명이 神을 버리고 神의 죽음을 선언하는 데까지 이른 것은 예사로운 조짐이 아니다. "서구 문화의 지배적인 종교적 패턴은 좋은 것이든 나쁜 것이든 간에 기독교에 의해 고쳐지고 형성되었다. 기독교는 서구의 종교이다. 그리고 서구 문화는 그 성

---

25) 『지상강림역사』, 졸저, 한국학술정보, 2014, p.18.

취와 실패에 있어서 기독교의 정신, 그리고 인간과 세계와 神에 대한 기독교적 이해와 분리해서 생각할 수 없다."[26] 하지만 우리가 볼 때 서양으로부터 전래된 기독교의 모습은 그것이 전부이고 절대적인 것 같지만 원천 뿌리는 유대 민족의 신앙 전통으로부터 가지가 뻗어난 변화 과정을 거쳤고, 근세에는 가톨릭과 개신교가 분열하는 아픔을 겪었다. 역사가 토인비는 인류 문명은 가혹한 도전에 응전하는 과정에서 흥망성쇠를 거듭한 것이라고 하였듯, 神은 불변하고 믿음은 영원하지만 제도화된 종교는 생명체와도 같아 때가 되면 시들게 되어 있다. 2천 년이 넘도록 명맥을 이었으므로 이제쯤 神이 죽었다는 선고와 죽은 유령이 떠돌아다닌다는 헛소문이 날 법도 하다. 단지 이런 상황인데도 새로운 문명이 태동하거나 나타나지 못하다 보니까 지금의 기독교 형태가 명맥을 유지하고 있다. 하지만 그것이 한시적일 것이라는 것은 기독교도 분명한 문명의 구성 체제라, 객관적인 판단으로 흥망성쇠하는 문명 가닥에서 제외될 수 없다. 그래서 이 연구는 지금까지 많은 종파를 낳기는 하였지만. 가톨릭과 개신교를 포함해서 신·구약 역사를 공인하고 나아가 예수 그리스도를 인류 구원의 중심으로 삼는 일체 종파들을 서양식 기독교로 명명하고자 한다. 그렇게 정체성을 구분하는 것은 하나님의 인류 구원 역사는 연면한 것이라, 그들이 선언한 神 죽음 이후 시대에 도래할 하나님의 새로운 구원 역사 형태에 대해 여지를 남겨두기 위해서이다. 중국 선종의 초조인 달마가 서쪽으로 간 까닭은? 동방 오리엔트(팔레스타인 지역)에서 발생한 기독교가 서양으로 간 까닭은?[27] 서

---

26) 『신의 죽음』, 앞의 책, p.33.

27) 오리엔트(Orient): 일반적으로 이집트·아라비아·아나톨리아·시리아·팔레스타인·이

쪽으로 간 것은 서쪽 외에 다른 방향으로도 갈 수 있었다는 뜻인데, 역사는 외골수적이라 서양으로 간 것은 지극히 운명적이다. 그 까닭을 다시 정리하면 동쪽으로 방향을 틀었다면 오늘날의 우리는 동양 문화로 구축된 동양식 기독교 형태를 보고 있을 것이다. 이것을 시각을 바꾸어 말하면 지난 역사는 다시 돌이킬 수 없지만 역사적인 여건은 변하고 때는 돌고 또 도는 것이기 때문에 서양식 기독교 문명이 고사된 이 시점에서 동양 문명이 기독교 신앙의 전통과 역사 맥을 계승하여 새로운 형태의 동양식 기독교를 재건할 수 있는 기회를 붙잡을 수 있다. 이런 가능성을 우리는 서양식 기독교의 저문 해를 바라보면서 대비하지 않을 수 없다. 역사적으로 확인되듯이 "히브리-이스라엘인들이 신앙한 종교의 핏줄을 이어 잉태된 예수 그리스도의 복음은 그것이 놓여 있던 희랍 문명권에서 자라게 되었고, 그 후 계속해서 희랍 철학과의 상관관계에서 발전하는 동안 부지불식간에 희랍 철학의 영향을 직접적으로나 간접적으로 받게 되었다."[28] 알다시피 주후 135년, 유태인들의 반로마 혁명으로 인하여 유태인들은 팔레스타인으로부터 추방되어 지중해 주변의 여러 나라로 흩어졌는데, 다시 팔레스타인에 거주할 수 없다는 명령이 내렸다. 이때부터 유태인들은 그들의 조국과 영토를 상실한 유랑 민족이 되었으며, 로마제국 도처로 흩어지게 되었다. 이로 말미암아 예루살렘을 중심으로 자리 잡고 있던 기독교 공동체 역시 팔레스타인을 떠나 지중해 연안 일대로 확산될 수밖에 없었으며, 이 확산은 사도 바울의 선교활동으로 어느 정도 준비되어 있었다. 당시 지중해 연안의 세계

란 등지를 포함하는 지역을 가리킨다.-다음 백과.

28) 『신론』, 앞의 책, p.143.

는 희랍 문화가 지배하고 있었다. 그러므로 이런 세계에 등장한 기독교는 희랍적인 사고방식에 따라 기독교 신앙의 진리를 제시하고 또 발전시키고자 노력할 수밖에 없었다. 그러므로 19세기의 유명한 교회사학자 하르낙은 말하기를, "기독교의 교리는 그의 구상과 형성에 있어서 복음의 기초 위에 이루어진 희랍 정신의 업적이다"라고 하였다. 전적으로 시인은 할 수 없다 하더라도 분명한 사실은 기독교 신앙의 진리는 희랍 철학이 추구하는 진리와 결합되었으며, 희랍 철학이 추구하는 진리의 궁극적 완성으로서 제시되었다는 사실이다. 이것은 희랍의 문화가 지배하는 세계 속에서 기독교를 선교하기 위하여 불가피한 일이었다. 이로써 천 년 이상 동안 신권 문화의 찬란한 꽃을 피운 이상 긍정적인 측면도 분명 있지만, 결과적으로는 꽃은 피웠으되 열매는 맺지 못한 상태이므로 부정적인 측면도 지적되어야 한다. 기독교 신학과 교리의 뿌리는 희랍 철학에 있는 것이 아니라 근본적으로 구약성서의 빛으로부터 이해되는 예수 그리스도의 복음에 있으며, 초대 기독교는 이 복음을 희랍적인 사고방식을 빌어 표현하고자 한 긍정적 측면도 있다.[29) 하지만 내용은 그렇다 하더라도 포장이 내용과 부합하지 못한다면 큰 문제를 유발시킨다. 역사의 전개 과정에서 초기에는 순수한 신앙적 열정에 파묻혀 부각되지 못했지만 세월이 흐를수록 조화보다는 부조화 현상이 두드러졌고, 급기야 숨 막히는 겉치레 포장 때문에 내용마저 사장되기에 이르렀는데, 그 근본적인 원인을 서양의 지성들은 아직도 자각하지 못하고 있다. 우리는 노년기가 되어야 자기 인생에 회한을 느끼듯, 문명 역

---

29) 「기독교의 유신론과 근대 무신론」, 김균진 저, 연세대학교 연합신학대학원, 현대와 신학, 권 10, 1호, 1985, p.1.

시 본질이 분열을 완료해야 본래 모습을 나타낸다. 2천 년의 세월을 흘러 보낸 오늘날에 이르러서야 하나님을 신앙한 헤브라이즘 문명은 시공을 초월한 神을 모신 문명이고, 서양 문명의 기초를 이룬 희랍 문명은(헬레니즘) 이성을 중시한 현상 차원적 문명이라는 사실을 알게 되었다. 이것이 왜 문제인가 하면, 그들의 세계관적 제약상 서양인은 살아 역사한 입체적인 神과 접하고 교감하고 경험할 수 있는 세계관적 기반이 없었다. 그러니까 기껏 神에 대해 논의한다는 것이 관념상 개념을 통해 정의한 업적뿐이다. 즉, 神은 제1의 움직이지 않는 동자, 스스로에 의해 존재하는 존재, 순수한 행위, 사고의 사고, 一者, 진리, 가장 완전한 존재, 가장 현실적인 본질, 절대로 필연적인 것, 최초의 총체, 존재하는 것의 존재, 모든 근거의 근거, 모든 조건의 총체, 절대적인 것 등으로 규정하여 지극히 이론적이고 사고적이고 개념으로서 추상적인 범주 이상을 벗어나지 못했다. 구약에서 드러난 인격적인 神과 직접 조우하지도 못했고, 살아 역사한 神, 생명을 준 神, 창조 권능을 발휘한 神, 삶과 역사의 장에서 구원 역사를 펼친 神, 섭리의 주관자, 하나님의 계시를 받든 선지자, 심판을 경고한 예언자를 더 이상 배출하지 못했다.[30] 한때 왕성한 활동을 펼쳤던 하나님이 더 이상 살아 있는 역사를 남기지 못한 것은 성부의 시대에서 성자의 시대로 이행된 섭리상의 특성이기 이전에 입체적인 역사를 펼칠 수 있는 문명적 조건에 큰 제약이 있은 탓이다. 사실상 서양 문명은 본질상 神의 초월성을 뒷받침할 세계관적 근거가 전무했다고 해도 과언이 아니다. 이런 한계성이 결국 神을 존재적으로

---

30) 『현대의 신』, N. 쿠치킨 편, 진철승 역, 밤우사, 1996, p.32.

증명하는 데 실패하였고, 천 년 동안이나 지배적이었던 신권 질서를 허문 문예부흥 혁명을 일으켰는가 하면, 이후부터는 정색을 하고 감추어둔 문명적 본색을 드러내어 여기저기서 무신론 사상을 배출시켰다. 한 때 신앙적으로나 역사적으로 하나님의 축복을 한 몸에 받았던 서구인들이 오늘날에 이르러 神과의 관계가 소원해지고, 神의 은혜를 실감하기 어려운 무신론의 시대를 맞이한 것은 神을 본체적으로 옹위하지 못하고 문명적 거리감을 극복하지 못한 한계성과 무관하지 않다. 그래서 급기야는 神 문명과의 결별을 선언하게 되었다.

그야말로 한때는 세계 역사를 주도한 영광스런 시대를 경험했다 하더라도 그들이 神을 버리고 하나님마저 섭리의 실 가닥을 끊어버린 마당에서 서양 문명이 당도할 곳은 종말 밖에 없다. 神을 포장만 하였지 그 속내를 끝내 드러내지 못한 기독교는 과학이란 이단아를 배태시키고 말아 神과 우주와의 관계를 끊는 역할에 앞장서게 하였다. 이 "우주를 神이라고 하는 버팀목 없이도 설명할 수 있는 자족적 실체로 증명하고자 하였다."[31] 그렇다고 볼 것을 보지 못하고 성장한 과학이 인류의 미래에 바람직한 방향을 제시했을 리 만무하다. 내로라 한 지성들이 앞장 서 과학에 대해 인류의 미래를 내맡기고 기대하지만, 근원된 본질을 무시하고 창조주 神을 거부한 과학은 자중치 못할진대 인류 문명을 파멸시키리라. 아울러 기독교는 진화론이 이토록 하나님의 거룩한 성전 발밑에까지 침투하여 허물어지기 직전인데도, 이것을 막고 분쇄할 지혜를 계시를 받들어 구하지 못했다. 이 모든 원인이 기독교를 수용한 서양 문명 자체가 지닌 한계성

---

31) 『신의 죽음』, 앞의 책, p.2.

에 기인한다. 그들은 유사 이래 자기 문명의 테두리 안만 맴돌았고 현상적인 질서 테두리를 벗어나 본 적이 없다. 그런 사고방식과 지적 전통만으로 서양 문명을 건설했다. 그러니까 하나님이 세계사적으로 뻗어날 수 있는 神의 존재 문제, 창조 역사의 증거 문제, 세계에 가로 놓인 진리적, 정신적 고뇌를 해결할 길이 없었다. 인류의 구원 섭리 문제, 진리의 궁극적인 완성 문제, 창조 목적의 실현 문제가 더 이상 진전되지 못했다. 이 같은 국면의 타개 요구 시점에서 서양 문명이 스스로 神 문명의 사망을 선고하고 나섰다는 것은 시사하는 바가 크다. 서양 문명이 神의 사망 사실을 자인한 것은 더 이상 神의 문명을 이끌어나갈 동력을 상실했기 때문이고, 실질적으로 분명한 쇄신이 요구되는 시점에서 새로운 형태의 기독교 문명을 재생시킬 여력이 더 이상 남아 있지 못하기 때문이다. 하지만 이것은 순전히 자기들 위주의 생각일 뿐이고, 예수 그리스도를 십자가에 못 박으니까 새로운 기독교가 생겼다. 그리스도를 죽이니까 그리스도의 부활을 보게 되었듯, 神을 죽여야 神이 불멸한 존재란 사실을 안다(살불살조). 누구도 설마 神이 영원한 하나님이란 사실을 망각했을 리는 없으리라. 神이 떼거리로 몰려든 진화론자, 유물론자, 무신론자들에게 짓밟혀 처참하고 철저하게 죽임을 당해야 만 인류는 미래 역사에서 다시 부활한 새로운 모습의 하나님을 맞이할 수 있다. 씨는 땅에 뿌려져야 하나니, 오늘날의 서양식 기독교가 희생과 바침으로 온전한 진토를 마련해야 동양 문명이 뒷받침한 새로운 형태의 동양식 기독교와 새로운 인류 구원의 중심축인 영광된 재림 역사를 맞이할 수 있다. 神 죽음 선언이 긍정적으로 수용되어야 하나니, 그리해야 제3의 극복 방안이 마련될 수 있다. 그러니까 알게 모르게 "오늘의 상황 가운데서 서구 문화는 기독교로부터의 해방을 요구한다고까지 일컬어지고 있다. 오늘의 상황이 기독교의 철저한 재건을 요구하거나, 아니면 현재의 조건 가운데 있는 기독교로부터 서구 문화를 해방시키는 것을 요구하고 있다는 사실을 기독교인조차도 인정해야 한다. 다시는 기독교 문화로 되돌아가는 것을 원하지 않는 자들조차 있다."[32] 분석심리학의 기초를 세운 칼 구스타프 융(1875~1961)도 "정확히 말씀드리자면 나는 비록 스스로 기독교 신자라고 자백하지만, 그와 동시에 현재의 혼란한 상황으로 미루어 오늘의 기독교가 최종적인 진리는 아니라는 것이 나의 확신임을 토로하지 않을 수 없습니다"라고 하였다.[33] 기독교 문명의 한 가운데 자리 잡은 그들은 과연 미래 역사에서 그 무엇을 바라다보고 있는가? 서양 기독교의 正이 392년 로마의 테오도시우스(Theodosius, 재위 379~395)에 의해 국교로 공인되면서부터 출발한 것이라면, 그 反은 니체의 神 죽음 선언 이후의 사신신학의 구축으로 정면 대립되었고, 이제 섭리 변증의 화살이 이것도 저것도 아닌 종합을 지향함에, 그것이 곧 동양 문화에 바탕한 동양식 기독교의 재건이다. 이 기대 역사를 통해 지난날 서양식 기독교에 의해 죽임을 당한 神이 다시 부활하여 아브라함과 이삭과 야곱이 조우했던 살아 계신 하나님, 옛 선지자, 예언자, 사도들이 경험했던 직접 계시하는 하나님, 성령으로 함께하는 하나님을 뵈옵게 될 것이다.

그래서 이 연구는 역사적인 길을 인도하였고 직접 세웠다고 믿어 의심치 않는 창조주 하나님께 나아가 이 모든 인식과 판단과 지혜

---

32) 위의 책, p.33, 31.
33) 『신은 존재하는가(1)』, 앞의 책, p.408.

내림에 대해 열납드리고 응답을 간구드림에 하나님은 부족한 이 자식의 기도에 응답하고 성령의 임재 사실을 확인시켜 주었다. 그 대체적인 뜻의 승인 절차는 이 연구가 길의 추구 과정을 통하여 일구고 판단한 진리 인식이 다름 아닌 하나님의 성령이 함께한 교감 역사를 통해 성립된 뜻이란 믿음하에, 그것이 사실이라면 일정 수준에서 그런 뜻이 곧 하나님의 뜻과 일치하는지의 여부로서 가능할 수 있다. 그래서 일단은 구하고자 한 지혜와 나로서는 해결하거나 판단하고 결정할 수 없는 진리 과제를 설정한 다음 간구할 요건이 정리되면 여건을 보고 요즘 발달한 지상파 방송을 통해 설교 말씀을 받들고자 하였다. 주파수가 맞지 않으면 원하는 메시지를 수신할 수 없는 것처럼, 일단은 먼저 간구드린 기도의 요구 형식이 있기 때문에 이쪽에서 이런 말을 했는데 전혀 엉뚱한 대답이 주어진다면 그것을 일컬어 동문서답이라고 하리라. 간구와 응답이 구조적으로 일치되어야 하는데, 일련의 과정에서 전후 과정을 합리화시키거나 확대 해석 역시 금기이다. 영적인 조우 과정이고 대화이므로 순수, 집중, 준엄해야 한다. 그리해야 성령의 임재 사실이 잔잔한 감동으로 엄습하는 것이고, 뜻을 확인하는 순간 깨달음과 확신이 온 영혼을 일깨운다. 그 교감 경지란 다름 아닌 나의 뜻이 하나님의 뜻이고, 하나님의 뜻이 나의 뜻으로서 확인된 하나님과 나 자신이 하나 되고 일치된 신인합일의 순간을 경험하는 것이다.

　　하늘에 계신 아버지, 이제 조금 있으면 동양창조론의 제3권인 창조의 대원동력 자료 탐색을 마무리합니다. 이제 아버지의 전에 나아가 아버지의 뜻을 확인할 화두를 미리 고하고자 하나이다. 일찍이 이 자식은 아버지가 인도한 길의 역사가 세상의 모든 사상과 종파와 제도와 주의를 타파할 하나님이 제게 내린 진리의 보검인 것을 확신하였나이다. 하지만 그동안 그런 진리력을 발휘할 핵심 동력을 구하지 못했는데, 앞선 『창조성론』의 저술 과정을 통하여 그 실마리를 마련하였고, 이제 집필하고자 하는 이 연구를 통하여 핵심적인 열쇠를 찾았나이다. 그것이 과연 무엇인가? 하나님이 이룬 태초의 창조 역사, 그 역사를 일으킨 대원동력은 창조 이전에 오직 하나님만 가지고 하나님만 발휘할 수 있는 권능이라는 사실입니다. 그런데도 이것을 분간하지 못한 세인들이 경계를 넘나든 것이 오늘날의 진화론이고 유물론이며 무신론이란 판단입니다. 그래서 하나님이 발휘한 창조의 대권능은 오직 하나님만 가진 권능이고, 그렇게 해서 창조된 세상 안에서는 그 힘을 찾을 수 없다는 깨달음입니다. 그 불가역성을 확인시키는 것이 본 저술의 뚜렷한 주제 가닥이 될 것입니다. 그리고 이것이 나아가서는 일체의 세속 세계관을 판단하고 진리성 여부를 가늠하는 심판 역할을 할 것입니다. 그야말로 온갖 무신 사상을 일소, 극복, 타파할 수 있는 핵심 보검입니다. 그래서 하나님, 부족한 이 자식이 아버지의 전에 나아가 묻고자 하는 화두를 다시 정리한다면 천지 창조 역사를 실현한 대원동력, 곧 창조 역사 권능은 아버지만 지녔고, 아버지만 이룰 수 있으며, 창조 이전에 이미 이룬 대역사인 것을 믿습니다. 다시 말한다면 세상 가운데서는 어떤 경우에도 그 권능을 넘나볼 수 없고 취할 수 없으며 도모할 수 없다는 사실에 대한 확인입니다. 이 사실만 확인할 수 있다면 저는 본격적으로 책의 저술에 임할 수 있을 것 같습니다. 제가 준비되는 대로 아버지의 전에 나가겠습니다. 하나님, 이 자식을 위하여 역사하여 주시옵고 더한 지혜를 아끼지 말아 주소서! 아버지는 진리의 성령이시오, 이 땅에 강림한 보혜사 하나님인 것을 믿습니다. 무엇을 이루고 무엇을 위해 역사할 것인가? 그 뜻을 이 자식이 아버지로부터 구하여 기록하고 열방을 향해 고하는 사명을 수행하겠나이다.

하나님, 이제 정말 원동력에 필요한 자료 탐색 과정을 완료하였습니다. 직접 아버지의 전에 나아가 소중한 뜻을 구하고자 합니다. 이 자식은 무한한 세계를 다 살펴볼 수 없는 부족한 자식입니다. 그리고 제가 준비한 소정의 과정도 그러합니다. 세상에는 많은 가능성을 엿본 이론과 원리와 주장들이 있습니다. 그러함에도 불구하고 하나님이 인도해 준 이 길이 정말 천지간에 만연된 온갖 무신 사상을 물리치고 천지 만물을 진리로서 다스릴 수 있는 핵심 권능과 지혜와 진리력을 갖춘 것이나이까? 그것이 사실이라면 그 추동 요인은 과연 무엇입니까? 하나님이 제게 보였고 계시한 바이니 하나님, 제게 확언하여 주소서! 제가 아버지의 뜻을 받들어 창조의 대원동력으로 천하 만물을 주체적으로 다스릴 진리의 보검, 황금의 창을 높이 들고자 합니다. 하나님, 임하여 말씀하여 주시고 하나님의 권능을 부여주소서! 저의 사명을 수행할 수 있게 하여 주소서! 아버지의 뜻을 받들어 새로운 신권 문명을 건설할 대원동력으로 삼고자 하나이다.

2017년 8월 4일 새벽 5시, CTS 기독교 방송, 클래식 생명의 말씀
제목: 전심으로 감사하며(시편 138:1~8절)
비싼 위스키 1잔 50만 원. 그러나 주께 감사하며 마시지 않는다. 음식은 감사하며 먹어야 맛이 있다. 요즘은 잘 쓰고 잘 먹고 잘 놀지만 감사하지 않는다. 삶의 정황이 너무 살벌하다. 누구에게 어떻게 감사할 것인가? 진심으로 주께, 성심을 다하여 감사하라. 주님을 향해, 감사의 대상은 정해져 있다.

왜 하나님께 감사해야 하는가? 첫 번째 이유: 나를 지었기 때문에, 하나님이 사람을 만들었다는 것이 창조론이다. 그리고 아메바가 진화해서 사람이 되었다는 것이 진화론이다. 진화론자들은 생명을 가진 것은 진화하고 있다. 그렇다면 언젠가는 아메바, 지렁이, 모기도 사람이 될 수 있다는 가능성과 개연성을 가지고 있다. 그러나 창조론은 하나님이 사람을 지었다고 가르침. 하나님이 나를 지었다. 내가 하나님의 형상을 지녔다. 그래서 함부로 살 수 없다. 어른 앞에서는 옷매무새를 고치는 것과 같다. 자기 삶을 긍정적으로 관리하므로 성공한다.

두 번째: 하나님이 세상을 창조하였기 때문에 감사해야 한다. 공사를 하면 공사비를 아껴 둔다. 1년, 2년, 3년이 지나면 공사한 곳에 부실이 나타난다. 하자 보수를 위해 돈을 남김. 세계적인 건축회사도 부실이 있기 마련인데, 하나님은 세상을 6일 만에 창조하였다. 창세기 1장에 있으라, 되라함에 그대로 되니라. 여섯 번을 반복하다. 철근을 깔고 에이치 빔을 박은 것이 아니다. 말씀으로 있으라 함에 그대로 있게 되고 되라함에 그대로 되었다. 그리고 하나님이 보시기에 좋았더라. 일곱 번을 반복함. 좋았더라는 완성품이다. 하자가 없다는 뜻. 부실이 없다. 서예를 공부하다. 내가 쓴 글을 성도들에게 드리기 위해. 제일 많이 쓴 글자가 "길"이다. 한 자인데도 제대로 되지 않는다. 반복해서 제일 좋은 글에 낙관을 찍

는다. 하지만 하나님은 세웠다가 부수고 썼다가 고친 일이 없다. 심히 좋았더라. 진화론은 본인이 제일 싫어하는 학설. 동물원 원숭이보고 "할아버지, 안녕하세요"라고 인사를 해야 한다. 내가 제일 싫어하는 말이 산 절로 수 절로. 이 세상에 저절로 존재하는 것은 없다. 하나님이 창조하고 만들었다.

세 번째: 나를 구원하였기 때문에 감사. 레미제라블. 빵 한 조각 때문에. 법은 잘못에 대해 벌을 준다. 법의 종류는 많다. 수많은 죄 가운데 가장 큰 죄, 용서받지 못할 죄는 성령 훼방, 방해. 용서할 수 없다(마 12:30~31). 본문 1절, 전심으로 주께 감사하라. 전심은 흐트러지지 않는 마음, 몸과 마음 집중. 은혜와 사랑. 홍수 후에 마실 물이 없다. 감사 중에 참 감사가 없다. 참으로 감사해야 한다. 입으로, 마음으로, 몸으로, 물질로 감사해라. 감사하면 길이 열린다. 본문 7절: 소생시키고 환란을 막고 구원하리라. 본문 8절: 나에게 관계된 모든 것을 완전케 하리라. 내가 하는 일, 상관되는 일, 관계되는 사람을 완전하게 함. 주어진 모든 것을 완전케 할지라. 하나님에 대한 감사의 보답. 감사는 안 되는 것을 되게 한다. 감사로 불완전한 것을 완전하게 한다. 넘어진 것을 일으켜 세움. 환란을 손을 펴 막아 줌. 주님, 감사합니다. 참말로 감사합니다. 아멘.

하나님, 참으로 감사합니다. 이 길은 아버지가 인도하였고 제게 이른 하나님의 말씀인 것을 믿습니다. 창조의 대원동력은 하나님이 있으리라 하고 되라 한 말씀인 사실을 확언하여 주었습니다. 그 말씀은 완전한 창조를 뜻하고, 창조된 만물은 결코 하자와 보수가 없는 완전한 창조였다는 것을 확인하였습니다. 하자, 보수를 할 필요가 없을 만큼 완전하게 창조되었으므로 진화란 있을 수 없고, 이 땅에서의 새로운 창조란 곧 비가역적입니다. 진화론이 설 수 있는 자리는 어디에도 더 이상 없습니다.

천지는 말씀으로 창조되었고, 그것은 완전한 것이며, 절로 된 것은 하나도 없다. 하나님이 길 위에 진리의 보검을 내리니, 검을 성령의 역사, 하나님의 구원 사역을 위해 쓰고자 함에 그 역사를 가로막을 자는 없다. 그 검은 결코 무디어지지 않으리라. 검을 거역하는 자는 아무도 용서받을 수 없다. 사람의 모든 죄와 훼방은 사하심을 얻되 성령의 역사를 훼방하는 것은 용서함을 받을 수 없다. 하나님이 부여한 진리의 보검을 사용함에 있어 참된 목적이 무엇이고 무엇을 위해 써야 무적의 보검이 될 수 있을 것인지 지침하였다.

그러므로 이제 이 연구는 뜻을 확인하므로 말할 수 있나니, 창조의 대원동력으로 움켜 쥔 진리의 칼날은 세상의 온갖 무신론적 세계관을 타파함에 있어 결코 무디어지지 않으리라. 지금은 인류 문명의 대전환기라, 선천에서는 神의 창조 본질이 분열을 완료하지 못하였고 본체를 강림시키지 못해 하나님에 대해 유일 신앙을 지키는 것이 신앙적 정의였지만, 지금은 참모습을 드러내고 이 땅에 강림하였으므로 제 신앙관을 통합하는 것이 신앙적 대의이다. 인간이 풀 수 없는 고를 하나님이 풀었고, 인류가 허물 수 없는 벽을 하나님이 허물었으니, 이제는 오직 사랑으로 충만한 하나님이 만백성들에게 직접 다가서기 위해 유교인의 天이 되고 불교인의 法이 되고 도교인의 道, 이슬람인의 알라, 힌두교인의 범신, 원불교인의 일원상, 동학인의 시천주……가 되기 위해 이 땅에 직접 강림하였다. 하나님은 온 인류가 하나 될 수 있도록 통 큰 세계관적 틀을 마련하고, 걸림 없는 신앙의 대자유를 선언하며, 장차 추구할 역사의 방향을 지침하였는데도 과거의 신앙 틀에 연연한다면 그것은 하나님이 붙들어 맨 것이 아니라 자신이 스스로를 얽어맨 상태이다. 때가 되면(추수) 가라지로 분류되어 곡식은 거두어 곳간에 넣되 그들은 들판에서 불태워지리라(심판).[34]

이 연구가 창조의 원동력을 밝히고 의미를 지침했다고 해서 하나님이 이룬 창조 역사를 완전히 증거한 것은 아니다. 아직 동양창조론의 결론 과정을 남겨두었다. 창조된 결과 세계를 창조 원판에 해당된 하나님의 창조 본체와 대조하고 인과 관계를 따져 연결, 조화, 통합시키고자 하나니, 일련의 작업 과정에서 과학은 지난 세기처럼 결코 대립된 걸림돌이 아니고 하나님의 창조 역사를 증거하는 데 있어서 제일의 동반자이고 근거이며 창조방정식을 성립시킬 필요불가결한 요소로서 역할을 할 것이다. 사실상 오늘날처럼 과학을 통한 자연 세계의 규명이 없었다면 영원히 진리성이 실증될 수 없는 영역에 머물러 있었겠지만 지성들의 노력으로 내외간에 걸친 진리 영역이 대개의 모습을 드러낸 만큼, 요건을 갖춘 지금은 하나님이 이룬 창조 역사를 결과 세계를 통해 확인하고 증거할 수 있으리라. 그날을 기대하면서 다시 홀로 고뇌로운 진리 추구의 길을 출발하고자 한다. 내가 젊음을 바치고 혼신을 바친 생명 같은 길을 위하여, 사명을 위하여, 인류를 위하여, 나를 사랑한 하나님을 위하여……

---

34) "추수 때에 내가 추수꾼들에게 말하기를 가라지는 먼저 거두어 불사르게 단으로 묶고 곡식은 모아 내 곳간에 넣으라 하리라."-마태복음 13장 30절.

염기식(廉基植) ──────────────────────────────

1957년 경남 진주 출생. 진주고등학교 졸업(47회). 경상대학교 사범대학 체육교육과 졸업. R.O.T.C.(19기) 임관. 서남대학교 교육대학원 졸업. 1984년 교직에 첫발을 내디딤(현 교사). 자아와 세계에 대해 눈떴을 때부터 세상의 분파된 진리에 대해 의문을 품고 '길은 어디에 있는가'란 명제 하나로 탐구의 길에 나서 현재까지 다수의 책을 저술함 (총 35권).

『길을 위하여(Ⅰ)』(1985), 『길을 위하여(Ⅱ)』(1986), 『벗』(1987), 『길을 위하여(Ⅲ)』 (1990), 『세계통합론』(1995), 『세계본질론』(1997), 『세계창조론 서설』(1998), 『세계 유신론』(2000), 『작은 날개를 펴고』(2000), 『환경은 언제나 목마르다』(2002), 『자연 이 살아가는 동안』(2003), 『세계섭리론』(2004), 『세계수행론』(2006), 「중학생의 진로 의사 결정유형과 발달 수준과의 관계」(2006), 『가르침』(2008), 『세계도덕론』(2008), 『통합가치론』(2008), 『인간의 본성 탐구』(2009), 『선재우주론』(2009), 『수행의 완성 도론』(2009), 『세계의 종말 선언』(2010), 『미륵탄강론』(2010), 『용화설법론』(2010), 『성령의 시대 개막』(2011), 『역사의 본질 탐구』(2012), 『세계의 섭리 역사』(2012), 『문명 역사의 본말』(2012), 『세계의 신적 본질』(2013), 『지상 강림 역사』(2014), 『인 식적 신론』(2014), 『관념적 신론』(2015), 『존재적 신론』(2016), 『본질로부터의 창조』 (2017), 『창조성론』(2017), 『창조의 대원동력』(2018)

창조의
대원동력

동양창조론 대 무신론적 세계관

초판인쇄 2018년 8월 3일
초판발행 2018년 8월 3일

지은이 염기식
펴낸이 채종준
펴낸곳 한국학술정보㈜
주소 경기도 파주시 회동길 230(문발동)
전화 031) 908-3181(대표)
팩스 031) 908-3189
홈페이지 http://ebook.kstudy.com
전자우편 출판사업부 publish@kstudy.com
등록 제일산-115호(2000. 6. 19)

ISBN 978-89-268-8507-9 93150